법철학과 법이론 입문

제3판

법철학과 법이론 입문 제3판

2021. 6. 23. 초 판 1쇄 발행
2021. 8. 23. 초 판 2쇄 발행
2023. 2. 22. 2판 1쇄 발행
2026. 3. 11. 3판 1쇄 발행

저자와의
협의하에
검인생략

지은이 | 김대휘
펴낸이 | 이종춘
펴낸곳 | **BM** (주)도서출판 **성안당**

주소 | 04032 서울시 마포구 양화로 127 첨단빌딩 3층(출판기획 R&D 센터)
10881 경기도 파주시 문발로 112 파주 출판 문화도시(제작 및 물류)

전화 | 02) 3142-0036
031) 950-6300
팩스 | 031) 955-0510
등록 | 1973. 2. 1. 제406-2005-000046호
출판사 홈페이지 | **www.cyber.co.kr**
ISBN | 978-89-315-8575-9 (93360)

정가 | **23,000원**

이 책을 만든 사람들

책임 · 진행 | 최옥현
교정 · 교열 | 김해영
본문 · 표지디자인 | 메이크디자인, 박원석, 박주연
홍보 | 김계향, 임진성, 김주승
국제부 | 이선민, 조혜란
마케팅 | 구본철, 차정욱, 오영일, 나진호, 강호묵
마케팅 지원 | 장상범
제작 | 김유석

■ **도서 A/S 안내**

제3판

법철학과 법이론 입문

김대휘

*Introduction to Philosophy of Law
and Theory of Law*

BM (주)도서출판 성안당

법철학과 법이론 입문

제1판 머리말

법철학이나 법학이 어렵고 복잡하여 문헌도 무겁고 두꺼운 것이 보통이며, 간결함은 미덕이 아니다. 법철학의 본질적 문제를 정제하여 제시하는 것은 어려운 일이지만, 본서의 목표는 지나친 단순화를 피하면서 법률가와 법학도나 법에 관심 있는 시민들에게 법철학과 법이론의 문제 상황을 보여주고 그 해결에 다가가는 길을 열어주는 것이다.

오늘날 재판 등의 법적 문제가 빈번하게 뉴스에 나오고 논쟁을 자주 불러일으키고 있다. 정치가와 법률가는 민주주의와 법치주의의 미덕을 칭송하지만, 개혁가나 비판자는 그 단점을 말하고 그것이 정의에 합치되는지 의문을 제기하고 있다. 그렇지만 법이 사회적, 정치적, 도덕적 및 경제적 생활에 중심적 역할을 하고 개혁의 수단이 될 수도 있다는 점은 부인할 수 없다.

그런데 법이라고 부르는 것이 무엇인지, 법이 정의 수호와 권리 보장에 기여하는 목적이나 기능을 가지는 것인지, 법은 법현실과 유리될 수 있는지, 또한 입법과 사법의 영역에서 정당한 법을 어떻게 찾을 수 있는지 등 법철학과 법이론의 근본문제는 완전히 해결되지 않고 있다.

우리는 여태까지 그래 왔듯이 험난한 세계에 살고 있다. 지구 한 편의 정의가 다른 쪽에서는 사악함과 불의가 되고, 국제적 및 국내적으로 가치나 이익의 충돌 및 그로 인한 분열과 대립이 일상이 되고 있다. 또한 현실 정치나 법적 분쟁의 논란이 입법의 단계나 법정에서 시민들의 관심사가 되고 있는 상황에서 법철학과 법이론이 공허하고 추상적인 이론만을 추구하여서는 아니 되고 현실 문제를 외면할 수 없는 것이다.

법철학과 법이론의 문제에 대한 정답은 없다. 본서는 이러한 문제의 해결에 관하여 다양한 이론과 시각이 있음을 제시하고, 독자들이 그러한 관점에서 법과 현실의 문제를 바라보고 스스로 해결할 수 있는데 도움을 주려는 것이다.

본서는 저자가 대학원생이나 학부생들을 상대로 강의해 온 강의안을 토대로 하여 많은 내용을 보충하고 개선한 것이다. 법철학과 법이론의 문제는 시공을 아우르는 보편타당성이 있으므로, 본서는 우리보다 앞선 외국의 표준적인 주요 서적을 참고하되, 우리의 문헌과 논의를 중시하였으며, 우리 학계와 실무에서 통용되는 용어를 사용하고 우리 판례로 예증을 하였다. 무엇보다도 본서가 비록 어려운 법의 문제를 다루고 있지만, 저자는 가능한 한 이해하기 쉽게 쓰려고 노력하였다.

박이약취 후적이박발(博而約取 厚積而薄發; 蘇東坡). 저자는 법철학과 법이론의 문제를 두루 살피되 요점을 취하고, 두텁게 쌓되 조금씩 드러내는 것, 요컨대 폭넓게 문제를 다루고 핵심을 찌르고자 하였다. 그래서 저자는 본서가 법철학과 법이론의 여러 문제를 개관할 수 있는 입문서로서, 법률가나 법학도들뿐만 아니라 법에 관심 있는 일반인들도 법에 대한 이해를 높일 수 있는데 도움이 되기를 바란다. 물론 저자는 본서에 부족한 점이 있음을 시인하고, 향후 기회가 되는대로 수정 보완을 계속해 나갈 것을 약속드린다.

저자는 기본적으로 판사와 변호사 경력의 실무가이지만, 학부 시절 읽었던 라드부르흐의 '법철학'에 감명을 받고 고 심헌섭 교수님의 인도와 지도로 법철학을 전공하게 되었는데, 교수님의 '비판적 법실증주의'를 이어 나가고자 하면서 고인의 영전에 이 책을 바친다.

끝으로 저자가 본서를 집필하고 검토하는 과정에서 많은 부분을 함께 논의하고 초고의 오류나 부족한 점을 바로 잡는데 큰 도움을 주신 이인복 전 대법관께 특별히 고마움을 표시하고, 오랜 기간 법원의 조정위원으로 봉사하시어 법을 잘 이해하시는 성안당 이종춘 회장님이 본서를 출간하도록 해주신 데 대하여 깊은 감사를 드린다.

2021년 6월

저자　김대휘

법철학과 법이론 입문

제3판 머리말

저자가 본서를 교재로 강의를 하면서 부족하거나 개선할 부분이 발견되어 개정이 필요하게 되었다. 제3판에서도 본서의 기본 방향은 유지하되 내용을 일부 수정, 보완하였고 우리 판례의 예증도 추가하였다.

그동안 고 심헌섭 교수님의 유고가 출간되었는데, 저자는 개정판에서 교수님의 비판적 법실증주의를 발전시키고 구체화하는 것에 주력하였다. '비판적 법실증주의'의 법이론은 법학과 법실무에서 실제로 기능하고 작동되고 있는 것이며, 입법자나 법적용자는 이러한 관점을 의식화하고 깨어 있어야 한다. 이로써 우리가 정의로운 법을 획득할 수 있고 법의 발전과 변화가 가능하게 되는 것이기 때문이다.

본서의 후반부에 전개되는 법이론으로서의 방법론은 독일 이론을 모델로 한 것인데, 저자는 오래 전부터 우리 법과 판례에 이를 적용하는 노력을 하여 왔고, 우리 판례나 학계에서 상당부분 수용되었다. 물론 방법론은 측정과 계산을 할 수 있는 내비게이터로서 단지 올바른 법으로 가는 길만 알려 줄 수 있을 뿐이고, 법이론을 넘어서는 법철학이 법사고의 기초나 관점을 제공함으로서 방향을 설정하는 역할을 하는 것이다. 나아가 법이론은 단지 법적용에만 머물지 않고 입법이론으로 나가야 하고, 입법의 영역에서도 헌법과 법이념의 지향과 헌법의 테두리 안에서 법현실에 대한 통섭적이고 융합적인 분석과 판단이 필요함이 강조되고 있다.

법철학과 법이론이 국가적으로는 헌법의 기본가치인 민주주의와 인권 및 법치주의의 발전으로 법이 시민의 자유 보호뿐만 아니라 사회와 경제의 안정에 기여하고, 나아가 평등의 이념 하에 정의로운 분배를 통하여 사회 갈등을 해소할 수 있는가 하는 과제를 담당해야 할 것이며, 국제적으로는 국제 평화와 환경 문제 등의 난제에 기여할 수 있는 길도 모색하여야 할 것이다.

끝으로 다시 힌번 존경하는 심 교수님을 추모하는 바이고, 개정판에도 큰 도움과 격려를 주신 이인복 전 대법관에게 고마움을 표한다. 또한 초판에 이어 제3판의 출간을 허락해 주신 이종춘 회장님 이하 성안당 관계자 여러분께 감사를 드린다.

2026년 3월

저자   김 대 휘

 제1장

법철학과 법이론, 법해석학과 법실무

"철학은 우리 사고의 현혹에 대하여 언어를 수단으로 하는 투쟁이다."

- 비트겐스타인(L. Wittgenstein), 『철학적 탐구』-

---

1 서론

철학은 인간 존재와 세계에 대한 근원적인 의문을 던지고 지혜로운 답을 찾는 추구이다. 학문이 분화되고 과학이 정립되기 전에 철학은 보편학으로 모든 분과를 포괄하는 학문의 왕이었고, 중세 유럽에는 신학과 결부되었다. 철학사는 많은 철학자들이 각기 다른 관점에서 제시하는 다양한 이론과 체계를 보여준다. 전통적인 철학의 대상과 방법은 제한되어 있지 않지만, 대체로 다음과 같은 분류가 제시된다.

1) '존재론'은 인간과 자연, 신의 존재에 대한 경이, 신뢰에서 시작하여 존재를 대상으로 보고 존재이유에 대한 의문을 제시하며, 대체로 객관주의에 입각한다.

2) '인식론'은 인간의 인식에 대한 회의에서 출발하여 사고주체의 오감이나 이성이 대상을 인식하는 방법을 찾는 것이고, 존재는 인식의 산물이라고 보는 점에서 주관주의에 입각한다.

3) '가치론'은 진, 선, 미의 절대가치를 추구하고, 실천의 영역에서는 좋은 삶이나 미덕의 문제를 다루고 있어 도덕철학 내지 정치철학의 대상이 된다.

독일의 철학자 칸트(I. Kant)는 전통 철학의 객관주의로부터 "우리의 인식 방식이 세계를 구성한다"는 인식론의 전환을 주장하였고 근대 이후 철학의 길을 열었다. 그는 세계가 주어진 그대로 인식되는 것이 아니라 인간의 선험적 인식 구조(시간, 공간, 범주 등)에 의해 경험이 가능해진다는 것이라는 이성 비판의 인식론을 정립하였고(순수이성비판), 윤리와 인간의 선의식 문제를 탐구하였으며(실천이성비판), 미적 판단의 보편적 타당성을 이론적으로 정립하여 근대 미학의 길을 열었다(판단력비판).

20세기에 이르러 존재의 본질보다는 실존을 중시하고 인간의 결단이나 한계상황을 바라보는 실존철학, 직관으로 존재의 본질을 탐구하는 현상학, 나아가 기존의 형이상학을 부정하는 분석철학이나 일상언어학파가 나타났다. 20세기말에 기존의 철학적 관념을 모두 부정하고 해체하는 포스트모더니즘의 경향 등 다양한 철학 사조가 나타났다.

그러나 종래 철학이 다루던 신이나 인간 존재와 인식의 문제를 신학이나 뇌과학, 심리학 등의 학문의 분과에 잠식당하면서 실체가 없는 궁극적 문제에 대한 탐구인 형이상학이 퇴조하고, 현대 철학은 분석철학, 실증주의에 이르고 있다. 특히 영미에서는 경험주의나 실용주의 철학의 전통상 대륙의 관념주의나 형이상학을 인정하지 않고 있으며, 형이상학의 해체 이후 21세기에 이르러 철학의 새로운 구성은 잘 보이지 않고 있다. 그런데 근대 계몽시대 이후 과학이 발전하고 학문이 세분화된 현대에도 근본문제에 대하여 묻고 형이상학적 담론을 제시하는 철학이 의미를 갖는가?

이러한 흐름은 법철학의 경우도 마찬가지이고, 그 시대의 철학에 따라 법철학도 발전해왔다. 따라서 법철학이 철학의 한 분과라는 것이 일반적 견해(G. Radbruch: 심헌섭, 법철학 1, 10면)인데, 법철학이 철학의 분과인지 법학의 분과인지는 중요하지 않다. 그러나 법철학은 최고 최후의 법정으로서 철학 및 인접과학과 법학을 연결하는 통섭적 학문이 되어야 할 것이다.

|2| 법철학

법철학도 일반철학과 같이 존재론(법 개념과 효력론), 인식론(방법론과 법논리학), 법가치론(정법론), 법철학사의 분과 내지 과제를 가진다고 보는 것이 일반적이다. 법철학의 모든 과제는 서로 연관되는 문제로서의 맥락을 가지고 있으며, 법철학사는 기본적으로 자연법론과 법실증주의의 대립과 타협의 역사이다.

영미에서의 법과 도덕의 관계에 대한 문제의식은 대륙의 자연법론과 법실증주의의 논의에 대응된다. 영국의 블랙스톤(W. Blackstone)과 같은 자연법론자도 있었지만, 영미에서는 경험론의 전통에 따라 법실증주의가 대세이고, 특히 영국법을 계수한 미국에서는 실용주의와 법현실주의의 경향이 강하다: "법의 생명은 논리가 아니라 경험이다"(O. W. Homes).

대륙에서는 사변적이고 관념론적인 철학의 전통에 따라 법철학은 자연법론의 관념이 주류적이고, 법이념과 가치를 중시하여 왔다. 독일의 라드부르흐(G. Radbruch)는 법개념과 법이념의 관련성을 인정하고, 그의 법철학은 방법이원주의(존재 내지 현실과 당위 내지 가치의 분별) 하에 법철학적인 상대주의를 지지한다, 가치 상대주의 내지 다원주의는 절대적 가치를 부정하고 다양한 가치의 공존과 경쟁을 인정한다: "서로 다른 목청들이 많이 모일수록 노래는 더욱 아름답게 들린다". 가치의 다원성 하에서 궁극적 가치 내지 당위의 판단은 결국 선택이나 고백에 맡겨지고, 가치에 관한 합의가 이루어지지 않는 경우에는 민주주의 정치제도 하에서 다수결로 해결할 수 있을 뿐이라고 한다(라드부르흐 법철학 36면 이하). 민주주의는 내전이나 혁명과 같이 피를 흘리지 않고 선거를 통하여 정권이나 집권세력이 교체될 수 있는 가능성을 열어주는 장점이 있는 것이다.

라드부르흐는 법률가의 유형을 세 가지로 나눈다—출세나 지배욕구 지향의 법률가, 지식이나 판례 위주의 법률가, 감성과 반성적인 법률가. 그 중에서 라드부르흐는 법문제의 근본을 성찰하고 법철학과 인접 학문의 기반 위에서 자기 직업의 문제점을 충분히 인식하고 있는 법률가를 지향하고 있다. 최후자가 바로 법철학적 법률가라고 말할 수 있다.

그렇다면 오늘날 법철학의 존재이유는 무엇인가(Wozu Rechtsphilosophie)? 법의 각 분야가 분화되고 전문화된 시대에 법실무에 직접 도움이 안되는 법철학은 낭비이고 시대착오라는 견해가 있고, 이 견해는 법철학은 법에 관한 일반이론을 다루는 일반법학이나 법이론으로 이행되어야 함을 주장한다. 그러나 법기술자나 법률상인을 양산하는 이 시대에 기초학문으로서 자유롭고 창의적인 사고를 열어주는 법철학은 더 필요하다. 끊임없는 비판적 성찰을 통하여 법을 더 정의롭게 하고 인간다운 삶, 좋은 삶을 보장해 주도록 하는 것이 법철학의 역할이라고 생각한다. 법철학은 기존의 실정법학과 법실무에 비판적 논점과 시각을 제공하고 그 논증을 뒷받침하는 것을 통하여 간접적인 기여를 할 수도 있다. 법철학이 철학 체계의 일부로만 남고 법률가의 철학에 머무르면서 실질 문제의 해결에 기여하지 못하여서는 안 될 것이다. 결국 법철학은 현실적인 법적 문제에서 출발하지만 기존의 것에 대한 의문의 제기와 비판적, 창조적 사고를 통하여 문제의 해결에 기여하고 법 발전의 계기를 마련하는 데까지 나아가야 할 것이다.

▌3▐ 법이론의 의의와 기능

이론(Theorie)이란 현실과 문제 상황을 인식하고 이를 적절히 기술함으로써 학문적 작업의 성과를 위한 전제가 된다. 이론은 관찰이나 탐구의 대상이나 현실의 상황을 정당하게 파악하고, 이를 분류하고 명제를 제시하는 것을 통하여 미래를 예측하거나 문제의 해결 제안을 하는 것이다. 이론은 대상의 관찰과 경험 및 대상에 대한 진술의 체계적인 집적으로 이루어진다. 어떠한 이론이 형성되는 과정은 선이해(Vordenken) 내지 가설(Hypothese)의 제시, 관점 내지 입장(Standpunkt)에 기초한 관찰(Beobachtung), 검증 또는 사고와 추고(Nachdenken)의 단계를 통하여 성립된다.

그러면 이론의 학문성은 어떻게 보장되는가? 학문성 내지 진리성은 합리적으로 검증가능하여야 하는데, 모든 대상에 대하여 실험을 하거나 전부 검증을 하는 것은 불가능하다. 따라서 모든 이론이나 명제는 반증에 열려 있어야 하고, 이는 바로 칼 포퍼(Karl Popper) 등의 비판적 합리주의에서 말하는 '반증 가능성'이다. 예컨대 "백조는 희다"라는 명제는 반증으로 검은 백조가 관찰될 때 폐기되어야 한다. 따라서 모든 이론은 진리 추구를 향한 도정이고, 단지 '가능한 오류가 있는 최신의 명제'라고 말할 수 있다. 이는 진리에 관한 '대응설'에 입각한 자연과학적 명제에 타당할 수 있는 것이다.

한편 사회과학이나 정신과학에서 관점은 가치관이나 세계관적 입장과 관련되고, 그래서 관찰과 사고가 순수하게 객관적인 것은 아니다. 경향성, 이해관계나 정치적 의도가 이론에 혼입될 수 있어 가치중립성이 문제가 된다. 법이론을 비롯한 사회과학의 이론의 대부분은 평가적 언명에 속하는 것이고, 여기서는 대응설에 따른 진리치는 부여되기 어렵고, 진리에 관한 '합의설'이나 '정합설'에 더 가까운 영역이라고 할 수 있다. 기존의 합의나 패러다임은 그 시대정신이나 가치관념에 따라 변경될 수 있으므로, 구 이론은 비판과 새로운 검증 또는 반증을 통하여 변화된 현실 문제를 해결할 수 있는 새 이론에 의하여 대체되기도 한다.

'법이론'(Rechtstheorie)은 법을 전체로 파악하고 그 기능을 관찰하며, 체계적 사고를 통하여 검증 가능한 인식을 획득하려는 노력이나 시도이다. 따라서 법이론은 법해석학의 상위에서 이를 초월하는 메타 해석학이다. 법이론은 경험적 기능(외부적 관찰 대상으로서 법률과 판결, 인간의 사회적 행위 실제를 다루는 법사회학), 분석적 기능(법언어의 분석, 법규범의 구조, 권리, 의무 등과 같은 법의 기본개념에 관한 탐구 등), 규범적 기능(법 개념과 법의 효력근거, 방법론의 문제 등)을 가지고 있으며, 법철학과는 문제의 지평이 상당 부분 중복되지만, 그 논의의 범주와 방식에 차이가 있는 것이다.

법이론은 대체로 법철학과 그 대상과 기능이 중복되고 그 구별은 어렵지만, 법철학에서 기본적인 자연법이나 정의론과 같은 형이상학적인 부분을 배제하는 것이라고 할 수 있다. 오늘날 형이상학적인 법철학은 퇴조하고, 법과 사회의 분화, 복잡화, 전문화의 경향에 따라 실증주의적인 인식론에 기초한 법이론이 부각되고 있다. 특히 현대국가에서는 내용적으로 불확실한 자연법의 일부가 헌법에 실정화되고 그 실현이 법제도 내부에 들어오게 됨으로써 자연법론과 친한 전통적 법철학은 의미가 약화되었고, 법이론의 의미와 기능이 더 중요하게 되었다. 실정법을 초월하는 그 무엇을 추구하는 자연법론이 좁은 의미에서의 법철학이라면, 형이상학이나 거대담론을 거부하는 법실증주의가 법이론의 시대를 열었다고 볼 것이다.

대체로 법이론의 과제와 문제로는, 법이란 무엇이고, 누가 법을 만드는가, 법의 기능과 효력, 즉 법이 무엇을 하는가, 법을 어디서 찾을 수 있는가(法源), 어떻게 실정법에서 정당한 법을 찾을 수 있는가, 즉 법의 해석과 형성의 방법론의 문제 등을 들 수 있다. 그리고 법적 개념들에 대한 분석과 비교를 모색하고 모든 법역을 관통하는 총론적 문제와 개별 법역에서 다룰 수 없는 법질서 전체의 논점도 널리 법이론의 과제에 속한다. 여기서 법이론은 법사회학이나 법학방법론 등이 제시하는 거시적 법이론을 말하고, 개별 법역에서 법령에 관한 해석이론을 논하는 미시적 법이론과 구별된다.

오늘날 정치체제의 변화나 체제 변혁에 따른 법률가의 신뢰 위기뿐만 아니라 가치관념의 충돌로 인한 정치적 투쟁과 국내외 경제나 안보의 불안정성이나 교육의 위기 등 사회의 위기 징후가 나타나고 있다. 법의 영역에서도 이념이나 가치의 대립이 반영되고 실정법의 복잡성과 불투명성으로 인하여 법이 불명확해지고 법의 안정성은 교란되고 있다. 민주주의 정치원리에 따른 다원주의는 세계관이나 가치의 다양성을 허용하고 시민의 자유영역을 확대시켰지만, 기초가 되는 공통의 가치관념이 상실되어 지배의 경합과 투쟁이 필연적으로 발생하고 있다. 이러한 상황에서 법이론은 법학과 실무가 지향하여야 할 방향과 방법을 스스로 의식하도록, 즉 자각하게 하여야 하고, 법률가에게 그가 하는 작업의 행위와 결과에 대한 통찰을 가능하도록 해야 한다.

나아가 법이론은 단지 법해석학에 머무르지 말고 입법의 영역까지 아울러야 한다. 입법학 내지 입법이론은 현행법의 대안으로서 법정책, 비교법, 법사회학 등 인접학문의 도움으로 현실 문제의 바람직한 해결을 제안하고, 구체적인 법률의 입안을 위한 입법기술도 다룬다.

4 법해석학과 법실무

종래 서양에서는 법해석학은 법도그마틱이라고 불리웠다. 교의(敎義)라고 번역되는 도그마(Dogma)는 언어적 기원에서 볼 때 특히 종교적 영역에서 사용되어 "확정된 견해, 구속적인 강설 내지 근본 확신으로서 신앙이나 신념에 관한 명제의 의문에 대하여 합리적 증명 없이 선언이나 고백, 수용에 의하여 보장되는 것"을 의미한다. 따라서 종교적 도그마는 권위적인 사제 등에 의한 경전 해석의 정통성과 그 이론의 고수를 말하는 것이었는데, 법도그마틱이라는 말도 권한 있는 자에 의한 법해석론의 권위적 요소나 보수적 고착을 드러내는 것으로 보이는 것이다.

기본적으로 법해석학은 "법률에서 찾아지고 학문과 실무에서 덧붙인 학설, 기본규율, 원칙이나 개념 등의 해석도구로 현행법을 설득력 있게 해설하는 것"이라고 정의할 수 있다. 그러면 법해석학은 어떻게 성립되는가? 라드부르흐에 의하면, 해석법학은 실정법의 객관적 의미를 탐구하는 것이고, 해석(객관적 해석이론), 구성(목적론적 구성), 체계(실정법 해석의 체계화와 판례의 정리)의 3단계를 거친다고 한다.

그러나 인간 사회나 삶은 법률보다 다양하고 변화무쌍하다─태양 아래 모든 것이 새롭다. 법률이 미처 상정하지 못한 새로운 사태가 계속 발생한다. 법질서는 모든 가능한 이익 충돌과 분쟁 사건에 대하여 적정하고 기존의 법질서에 모순 없이 합치되는 해결 방안을 준비하고 제시하여야 한다. 법률의 흠결이 있거나 그 해석에 다툼이 있어도 법관의 재판거부는 금지되고 그가 판단할 수 없는 미제사건은 없어야 한다. 따라서 법해석학은 어떠한 법 문제라도 그 해결을 위한 명제를 제시하여야 하고, 이로써 법실무에 기여하는 것이다. 그런데 이러한 법적 판단에 기여하는 법해석학은 전지전능한가? 필연적인 법적 판단은 인간 인식의 한계 문제도 있고 시대에 따라 변동되는 것이므로, 보수적 고착이 아니라 단지 잠정적인 것일 뿐이고, 오류 가능성에도 노출된다. 따라서 법해석학의 명제는 가치 판단의 진리치를 가질 수 없고, 엄밀한 진리 요구는 배제된다. 법적 명제는 단지 정당성 내지 타당성 요구만을 가지고, 여기에 절대적 정당성은 있을 수 없다. 법해석학에는 학설의 대립이 통상적이고(적극설, 소극설, 절충설 등), 그 해결 제안은 변동에도 열려 있다. 실제로 법을 해석하는 법실무도 같은 사안에 대하여 서로 다른 판단을 하거나 자신의 선례를 뒤집기도 한다. 법해석학의 명제에 대하여는 회의적인 인식론의 입장이 지배적이고, 단지 그 합목적성과 체계 정합성의 정도에 차이만 있을 뿐이라고 할 수 있다. 따라서 법적 명제는 항상 반증 가능성에 열려 있어야 하고, 이로써 법학의 학문성은 보장될 수 있다(심헌섭, 분석과 비판의 법철학 Ⅱ, 367면).

다만 법해석학이 제시하는 법적 명제들은 법적 문제에 곧바로 적용될 수 있는 것이기는 하지만, 그것이 법원의 판결에 의하여 수용되기 전까지는 아직

규범적 주장에 불과하고 효력 차원의 법원(法源)은 될 수 없는 것이다. 법해석학에서 발전된 해석론과 해결책의 제시는 그 자체로 정당화되거나 법이 되는 것이 아니다. 권한 있는 법실무가는 법해석학의 명제들 중에서 효력있는 규범을 선택하고 선언해야 한다. 법실무가들 중에서도 최고법원 법관들의 지도적 역할이 중요하고, 심급제에 따른 최종심의 권위적인 법 선언 내지 설정의 기능이 문제되는 것이다. 일찍이 홉스(T. Hobbes)는 '진리가 아니라 권위가 법을 만들고', '법적 문제에 대한 유일한 정당한 해결은 없다'고 하였다. 법적 문제의 해결은 단지 '상당하다'거나 '지지받을 만하다'(vertretbar)거나 '적절하다'는 식으로 표현되고, 최종심의 판단에서도 승인된 법원리에 모순되는 잘못된 해결이 나올 수 있다: "최고법원도 틀릴 수 있지만 그 잘못에 확정력이 있다." 법원의 판결은 그 효력으로 인하여 단순히 규범적 주장에 머무르는 법해석학의 학설과 다르고, 어떠한 규범적 주장이 법원에 의하여 채택 수용되면 그것이 법적 효력을 가지는 구체적 규범이 되는 것이다.

법해석학의 역할은 지속적으로 새로운 또는 경합되는 해석 문제의 해결책을 준비하고, 그 이유나 논거 제시를 통하여 법적 논증의 설득력을 높이는 것이며, 이를 통하여 학설이 판례로 채택될 수 있는 것이다. 그 채택에는 지배설이나 압도적 다수설 등의 이름으로 다수의 힘 혹은 확증된 연구 활동에 근거한 저자의 권위도 작용한다. 이와 같이 기존의 법 문제에 대하여 해석학의 학설로부터 법실무가 지침을 받기도 하지만 해석학의 지배설이 실무에서 부정될 수도 있으며, 다른 한편 해석학이 미처 상정하지 못한 새로운 법문제에 대하여 실무가 해석학을 선도적으로 이끌 수도 있다. 다른 한편 법해석학은 이미 내려진 사법적 판단을 비판적으로 검증하여 판례의 변경이나 개선을 촉구하는 기능도 하고, 그 비판이 타당한 경우에는 그에 따라 후일 선례가 변경될 수도 있다.

결국 법해석학과 법실무의 관계는 서로 밀접하지만, 상호 선도와 견제의 관계에 있는 것이다. 법실무에 대하여 법해석학은 비판과 형성 기능으로서 법적 문제에 대하여 새로운 체계정합적인 해결책을 제시할 수 있고, 따라서 법해석학은 법비판, 법형성, 법개정의 기초가 될 수 있다. 법해석학이 기존의 법률과 해석의 결과가 불충분하거나 시대 변화에 맞지 않는 경우에 새로운 판례의 형성에 기여하거나 입법론 내지 개정안을 제시하는 한, 즉 법정책에 참여하는 한, 가치중립적이고 단순한 논리적 작업이라는 성격을 잃는다.

5 법철학과 법실무

법철학과 법이론은 법해석학과 같이 실무에 대하여 직접적으로 도움을 줄 수는 없고, 단지 간접적으로 법실무의 논증이 제대로 설 수 있는 토대를 제공할 뿐이다. 구체적 사안에 대한 법적 결정은 대부분 가치중립적인 판단이 아니므로, 법실무에서도 세계관적 입장에 관한 법철학적 성찰이 배제될 수 없다. 드워킨에 의하면, "법관의 판단은 법철학의 한 편린이며, 설령 그 철학이 은폐되어 있거나 논증에서 인용이나 사실의 나열이 주가 되는 경우에도 그러하다. 법철학은 사법(司法)의 총론 부분이고, 법에 관한 모든 결정의 묵시적 서막이 된다"(장영민 역, 드워킨, 법의 제국, 90면). 물론 이는 결정하기 어려운 사건(hard case), 특히 가치 충돌이나 이해관계가 첨예하게 대립되는 사건에 해당되는 말이다. 법률가가 단순한 법기술자에 머물지 않으려면 법이념과 법현실에 관한 법철학적 성찰이 필요하고, 그렇지 않는 경우에는 역사가 보여준 바와 같이 법률가는 권력의 도구가 되거나 심지어는 불법적 목적의 심부름꾼이 될 수도 있는 것이다(뤼터스 법이론, 391면).

법해석에 임하는 법관은 원칙적으로 입법자의 우위 내지 법률에의 구속을 존중하여야 한다. 법해석자는 어디까지나 법률에 표현되거나 그 배경이 되고 있는 가치결정에 구속되는데, 그 결정은 국가의 기본적 가치질서로서의 헌법에서 연원하는 것이다. 헌법은 국가가 지향하는 법이념과 가치의 집적이고, 현대의 실정헌법은 자연법의 실정화이다. 그러나 헌법은 국가조직을 구성하고 입법 등의 권한을 부여하는 추상적 규범일 뿐이고, 입법에 대한 한계를 설정하는 소극적 역할이 중요하다. 법관은 항상 헌법적인 규범통제, 즉 상위법의 합치 여부에 대한 심사와 헌법의 가치결정에 따른 해석을 추구하여야 한다. 미국 연방대법원이 Marbury v. Madison 사건에서 법원의 위헌법률심사권을 스스로 획득하였고, 대륙에서는 오스트리아의 한스 켈젠(H. Kelsen)이 헌법재판소 제도를 처음 제안하여 시행되었으며, 우리나라는 독일식 모델을 따라서 제5공화국 헌법에 도입되었다. 헌법재판은 헌법에 규범적 효력을 부여하는 현대의 위대한 법적 발명이고, 악법의 문제를 일부나마 처리할 수 있는 법철학적인 수단이 될 수 있다.

법철학과 법이론은 법에 관한 근본문제를 다루는 것이지만, 구체적이고 개별적인 법 문제를 다루는 경우에도 법철학적 논증이 필요하고 그러한 논증이 설득력을 더 가질 수 있다. 우선 헌법재판의 판단은 기본적으로 헌법의 근본가치인 법이념이나 법원리와 관련된 법철학적 논증에 의거해야 한다. 헌법 문제에 관한 논증은 법률해석과는 다른 차원에서 이루어지고, 단순한 법률의 해석방법론으로 다루어 질 수 있는 문제를 넘어서는 영역이다. 즉 원리논증이나 비교형량의 방법론과 때로는 정치적이거나 정책적 판단이 헌법 논증의 특색이고, 문제된 해당 영역에 대한 지식이나 정보를 전제로 하는 정책적 결단이 필요한 경우가 보통이다. 따라서 헌법 논증은 단순히 법해석학적 논증이 아니라 국가와 사회의 문제를 관련된 여러 분야에서 다양한 시각으로 살펴보고 해결의 제안을 하는 통섭적 논증이고, 그러한 한 법철학적 논증이라고 할 수 있다. 같은 이유에서 헌법 논증 이외에 법관의 법해석이나 법형성의 영역에서 법철학적 논증이 불가피한 경우가 많이 있다.

따라서 법철학적 논증의 첫째 조건이 바로 '통섭'(統攝)이다. 여기서 통섭은 철학 등 인접 학문과 연계하는 논증이나 개별 법역을 넘어서서 전체 법질서의 체계 안에서 비교, 통합하는 논증이라고 할 수 있다. 법률에 명시된 일반조항과 같은 것은 사회통념이나 도덕규범 등에 따른 구체화를 법관에게 지시 내지 위임한 것이고, 이는 단순한 규범해석이 아니라 원리 논증으로서 법현실과 시민들의 법의식이 반영되어야 한다. 또한 법률에 흔히 나타나는 불확정개념 내지 규범적 개념(예; 음란이나 위험, 부당한 등등)과 같은 것도 법현실과 법의식에 대한 법사회학적 조사가 이루어지지 않더라도 분석과 판단이 이루어져야 하고, 그러한 한 법철학적 논증이라고 볼 수 있다.

두 번째 조건은 무엇보다도 '논리'(論理)이다. 그 논증은 형식논리에 부합하고 일관되며 모순이 없어야 한다. 이는 설득력 있는 논증을 위하여 일반적으로 요구되는 것이지만, 법철학적 논증은 단지 형식논리뿐만 아니라 실질적인 목적논리와 규범논리에 입각한 논증이어야 한다.

그러나 이것만으로 부족하다. 세 번째로 법철학적 논증은 무엇보다도 '예술'적이거나 적어도 '격조'(格調)가 있어야 한다. 즉 여기서는 아름답고 힘 있는 문장이나 표현이 중요하고, 때로는 위대한 저자들의 표현이나 서술, 혹은 검증된 법격언 등을 인용하여 자신의 논거에 감성적인 뒷받침을 하는 것도 필요하다. 이것이 일반적 논설이나 자문 의견, 소송서류의 작성이나 표현, 문장의 구성과는 다른 법철학적 글쓰기나 말하기의 징표라고 볼 것이다.

이러한 조건은 논점(Topoi, Agenda)의 설정뿐만 아니라 결론에 이르는 과정에서도 갖추어야 할 것으로서, 그 첫째 조건은 내용적인 것이고, 둘째와 셋째 조건은 형식이나 표현 방법의 문제이다.

제2장

법 개념의 문제

 **1 '법적'이란 무엇인가?**

법이란 무엇인가의 문제는 무엇이 '법적'인가 라는 문제를 전제로 한다. 법적 문제란 단순한 권리 의무 관계에 국한되는가? 더 나아가 인간생활의 경제적, 정신적 이해관계에 관한 다툼을 모두 법의 이름으로 개입 판단할 수 있는지 문제가 된다. 그렇다면 법의 관할 영역은 어디까지이고, 그 영역이 선험적으로 정해진 것인지, 아니면 법이 규정하고 관여하기 나름일까? 물론 법이 관여할 수 없거나 판단이나 개입하기에 부적절한 영역이 있고, 법이 의식적으로 흠결을 두어 법의 영역에서 배제하고 도덕이나 다른 사회규범에 맡겨두는 부분도 있다. 이는 '법으로부터 자유로운 영역'의 문제이다. 또한 분쟁이 법절차에서 다루어질 수 있는 열쇠인 '법률상 이익'이라는 소송법적 개념도 바로 법적이라는 표현과 법 개념의 문제와 직결된다.

실정법이 약혼 해제의 경우는 그 법률효과를 규정하고 있지만, 남녀 간의 단순한 결혼 약속의 파기는 도덕의 문제로 개입하지 않는다. 또는 동성애나 낙태 등의 민감한 도덕적 문제를 형사 처벌할 것인지, 도덕의 문제로 남겨둘 것인지의 논쟁은 실제로 끊이지 않았고, 각국의 취급도 다르다. 종래 도덕에 남겨진 문제를 무한정 법의 영역에 끌어들여 이를 다루는 것은 법만능주의로 부적절하지만, 종래 법이 관여하지 않고 도덕에 맡겨두었던 문제가 입법이나 법형성에 의하여 법적 판단의 대상이 되는 경우도 많이 있다.

예컨대 단순히 지하철의 역명(부산의 '대현역')이나 항구의 명칭('부산신항')이 부적절하다고 하여 재판으로 변경을 구하는 사건이나 송전철탑이 풍수지리상 국운을 해친다고 이설을 청구한 사례에서, 이는 모두 법적 분쟁이 아니라고 하여 소 각하가 되었다. 또한 학생의 학위 논문이 학문의 발전에 기여하고 학위 수여에 적합한 것인지는 법이 개입하기 어렵거나 법관이 판단하기에 부적절한 분야이다. 다만 그것이 저작권의 보호대상이 되는지, 학위논문 수여의 절차를 지켰는지의 문제는 법적 판단의 대상이 될 수 있다. 나아가 오늘날 기술의 발전이나 새로운 아이디어의 창출이 법적 판단과 보호의 대상이 되고 있으며, 이는 현대 지식재산권법의 과제이다.

그리고 환경침해 등으로 인한 주민소송과 같은 경우에 사법에 의한 법률상 이익의 확대는 인상적인 것이다. 종전에 판례로 단순한 반사적 이익 내지 경제적 이익으로 치부되었던 것이 시민의 법의식과 법적 환경의 변화로 인하여 판례가 변경되어 법률적 이익으로 승격되었고, 환경적 이익의 법적 보호와 환경권이라는 권리의 확대로 귀결되고 있다(법률상 이익에 관하여는 제11장 2절 참조).

또한 과거에 법적 문제가 아니었거나 합법적이었던 사태가 시대의 변화에 따라 후에 불법이 되기도 하는데, 이는 특히 체제 변화 또는 독재나 불법국가의 몰락 이후 과거 청산이 문제가 되는 경우에 흔히 나타난다. 예컨대 우리나라 유신헌법 하의 긴급조치는 당시에는 법적으로 시행되었지만, 정의나 정당성의 요구에 부합하지 않는 것이어서 오늘날 소급적으로 불법이 되었고, 독일의 나치 치하의 많은 법이나 구 동독의 국경법도 같은 운명에 처해졌다.

한편 '법적'이란 개념과 강제 내지 강제가능성의 관련성이 문제된다. 법적인 것은 대부분 강제가능성이 있고, 강제는 법적인 것의 본질적 속성에 포함된다. 물론 법에는 불완전법규나 선언적 규정 또는 훈시 규정 등과 같은 강제가 없는 법규범도 많이 있다. 그런데 돈을 내라는 강도의 명령도 강제성이 있지만 세금징수원의 같은 명령과는 어떻게 구별되는가? 후자가 법적 명령이라는 점에서 전자와 다르고, 따라서 이는 법적이나 법 개념의 문제와 관련되는 것이다.

⌂2⌂ 법이란 무엇인가?

이 문제에 대하여 어느 누구도 시원한 대답을 하지 못하고 있다. 법에 관한 학문적 작업은 기본적인 법 개념을 전제로 하지만, 2500년의 법 역사상 일반적으로 승인된 법 개념은 제시되지 못하였다. 그래서 아예 법 개념의 정의를 포기하는 학자도 있었고, 지금까지 거대한 코끼리의 일부분을 만지는 대답들이 나왔을 뿐이다. 법이 주권자의 명령, 지시, 강제규범, 약속(사회계약의 소산), 제도, 법관 판결의 예측이라는 등의 주장이 있으며, 법실증주의는 실정법이 법이라는 동어반복을 말하고 있다.

1. 선험적 법 개념

법 개념을 법의 내용을 떠나서 선험적으로 규정하려는 시도가 이루어진다. 개별 실정법을 초월하는 선험적 법 개념은 보편적으로 실정법의 존재와 효력의 징표가 된다고 보는 점에서 자연법론에 가깝다고 할 수 있다.

칸트(I. Kant)는 순수형식으로 규정되는 선험적 개념으로서 인간의 자의 내지 자유의지의 관계로서의 법을 말한다. 법은 "한 사람의 자의 내지 자유가 타인의 자의 내지 자유와 외적 자유의 보편적(제한) 법칙에 따라 통합될 수 있게 하는 조건의 총체"이다. 이는 형식적 규정만을 담고 있는 선험적인 이성의 요청으로서 법은 자유에 대한 상호 제한의 원리라고 할 수 있다. 칸트의 법은 형식의 보편성을 중시하는 선험적 개념으로서 법의 내용은 묻지 않지만, 그 내용의 확정에 있어서 경험이나 일정한 실정적 윤리의 관여를 불허하는 것은 아니다.

헤겔(F. Hegel)에 있어서는 법은 자유의지의 제한이 아니라 '자유의지의 현존이자 실현'으로서의 법 개념이 중요하다. 그에 따르면, 법의 출발점은 자유로운 의지이다. 자유는 이상이고 일종의 가설이기는 하지만, 법의 목적지는 자유의 실현이다. 법체계는 자유의 왕국이고 정신적 세계에 속하는 제2의 자연이다. 주관적 법인 권리는 객관적 법체계 내에서 현실성을 획득한다. 헤겔의 의하면, 법은 국가이고 국가는 인륜의 실현 형태이다. 헤겔의 법은 자유로운 의지의 현존재로서 그 현존재는 법이 구체적으로 실재하는 형식이고, 자유에 대한 상호 승인이 필요하지만 자유의 충돌은 불가피한 법의 계기가 되는데, 그것은 보편적 자유를 실현하는 단계로서 변증법적이다.

결국 칸트와 헤겔 양자는 그 방향은 다르지만, 모두 법은 자유와 보편, 인격성의 기초 위에 서 있다.

독일의 신칸트학파는 법의 가치 내지 목적, 이념과의 관련성을 파악하고, 법은 문화의 세계에 속한다고 한다. 스탐러(R. Stammler)는 법을 "불가침적이고 자주적으로 통합시키는 의욕"이라는 보편적 정의를 하였고, 라드부르흐도 법을 "법이념의 실현에 지향하는 현실"이라고 정의하였는데(라드부르흐 법철학, 62면 이하), 이들 역시 가치관련적이고 선험적인 법 개념이라고 할 수 있다. 라드부르흐는 현실 속에 존재하고 효력을 발휘하는 법은 법이념에 기여하고 지향하는 것이며, 그 지향이 없는 경우에 법은 떼강도나 조폭들의 규율과 다를 바 없다고 한다. 헤겔도 그의 법철학 서문에서 '철학적 법학의 대상은 법의 이념, 즉 법의 개념과 그 실현'이라고 하며, 헤겔학파의 빈더(J.

Binder)도 '법이념이 기능하는 모든 것이 법'이라고 한다.

그 후 독일의 카우프만(A. Kaufmann)은 존재와 당위의 이원론을 지양, 종합하여, 법은 존재질서로서 존재와 당위의 상응이고, 그 상응의 방법은 유추(Analogie)라고 한다. 이는 존재와 당위의 이원론적 일원론으로서 라드부르흐의 법 개념과 같은 맥락에 서 있다고 생각된다. 그에 따르면 법은 존재하는 당위이다(Seiendes Sollen).

2. 법실증주의의 법 개념

법을 선험적으로 파악하고 존재와 당위를 일치 내지 관련시키는 시도에 대하여 법실증주의자들은 반박한다. 존재와 당위는 시원적 범주로서 우리 의식 속에 주어져 있지만, 사실을 기술하는 '어떤 것이 존재한다'라는 언명은 하나의 규범을 기술하는 '어떤 것이 존재하여야 한다'는 언명과 본질적으로 다르고, 존재에서 당위나 당위에서 존재가 추론될 수 없다고 한다(켈젠 법이론선집, 31면). 그리고 부도덕한 법도 법이고 악법도 법이므로, 그 효력을 부인하거나 적용, 준수를 거부할 수 없다. 따라서 그들은 법 개념과 법이념의 관련성을 부정한다. 나아가 법률실증주의 내지 법전실증주의는 있어야 할 법, 자연법을 숙청하고 오로지 존재하는 법, 실정법만을 그 대상으로 삼는다. 법실증주의에서 법은 실정법이라는 동어반복이 성립된다.

가. 법명령설

법실증주의의 법 개념으로 가장 오래된 것은 영국의 오스틴(J. Austin)과 벤담(J. Bentham)의 '법 명령설'이고, 지금까지도 주류적인 법 개념이다. 객관적 법은 일차적으로 '상호 관련되어 있는 법규범의 총체'인데, 법규범은 금지나 요구를 명령하는 것이고, 그것이 법의 형식적 본질이나 특성에 부합한다는 것이다. 독일에서도 엥기쉬(K. Engisch) 등 많은 학자들의 지지를 받는다. 즉 법은 국가를 대표하는 입법자의 의사표현이고, 따라서 "법은 주권자의 일반적 명령이다".

나아가 오스틴은 협의의 법은-인간에 의하여 부과된-실정법이고, 공동체를 지배하는 규칙과 원리의 총체로서 정치적 권위에 의하여 강제되는 것(the body of rules and principles governing the affairs of a community and enforced by a political authority)이라고 하여 강제규범설로 이행되는 계기가 있다.

나. 켈젠의 강제규범설

켈젠(H. Kelsen)은 법을 강제규범, 즉 제재를 규정한 주된 규범이고, 법관 등 법 집행자에 대한 제재의 지시라고 한다. 강제질서로서의 법은 저항이나 위반의 경우에 물리적 사실력을 통하여 집행된다는 상황을 가리키고, 이것이 결정적 규준이라는 것이다(켈젠 법이론선집, 37면). 예링(R. Jehring)은 국가의 집행에 의한 강제는 법의 절대적 기준이고, 강제가 없는 법은 타지 않는 불이나 비추지 않는 빛과 같이 그 자체 모순이라고 하였다.

켈젠에 의하면, 규범은 타인의 행위를 지향하는 의지행위의 의미이고, 그 의미는 당위이며, 당위는 의욕의 상관개념이다. 규범이 의지행위를 통하여 제정될 때 의지행위의 의미인 당위로서 존재하는 것이고, 거기에 규범의 실증성이 존재한다는 것이다. 이는 법실증주의의 법 개념이고, 의욕으로서의 법은 법 명령설에 상응한다. 그리하여 그는 동어반복적인 법의 개념 규정은 포기하고, 법의 언어관용 분석에 의하여 법은 '인간행위의 질서이고 통일성과 내적 질서를 가진 규범체계'라고 한다. 그는 법의 순수형식으로서 하위법이 상위법에 근거하고 구체화하는 법질서의 단계구조를 파악하고, 최상위의 근본규범은 전제되고 있는 규범으로서의 가설 내지 의제라고 하였다. 켈젠의 근본규범은 말하자면 단지 '헌법에 따라 행위하라'는 창설규범으로서 실체적 내용은 없는 것이다. 켈젠의 근본규범은 법 자체에서 근거나 전제를 찾는 것이고, 이와 같이 법이 자기 스스로 근거지운다는 전제 하에 법질서의 단계구조로부터 나오는 법의 자기결정성(켈젠 법이론선집, 87면 이하)을 말한다.

다. 하트의 법 개념

영국의 하트(H. L. A. Hart)는 그의 '법의 개념'(The Concept of Law: 오병선 번역본과 정태환 외 2인 번역본)에서 명령 등으로 일원화하는 전통적인 법이나 권리의 정의 방식은 무용하고, 법이라는 일상언어 관용에 따라 그 용어가 사용되는 조건을 묻는 것이 중요하다고 한다. 하트 법 개념의 핵심은 규칙명제로서의 법을 행위규칙들의 체계라고 하며, 행위규범인 1차적 규칙(rule of obligation)과 수권규범인 2차적 규칙(rule of adjudication, change, recognition)을 구분하는 것이다. 그에 의하면, 인간의 취약성 때문에 의무적 규칙이 필요하고, 법의 규칙은 인간이 빠질 수 있지만 서로 가까이 공존하기 위하여 억압되어야 하는 폭력이나 절도, 사기 등을 금지한다. 이것이 1차적 규칙이고, 초기 사회는 의무를 부과하는 1차적 규칙에 한정되었다.

사회가 복잡해지고 분화되면서 1차적 규칙을 제정하고 변경하며, 그 위반에 대하여 재판하는 규칙이 필요하게 되었다. 그래서 1차적 규칙인 행위규범 이외에 2차적 규칙이 필요하게 되며, 2차적 규칙은 법관료(공무원)에게 행위규범을 설정하고 변경하는 권한을 부여하는 근본규칙이다. 2차적 규칙 중 설정률 내지 재판률(rule of adjudication)에는 행위규범을 설정하는 입법뿐만 아니라 이를 판단하는 재판규칙도 포함된다. 그리고 2차적 규칙 중에서 변경률(rule of change)은 행위규범 등을 변경하는 규칙이다. 2차적 규칙 중에는 법이 시민들에게 계약을 체결하거나 유언을 하는 등으로 법적 지위를 변경시킬 수 있는 권한을 부여하는 규칙도 널리 포함된다. 그런데 하트의 2차적 규칙 중에서 가장 중요한 것은 승인률(rule of recognition)이고, 승인률은 법을 적용하고 집행하는 공무원이 어느 규칙이 진정한 규칙인지를 확증하는 타당성의 조건이나 기준을 정하는 것이고, 이는 법체계의 근본적인 구성적 규칙이다.

그에 따르면 법체계의 존속은 다음 두 가지 조건이 충족되어야 가능하다: 1) 유효한 1차적 규칙은 사회 구성원들이 일반적으로 준수해야 하고, 2) 법을 적용하는 공무원들이 2차적 규칙을 승인해야 한다. "법체계가 존속한다는 주장은 일반 시민들에 의하여 준수되는 것과 공무원이 공적 행동의 비판적이고 공통적인 기준으로-내적 관점으로부터-받아들이는 것, 양자 모두 필요한 두 얼굴을 가진 진술이다." 그는 규칙에 대한 사회 구성원의 태도나 인식의 방식, 즉 규칙의 사회적 차원을 고려할 것을 요구한다. 이러한 내적 관점인 비판적, 반성적 태도가 규칙을 단순한 습관이나 강요와 구분하게 한다. 강도가 총을 들이대고 돈 내라고 하면 이에 따를 수밖에 없지만, 그렇게 할 의무는 없는 것이다. 공무원들이 승인률을 내적 관점으로부터도 승인해야 하고, 승인률은 법체계의 모든 규칙의 유효성을 결정하는 기준을 정하는 것이다. 따라서 다른 2차적 규칙과 달리 승인률은 이 규칙을 따르는 공적 권한을 가진 자(특히 법관)에게 부분적으로 의무를 부과하는 측면이 있다. 하트는 규칙이 승인률에 정해진 기준에 부합하는 경우에만 그 규칙이 법체계의 유효한 일원이 될 수 있다고 한다(왁스 법철학, 38면 이하).

그런데 법관 등 공무원이 사악한 법체계에서 적용이 요구되는 규칙에 대하여 저항할 수는 있지만, 이를 승인함으로써 그러한 법체계가 존속한다는 하트의 조건이 충족된다. 물론 하트도 법체계가 일반적 승인을 얻지 못하고 도덕적으로나 정치적으로 반대를 당할 경우가 있음을 시인한다. 그러나 그는 도덕이나 정치적 기준이 법체계 개념의 정체성이 될 수 없다고 한다. 그에 따르면, 법체계의 타당성은 실효성과 구분되고 비실효적인 규칙도 승인률에서 나오는 한 타당하다고 하면서도, 타당한 규칙이 되려면 그 규칙이 포함되어 있는 법체계 자체가 대체로 실효적이어야 한다. 이는 뒤에서 보는 켈젠의 관점(제4장 5의 1.항 참조)과도 일치하는 것이다.

결국 하트는 법의 언어분석으로부터 출발하여 그의 승인률은 공무원들의 내적 관점을 중시하는 심리학적 법이론으로 전화되고 있으며, 다른 한편 법의 실효성을 중시하는 사회학적 법이론과도 연결된다고 생각된다.

3. 법사회학적 법 개념

가. 사실로서의 법

실증주의의 다른 방향에서 법사회학이 나타났고(독일의 막스 베버, 프랑스의 레온 뒤기 등), 예컨대 법사회학자 에를리히(E. Ehrlich)에 의하면, 법은 '관행', '지배', '점유', '의사표시'라는 시원적 사실과 관계된 법사실이고 인간관계의 질서이다. 인간사회에 살아있는 법, 실제로 준수되고 적용되는 것이 법이다. 독일의 역사학파도 민족정신의 소산으로서 관습법을 중시하였고, 몽테스키외도 역사와 관습법을 중시하고 있다. 같은 맥락에서 우리나라 이항녕 선생님의 풍토적 법사상은 주체와 환경의 통일체, 사회생활의 유형으로서의 법을 말하고 있다.

나. 법현실주의의 법 개념

영미에서는 법을 경험적 개념으로 파악하여 법을 법관의 판결 또는 그에 대한 예측으로 파악하는 법사실주의, 법현실주의의 경향이 강하다. 미국의 법현실주의의 영향으로 독일에서는 구체적 법이 권한 있는 법관의 판결에서 실현되는 것에 주목하는 자유법론과 법사회학적인 판결실증주의의 경향이 나타나고 있다.

스칸디나비아의 법현실주의는 형이상학을 거부하고 법을 단순한 사실이 아니라 관념적 표상으로 파악하는 심리학적 법 개념을 주장하였다. 그들은 구속적인 의무감이라는 심리적 사실에서 법을 파악하는 것이다. 그중에서 덴마크의 알프 로스(Alf Ross)에 의하면, 사회 체계로서의 법이 적용, 준수되고 구속적이라고 느껴지는 사실이라고 하더라도 단순한 심리적, 사회적 사실이 바로 법이 되는 것이 아니라 그것이 법체계와 관련되었을 때 법으로 파악된다. 그에 의하면, 법이 적용, 준수될 때 개별 규범이 아니라 법의 전 체계가 움직이는 것이고, 법은 상위규범으로부터의 위임이나 연역되는 것뿐만 아니라 하위규범이나 개별판결에서 귀납되기도 하는 전체 체계 내에 있다고 하였다.

다. 제도적 법 개념

제도적 규범질서로서의 법 개념은 프랑스의 공법학자 오리우(Maurice Hauriou) 등에 의해 주창되고 오스트리아의 바인베르거(O. Weinberger) 등이 지지하고 있으며, 이 역시 널리 법사회학적인 법 개념에 속한다. 이러한 제도적 법이론은 사회적 맥락 속에서의 제도적 사실에서 법을 파악한다. 예컨대 결혼이나 소유권, 계약, 회사 등과 같은 제도가 실정법과 관습법 등의 규범에 의하여 사회적 사실로 형성되는 것이라고 본다. 제도적 법이론이 규범 자체가 아니라 그에 의해 형성된 사실로서의 제도를 중시한다는 점에서 이 역시 법현실주의적이라고 할 수 있다. 다만 제도로서 효력 있는 법규범의 두 가지 징표는, 1) 국가적으로 규율되고 승인된 절차 내에서 특정 국가기관들의 협력에 의하여 성립되고 2) 규범 준수가 필요한 경우 국가의 강제에 의하여 보장된다는 것이라고 하며, 이는 법실증주의의 요소가 된다.

라. 루만의 법사회학적인 법 개념

독일의 법사회학자 루만(N. Luhmann)은 체계이론에 입각하여 자기생산적인 체계로서의 법을 말한다. 루만의 거대이론은 어렵고 복잡하지만, 루만의 체계는 인간이 세계의 복잡성(행위 선택의 다양성)을 의미있는 체험과 행위로 이행시킬 수 있는 매개이고, 체계는 바로 이러한 우연성과 복잡성을 감축하는 기능을 하는 것이라고 한다(한국법철학회 편, 현대법철학의 흐름, 349면 이하 참조).

사람들은 타인에 대한 행위기대를 가지고 살아가고 있는데, 그 행위기대가 배반될 경우 사람들의 문제 해결방법에는 '인식적 대응'과 '규범적 대응'의 두 가지가 있다. 인식적 대응은 체념이나 외면 등으로 기대의 배반을 받아들이는 것이고, 규범적 대응이란 일어난 행위기대의 배반, 즉 사회적 분쟁 자체를 부정하고 비판하는 방법으로 이루어진다. 즉 반사실적으로－일어난 사실을 부인하는 방법으로(소 제기나 형사 고소 등)－행위기대의 배반을 부정하고 자신의 기대를 회복하는 것이다. 따라서 루만은 규범이란 "반사실적으로 안정화되는 행위기대"라고 정의하고 있다. 이러한 기능을 수행하는 포괄적인 규범체계(도덕, 습속 등)에서 법체계가 분화되었고, 행위기대를 반사실적으로–부정하는 방법으로–안정화하는 규범들 중에서 법은 일반화된 행위기대를 구조화한 것이며, 행위기대의 반사실적인 안정화는 법체계의 강제적 방법에 의할 수 있다는 것이다.

루만에 의하면, 구조화된 법, 즉 법체계는 정치, 경제체계 등과 같이 사회체계의 부분체계로서 법률과 판례 등의 법인식원을 통하여 2원적 코드(합법과 위법)로 생성과 재생산을 하는 자기준거적이고 자기생산적인 커뮤니케이션의 체계이다. 그 체계는 고립적이 아니라 외부체계에 영향을 주면서 외계의 변화에 대응하기도 한다. 외계와 환경의 변화, 예컨대 정보화시대의 SNS나 전자상거래 등이 나타나면 기존의 법해석학적 개념도구와 고유한 법체계의 코드로 번역하여 자기생산적으로 대처하고, 가능한 경우 입법(예: 전자상거래법, 정보통신망법)으로 새로운 변화에 대응할 수도 있다. 루만에 의하면 입법과 사법은 기능적으로 분화되는 것일 뿐이고, 법의 정당성은 절차를 통해서 이루어진다고 한다(절차적 정당화의 이론). 오늘날 법체계의 분화는 고도화되어 실정법만이 법으로 구성되어 동어반복적으로 나타난다: "법은 법체계에 따라 법으로 타당한 것이 법이 된다." 따라서 그는 법은 사회적 분쟁을 규범적으로 해결하는 자기생산적 시스템이라고 한다. 법체계의 자기생산성은 켈젠이 말하는 법의 자기결정성과 대비된다. 루만에 의하면, 법의 실정성은 '법체계가 자신과 외계를 스스로 관찰하면서 자기 자신을 규정하는 것'이고, 바로 이것은 법의 자기규정성으로서의 실정성을 말하는 것이다.

4. 소결

법체계 내에는 제재를 가하는 강제규범뿐만 아니라 권리나 권한을 부여하는 수권규범이나 허용규범이 존재한다는 점과 주관적 권리와 객관적 법은 이원화되어 있다는 점에서, 주류적인 법 명령설은 법철학적 허무주의라는 비판이 있다. 심헌섭 교수는 법 개념에 관하여 기본적으로 법 명령설을 지지하면서도 금지에 대한 자유 내지 허용의 독자성에 주목하고, 명령보다는 더 널리 '지시'(Directive)의 의미를 가진다고 하며, 이는 관습법이나 판례법도 포괄할 수 있다고 한다(심헌섭, 법철학 1, 53면 이하). 그는 법 개념은 법이념에 대하여 개방적이지만, 법이념은 법의 개념 징표가 아니고, 오히려 법의 평가기준이라고 하여 기본적으로 법실증주의의 입장에 선다.

법이 명령이든 지시이든 법의 이름으로 그 어떤 사항이든지 명령할 수 있는지, 즉 명령의 대상 문제도 제기된다. 법의 명령으로 윤리적 사항을 명하거나 반대로 비윤리적 사항을 명하여도 법이 되는지, 불가능하거나 준수하기 어려운 것을 법의 이름으로 명할 수 있는 것인지의 문제가 있고, 그러한 점에서 법실증주의적인 명령설은 비판을 면하기 어렵다.

자연법론적인 선험적 법개념은 보편적이고 초월적이기는 하지만, 역시 구체적 내용은 확정하기 어렵고, 기본적으로 법실증주의적인 법 개념이 더 현실에 부합한다. 법실증주의에서 법은 실정법이고, 선험적인 거대담론인 정의(正義)의 문제는 법 개념에서 일단 분리된다. 대륙법계에서는 국가적 설정에 의한 법률 등의 형식으로 법이 나타난다. 따라서 법은 국가적 입법과 승인을 통하여, 즉 헌법이 예정한 국가기관인 의회나 법원 등에 의하여 정해진 절차에 따라 법규범이 창출된다. 의회 등 법설정기관의 입법이 중요하지만, 오늘날 빠르게 변화하고 분화, 전문화된 사회에서 법률 자체에 흠결이 있거나 의회 입법이 미처 예상하지 못한 상황이 나올 수 있고, 기술의 발전 등으로 새롭게 등장하는 문제에 대처하기에는 의회가 너무 늦다. 따라서 성문법주의 하에서도 실정법의 법규범은 판례에서 해석되고 형성되며, 법학시험이나 법실무에서 판례는 정답이나 신앙으로 고착되어 가고 있다. 때로는 사법이 법률의 흠결을 보충하거나 변화된 법현실에 부응하여 법률문언을 넘어서는 법을 형성하는 경우도 있다(제9장 3절 참조). 사법에 의하여 형성되는 판례법 또는 사법입법 등과 같은 대체입법은 권력분립의 한계를 동요시킬 수 있지만, 법원의 판결은 민주주의 하에서 기본적으로 법률의 우위나 입법자 우선(Primat des Gesetzgebers)의 원칙을 지켜야 한다.

한편 국가 이외에 다른 법공동체에도 실질적인 법설정 기능이 부여되고 있다. 교회법이나 단체법(정관, 회칙 등), 보통거래약관, 단체협약 등과 같은 사적(私的) 입법은 국가의 법설정 독점을 흔들어 놓았다. 다만 이러한 사적 입법이 국가적으로-행정적, 사법적인 규범통제를 통하여-승인되고 보장되는 범위 내에서 법이 될 수 있는지 문제가 된다.

▣3▣ 주관적 법 – 권리

1. 권리의 의의와 기능

객관적 법에 의하여 승인되고 보장되는 주관적 법, 즉 권리는 법에서 인정되는 의사(의사설), 법적으로 보호되는 이익(이익설), 혹은 법이 보장하는 힘(권리법력설)이라는 이론이 대립되어 왔다. 오늘날 주관적 권리는 개인에게 법질서에 의하여 그 이익의 보호 수단으로 부여되는 법적 힘(法力)이라는 것이 일반적 견해이다. 주관적 권리는 법질서의 기본 개념으로서 특히 자유로운 법치국가의 징표이고, 법치국가에서만 더 잘 보장되는 것이다. 당사자의 권리 주장은 확정판결 등의 절차적 수단에 의하여 그 주관적 의지와 의미가 실정법상으로 확인되는 객관적 의미를 가지게 되고, 이로써 당사자 사이에서는 주관적 법 내지 구체적 규범이 되는 것이다.

권리의 기능과 특성으로는, 1) 법력(法力)으로서의 관철 가능성과 절차적 보장이 중요하다. 다만 그 국가적 보장과 가능성만으로는 부족하고, 권리자의 주장과 관철이 필요하다. 예링(R. Jehring)은 그의 '권리를 위한 투쟁'에서 "법의 목적은 평화이며 이를 위한 수단은 투쟁"이라고 하면서, "권리 추구자의 권리 주장은 그 자신의 인격 주장"이고, "권리 주장은 사회공동체에 대한 의무"라고까지 말한다.

2) 권리는 권리자의 인격과 관련된 자기주장과 방어능력이고, 원칙적으로 포기가 불가하다. 헌법상 기본권은 소극적 자유의 영역이지만, 인격과 관련된 주관적 공권으로서 원칙적으로 포기할 수 없다. 기본권은 국가에 대한 방어적 권리로써 구체화되고, 사법상으로는 제3자적 효력으로 일반조항 등을 통하여 간접 적용될 수 있다. 다만 재산권과 같은 것은 자유로운 인격, 즉 자유의지를 가지고 자기책임을 지는 개인을 전제하는 것이기는 하지만, 양도와 포기는 가능하다.

3) 권리는 공공성과 사회성에 의하여 제약될 수 있는가? 개인의 인격이나 자유는 이상이자 요청이지만, 그것이 현실적인지는 의문이 있다. 빈부 격차로 인한 사회 갈등이 있고, 빈자에게는 현실적인 자유의 제약이 있기 때문이다. 예링은 개인의 이기주의적 본성에 기하여 개인이 사회에 대하여 이기적 계산을 하도록 내버려두어서는 안 되고, 사회와 개인의 상호보완적 관계 내지 '사회 내지 공동체의 이익과 개인 이익의 공속성(共屬性)'을 강조한다(예링 권리를 위한 투쟁 외, 275면 이하). 예링이 말하는 이익은 통찰력 있는 사업가의 경영철학인 멀리 내다보는 이익이고, "개인을 사회 목적에 기여하게 하는 것은 낮은 이기주의에 호소하는 것이 아니라 인간에게서 보다 고차원적인 어떤 것, 즉 도덕성에 호소하는 것"이라고 한다. 이러한 관점은 오늘날 공동체주의자들이 말하는 '권리의 사회성', 테일러(C. Taylor)가 말하는 사회성 명제(the social thesis)에 상응하고, 예링이 요구하는 도덕성은 바로 자기 진정성(authenticity)이라고 할 것이다(김정오 외, 법철학, 190면). 이러한 권리의 사회성은 바로 민법 제2조의 신의칙과 권리남용 금지의 원칙이나 헌법 제23조 제2항 재산권 행사의 공공복리 적합성에 구현되어 있다. 이를 강조하면 현대법의 공동체주의적 기초가 될 수 있다.

민법이론상 권리의 종류는, 내용상으로, 재산권, 인격권, 가족권, 사원권으로 분류되고, 그 작용의 면에서, 지배권, 형성권, 청구권, 항변권으로, 또한 절대권, 상대권, 일신전속권, 종된 권리, 기대권 등으로 분류될 수 있으며, 권리는 경합되거나 선택적으로 작용될 수도 있다.

'기대권'은 소유권유보부매매에서의 매수인의 지위와 같이 법적 권리 취득 이전에 확실하게 취득이 기대되는 법적 지위를 이르는 학설상의 개념이고 판례로 승인되고 있다. 중도금까지 지급한 부동산의 매수인이 부동산의 등기 이전에 가지는 법적 지위를 물권적 기대권으로 관념하는 학설도 있는데, 이러한 법적 지위를 침해하는 부동산의 이중매매는 단순한 채무불이행이 아니라 배임죄가 성립된다는 우리 판례에 비추어 보면 그 법적 지위를 일종의 기대권으로 보아도 무방할 것이다. 나아가 매수인이 부동산을 인도받아 점유하고 있다면 그 부동산에 관하여 소멸시효에 걸리지 않는 등기청구권을 가지고 있다는 판례에 의하면, 이 경우는 기대권을 넘어서 사실상의 소유권이 인정되는 것이다.

또 예컨대 근로계약 당사자 사이에 근로자가 정년에 도달하더라도 일정한 요건을 충족하면 기간제근로자로 재고용될 수 있다는 신뢰관계가 형성되어 있는 경우, 근로자가 정년 후 재고용되리라는 기대권을 가지는 것이 원칙적으로 인정되고 있으며, 따라서 기간제근로자로의 재고용에 대한 기대권이 인정되는 경우, 사용자의 합리적 이유 없는 재고용 거절은 무효가 된다(대법원 2023. 6. 29. 선고 2018두62492 판결.)

2. 호펠드의 권리 개념

법이론상 권리와 법적 지위, 권한, 권능 등의 개념이 구별될 수 있는지, 자유권이 권리인지 등의 문제는 엄밀한 분석이 필요하다. 이 문제는 미국의 호펠드(W. Hohfeld)가 다루었는데(김정오 외, 법철학, 172면 이하), 그에 의하면 엄격한, 좁은 의미의 권리는 청구권(claim right)이고, 이는 청구에 따라 급부를 할 의무(duty)와 상관되어 있다. 다만 법상 의무 없는 권리나 권리 없는 의무도 있을 수 있으므로, 상관성이 언제나 타당한 것은 아니다.

청구권 이외에 넓은 의미에서의 권리로는 자유(권)과 권한, 면제(권)을 들 수 있다. 자유는 일반적으로 소극적 허용이지만, 일반적 자유 침해에 대하여 금지청구권 내지 손해배상청구권이 발생하는 점에서 넓은 의미에서는 권리로 볼 수 있어서 (권) 표시를 한 것이다. 즉 자유 자체가 권리가 아니고 규범논리상 소극적 허용의 영역으로서 이를 침해하는 경우에는 방어권의 형태로 법에 등장하는 것이다. 자유주의 체제 하에서는 금지가 없으면 원칙적으로 소극적 허용이 된다.

그리고 물권과 같은 지배권의 경우, 소유물을 자유롭게 사용, 수익, 처분할 수 있지만, 이는 독자적 권리가 아니라 권능이고, 그 침해에 대하여 이를 배제하는 대세적인 물권적 청구권이 발생하는 것은 자유권과 같은 맥락에 있다. 인격권이나 지식재산권도 그 침해에 대한 구제 청구권이 중요하므로, 자유권에 준하는 것으로 볼 수 있지만, 그로부터 다양한 적극적이고 구체적인 권리(성명권, 퍼블리시티권, 전용실시권이나 로얄티 청구권 등)가 파생된다.

호펠드는 이러한 자유 내지 허용을 privilege라고 부른다. privilege는 사전상 특권으로 번역되고, 자유는 배타성이 있는 침해 금지로서 일반적 청구권적 권리보다 더 강한 보호의 대상인 점에서 특권이라고 할 수 있지만, 면제에 속하는 면책특권이나 행정법상 특권과 구별하기 위하여 자유(권)이라고 칭하는 것이 타당하다고 생각된다. 이러한 자유(권)은 타인의 무권리(no right), 즉 타인의 자유 영역에 대한 침해 금지와 상관되어 있다.

권한(power)은 어떠한 행위를 할 수 있는 가능성을 말한다. 헌법과 조직법이 정하는 국가기관의 입법권, 행정권, 사법권 등은 공법상의 권한이라고 할 수 있고, 공법상 개인의 허가 등의 신청권이나 투표권 등과 같은 것이 통상 권리라고 불리지만, 사인의 공법상의 권한(公權)에 해당한다고 할 것이다. 사인이 계약을 체결하거나 유언을 할 수 있는 지위는 사법상의 권한으로 볼 수 있고, 대리권이나 대표권 등과 같은 것도 사법상 지위 내지 권한이다. 권한도 넓은 의미에서는 권리라고는 할 수 있지만, 청구권과 달리 권한에 상관되는 의무자는 없다. 권한에는 거의 반드시 책임이 따른다는 점에서 권한의 상관개념은 책임(liability)이다.

면제(immunity)는 면책특권이나 면책조항의 경우와 같이 책임이나 의무가 면제되어 있다는 점에서 넓은 의미에서의 권리라고는 할 수 있다. 책임이 면제되는 경우, 상대방은 면책자에 대하여 무권한이므로 면제와 무권한은 서로 상관되어 있다고 볼 수 있다.

나아가 호펠드는 엄밀하지는 않지만, 반대개념의 관계를 제시하고 있다. 권리와 무권리는 양립할 수 없는 것이고, 따라서 권리의 반대는 무권리이다. 자유(권)에는 의무가 붙을 수 없으므로, 그 반대는 의무가 된다. 같은 맥락에서 권한의 반대는 무권한이고, 면제 내지 면책의 반대는 당연히 책임이 될 것이다.

위에서 본 호펠드의 권리 등의 상관과 반대의 관계를 도식으로 나타내면 다음과 같다(Wesley N. Hohfeld, Fundamental legal conceptions, 5면).

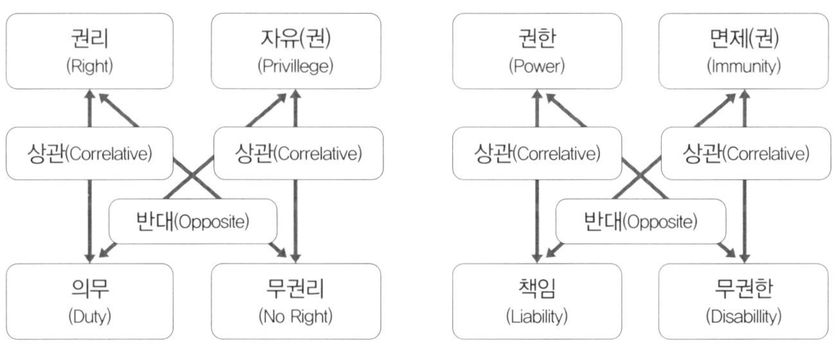

▲ 권리 등의 상관과 반대의 관계

3. 다양한 권리 및 권력의 개념

법이 인정하는 권리는 매우 다양하다. 가족권의 경우와 같이 권리가 의무와 결합된 법적 지위인 경우도 있고(친권과 부양의무), 상속권은 피상속인의 사망을 조건으로 하는 순수한 재산상의 권리이기는 하지만, 유류분이나 기여분 등과 같은 여러 법적 제약이 있어 호펠드의 권리 개념에 반드시 들어맞는 것은 아니다.

협의의 권리와 구별되는 권능(權能)으로는 물권의 사용, 수익이나 처분권과 같은 자유권 내지 허용이 있고, 어떠한 권한인 경우도 있으며, 청구권으로 구체화 현실화되는 것도 있다. 예컨대 물권에 대한 침해나 침해 우려가 있는 경우에는 그 배제를 위한 물권적 청구권이 현실화되는 것이다. 또한 지식재산권이라는 포괄적 권리에서 사용권이나 전용실시권, 사용허락권 등의 구체적 권리가 파생되는 경우도 있다.

사원권이나 단체의 구성원 지위와 같은 것은 하나의 독립된 권리라기 보다는 법적 지위라고 할 수 있으나, 이를 넓은 의미로는 권리라고 불러도 무방할 것이다. 이러한 포괄적인 법적 지위에서 권능(權能)이 도출되고 파생되는 것이다. 예컨대 주식회사의 주식은 주주권이라고 하지만, 이는 주주로서의 법적 지위를 말하는 것이고, 그 자체로는 아직 구체적 권리는 아니다. 이로부터 도출되는 권능으로는 공익권과 자익권이 있는데, 공익권인 의결권이나 소수주주권 등은 권한에 해당하고, 자익권인 이익배당청구권은 주주총회의 결의로 구체화되면 청구권으로 현실화된다. 또 예컨대 양육비나 부양료 청구권은 친족관계인 추상적인 법적 지위로부터 파생되는 권능이라고 할 수 있고, 당사자의 협의 또는 가정법원의 심판에 의하여 비로소 구체적 청구권으로 전환된다(대법원 2011. 7. 29. 자 2008스67 결정). 이러한 추상적인 법적 지위 자체는 소멸시효에 걸리지 않고, 같은 이유에서 피부양자가 부양의무자에게 현실적으로 청구하기 이전의 과거 부양료는 원칙적으로 청구할 수 없다(대법원 2008. 6. 12.자 2005스50 결정). 이와 같이 권능은 법적 지위나 포괄적 권리에서 도출되는 파생적이고 조건적인 것이지만, 구체적 권리가 될 수 있다는 점에서 역시 넓은 의미에서의 권리에 포함시킬 수 있다.

한편 권력(權力)이라는 용어는 헌법 제1조에 나오고 있지만, 이는 법적 개념이 아니라 정치학적 개념이다. 국민은 주권자이지만 직접 권력을 행사할 수는 없다. 권력은 국민으로부터 도출되는 것이다. 즉 국민은 투표나 선거를 통하여 헌법을 제정하고 개정하며 권력기관을 선출한다. 막스 베버에 의하면, 권력이란 '타인의 의사에 영향을 미칠 수 있는 힘이나 능력'이라고 한다.

대통령이나 국회의원 등은 선출된 권력이고, 그들이 행사하는 권력은 법적 권한(특히 직무상 지시권한이나 인사권)에서 비롯되어 그 이상의 영향력을 발휘하여 타인에게 복종을 요구하는 사실상의 힘이 되는 것이다. 그밖에 법률에 공권력, 국가권력이라는 용어가 나오고 있지만, 대부분 법상 주어진 국가기관의 권한 남용이나 유월에 대한 구제(헌법소원, 손해배상 등)를 예정하는 요건으로 사용되고 있다,

프랑스의 푸코(Michel Foucault)는 권력의 개념과 속성을 파헤쳤고, 이는 물리적 힘이나 법적 규제와 구분되는 것이라고 하였다(왁스 법철학, 104면 이하). 그는 근대부터 인간의 신체는 공장이나 병원, 학교나 감옥 등과 같은 제도의 지형을 통하여 권력과 그에 따른 제재의 새로운 미시물리학에 복종하게 되었음을 증명하고 있다. 제재적 권력은 우리들이 스스로 자연스럽다고 생각하게 되는 방식으로 행위를 하도록 유도하고, 따라서 우리는 제재의 실천 기술들에 의해 조정되고 관리되는 것이라고 한다. 이로써 우리는 질서에 순응하게 되고, 그 결과 자본주의가 살아남고 발전하게 되었다는 것이다.

푸코의 권력 분석은 자유주의적 사고와 중앙집중적 국가권력에 대하여 의문을 품게 하였다. 그는 권력이라는 것이 자유주의가 감축하려고 노력하던 지배 그 자체를 실제로는 더 증진시키는 수단이 되고 말았다는 아이러니를 지적하고 있다. 그는 이러한 제재적 권력이 거의 모든 사회생활의 요소에 침투하여 법 자체가 특별한 우위를 주장할 수 없게 되었다고 한다. 따라서 그는 오늘날 사회화된 법이 내세우는 형식적 평등이나 그 제도적인 작용은 포스트모던 국가를 특징짓는 권력의 배후에 있는 연막과 같은 것이라고 비판하고 있다.

[4] 소결

모든 학문의 근본 문제는 '인간이란 무엇인가' 라는 것이고, 법철학은 '법이란 무엇인가'를 묻는다. 인간은 불완전하고 죽음을 맞게 되는 현존재(Dasein)로서 결코 당위에 부합하고 일치할 수 없지만, 기본적으로 '당위를 지향하는 존재'(Sollendes Sein)라고 할 수 있다. 존재(存在: Sein, is)와 당위(當爲: Sollen, ought)가 완전히 일치하는 일원론자(Monist)는 신(神)밖에 없다. 인간이 신에 가까운 성인군자가 아닌 이상 자신의 욕망이나 타인의 유혹에 의하여 당위에 반하는 행위를 할 수 있다. 인간은 도덕률이나 합법성의 당위를 지향하고 있지만, 결함 있는 존재로서 당위에 반하는 행위를 하는 것이 현실이다. 그 중에서 강제질서인 법은 당위이지만 현실에 정초하고 현실과 유리되어서는 안 되며, 법 자체가 통상 쓰여진 실정법이라는 형태로 존재한다. 그래서 우리는 독일의 카우프만을 따라서 법을 '존재하는 당위'(Seiendes Sollen)라고 말할 수 있는 것이다. 객관적 법이 규율하는 계약이나 소유권, 회사 등의 제도가 실정법에 규정되고 제도적 사실로 존재하고 있을 뿐만 아니라 그에서 도출되는 주관적 법인 권리도 구체적 판결이나 심리적 사회적 사실로 존재하는 것이므로, 이러한 정의는 전적으로 지지받을 수 있다.

그렇지만 이것만으로 부족하고, 법을 간단히 정의하는 것은 하나의 언어를 다른 언어로 대체하는 것이며, 문제의 전이일 뿐이다. 법은 규범이자 당위로서 관념적 존재이고 복잡하고 변화하는 현상을 포괄하고 있는 것이며, 따라서 법은 법의 이름으로 움직이는 관념과 현실의 총칭이다. 이는 일종의 유명론적 정의이지만, 우리의 언어관용도 실재라고 본다면 그러한 언어분석적인 정의가 실재론적이라고 말할 수도 있다. 우리의 언어관용상 법은 옳은 것이고, 내용적으로는 법이념이나 그 시대의 지배적 도덕과 무관할 수 없는 것이다. 또 법적이라는 말은 일정한 내용을 권리로 주장하거나 의무화할 수 있고, 국가적 강제에 의하여 관철할 수 있다는 것으로 사용된다.

이와 같이 법이란 말은 하나의 관념에 대한 단순한 기호이고, 국제법이나 관습법도 포괄하는 법 개념은 찾기 어렵다. 국제법은 입법기관이나 집행기관이 없고 구속력이 국내법과 같지 않다는 점에서, "우리가 그것이 법이라고 불리어지는 것은 알고 있지만, 그것이 법일까"라는 의문이 끊임없이 제기된다. 국제법의 구속력이 국내법의 그것과는 다르고 국가적 강제력은 없지만, 그 구속력이 현실화되면 국가 주권과 충돌한다. 예컨대 국제법에 따라 현실로 동원되는 유엔의 경제제재나 나토의 군사개입 등과 같은 강력하고 실효성 있는 제재도 있을 수 있다. 하트에 의하면, 국제법과 국내법은 그 형식과 내용에 있어서 유사점이 있고, 특히 내용의 유사성이라는 점에서 국제법만큼 국내법에 가까운 사회적 규칙은 다른 곳에 없다(하트, 법의 개념, 212면 이하). 국제법은 아직은 단지 유사한 법(law by analogy)일 뿐 국가의 한계를 벗어나고 강제와 친하지 않지만, 그것이 국가에 의하여 승인되고 국내법과 마찬가지로 효력 있는 규범으로 받아들여질 때 국가 내의 강제도 결부될 수 있다는 점에서 국가와의 관련성은 부정할 수 없다.

결국 법의 개념과 범주는 선험적으로 정해지지 않고 시대와 관념의 변화에 따르는 것이고, 강제는 법의 속성이기는 하지만 필연적으로 결부되는 것은 아니다. 법 개념의 확정에 중요한 논점들은 다음과 같이 정리할 수 있고, 이 문제는 후술하는 법원론(法源論)의 과제와도 연결되어 있다.

1) 이른바 '법초월적' 당위인 법이념과 법 개념의 관련성, 즉 그것이 외부적인 평가기준인가, 법의 내재적 요소인가 다툼이 있다. 오늘날 법이 지향하는 상위 목적으로서의 법이념은 헌법으로 실정화되었고 도덕의 원리는 법내재적인 원리로 승인되어 법이념도 법 개념의 요소가 된다고 볼 수 있다. 물론 법이념은 추상적 일반적인 원리로서 직접 적용될 수 없지만, 입법에 의하여 구체화되거나 입법에 흠결이 있는 경우 조리라는 기준에 의하여 판례법으로 형성될 수 있음도 인정된다.

2) 실정법의 법규범은 법률과 관습법, 판례법의 형태로 존재하고, 법 개념의 핵심 요소가 됨은 다툼이 없다. 법규범은 입법에 의하여 형성되는 구체적

이고 일반적인 당위로서 법현실에 직접 적용될 수 있는 것이고, 관습법과 판례법은 사법적 승인에 의하여 국가적으로 형성되는 것이다.

3) 법현실은 전(前) 법적, 법외적인 존재의 영역이고 법의 규율 대상이자, 법을 형성하는 소여(所與)이지만, 그 자체 법 개념의 요소라고 할 수 없다. 다만 법현실은 국민의 법의식과 존재의 질서요소인 이른바 '사물의 본성'으로 간접적으로 법형성에 기능할 수 있다. 법현실은 입법 단계에서 법형성에 작용할 수 있지만, 판결을 통하여 다시 법현실이 구체적 법으로 형성되고, 미국의 법현실주의와 독일의 판결실증주의 하에서는 판결이 법 개념의 요소로 인정된다.

4) 끝으로 국가적 당위가 아닌 사적 입법, 예컨대 각종 공적, 사적 단체의 정관이나 규약, 약관, 협약 등과 나아가 사인 간의 계약이 널리 법 개념에 포섭될 수 있는가의 문제가 된다. 노동법상 단체협약인 취업규칙은 근로기준법이 근로자 보호의 목적으로 그 작성을 강제하고 이에 법규범성을 부여한 것이라는 것이 확립된 판례이다(대법원 1977. 7. 26. 선고 77다355 판결 등). 보통거래약관도 공급자와 다중의 수요자들 사이에 집단적으로 적용되는 법규범성을 부인할 수 없고, 행정적, 사법적인 규범통제를 받게 되는 것이다.

나아가 각 공사단체의 정관이나 규약도 재판에서 단체에 관련된 자들의 권리 의무나 법적 지위를 정하는 사법적 기준이 된다는 점에서 광의의 법개념에 포함될 수 있는지 문제가 된다.

이와 같이 법은 단지 실정법의 현존만이 아니라 이념적 요소와 법의 현실이라는 다양한 차원의 요소들로 각인되어 있고, 시대에 따라 법의 내용은 변천 가능하다. '개념 없는 이념은 공허하고, 이념 없는 개념은 맹목'이라는 점에서 법 개념에서 법이 지향하는 법이념은 배제할 수 없는 것이다. 라드부르흐는 "법은 법이념에 지향하는 현실로서 국가와 사회생활을 규율하는 일반적 실정적 규범의 총체"라고 한다(라드부르흐, 법철학, 62면 이하). 이를 부연하면 법이란 "법이념을 지향하여 국민의 권리, 의무를 정하고 국가 목적을 위한 행위규율이고 이를 실현할 수 있는 조직, 권한, 책임 등을 정하는 규범 체계로서 그 체계 내에서 강제가 가능한 법현실"이라고 할 수 있다.

결국 법 개념의 요소는 법이 지향하는 '법이념'과 법의 현존재인 '실정법', 그 작용으로서의 구속력 내지 강제 가능성이 실현되는 '법현실'을 포괄하고, 따라서 법은 3차원적인 '관계개념'(Relationsbegriff)이라고 할 수 있다(심헌섭, 법철학Ⅰ, 60면 참조). 실정법은 '존재하는 당위'이고, 따라서 법이념은 존재하는 실정법에 대하여–초월적–당위이지만, 실정법은 존재인 법현실에 대하여는 –현실적–당위가 되는 것이다. 다만 인간이 만드는 실정법은 불완전하여 법 이념을 완전히 구현할 수 없고 법현실을 온전히 규율하지도 못한다.

3차원의 관계를 도식으로 표현하면 다음과 같고, 3차원이 겹치는 빗금친 부분은 실정법이 법이념과 법현실에 부합하는 정법(正法)이 된다고 할 것이다.

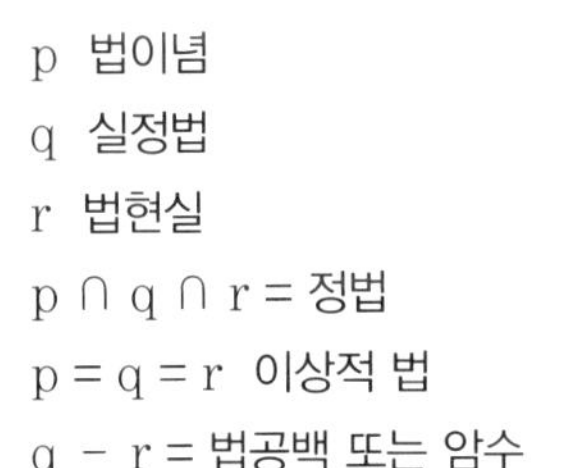

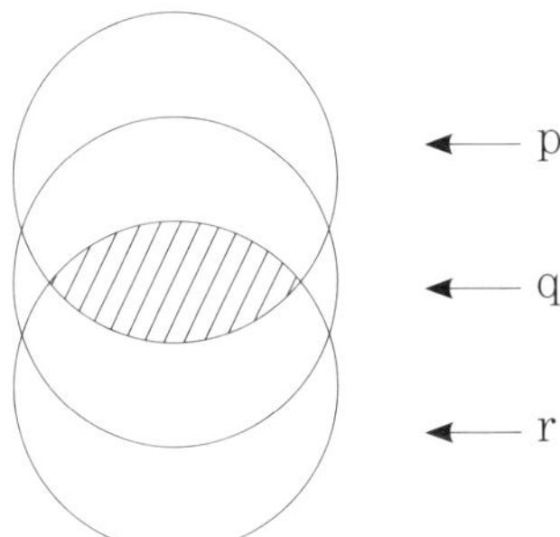

제3장

자연법론과 법실증주의

1 서론

유구한 역사와 전통을 가지고 있는 자연법론 내지 자연법적 사고는 다양하게 전개되어 왔지만, 국가의 실정법을 초월하는 법이 존재하고, 그것이 국가적 법 설정에 대한 초국가적 통제나 교정을 가능하게 하며, 국가가 법을 설정함에 있어 인간의 요구나 사물의 본성에 부응하는 처분 불가능성이 있다고 한다는 점은 공통적이다. 자연법론은 정당한, 진정한 바른 법의 문제, 즉 정법(正法)의 존재와 인식 문제를 다루는데, 이러한 문제는 모든 국가질서 내에서 제기된다. 그런데 실정법의 상위에 있는 자연법이 무엇인가의 문제는 신학적 자연법론에 의하면 명백하지만, 오늘날 다원주의 체제 하에서 상이한 집단에 의하여 각기 다르게 대답되어지고, 시대와 장소에 따라서도 정법의 기준이 다를 수 있다. 자연법의 개념은 이 논쟁에서 법률과 판결에서의 정의의 문제에 대한 언어적 상징이다. 이 문제는 인간은 왜 사는가, 바르게 살아야 하는가, 우리의 미래는 무엇인가 라는 것과 같은 의미 문제의 한 부분이라고 할 수 있다.

오래전부터 법철학을 지배해온 자연법론과 법실증주의의 대립은 형이상학적 사변과 과학적 실증주의 사이의 일반적 대립의 특수한 경우이다. 자연법론은 그것이 인간에 의해 제정된 실정법 이외에 이념적, 초월적인 법의 존재를 주장하는 한 법의 형이상학이다(켈젠 법이론선집, 239면 이하). 영미에서의 자연법론은 법과 도덕의 밀접한 관계나 교착을 인정하는 관점에 붙인 이름이라고 한다(왁스 법철학, 1면). 그리고 한자로 法이라는 것은 물이 흘러가는 것, 즉 자연스럽고 정상적인 것이라는 뜻으로 해석되고, 이를 서구 사조에 비추어 보면 동양의 법도 유래상 자연법적 관념에 부합한다.

자연법 논의는 이중적으로 사용된다. 1) 법정책적 요구나 저항권, 혁명 등의 정당화, 다른 한편 2) 기존의 법질서가 자연에 합치된다는 보수적, 방어적 논리에도 적용된다. 자연법 논의는 역사적으로 보면 무엇보다도 가치관념이나 정치체제의 변혁기에 이슈가 된다. 자연법적 사고는 오랜 역사를 가지고 있으며, 그 내용도 다양하고 가변적인데, 자연법론의 역사는 바로 법철학의 약사가 된다.

▎2▎ 자연법론 약사(略史)

1. 고대의 철학적 자연법론

고대 그리스 자연철학의 노모스(nomos)와 피지스(physis)는 자연법론의 인정법(人定法)과 자연법(自然法)에 해당하고, 소크라테스의 양심의 소리나 플라톤의 이데아론, 아리스토텔레스의 목적론적 형이상학은 자연법을 직접 말하고 있지 않지만, 자연법론과 관련이 있다고 볼 수 있다.

스토아학파는 우주의 이성인 영구법, 인간의 이성인 자연법, 인정법의 3단계로 구분하고, 로마의 키케로(Cicero)는 진정한 법은 자연과 일치하는 이성이라고 한다. 진정한 법은 원로원이나 인민에 의하여 폐지되지 아니하고, 이 법은 로마든 아테네든 다르지 않고 현재든 미래든 다르지 않다고 한다. 그는 자연의 법은 로마와 아테네의 실정법과는 달리 영원하고 불변하며, 신을 그 창시자, 공포자 그리고 재판관으로 한다고 가르친다.

이러한 영구법의 관념은 중세의 종교적 자연법론에서 신법이나 창조질서로 넘어가게 되었다.

2. 종교와 법-중세의 신학적 자연법론

신학적으로 구성되는 자연법론의 기초는 공통의 종교적 신념이다. 그 효력 요구는 신앙공동체에 한정된다. 오늘날 세계관적으로 중립인 다원주의 국가에서는 신학적 자연법은 실정법에서 배제되지만, 오늘날 이슬람 국가에서는 신학적 자연법이 여전히 실정법이 되고 있다.

종교사의 흐름에 따라 기독교적 자연법론의 다양한 구성이 나왔다. 교회사는 교회에서 선언된 자연법도 다양하게 변하였고 시대조류에 따른다는 점을 보여주고 있다. 신학적으로 구성된 자연법은 법과 도덕의 밀접한 결부나 국가가 동등한 인격의 존엄을 보호할 의무를 지시하고 있다.

중세의 아우구스티누스는 자연법을 '신의 이성 또는 의지로서 자연적 질서의 유지를 명하고 그 침해를 금하는 영원한 법칙'으로 본다. 그는 "신이 아닌 그 누가 자연법을 인간의 마음 속에 써 놓았겠는가?"라고 묻는다.

또한 토마스 아퀴나스는 "모든 피조물은 선하다", "존재와 당위는 연결된다", "모든 피조물은 신과 다르지만 유비체(analogia entis)"라고 한다. 인간은 이성과 자유의지를 가진 신과 가장 가까운 존재이고, 선(善)은 최고선으로서의 신의 질서이며, 이성적 피조물의 신의 이성에 따른 영원한 법칙에의 참여를 자연법이라고 일컫는다.

신학적 자연법론은 철학적 전통에서 주지주의(Intellectualism)보다 주의주의(Voluntarism)에 해당한다. 인간 그 자체와 같은 보편자는 현실세계에 존재하지 않고, 보편개념은 공허한 목소리로서 인간의 이성보다 의지를 앞세운다. 따라서 영구법이란 없고 영구적인 입법자인 신만이 있다. 여기서 선과 악의 절대적 구분은 없고, 모든 것은 신이 그것을 의욕하기 때문에 선한 것이고, 선이 아닌 것은 신이 금지하기 때문에 악하다. 아퀴나스 자연법론의 핵심은 "선을 행하고 악은 피하라"는 것이었다. 아퀴나스의 자연법은 영구법에의 참여이고, 인간이 욕구나 악의 등으로 자연법과 신성법에 반하는 인간의 법은 법이 아니라 법의 부패라고 하였다. 그는 인간적인 차원에서 선을 위배한 법은 폭력이지만, 이를 준수하지 않음으로써 타인에게 해악을 끼치거나 혼란을 야기하게 되는 경우에는 그 법에 복종하여야 하되, 신의 권리를 해치는 법은 복종해서는 안 된다고 하였다. 즉 그는 부정당한 인간의 법에 대하여 신민은 복종을 거부할 수 있지만, 시민의 무질서를 초래하거나 잘못된 예(scandal)를 보여주게 되는 경우는 예외라고 조심스럽게 인정하는 것이다. 이는 아퀴나스의 이름으로 법 복종의 거부를 정당화하는 급진적 주장과는 거리가 먼 것이다(왁스 법철학, 7면).

르네상스 이후, 신의 권위가 퇴조하고 인간의 이성이 전면에 나서면서 근대 자연법론이 등장하였고, 다른 한편 신의 권위가 세속화되면서 신학적 자연법론은 법실증주의의 선구가 된다.

3. 근대 자연법론-이성과 법, 계몽

중세 이후 신앙에서 지식으로, 주의주의에서 주지주의로 이행되었고, 이성에 의한 지식은 신앙을 대체하였다. 계몽시대의 자연법은 종교전쟁이나 신앙적, 고백적 자연법의 부정에 대한 정신사적인 대답이다. 계몽시대에 마키아벨리나 장 보댕과 같은 군주정의 옹호자는 자연법의 이름으로 왕권신수설, 근대국가론을 세우고, 특히 근대 주권론을 창시하였다.

국제법의 아버지인 그로티우스(H. Grotius)는 "신이 존재하지 않아도 자연법은 같은 내용을 가진다"고 주장하고. 어떠한 행위는 신이 금지하지 않아도 본질적으로 악한 것이라고 하였다. 그는 이렇게 자연법을 세속화하고 국제공법의 기초를 놓았다. 토마지우스는 이성이 명하는 자연법의 최고원리로서, 1) 소극적 황금률과 2) 적극적 황금률, 3) 정직의 원리를 제시하였다(황금률에 관하어는 제5장 3. 참조).

엄밀한 의미에서의 자연법론은 아니지만, 이성적 자연법에 속한다고 볼 수 있는 사회계약설적 법이론이 나타났다. 홉스(T. Hobbes)는 만인 대 만인의 투쟁상태인 자연상태에서 인간의 자기 보호를 위한 자연법에서 자연권을 도출하였다. 홉스는 기본적으로 성악설, 갈등론적 인간관을 전제로 자연상태를 설명한다. 그에 의하면, 인간본성에 투쟁의 원인이 있고, 투쟁은 현실적으로 싸우는 행위에만 존재하는 것이 아니고 싸우고자 하는 의지가 충분히 알려진 동안에 존재하는 것이다. 공통의 힘이 없는 투쟁의 경우에는 법이 존재하지 않으며, 법이 없는 곳에서는 부정의도 존재하지 않는다. 폭력과 기만은 전쟁상태에 있어서 두 개의 기본적 도덕이며, 정의나 부정의는 육체나 정신의 어떠한 능력도 아니다. 따라서 공존과 평화욕구에 의한 사회계약은 지배복종의 계약으로서 인간은 자연법에 따라 타인의 공격에 대하여 생명 신체를 보호할 수 있는 자연권이 발생하고, 자연권은 모든 사람이 그 자신의 본성, 즉 그 자신의 생명을 보존하기 위하여 스스로 원하는 대로 그 자신의 힘을 갖는 자유이다. 다만 홉스에 따르면 공존과 평화욕구에 의한 사회계약은 지배 복종의 계약이고, 법은 주권자의 명령이며, '진리가 아니라 권위가 법을 만든다'. 따라서 군주의 권위는 모든 법을 정당화할 수 있다. 홉스에게 자연법은 군주를 위한 도덕적 자격일 뿐이고, 사회계약에 따라 군주의 권위로 실정법이 제정되는 것이므로, 그는 엄밀히 보면 법실증주의자라고 할 수 있다.

로크(J. Locke)는 자연상태는 자유와 낙원의 상태이지만. 자연상태의 결함으로 인하여 결합계약과 복종계약의 혼합인 사회계약이 필요하게 되었다고 주장한다. 자연법의 기초는 인간의 자기보존과 방어의 권리(이성은 모든 인간이 평등하고 독립적인 존재이며, 누구도 타인의 생명, 신체, 재산을 침해하여서는 안 된다고 가르친다)이므로, 이러한 자연권에서 자연법이 도출된다. 또한 로크는 노동의 결과를 자기의 전유물로 가지는 권리로서의 사유재산권(property)이 소유권의 기초라고 하며, 재산권은 바로 자연권이고 양보할 수 없는 권리라고 하여 근대 소유권 관념을 제시하였다. 그는 합법정부는 합의에 기초한 정부로서 이성적 자연법은 다수의 합의로 기본권 제한이 가능하고,

세금도 거둘 수 있다고 하였으며, 국민주권론과 저항권을 지지하였다. 그가 주창한 정부와 의회의 이권분립은 영국의 전통이 되었고, 이후 몽테스키외의 3권분립으로 발전하였다.

그리고 법을 '일반의지의 표현'이라고 하는 루소 역시 사회계약론자이다. 그에 의하면 인민의 일반의지가 규칙(법)을 만들고 그 규칙을 정부가 위탁받아 구성원 전체의 힘을 행사하는 것이 모두가 선택의 자유 하에서도 동의할 수 있는 합의라고 한다. 일반의지는 공동체의 선택이고, 공적인 선택을 하는 투표를 통하여 규칙이 만들어지며, 정부는 위탁받은 법을 그대로 시행하여 인민들의 인격과 재산을 지켜야 한다는 것이다.

이러한 근대 자연법론에 기초하여 영국의 권리장전이나 프랑스 인권선언과 미국 헌법이 문서화되었고, 이는 서구 법사상에서 위대한 자연법의 전통이 실정화된 것이다. 한편 사법(私法)의 영역에서 로마법은 이성의 소산인 자연법의 침전물로 간주되었고, 영국의 판례법인 보통법의 전통은 비록 관습이라는 이름이 붙여졌지만 로마법의 정신에 의거하였다. 대륙의 판덱텐 법학도 로마법을 연구한 것이고 그 성과는 재판에 원용되었다. 현대적 의미에서 주권자의 명령으로부터 나오는 제정법은 대부분 행정적 법규로서 2차적 법원이었는데, 대륙에서는 나폴레옹 민법을 시작으로 민법전이 제정되었고, 이 역시 로마법의 전승에 기초한 것이다. 이를 시작으로 유럽 각국이 민법 등 사법을 법전화하게 되어 법실증주의의 시대가 열리게 되었고, 우리는 일본을 통하여 서구의 법전과 법을 계수(Rezeption)한 것이다.

이와 같이 계몽적인 자연법 사고와 절대주의 국가입법의 배경에서 이루어진 법의 국가화, 법전화와 함께 권리장전이나 헌법의 실정화로 초실정적 법으로서 고차법, 자연법을 논하는 의의는 점차 약화되었다. 자연법론은 특히 두 가지 적에 의해 쇠퇴되었다. 법실증주의와 도덕 추론에 합리적 해결이 없다는 입장(비인식주의)은 자연법에 대한 심각한 회의를 불러 일으켰다(왁스 법철학, 12면). 특히 영국의 흄(D. Hume)은 그의 '인간본성론'에서 존재와 당위를 구분하고 존재에서 당위를 추론할 수 없다는 유명한 이원론을 주장하였다. 그는 세계나 인간의 본성에서 도덕법칙이나 자연법이 추론될 수 없다는 점을 보여 주었다. 그후 자연법론은 쇠퇴하게 되었고, 20세기 나치의 전범재판에서 고차법이 다시 원용되고 국제연합의 인권선언에 채택되면서 자연법이 재생되기도 하였다.

이에 반하여 낭만주의적 전통에 근거한 독일의 역사학파는 현행법이 역사적, 사회적, 문화적 작용조건과 관련되어 있다는 점을 의식화하였다. 역사와 민족정신이라는 개념이 법의 발생적 과정에 대한 이름으로 붙여졌다. 그러나 민족정신과 같은 형이상학적 관념이 법의 창조자라는 점에서 역사학파는 오히려 자연법론의 전통에 합치되는 것이다.

독일에서 민법의 법전화 논쟁이 일어나서 역사학파의 대표자인 사비니(F. Savigny)에 의하여 입법자가 일단 뒤로 물러났고, 당분간 입법자가 아닌 법률가가 민족정신의 소산인 법규범의 산출을 독점하게 되어 뒤늦게 민법이 법전화되었다. 사비니는 관습법과 법조법 내지 법관법을 중시하고, 법률가는 민족의 신탁을 받아 전문적으로 법을 관리하는 민족정신의 대변자라고 하였다. 이를 위하여 법률가는 역사적 감각(시대정신), 체계적 감각(개념, 원리의 체계화)의 두 가지 감각이 있어야 한다고 하였다. 이는 지금도 유효하고, 다만 현대의 법률가에게는 세계적 감각이 추가되어야 할 것이다.

4. 칸트와 헤겔의 자연법론

칸트(I. Kant)의 사회계약설에 의하면, 투쟁적 자연상태에서의 갈등과 대립을 벗어나기 위하여 이성이 명하는 의지의 공동체적 결합이 사회계약이다. 하지만 사회계약은 역사적 사실이 아니고 명백한 이성의 원리이며, 사회계약이 역사적 사실이라는 점은 증명 불능이거나 증명은 무익하다고 한다. 따라서 사회계약은 이성의 요청이고 규정적(規整的) 이념이 된다. 칸트의 법은 자유에 대한 상호 제한의 원리로서 자유의 조화와 통합이다. 그는 공화제와 권력분립을 주장하였고, 저항권을 부정하였으며, '영구평화론'에서 평화연맹을 제창하였다. 그는 국제연맹의 이념 하에서 만인이 서로 평등한 세계시민적 권리를 누린다는 이상을 제시하였고, 오늘날 일부 실현되고 있다.

칸트의 실천이성은 선을 향한 무조건적인 의지였고, 동기를 중시하는 의무론적 윤리학의 시초가 되었다. 그의 정언명령 중 가장 중요한 보편성의 원리─너의 의지의 준칙이 보편적 입법이 되도록 행위하라─는 바로 행위의 내용을 말하지 않는 형식적 의무론적 윤리가 되는 것이다. 그의 '실천이성비판' 종장에 나오고 묘비명에 새겨진 구절은 바로 이것을 표현한다: "하늘에는 빛나는 별, 내 마음속에 도덕률." 칸트는 자연법을 직접 말하지 않고 형식적인 도덕법칙을 추구하였지만, 그의 사회계약론이나 실천이성은 선험적인 자연법론의 전통에 부합하는 것이다.

헤겔(F. Hegel)의 법은 객관적 정신의 즉자적 현실화이고, 보편적 자유를 목표로 하여 도덕의 단계로 넘어가는 변증법적 발전을 한다는 의미에서 그의 법철학도 일종의 자연법론이라고 할 수 있다. 객관적 정신의 반영으로서 윤리적 실체는 가정(감정의 총체)─시민사회(경제적 조직)─국가(조직의 안정을 위한 보편적 법제도)로 구분된다. 여기서 국가는 가장 완성된 윤리적 실체, 에토스이다. 국가의 실정법은 국가의 보편의지이고, 인위적으로 설정된 제2의 자연이다. 국가의 보편의지가 개인의 의지와 일치하고 조화를 이룰 때 국가 내에서 개인의 자유 실현이 가능하고, 이성적이고 성숙한 국가가 된다고 하였다. 그의 국가주의는 국제법을 부정하고, 전쟁이란 이성적이고 필연적이며, 역사의 변증법을 움직이는 수단이라고 한다. 그리고 헤겔은 응보적 형벌관을 지지하지만 이 역시 변증법적 과정이므로, 단순한 복수나 탈리오는 부정하였다.

3 법실증주의와 신실증주의의 이론들

1. 법실증주의

법실증주의는 그리스의 프로타고라스, 고르기아스 등 소피스트의 상대주의, 회의주의, 허무주의에 기원하고 있다. 소피스트는 '인간이 이성을 통하여 확실한 인식에 도달할 수 없고 개연적 인식만 얻을 수 있다'고 하면서 '카르네아데스의 판자'의 예(살인죄와 긴급피난의 성부)를 들어 법과 정의의 정답이 존재할 수 없다는 것을 증명한다. 트라시마코스의 강자의 자연법은 실력적 실증주의이고, '정의는 강자의 이익'이다.

근대에 이르러 철학이 신과 존재에 관한 형이상학에서 인식론으로 전환되고, 데카르트의 경험론과 인식론에서 경험을 통한 인식능력인 이성이 중요시되었다. 수학과 과학 같은 명증한 학문이 발전되면서 실증주의의 시대가 열렸고, 자연법론은 퇴조하였다.

영국의 벤담(J. Bentham)은 실정법의 정당성이 자연법에서 비롯된다는 블랙스톤(Blackstone)을 비판하고, 자연법은 무엇보다도 상상의 산물에 불과하다고 폄하하였다. 공리주의자인 벤담은 법의 기능을 생존의 유지와 풍요, 안정 및 기회의 평등이라 하고, 입법을 통한 사회개혁을 주장하였다. 그는 해설적 법학과 비판적 법학을 구분하여, 전자는 있는 법을 기술하는 것이고, 후자는 현행법을 비판하고 있어야 할 법을 제시하는 것이라 하였다. 무엇보다도 그는 법은 주권자의 명령이고 강제가 필수 요소이지만, 법에는 특정 행위를 금지하는 명령뿐만 아니라 어떠한 행위를 허용하거나 권한을 부여하는 것도 있다고 한다. 그리고 벤담은 정의란 단지 효용 내지 효율의 수사학적 개념이라고 하였다.

영국의 오스틴(J. Austin)은 법 명령설의 주창자로서, 법은 주권자의 일반적 명령이고 제재는 필수 요소라고 하였다. 명령의 개념에는 이를 따르지 않을 경우에 제재가 따를 가능성을 포함하는 것이고, 제재란 주권자의 의지를 따르지 않는 경우에 가해지는 손해나 고통 또는 악이라고 한다. 오스틴은 판례법은 주권자의 위임을 받은 법이고, 법학은 일반법학이나 법해석학이며, 입법학은 단지 윤리학이나 정책의 영역이라고 하여 벤담에 반대하였다. 또한 오스틴의 법 명령설은 관습법이나 영국의 불문헌법과 국제공법은 그 발령자인 주권자를 찾을 수 없기 때문에 법의 영역에서 추방하고 있다.

벤담과 오스틴의 이론은 명령을 발하는 주권자의 개념을 공유하고, 주권자의 권력은 단순히 제재를 가할 힘뿐만 아니라 국민이 일반적으로 법을 준수하는 습관에 의하여 구성된다고 보는 점이 공통적이다. 그런데 오스틴이 주권의 무제약성과 불가분성을 주장하는데 비하여, 벤담은 명시적인 협약에 의하여 주권이 제약되거나 분립될 수 있다고 하며(연방제의 경우), 기꺼워하지는 않지만 입법적 행위에 대한 사법적 심사를 승인하고 있다(왁스 법철학, 31면 이하).

또 다른 공리주의자인 밀(J. S. Mill)은 행복과 쾌락을 중시한 벤담과 같으나 쾌락은 질적 쾌락을 말한다. 그는 질적 공리주의자이고, 규칙공리주의를 지지한다. 그는 자유의 개념을 정립하고 공리보다 우선하였으며, 개인의 자유는 타인에게 해가 될 경우에 한해서 제한될 수 있는 해악의 원리로 형벌을 정당화하고, 자유의 제한은 실정법에 근거를 두어야 한다고 주장하였다.

서구 대륙에서도 자연과학의 성과에 따른 철학적 실증주의에 기초하여 법실증주의는 자연과학에 대한 신앙과 19세기 서구법학의 진전으로부터 발전되었다. 법실증주의의 극단인 개념법학은 법을 개념논리의 순수한 산물로 본다. 직업적으로 훈련된 법률가는 조직적으로 구성된 개념 피라미드로부터 모든 상정 가능한 사건에 대한 판단규칙을 도출할 수 있다고 한다. 법률의 해석은 외견상 순수 논리적 작업이고, 사실상 비정치적으로 작업하는 법률가에게 맡겨져 있다. 이러한 점에서 개념법학 내지 법률실증주의는 역사학파와 닮아 있다. 법실증주의는 국가권력과 법, 특히 법률적 불법의 문제에 관하여 법률에의 복종을 강조하고, 제정법을 존중하며 법관의 법창조를 거부한다.

법실증주의는 자연법론의 반대개념이지만, 그 개념의 스펙트럼은 다양하다. 법실증주의는 경험의 실증성에 주목하면 법사실의 탐구를 하는 법사회학이나 법현실주의 등도 널리 그 범주에 포함되지만, 통상 실정법만을 대상으로 하는 법률실증주의를 말한다. 하트(Hart)가 드는 법실증주의의 징표는 다음과 같다. 1) 법은 도덕이나 정치현실로부터 독자성이 있다. 2) 법과 도덕, 실정법과 정의는 분리된다. 3) 임의의 내용도 법이 될 수 있다—법이 있다는 것과 그것이 좋고 나쁘다는 것은 별개의 문제이다. 4) 제정된 법만이 법이고 제정된 이상 효력을 가진다.

결국 법실증주의는 법이념에의 지향을 단념하고 도덕과 단절하는데, 심헌섭 교수는 이를 '법철학의 불임수술'이라고 비판한다. 심지어 자연법론자인 영국의 샤피로(S. Shapiro)는 법실증주의가 법 안의 내용을 비워냄으로써 비록 법의 외형(껍데기)은 갖추었지만 법의 도덕적 선과 피를 제거한 것이므로, 이를 '철학적 박제술(taxidermy)'이라고 표현한다. 이는 마치 런던대학에 안치된 벤담의 미이라를 실물인 것처럼 보여주는 것과 같다고 비유한다(왁스 법철학, 31면).

그리고 법률실증주의는 법에 흠결이 없다고 하였지만, 실정법인 법률은 완벽하지 않고 법률의 흠결은 예외가 아니라 원칙이다. 법률에 불완전성, 즉 불확정성이나 모순, 흠결이 있는 어떠한 경우에도 법원은 법을 찾아야 하고 판결을 내려야 한다. 그 판결 결과는—특히 최종심이—규범 정립의 기능을 한다. 이 경우, 법관이 입법자가 아니라 자신의 권위로 법설정을 하는 것이고, 그 근거가 자연법이 아니라 실정법 안에 있는 법률과 법원리에서 찾아지는 것이라면 이는 법실증주의의 전통에 부합한다.

이러한 실정법의 불완전성과 법관의 규범 정립의 권한을 인정하는 흐름은 종래의 법실증주의를 변화 내지 발전시켰다. 미국의 법현실주의와 독일의 판결실증주의가 법현실에 주목하여 법원이 산출하는 살아있는 법을 중시하고 있는데, 이를 '신실증주의'의 경향이라고 할 수 있다.

2. 법사회학

가. 에밀 뒤르껭과 막스 베버

실증주의의 또 다른 양상은 법사회학으로 나타났다. 법사회학은 종래 규범적인 법이론에 의한 법 개념의 분석으로는 현실의 법을 설명하기에 부족하다는 전제 위에서, 법을 사회현상이고 사회통제의 수단이라고 보면서 이를 법이 기능하는 사회적 조건과 관련하여 분석하려는 시도이다. 콩트의 실증주의에서 시작되어 독일의 막스 베버(Max Weber)와 프랑스의 에밀 뒤르껭(Emile Durkheim)이 법사회학의 시초라고 한다.

뒤르껭은 어떻게 사회가 결집되고 분열되지 않는가, 즉 사회연대의 문제를 제기하고, 법의 역할이 '사회연대'를 유지하고 촉진하는 것이라고 주장하였다. 사회가 진보하면서 법이 처벌보다는 보상 내지 보장에 중점이 옮겨 갔고 처벌은 덜 폭력적이고 덜 잔인해졌지만, 여전히 사회연대를 보존하는 집단적 도덕을 표현하는 처벌에 중요한 역할을 인정한다. 그는 사회연대 파괴의 원인으로서 '아노미'(규범 부재)를 말하고, 그로 인하여 사회 내에서 항상 일정 수준의 범죄가 있는 것은 정상적이고 범죄는 오히려 건강한 사회의 통합적 부분이라고 하였다. 이는 마치 바이러스를 물리치는 인체의 면역체계와 같이 범죄에 대처하는 사법체계가 잘 갖추어지고 작동이 되는 한 건강한 사회로 통합될 수 있다는 것으로 이해된다.

막스 베버는 "법은 1인 또는 다수인이 설정한 강제수단에 의하여 위반 시 이를 제재하는 물리적 심리적 강제의 가능성을 통하여 외면적으로 보장되는 질서"라고 하였다. 그는 법적 사고의 합리성과 상대적 자율성 및 그에 기초한 영국 자본주의의와 법조 직역의 발전에 관심을 두었다. 그는 지배의 유형으로 전통적 지배, 카리스마적 지배 이외에 법적-합리적 지배가 법을 설명하는 핵심이라고 하였으며, 이를 유지할 장치로 관료제를 들고 있다.

나. 니클라스 루만

루만(N. Luhmann)의 법사회학 저작은 매우 방대하고 어렵다. 그의 거대한 법사회학의 핵심은 체계이론이고, 법체계는 전 사회체계의 부분체계로서 사회적 관계와 행위들의 '복잡성을 감축'하는 기능을 한다는 것이다. 법은 일반인에 대하여 합리적 행위 선택의 기회를 부여하고 상대방의 대응에 대한 기대도 가능하게 하는데, 그 기대의 배반이 일어나는 경우 사회적 분쟁이 발생한다. 그 분쟁이 법절차에 들어오면 공정한 절차를 통하여 '규범적'으로 분쟁을 해결하고 사회적 기대를 회복시키는 것이라고 한다.

루만의 법체계는 사회적 분쟁을 포함한 외계(Umwelt)의 사태에 대하여 자신의 이원적 코드인 '위법'과 '합법'으로 단순화시켜서 다룬다(예컨대 사회의 다른 부분체계인 경제체계는 이윤과 손실, 정치체계는 집권과 실권 또는 적과 동지의 이원적 코드로 움직인다). 법체계는 위법에 대하여 귀책을 정하는 방법으로 규범적 대응을 하여 법이 정한 제재(형벌이나 손해배상 등)를 가하는 것이다. 이로써 사회적 기대의 배반은 '반사실적으로 안정화'되고, '규범의 유지'를 통한 법적 평화를 가져오며, 나아가 '학습효과'를 통하여 재판 당사자뿐만 아니라 외부의 제3자에게도 '학습'이나 '기대의 구조전환'(생각을 고쳐 먹음)을 할 수 있게 된다고 한다. 이러한 법의 기능에 주목하여 그는 법이 행위기대를 반사실적으로 안정화하는 것이라고 하였다.

루만은 법체계를 비롯한 각 체계는 개방성을 가지고 있으며, 다른 체계들과 상호 작용을 하면서 법체계가 다른 체계의 변동에 영향을 주기도 하지만, 외계의 변화에 따라 법체계가 스스로 변천하는 것도 인정한다. 이로써 법의 발전, 변화가 가능하게 된다고 하며, 따라서 그는 혁명(revolution)이 아닌 진화(evolution)를 말하고 있다.

또한 루만은 그는 '정의'의 실체적 내용을 부정하고 정의는 단지 상징일 뿐이고, 단지 체계 내에서 판단의 계속성, 일관성이라는 형식적 기준으로 취급한다. 그는 사실 인정의 어려움뿐만 아니라 법률에 근거한 규범의 정당성도 증명하기 어렵기 때문에 절차를 통한 정당화를 주장하였다. 공정한 절차를 거친 끝에 나온 결과는 분쟁 당사자가 내용적으로는 승복하지 못함에도 불구하고 일반적으로 승인될 수 있는 가능성으로서의 제한적인 정당성이 인정될 수 있다고 하며, 순수한 절차적 정의론을 주장하는 것이다. 물론 루만이 말하는 절차는 단지 사법적인 재판절차뿐만 아니라, 민주주의 하에서 선거절차나 입법절차 및 법치행정에 따른 행정절차까지도 모두 포괄하는 개념이다(제4의 3.항 참조). 그 절차가 공정하다면 그 결과는 반대자의 반발에도 불구하고 일반인이 실제로 승복할 수 있는 가능성이 충분하고, 법적으로는 확정력을 가지고 필요한 경우에 강제력도 동원될 수 있다. 법실무가인 그는 특히 사실 인정의 어려움을 직시하고, 법관의 사실 인정에는 상상력과 경험법칙 내지 현실감각이 중요하므로, 법관의 재교육이나 경력법관제가 필요하다고 주장하였다.

3. 맑스주의 법이론과 비판적 법이론들

가. 맑스주의 법이론

법의 계급적 성격과 상부구조로서의 법을 말하는 맑스주의 법이론은 산업혁명과 헤겔 철학(변증법과 유물론)의 산물이다. 맑스 법학은 다음과 같은 진단으로부터 출발한다. "현재의 법은 계급으로 분화된 사회적 산물이다. 계급의 대립, 투쟁은 인류 역사의 진화 동력이다. 법은 확고한 실체가 아니라 항상 변하고 생성되는 생명이다. 모든 사회적 관계와 실정은 법이론적 과제의 중심에 놓인다. 법은 이데올로기적이고 제도적인 사회의 상부구조이다. 사회주의 법에서 존재와 당위는 합치하며, 법과 도덕의 경향적 합치명제가 타당하다. 공산주의로의 이행을 통하여 법과 국가는 사멸한다".

혁명적인 맑스주의 법이론은 개인의 권리가 자본주의 경제의 표현이고 계급이 없는 사회주의에서 요구되지 않는다는 이유로 권리를 부정한다. 권리의 부정은 다음 네 가지의 부정 내지 비판에 근거한다(왁스 법철학, 102면). 1) 권리는 인간의 행동을 규칙의 지배에 복종시킨다는 합법성을 부정하고, 2) 권리는 자본의 이익 보호를 위해 오염되고, 법은 권리를 지키는 위협적 도구가 된다고 하여 위하(危嚇)성을 비판하며, 3) 자본주의는 이기적으로 원자화된 개인을 보호하는 것이라는 점에서 개인주의를 비판하고, 4) 자본주의는 본질상 도덕적이고 유토피아적이어서 경제적 기초에 무관심하다는 점에서 도덕주의를 비판하고 있다.

물론 몇몇 맑스주의자들은 권리가 개인주의적이라고 배척하는 것은 너무 거칠다고 하며, 법을 계급 지배의 도구로 단순화하고 시민의 자유가 계급 지배를 감추는 환상에 불과하다는 맑스주의 명제를 비판한다. 맑스주의 역사학자인 톰슨(E. P. Thomson)은 법은 단지 계급지배의 도구일 뿐만 아니라 계급 간에 또는 계급 내의 갈등을 조정하는 매체라고 하며, 법의 기능도 단지 자본가의 권력과 부에 기여하는 것만이 아니라 권력에 효율적 제약을 가하고 지배계급도 자신이 만든 규칙에 복종하도록 하는 역할도 한다는 지적을 하고 있다.

레닌 이후 국가권력에 대한 관념이 변화되었고, 맑스 법이론의 혁명론과 국가사멸론은 퇴색하여 오늘날 사회민주주의적인 사회개혁 이론으로 남아서 이러한 이데올로기는 유럽을 지배하고 있다. 일찌기 독일의 슈타인(Lorenz v. Stein)은 법의 계급적 성격을 인정하지만, 그의 사회학적으로 지향된 법학은 프롤레타리아 혁명 대신 국가적 개혁을 말한다: "자의적인 사회주의 혁명은 필연코 독재에 이른다." 그는 사회적 자본주의를 주창하고 노동과 자본의 대립은 국가적으로 다루어야 하며, 공동의 생존과 자유 및 사회적 연대를 위한 이익공동체를 통하여 조정되어야 한다고 주장하였다. 특히 슈타인은 맑스주의가 주장하는 소유권의 폐지나 노동의 사회화를 반대하였다. 소유권은 물질적 자유의 발현 형태이고 업적을 위한 동기이기 때문이고, 개인 소유를 부정하는 사회주의에서 포괄적 노동집단을 통하여 새로운 노예적 지배관계가 생길 수밖에 없기 때문이라고 한다.

맑스주의 법이론이 법을 경제의 상부구조나 계급 지배의 수단으로 보는 점에서 실증주의의 법사회학이라고 할 수 있는데, 20세기에 이르러 실증주의는 다양한 흐름을 보이고 있다. 미국의 사회학자 파슨스(T. Parsons)의 구조기능주의와 루만의 기능적 법사회학은 사회 내에서 합의된 가치를 어느 정도 인정하고 사회의 안정과 진화를 말하는데 비하여, 다렌도르프(R. Darendorf)의 갈등이론은 사회 내에서 합의된 가치를 부정하고 사회 내의 갈등과 투쟁을 통한 사회의 변혁을 주장한다. 나아가 독일의 법조사회학과 영미의 법과 사회운동, 비판법학은 경험적이고 실증적인 연구를 통하여 법의 지배와 법률가에 대한 비판에 주력하였는데, 이 역시 신실증주의의 경향에 속한다고 볼 수 있다.

나. 비판적 합리주의

독일의 비판적 합리주의의 비판이론은 법의 불확정성이나 이데올로기적 구조를 비판하고 좋은 삶을 위한 사회변혁을 주장한다. 그 대표자인 하버마스(J. Habermas)는 자본주의와 중앙집중적 권위가 인간의 '생활세계'를 침해하고 개인의 '원자화'와 '소외'를 가져온다고 한다. 그가 말하는 생활세계는 소통과 사회적 연대에 의존하는 절차에 의하여 구성되므로, 합리적 소통행위의 필요성이 강조된다. 그에 의하면, 법의 정당성은 법이 만들어지는 대화 내지 담론의 효율성에 의거하는 것이 중요하므로, 결국 표현의 자유나 기본적인 민주적 권리가 그의 의사소통행위 이론의 중심이 되는 것이다. 물론 법규범은 관계 당사자가 합리적 담론의 참여자로서 동의할 수 있는 한 타당하다는 하버마스의 제안은 다소 공상적이고, 이는 아테네식 민주주의를 옹호하는 것으로 보인다는 비판은 감수하여야 한다(왁스 법철학, 104면).

다. 법현실주의(Legal Realism)

법현실주의는 법사회학의 미국적 버전이다. 미국의 연방대법관 홈스(O. W. Holmes)는 "법의 생명은 논리가 아니라 경험"이라 하고, "법관의 행동에 대한 예측이 법"이라는 이른바 법 예언설을 말한다. 카도조(B. Cardozo) 대법관은 법관이 해석을 통하여 사회의 안정과 진보를 이루며, 법해석의 방법은 철학적 방법(논리, 진화론적 방법), 역사적, 전통적 방법(관습)과 정책적 방법(사회복지, 정의, 도덕)이 있다고 한다. 또한 로스코 파운드(R. Pound)는 제정법

(law in books)과 현행법(law in action)을 구분하고, 사회공학으로서의 법은 개인과 사회의 이익을 최대한 조화시키는 것이라 한다.

미국의 법현실주의는 통일적이지는 않지만, 형식주의 법학에 대한 비판과 법적 결정의 확실성에 대한 회의에서 출발한다(한국법철학회 편, 현대법철학의 흐름, 215면 이하). 특히 르웰린(K. Llwellyn)의 규칙회의주의와 프랑크(J. Frank) 판사의 사실회의주의는 법현실주의의 비판적, 회의주의적 특성을 잘 보여주고 있다.

르웰린은 법현실주의가 무엇이고 현실적인지에 관하여 9가지 요소를 잘 정리하고 있다. 1) 변화하고 움직이는 법과 법관의 법창조를 인정한다. 2) 법은 사회적 목적의 수단이고 목적 그 자체가 아니다. 3) 사회가 법보다 더 빨리 변동한다. 4) 연구 목적으로 존재와 당위를 일단 구별한다. 5) 전통적인 규칙과 개념은 법원과 법관이 실제로 하는 행동을 기술하기에 불충분하므로 불신한다. 6) 전통적이고 권위적인 규칙 형성이 법원 결정의 주된 요소라는 이론을 불신한다. 7) 사례와 법적 사태를 좁은 유형으로 분류할 수 있다. 8) 법을 그 효과의 관점에서 평가할 수 있다고 주장한다. 9) 법 문제에 대한 지속적이고 계획적인 공격의 필요성을 주장한다(왁스 법철학, 112면).

프랑크(J. Frank) 판사는 법관의 사실인정과 법률 해석에 영향을 주는 무의식적인 영향을 드러내려고 하였다. 그는 판사와 배심원들의 여러 가지 편견(여성, 흑인 등의 사람과 그들의 태도)이 사건의 결과에 영향을 주고, 따라서 사법절차의 사실인정에 있어서 임의성과 예측 불가능성을 지적하였다. 나아가 그는 법적 규칙의 확실성에도 의문을 제기하고, 그 결과가 확실하다면 당사자가 소송을 할 이유가 없는 것이고 확실한 법규가 있는 경우에도 해석자에 따라 반대 견해가 나올 수 있다고 주장한다.

이러한 문제 제기는 미국의 행동주의 법학에서 현저하다. 행동주의 심리학은 법적, 특히 사법적 행위의 분석에 관심을 두었다. 이러한 연구는 법현실주의의 예측에 대한 집착으로부터 비롯된 벌거벗은 리얼리즘이고 실용적 도

구주의나 심각한 보수주의라는 혐의를 받고 있다(왁스 법철학, 114면). 그리고 법현실주의나 행동주의 법학은 현실을 직시하려고 하지만, 결국 사법을 농담거리로 만들고 법철학을 혼돈으로 몰아간다는 비판도 받고 있다.

한편 미국과 멀리 떨어져 있는 스칸디나비아 국가에서는 형이상학을 거부하는 또 다른 법현실주의로서 심리학적 법이론의 경향을 보여주었다. 스웨덴의 해거스트롬(A. Haegerstroem)은 법은 집단적 심리현상이라 하고, 심리적 분석에 의하여 자극에 대한 심리적 반응을 중시한다. 따라서 권리는 가진다는 감정이고, 의무는 구속감 내지 당위의식에 불과하며, 정의라는 것도 단지 환상에 불과하다고 한다.

라. 비판법학(Critical Legal Studies)

1970년대에 나타난 영미의 비판법학은 법의 모순성과 비결정성을 비판하는 법현실주의에서 더 나아가 법에 관한 허위의식을 고발하고, 억압과 지배의 수단으로서의 법과 법의식을 둘러싼 이데올로기적 허구성을 파헤친다(한국법철학회 편. 현대법철학의 흐름, 240면 이하 참조). 법현실주의는 법을 탈신비화하였지만, 현실에 있는 법을 보여주고 최소한 법적 추론과 정치는 구분하였으며, 법의 중립성이나 자유주의적 이데올로기는 포용하고 있다. 그러나 비판법학은 이 모든 것을 부정하고 법을 사회적 억압의 도구로 본다(왁스 법철학, 115면). 그들은 법현실주의의 형식주의 비판에서 더 나아가 기존 법학과 법실무의 틀을 깨는 것이고, 그들에게서 '법은 곧 정치'이다.

그들의 연구방법은 다양하고, 그 스펙트럼은 네오마르크시즘, 비판이론, 포스트모던, 해체주의에까지 이른다. 미국의 마크 터시넷(Mark Tushnet)같은 학자는 법현실주의의 형식주의를 비판하고, 법에서 정책 분석이나 사회적 가치의 공유나 이익의 형량, 균형이 가능하다는 것을 환상이라고 치부하고 있으며, 특히 제한적 인식관심을 가진 법경제학을 신랄하게 비판한다. 또한 비판법학은 역사주의의 진보적 전통을 비판하면서 역사에 진보는 없다고 한다. 그들은 미국 정치와 경제적 이해관계의 가면을 벗기고(예; 금주법, 총기

법), 법의 지배는 허위의식이고 이데올로기라고 비판한다.

이와 같이 비판법학은 법회의주의이고 특정 사회이론을 거부한다. 프레드 로델과 같은 이는 법 전체가 하나의 속임수이고 고무풍선이며, 공허한 언어들의 무더기라고 비판하고, 법률가 계급을 없애자고 주장한다(프레드 로델, 저주받으리라 법률가여, 56면 등). 또 덩컨 케네디(D. Kennedy)는 자유주의를 비판하고, 법의 근본모순과 비결정성을 말한다. 그는 법적 결정은 우연적이고 자의적이며, 그 결정은 판사 등 법적 관료인 내가 어떻게 나가길 원하는가에 달려있다고 한다. 심지어 그는 법률가가 자신의 목적, 출세 욕구나 뇌물, 인맥 등에 의하여 법적 결정을 행한다는 분석을 보여주고 있다. 다른 한편 이러한 비결정성의 개념은 법의 테두리 내에서 법을 통하여, 그리고 이에 대항하여 변혁적인 실천의 가능성을 추구할 수 있는 계기를 제공할 수도 있다는 것이다(김정오, 자유주의 법체계에 대한 구조적 분석과 비판, 연세법학 연구 2, 680면).

브라질의 사회이론가 웅거(R. Unger; 김재승 번역 비판법학운동 참조)는 법치주의 사회의 표징은 다음의 잘못된 네 가지 믿음에 기초하고 있다고 한다: 1) 법은 사회적 행위 문제에 대한 모든 대답을 제공하는 교의(doctrine)의 체계이다. 2) 이 교의로부터 대답을 찾을 수 있는 특수한 법적 추론이 있다. 3) 이 교의는 인간과 사회의 관계에 대한 일관된 관점을 반영한다. 4) 사회적 행위는 법체계로부터 산출되는 규범을 반영한다. 이는 인간이 이 규범을 내면화하거나 실제적 위협이 그렇게 하도록 강요하기 때문이다.

이에 대하여 웅거는 다음과 같이 반박한다(왓스 법철학, 116면): 1) 법은 모든 상정 가능한 문제를 대답하지 못하고(비결정성의 원리), 2) 자율적이고 중립적인 법적 추론은 없으며(비형식주의), 3) 교의는 상이하거나 반대되는 관점을 반영하고 있으며, 이는 일관적이거나 지배적으로 퍼져 있는 것이 아니고(모순의 원리), 4) 합의가 있는 경우에도 법이 사회적 행위의 결정적 요소는 되지 못한다(한계성의 원리).

비판법학의 이름 하에 다양한 주장이 나오고 있지만(심지어 로스쿨 교수와 수위는 같은 급여를 받아야 한다는 등), 그들의 법 비판이 파괴적이고 허무주의로 희석되어 새로운 대안이나 희망을 제시하지는 못하고 있는 것으로 보인다.

마. 포스트모더니즘과 페미니즘 법이론 등

20세기 말에 등장한 포스트모더니즘이나 페미니즘의 법이론은 해체의 기법으로 법에 숨겨진 권력과 성의 억압구조를 파헤치고 있다. 포스트모더니즘의 법이론은 비판법학보다 더 파괴적이고 해체적이며, 특히 진리나 정의와 같은 거대담론에 대한 비판은 신랄하다. 리오타드(J. F. Lyotard)와 같은 이는 보편적 가치와 계몽시대의 인권이나 평등, 정의 등과 같은 관념-계몽 그 자체도-은 의미 없지는 않더라도 쓸모 없다고 한다(왁스 법철학, 117면). 개인의 경험 안에서 해석과 이해를 시도하는 포스트모던주의자들은 인간세계의 진보가 문명이나 다른 목표를 향해 진화되는 것이라는 가정도 부정한다. 그들의 포스트모던 사회와 법의 역할에 관한 설명은 형식주의와 본질주의, 국가주의와 민주주의도 환상을 벗겨낼 뿐만 아니라 심지어 그 비판은 진리라는 근본적 관념조차 전복시키려고 한다. 특히 현대국가의 관료제가 개인을 질식시킨다고 하며, 국가의 과도한 지배나 시장의 세계화 또는 가치의 보편화와 같은 것도 배척하고 있다.

같은 맥락에서 포스트모더니즘은 기존의 법에 대한 안티테제를 제시한다. 법 개념, 법추론, 법의 지배, 안정성, 객관성 등의 개념을 논박하고, 법의 권위는 이데올로기적 허구나 지배라고 주장한다. 또한 법은 단지 사회적 관행에 불과하다고 각인시키며. 법의 신비화는 오로지 제도적 억압수단에 불과하다고 한다(한국법철학회 편, 현대법철학의 흐름, 323면 이하 참조)

포스트모더니즘의 방향은 다양하고 그 영향력도 상당하지만(정신분석과 언어학적인 자크 라캉, 후기구조주의의 자크 데리다 등), 해체와 파괴 이후 새로운 구성적인 법 개념을 제시하지 못하고, 법의 본질을 이해하려는 노력에는 별 효용성이 없다. 예컨대 라캉의 용어로 정의 관념은 조화로운 공동체라는 성취 불가능한 요구를 숨기는 환상에 불과하다고 한다(왁스 법철학, 118면 이하). 나아가 데리다(법의 힘, 진태원 번역)는 법은 정의가 아니고, 법은 동어반복 속에서 적합한 것이 될 뿐이며, 정의는 신성한 폭력의 원리일 뿐이라고 비유한다.

한편 페미니즘 법학은 법을 여성의 관점에서 검토하여 전 법역에서 여성에 대한 차별적 구조를 파악하고 드러낸다(김정오 외, 법철학, 251면 이하 참조). 자유주의적 페미니즘에서 급진적 페미니즘과 포스트모던 페미니즘 등 페미니즘의 스펙트럼은 다양하다. 자유주의 페미니즘이 남녀평등과 여권신장을 주장하지만, 급진주의자는 여성의 특별보호라는 것도 차별의 근거라고 한다. 한편 문화적 내지 차이 페미니즘은 차별이 아닌 차이를 강조하고 문화적, 윤리적 여성 존중론과 법제도에 배려의 윤리라는 여성적 시각을 반영하고자 한다.

그밖에도 비판적 인종이론은 제국주의 시대가 종식된 후에도 식민주의 지배의 해체가 식민시대의 잔재와 인종적 차별을 끝내지 못하고 있다는 명제에 집착하고 있다,

결국 지금까지 개관한 현대의 비판적 법이론들은 대부분 기존 법과 법학에 대한 반성과 비판에서 출발하고 기성관념을 깨고 있지만, 역시 새로운 대안을 제시하였다고 보기는 어렵다.

바. 법의 경제적 이론-법경제학

공리주의의 흐름과 경제학의 발전에 힘입어서 미국에서 탄생한 법경제학은 기존의 형식주의적 법학을 비판하고, 입법이나 법해석에서 효용 내지 효율성이나 부의 극대화의 관념을 중시한다. 여기서 효용이나 효율성은 라드부르흐가 말하는 합목적성의 법이념에 기여하는 것이다. 미국의 포스너(R. Posner) 판사는 인간 행동의 합리적 선택을 전제하고, 법이 부의 극대화와 자원의 효율적 배분을 증진하도록 형성되어야 한다고 한다. 코스(R. Coase)는 법적 결

정이 자원 배분에 미칠 효과를 분석하여 코스의 정리를 내놓았고, 거래비용론을 주장하였다(한국법철학회 편, 현대법철학의 흐름, 393면 이하 참조). 거래비용은 정보와 합의, 문서화 등에 소요되는 비용(법률비용 포함)으로서 거래비용을 최소화하면서 사회 전체의 이익을 극대화할 수 있는 법제도를 모색하는 것이 그의 목표이다. 예컨대 저작권법의 공정이용 제도는 거래비용을 제거하는 기능을 가지고 있다고 한다(박세일, 법경제학 참조).

그러나 경제적 요소가 진정으로 법관의 결정에 중요한 역할을 하는 것인지, 부의 극대화가 진실로 사회 내에서 정의와 맞바꿀만한 정도의 가치가 있는 것인지에 대한 의문은 피할 수 없다. 또 이 이론이 자본주의의 자유시장 체제를 선호하는 이데올로기를 반영하는 것이고, 초기의 부정당한 불평등 분배를 전제로 하고 있어 효용 내지 효율은 기존의 불평등을 합리화하고 유지하는 수단이 되는 것이라는 비판도 가능하다. 우리가 삶이나 법을 '부'라는 단순한 척도로 환원시킬 수는 없다. 그리고 실제 재판에서 이 이론을 실천하였던 포스너 판사 스스로 인정하였듯이 모든 판사가 포스너가 될 수는 없는 것이다(왁스 법철학, 83면).

|4| 현대의 새로운 경향

1. 독일의 법이론적 방법의 신사고

독일에서는 개념법학적인 법실증주의에 반대하여 목적법학과 이익법학이 나타났다. 이익법학의 시대적 업적은 사회 정치적 실제와 법규범의 법정책적 목표에 대한 고려이다. 헥크(P. Heck)는 '법률해석과 이익법학'에서 법학을 실천적 학문으로서 법실무를 위한 체계적 작업과 포괄적인 해석이론으로 발전시켰다. 그에 의하면, 권리는 법에 의하여 보호되는 이익(이익설)이고, 이익의 보호와 균형이 법의 목적이다. 법률은 이익을 한계 짓는데 지향되어 있을 뿐만 아니라 그 자체 이익의 산물이라는 것이다. "법은 법적 공동사회에서 서로 대립하고 승인을 요구하는 물질적, 국가적, 윤리적 방향의 이익들의 결과물"이라고 한다.

예링(R. Jehring)은 '법에 있어서의 목적'에서 목적은 모든 법의 창시자라고 하며, "법은 이 세계에서 최상의 것이 아니고 자체 목적이 아니다. 그것은 단지 목적, 즉 존재하는 사회의 궁극적 목적에 이르는 수단일 뿐"이라고 한다(예링 권리를 위한 투쟁, 213면).

그후 라렌쯔(K. Larenz)는 목적법학으로부터 평가법학으로의 이행을 주장하면서, 해석은 법률의 의미와 목적을 고려한 것으로 입법자의 의사나 평가를 따라야 하되, 입법자의 이익평가를 알 수 없는 경우 최종 해석권자인 법관의 고유평가가 필요하다고 하는 객관적 목적론적 해석론을 강조하고 이를 해석자의 '사고적 복종'(denkende Gehorsam)이라고 한다.

한편 미국의 법현실주의의 영향 하에 독일에서는 자유법론과 토픽법학이 대두되었다. 그들은 법관의 자유로운 법발견과 법창조를 말하고 법률가가 법을 만드는 것이라고 주장한다. 심지어 자유법론자(H. Kantrowitz)는 법관이 사건에 대하여 자유롭게 법감정에 따른 결론을 선취하고 그것이 법문이나 선례에 반하는 경우에 수정이나 조정될 수 있다고 한다.

토픽법학은 "지금 여기 정당한 것이 무엇인지 탐구하는 것이 법학의 목표"이고, 그것은 연역적·체계적으로 추론되는 것이 아니라 문제중심적 논변으로 이루어진다고 한다. 독일의 피벡(T. Viehweg)이 고대 수사학에 의한 논증 방법으로 제시한 토픽법학에서 토픽(Topik)은 수사학적 논증과정으로서 관련된 법률적, 사실적 논점들(Topoi: 법원리나 이익, 형평 등 법체계에서 확고하게 받아들여지는 논점들)을 제시한다. 그중에서 불합리한 결과에 이르게 되는 논점은 배제되며(argumentum ad absurdum; 귀류법), 여러 해석 결과가 나오는 경우에 가장 정의관념에 부합하는 규범 해석이 선택되어야 한다는 것이다.

한편 가다머(Hans-Georg Gadamer) 이후의 헤르메노이틱(Hermeneutik)에 영향을 받은 '해석학적 법학'이 법이론의 신사고를 제시하였다. 성경이나 문학의 텍스트 해석에서 텍스트의 기원이고 의미의 근원이며 해석의 권위자로 간주되던 저자는 죽음을 당하고 독자가 탄생하게 되는 것으로부터, 해석학적 법학은 법적으로 입법자의 죽음과 법해석자의 탄생을 귀결시킨다(한국법철학회 편, 현대법철학의 흐름, 108면 이하). 이러한 해석학은 텍스트 해석에 있어서 해석자의 선이해와 해석의 개방성 내지 역사성을 말하고, 해석자의 주관의 개입을 인정한다. 다만 해석자의 선이해는 잠정적인 것이어서 끊임없이 수정될 수 있으며, 그 과정은 순환적인 나선형 구조를 이룬다. 이것이 바로 해석학의 최상의 조건으로서의 '해석론적 순환'이고, 이를 통하여 '간주관적인 이해'로 귀결될 수 있다고 하는 것이다. 여기서는 주관적 해석론이나 의도중심주의가 아니라 객관적 해석론의 우위가 인정되지만, 법의 지배가 추구하는 법적 안정성이나 예측가능성은 약화되고, 법해석자의 양심과 책임이 중시된다.

그래서 해석학적 법학은 해석자에게 윤리적이고 지적인 책임(헤겔이 말하는 주관적 도덕성)을 부과한다. 다른 한편 공적, 이성적 논의를 강조하며 토론과 합의의 가능성을 중시하는 것이다. 독일에서는 해석학의 영향으로부터 뒤에서 보는 바와 같은 하버마스의 합의이론과 이상적 대화상황의 가설 및 이를 추종하는 논증적 법이론과 수사학적 법학에 이르게 된다.

2. 전후 자연법의 재생과 독일의 구체적 자연법론

나치 시대의 불법국가와 전체주의적인 불법체계 이후, 유럽 대륙에서는 라드부르흐의 공식이 나왔고 카톨릭의 종교적 자연법론이 재생되었으며, 신토마스주의가 나타났다. 그러나 이는 오래가지 못하였고, 불변적인 자연법은 확인되지 않는다는 반박으로부터 가변적 자연법론이 나왔으나, 가변적 자연법도 역시 실정법과 구별될 수 없고, 양자는 일치한다는 비판을 받았다.

독일에서 현상학과 실존주의의 영향을 받은 선험적 구체적 자연법론이 나타났다. 현상학은 대상에 대한 '본질직관'과 '현상학적 환원'을 통하여 순수의식에 도달하여 사물의 본질을 파악하고, 사물의 본질로부터 당위규범을 도출할 수 있다고 한다. 예컨대 라이나흐(A. Reinach)는 계약과 소유권의 본질을 파악하여 민법의 선험적 기초를 탐구하였다.

한편 실존주의는 법존재론에 입각하여 인간의 실존 존재로의 회귀를 주장한다. 법존재론은 현존하는 인간에 대한 철학적 관심에서 출발하여 법의 가치적 요소는 인정하지만 이는 영구불변이 아니라고 한다. 따라서 '생성하는 자연법', '변화하는 자연법'이 주장되었고, 법의 산출근거로 '사물의 본성'이 주목을 받았다. 이는 제도적 자연법론의 선구가 되었고, 신칸트학파의 법가치론에 입각한 구체적 자연법론에 이르게 되었다. 법가치론에 의하면, 문화현상으로서의 법은 가치의 세계에 속하고, 가치는 정서적 감정에 의하여 감득된다고 하였다. 쉘러와 하르트만의 가치철학과 실재적 존재론에 의하면, 이념적 실재인 가치는 인간의 현실적 행위를 매개로 간접적으로 작동하는 것이고, 진선미(眞善美)가 최고의 가치라고 하며, 가치의 위계를 인정한다. 가치의 세계에서는 추상적 관념이 아니라 인간의 현실적 의식인 지배적 법감정이나 법에토스가 중시된다.

벨젤(H. Welzel)은 '자연법과 실질적 정의'(박은정 번역)에서 당위가치는 양심의 소리라는 것으로부터 그 존재가 추측되고, 당위의 상관개념으로 책임을 지는 인격이 도출된다고 한다. 그는 사물논리적 구조에 따라 실질적이고 내용적인 정의론을 주장하였고, 사물논리구조에 따른 인간행위의 목적론적 성격을 기초로 하는 형법이론(목적적 행위론)을 전개하였다. 그는 입법자는 전능이 아니라 사물논리적 구조에 제약되는 것이며, 그것은 소여(所與)로서 주어진 것이고, 거기서 법의 원천을 찾는다.

그러한 흐름에 따라 독일의 헹켈(H. Henkel)은 사물논리적 구조나 사물의 본성을 법적 소여로 보아 법철학의 대상으로 삼고 있으며, 코잉(H. Coing)은 실정법은 그 배후에 있는 윤리적 가치와 사물의 본성에 의하여 제약된다는 새로운 자연법주의를 전개하고 있다. 그는 인간이 법감정을 통하여 가치의 세계를 감득함으로써 도덕의 기본원리를 체험하고 법의 기본가치를 파악한다고 하며, 법감정에 의하여 파악된 법의 기본가치가 바로 법이념이라고 한다. 법이념으로는 정의가 핵심 가치이고, 인격의 존엄, 신뢰, 신의성실의 원리 등도 포함된다. 정의는 평균적 정의, 배분적 정의, 보호적 정의(권력의 제한)로 나뉘며, 정의의 원리는 "자기와 타인의 인격을 존중하고 모든 인격을 평등하게 대하라"는 것이라고 한다(오세혁, 법철학사 참조).

3. 풀러의 절차적 자연법론과 절차적 정의론

미국의 론 풀러(Lon Fuller)는 '법의 도덕성'(The Morality of Law; 박은정 번역)에서 법은 인간의 공통적 요구를 충족시키거나 충족시키는데 도움을 주는 협동적 산물이라고 한다. 법의 해석과 적용은 목적론적이고 가치적인 고려이고, 영원불변의 자연법이 아니라 Eunomics, 즉 선량한 질서와 실행 가능한 준칙의 연구 내지 이론이라고 한다. 그는 법의 내재적 도덕성의 8가지 조건을 제시하는데, 법의 일반성, 이해 가능성, 무모순성, 준수 가능성, 지속성 및 소급입법 금지, 공포와 공포된 규칙의 공적 집행이라는 원칙이다(최봉철, 현대법철학, 124면 이하). 그는 가공의 왕 렉스가 법의 8가지 도덕적 원리를 무시하면 실패하게 되고, 법이 공동체 내에 존재한다고 말할 수 없다고 한다. 이는 자연법의 절차적 측면으로서 전체 법질서의 도덕적 자격이라고 할 것이지만, 남아프리카의 구 인종차별법의 경우와 같이 사악한 법체계도 8가지 테스트를 통과할 수 있다는 비판을 받는다(왁스 법철학, 16면).

절차적 정의론은 어떠한 내용적 정당성이 아니라 법적 결정을 도출하는 과정을 중시한다. 뒤에서 보는 롤스의 내면적 성찰과 반성적 평형에 의한 정의론이나 샌델의 변증법적 추론의 정의론도 널리 절차적 정의론에 속한다고 볼 수 있다(제5장 4의 5.항 참조). 또한 하버마스(J. Habermas)의 실천적 합의 가능성에 따른 논증절차를 통한 대화적, 실천적 담론이론이나 알렉시

(R. Alexy)의 법적 논증이론과 벨기에의 카임 페를만(Chaim Perelman)의 신수사학 또는 논의이론적 정의론 역시 가설적이고 이상적인 정법을 대화나 토론, 논증 과정에서 추구하는 이론으로서 절차적 정의론에 속한다고 할 수 있다(제5장 4의 2. 1)항 참조).

한편 법사회학적 이론으로서 루만(N. Luhmann)의 순수 절차적 정의론이 주목되고 있다. 루만은 법실증주의의 기초 위에서 법사회학적인 체계이론과 학습이론을 결합하여 법체계의 부분체계인 절차에 법적 결정의 정당성의 근거를 찾고 있다. 그 절차에서는 절차법에 따른 법적 평가만이 문제시되는 것이 아니라 절차 내에서 의사소통 내지 커뮤니케이션에 해당하는 사실상의 토론과 논증 과정을 중시하고 거기서 정당성을 찾는 것이다(제5장 4의 2. 1)항 참조).

5 현대의 법실증주의 – 양대 산맥

1. 켈젠의 순수법학

켈젠(H. Kelsen)은 모든 명제는 경험적으로 확인되고 증명되어야 한다는 검증의 원리와 논리실증주의에 기초한 규범학으로서 법학의 순수성을 말하고, 법질서의 단계구조와 법논리학을 발전시켰다. 그의 순수법이론(pure theory of law)은 객관적으로 파악할 수 없는 윤리나 정치 등으로부터의 오염을 막고 오로지 실정법과 규범을 분석하는 것이다.

실정법의 법질서는 헌법 이하의 각종 법령으로 피라미드 형의 단계구조를 이루고 있는데, 그에 의하면, 실정법질서에 속하는 규범이 유효하고 타당하려면 관념적인 가치나 힘 등 다른 무엇이 아니라 법체계 자체의 상위에 있는 다른 규범으로부터 권위를 부여받고 산출되어야 한다. 켈젠은 이 권위와 실효성은 궁극적으로 근본규범이 전제되고 그로부터 도출되었기 때문에 가능하고, 법질서의 최상위에 있는 근본규범은 다른 어느 규범에 의존하지 아니하고 인간의 법의식 안에 존재한다고 한다. 그의 근본규범은 규범창설의 요건을 설정하고 권위를 부여하는 의미만을 갖춘 동적 원리이다. 근본규범은 논리적 의미에서의 헌법이고, 실정법질서가 창설된 역사상 최초의 헌법이 명하는 대로 행위하여야 한다는 전제된 규범이다. 이 규범은 법적 권위의 의지적 행위에 의해 제정된 실정적 규범이 아니라 법적 사고에서 전제된 규범이라고 한다. "그 전제는 실정법질서가 효력 있는 것으로 고찰되는 조건-칸트적 의미에서 초월적·논리적 조건-이다. 근본규범은 법의 효력 근거이지 효력 내용은 아니다"(켈젠 법이론선집, 251면). 켈젠의 근본규범은 실정법질서에 속하는 모든 규범들의 효력에 대한 궁극적 근거로서 다양한 규범들의 통일성의 기초를 구성한다는 것이다. 이는 신의 명령을 따라야 한다는 종교의 근본규범과 같은 것이다.

켈젠의 근본규범은 신의 명령이나 공리와 같이 이를 믿는 자가 당연히 받아들여야 하는 것이고, 구체적 내용은 없는 것이다. 따라서 근본규범이 특정한 이념이나 정치체제와 관련 없고, 특정 법질서에서 임의로 선택된 것이 아니라 법질서 전반이 대체적으로 실효적이라는 것-일반적으로 준수되는 것-과 관련이 된다. 즉, 그 타당성은 실효성에 의존하는 것이다. 이는 바로 규범의 실효성과 타당성의 필연적 연결을 보여주는 것이다. 예컨대 당신에게 돈을 요구하는 세금징수원과 강도는 모두 강제를 동원하지만, 전자의 주관적 의지행위는 법체계로부터 객관적 의미 내지 타당성이나 지속성을 부여받는 반면, 후자의 의지행위는 그러한 권위나 지속적인 실효성이 없기 때문에 구별되는 것이다.

그렇다면 근본규범은 단지 신앙 고백과 같은 것이 아니라 이를 유지할 수 있는 힘(권력)에 의존하는 것이고, 그에 따라 법질서가 실효적이어야 타당하다는 주장도 성립될 수 있게 된다. 따라서 순수법이론이 정치나 힘을 완전히 추방할 수 없게 된다. 법질서가 근본규범의 실효성을 요구한다면, 근본규범이 일반적 지지를 얻지 못하게 되는 경우에는 법이 더 이상 없게 된다. 이는 성공한 혁명 이후에 흔히 일어나는 일이다. 즉 혁명정부의 새로운 법이 실효적으로 집행되게 되면 기존의 근본규범이 더 이상 존재하지 않게 되는 것이고, 법률가는 다른 새 근본규범을 전제해야 할 것이다. 이는 근본규범이 헌법이 아니라 변화된 사태에서 사실상 받아들여져야 하는 가설이나 전제이기 때문이다. 실제로 혁명을 경험한 여러 나라(파키스탄, 우간다, 로디지아, 그라나다 등)의 법원이 켈젠의 이론을 인용하였다. 또한 법질서가 '대체로 실효적'인지는 우리가 관찰할 수 있는 경험적 검증의 대상이라고 할 수 있는데, 이것을 어떻게 테스트할 수 있는가의 문제가 제기될 수 있다. 결국 순수법이론이 당초 쫓아내었던 사회학적 탐구에 다시 의존하는 것이 아닌가 라는 비판이 제기될 수도 있다.

그래서 근본규범은 내용적으로 공허하고 논리적 기교에 불과하다는 비판이 제기된다. 켈젠 스스로도 만년에 근본규범은 법체계의 이해를 가능하게 하는 전제이고, 다른 어느 규범이 아니라 순수성의 목적으로 가정된 것이기 때문에 법체계의 형식적 구성을 위한 가설 내지 의제라고 말하고 있다.

어떻든 켈젠에 의하면, 바로 이 근본규범이 명령자의 주관적 의지에 객관적 의미를 부여하는 실정법 체계인 헌법과 하위법들을 창설하고 존속시키는 것이 되고, 법질서의 통일성과 무모순성을 설명할 수 있게 하는 것이다. 그는 최상위의 근본규범과 헌법으로부터 시작되는 법질서의 단계구조 하에서 하위법은 상위법의 적용이자 동시에 법창설적 계기도 인정한다: "헌법으로부터 해석을 통하여 유일하게 정당한 법률을 얻을 수 없듯이, 해석을 통하여 법률로부터 유일하게 정당한 판결도 얻기 힘들다." 법은 제정권한을 수권받은 기관의 제정행위에 의하여 성립된다는 것이므로, 켈젠의 실증주의는 제정실증주의라고 할 수 있다. 다만 켈젠은 하위법의 창설에 있어서 현실적인 입법자나 법관의 법창조적 기능을 인정하여 엄격한 법실증주의자는 아니다. 즉 순수형식으로서 하위규범이나 판결이 상위규범에서 효력근거를 갖는다는 것뿐이고, 실제적인 적용에 있어서 입법 내지 판결 재량이나 법설정 내지 법창조의 자유가 있다는 것이다.

한편 형식논리가 진술명제에만 타당한 것인가, 당위규범인 법의 적용이나 규범 산출에 적용될 수 있는가 라는 문제 제기로부터 시작하는 켈젠의 법논리학은 이후 명령논리, 의무논리, 양상논리 등 다양한 규범논리학으로 발전되었다.

켈젠의 순수법학과는 출발점이나 방법은 달리 하지만, 하트의 분석법학은 이론적 결과에 유사한 점이 많고, 양자는 현대 법실증주의의 양대 산맥이라고 할 수 있다(권경휘, 현대 법실증주의 연구, 박영사, 2002 참조).

2. 하트의 분석법학

일상언어학파의 언어분석에 의하면, 언어는 실재를 구성하는 사태를 그림처럼 나타내고 있다는 그림이론에서부터 화용론과 의미론 및 구문론이 논의되고 있다. 하트(H. L. A. Hart)는 일상언어학파의 관점에서 법적 개념의 의미와 사람들이 이를 사용하는 방식 및 법과 법질서를 생각하는 방법을 분석하고 있다. 예컨대 '권리'를 가진다거나 '법인'이나 '의무'와 같은 개념은 무엇을 의미하는가? 하트는 그 개념이 나오는 맥락(context)을 이해하지 못하면 법을 제대로 이해할 수 없다고 주장한다. 또 그는 언어로 구성된 규칙은 열린 구조 내지 개방적 구조를 가지고 있다고 하며, 통상 문언이나 단어는 여러 가지 의미를 가질 수 있는데, 법문언의 적용 여부가 문제되는 중간지대가 있다고 한다.

그는 '법의 개념(The Concept of Law)에서 법을 공동체의 사회적 실천을 기술하는 것에 의하여 이해되는 사회적 현상으로 파악하고, 사회가 존속하려면 아래와 같은 5가지 인간조건으로부터 나오는 근본규칙이 필요하다고 하며, 이를 '자연법의 최소내용'이라고 부른다.

1) 인간의 취약성; 우리는 모두 신체적 공격에 약하다(규범의 필요성).
2) 인간의 대략적 평등성; 강한 자도 잠을 잘 때가 있다(상호규제의 필요성).

3) 인간의 제한된 이타주의; 우리는 대체로 이기적이다(사회통제의 필요성).

4) 사회 내의 제한된 자원; 우리는 의식주가 필요하지만, 이는 한정되어 있다
(소유권 등 재산권 제도의 필요성).

5) 인간의 제한된 이해와 의지력; 우리는 타인과의 협동에 의존할 수밖에 없다
(연대 내지 강제의 필요성).

이러한 인간의 근본조건 때문에 사람의 신체와 재산을 보호하고 약속을 지키도록 하기 위하여 규칙의 제정이 요구된다. 그가 자연법이라는 표어를 쓰지만, 법이 도덕으로부터 나온다거나 법과 도덕의 필연적 관련성은 부정하며, 이 최소내용들이 공정하고 정당한 사회를 보장하지는 못한다고 한다. 그는 법실증주의를 고수하면서도, 한편으로는 공리주의와 다른 한편으로 오스틴 류의 법 명령설과 결별한다. 그는 법은 행위규칙의 체계라는 '규칙명제'와 법과 도덕은 분리된다는 '분리명제' 및 법관은 재량범위 내에서 법을 창조한다는 '재량명제'를 주장한다. 법은 관행과 전통을 통한 경험적 사실로서 개별 법체계마다 내용이 상이한데, 분리명제에 의하여 법 개념과 법 효력을 구분하고, 도덕의 법적 강제를 배제한다는 것이다.

그런데 하트에 따르면, "규칙의 체계가 어떠한 자에게도 강제적으로 과해지기 위하여는 그것을 자발적으로 받아들이는 사람들이 충분히 있어야 한다. 그들의 자발적인 협력, 따라서 권위의 창설이 없다면 법과 통치의 강제적인 힘은 확립될 수 없다."(하트 법의 개념, 188면) 따라서 시민이나 공적 기관으로부터 실정법의 규칙을 내적 관점에서 용인된 행위의 기준으로 받아들여지기 위하여는 법적 타당성과 도덕적 가치가 연결될 수밖에 없다는 것을 인정한다. 그래서 그는 그 작용의 형태로서, '법에 대한 도덕의 영향', '해석'을 통한 도덕의 유입, '법 비판'의 도덕적 기준 등을 들고, 정의의 원칙이 법으로서의 적격성이나 자격이 아니라 법적 타당성이나 법에 대한 저항의 근거가 된다고 한다(하트 법의 개념, 182면 이하). 그는 사악한 법은 어떠한 목적에 관하여도 법이 아니라거나 유효한 법으로 인정할 수 없다는 좁은 의미의 법 개념은 그렇게 말해 봐도 문제가 해결되지 않는다고 한다. 따라서 그의 법

개념은 넓은 의미에서 부도덕한 법도 유효한 것으로 인정하고, 유효한 것과 부도덕한 것을 구별하고 있다: "사악한 법도 법이지만, 그것은 사악하기 때문에 적용 또는 복종할 수 없다"고 말하고 싶은 것이다. 하트의 견해는, 사악한 법도 법이지만, 그에 대하여는 법질서 내에서 무효화나 개정이 되어야 하고, 불복종이나 혁명과 같은 것은 시민의 용기와 희생이 필요한 법외적인 영역이 되는 것이라고 이해된다.

한편 하트는 1957년 동성애의 비범죄화와 매춘에 대한 처벌규정을 둘러싼 데블린(Devlin) 판사와의 논쟁에서 시민의 자유에 대한 제한은 타인에게 해악을 주는 경우에 한한다는 밀(J. S. Mill)의 '해악의 원리'('법, 자유, 도덕', 이영란 번역)를 지지하면서 사회는 부도덕에 대하여 입법할 권리를 가지고 있기는 하지만, 사회적 해악이 아닌 경우에 도덕적 훈육을 위하여 법이 개인의 자유에 간섭할 수 없다고 한다(제4장 3의 4.항 참조). 또 하트는 도덕과 법의 합치는 부정하지만, 상호 관련성은 인정하고 도덕적으로 구속된다고 생각되는 법은 시민들이 자의로 존중할 가능성이 높고, 그러한 법제도가 가장 안정화될 것이라고 한다.

결국 하트가 말하는 '자연법의 최소내용'은 독일의 '사물의 본성' 이론에 비견되고, 자연 내지 법현실로부터 법설정의 제한 내지 처분 불가능한 영역을 인정하는 것이지만, 그렇다고 그가 자연법론자는 아니다. 결국 그의 이론은 법실증주의이지만, 도덕적 가치를 포용한다는 점에서 '포용적 법실증주의'라고 불리우고, 이는 자연법론과 법실증주의의 수렴 접근이라고 볼 수 있다.

6 자연법론과 법실증주의의 수렴, 접근

1. 카우프만의 법존재론

독일의 카우프만(A. Kaufmann)은 존재와 당위의 이원론을 지양, 종합하여, 법은 존재질서로서 존재와 당위의 상응이고, 그 방법은 유추 내지 유비(Analogie)라고 하였다. 이는 존재와 당위의 이원론적 일원론이다. 그는 법이 존재와 당위의 상관개념으로서 구체적 자연법은 판결 안에서 구체적 정의를 실현함으로써 실정성을 획득하는 것이라고 한다. 자연법과 실정법은 법의 본질과 실존으로 각각 구별되지만, 상호 연관되어 있고 그 양극성은 지양이 필요하다는 것이다. 법률과 법은 구별되지만, 법률에 내재한 법원리가 법이 되고, 법은 사건에서의 사실 인정을 통하여 적용된 법률과 법이 당위로서 판결에서 구체화되는 것이다. 여기서 법은 존재하는 당위(Seiendes Sollen)이고, 구체적 자연법은 바로 자연법론과 법실증주의가 만나는 지점이 되는 것이다.

2. 드워킨의 법원리론

드워킨(R. Dworkin)은 '법의 제국'(The Empire of Law; 장영민 번역)에서 하트의 규칙명제, 분리명제. 재량명제에 반박하고, 도덕에 기초한 법원리로 구성되는 법의 제국을 말한다. 그는 미국 뉴욕주 법원의 Riggs v. Palmer 사건을 들면서 제정법이 규정하지 않는 어려운 사건(hard case)에서 법원리의 중요성을 인정한다. 즉 "누구도 자기 자신의 잘못을 통하여 이익을 얻을 수 없다"는 로마법의 격언을 법원리로 원용하여 피상속인을 살해한 상속인의 상속권을 부정한 판결을 지지한 것이다. 따라서 드워킨의 법은 단순한 규칙의 체계가 아니라 비규칙적인 기준도 포함하고, 이것이 바로 도덕원리가 법으로 승인되는 법원리이다.

그는 규범과 법원리의 관계에 관하여 "특정한 규범이 구속적이라는 것은 규범이 법원이 무시할 수 없는 긍정적 원리에 의하여 지지받고 있으며, 대립적인 다른 원리보다 그 비중이 크다는 것을 의미한다"고 한다. 규범들은 법원리에 의하여 지지되고 있으며, 만일 사안에 적용되는 규범이 있다면 법관은 법원리에 의하여 논증을 하거나 별도 이유를 제시할 필요 없이 그냥 적용하면 된다는 것이다. 그는 특정 규범은 규범이 지시하는 대로 '전부 아니면 전무' 형식으로 적용되는데 비하여, 법원리는 규범이 불명확하거나 흠결이 있는 경우에 규범의 배후에서 그 적용 범위를 결정하거나 이를 수정하는 기능을 한다. 드위킨은 법질서가 승인하는 많은 법원리들은 상호 충돌하는 것이 보통이고 비교 형량이 중요하므로, 법원리들 상호간에는 '비중과 중요도의 차원'이 있다고 한다. 예컨대 사법상의 법원리 중에서 동적인 거래 안전과 정적인 권리자 보호는 종종 충돌하고 선의취득 등의 법리에 작용하고 있다.

드위킨에 의하면 법원리는 사건을 일정한 방식으로 결정하는 이유를 제공하는 것이지만, 그것이 결정적 이유가 되는 것은 아니다. 법원리는 반드시 법체계 내의 다른 법원리와 형량되어야 한다. 그의 법원리는 정의나 공정 또는 다른 도덕 차원의 요구이기 때문에 준수되어야 할 기준이고, 반면에 법'정책'은 경제적, 정치적, 사회적 상태를 발전시키는 목표를 제시하는 기준으로 법원리와 구별된다: 원리는 권리를 기술하고 정책은 목표를 서술하는데, 권리가 우선이다! 물론 법원리와 법정책의 엄밀한 구분은 어렵지만, 그는 법원리에 의한 규범과 판결의 정당화 기능을 말하는 것이다.

드위킨에 따르면, 오스트리아 민법 제7조의 자연적 법원리나 이태리 민법 제12조의 일반적 법원리는 보충적 법원이지만, 법을 지도하는 원리로서 규범의 흠결 시뿐만 아니라 그 적용 시에도 고려되어야 한다는 것이다. 스위스 민법 제1조는 법에 흠결이 있는 경우 법관이 입법자라면 세웠을 규범에 의거하라고 되어 있다. 우리 민법 제1조는 조리를 보충적 법원으로 들고 있는데, 이 역시 법원리를 지시하는 것이고, 여기에는 문명국에서 승인되는 국제법의 원리까지 포함되는 것이다.

독일의 에써(J. Esser)도 그와 비슷한 견해이다. 그는 법원리는 법윤리적 원칙과 일반적인 법적 확신의 전(前) 실정법적인 영역에 관계된다고 하며, 판결, 특히 지속적인 판례가 전 실정법적 원리를 실정적인 법규정화와 제도화로 전이하는 중요한 인자가 된다고 하였다.

또한 드워킨에 의하면, 어려운 사건에서 법관은 정치적 제도와 공동체의 결정 체계를 가장 잘 해석하는 관념을 포함한 법원리에 의존하여야 하고, 따라서 법관 스스로 "내 결정이 전 법체계와 정치체계를 정당화하는 최선의 도덕이론의 한 부분을 형성할 수 있는가"라는 질문을 해야 한다. 그는 하트와 달리 법관의 재량은 없고, 사안에 대하여 적용할 규범에 흠결이 있거나 그 적용 여부가 문제가 되는 어려운 사건에서도 하나의 문제에 대하여 하나의 정답이 있다고 한다(right answer thesis). 그 정답은 그 사회의 제도나 헌법의 역사에 가장 잘 부합하고 도덕적으로 정당화된다는 의미에서 올바른(right) 것이다. 따라서 법적 논증과 분석은 법실무가 도덕감각에 부합하려는 시도이기 때문에 '해석적'(interpretive)이라고 한다(왁스 법철학, 53면).

드워킨의 법실증주의와 실용주의에 대한 공격은 법이 '권리를 존중해야 한다'(taking rights seriously)는 고려에 기초하고 있다. 권리는 공공복리와 같은 것보다 우선되어야 하고, 나의 권리가 법의 일부분으로 승인되어야 한다는 것이다. 그의 이론은 개인의 권리와 자유를 중시하는 자유주의적 국가관에 기초한 리버럴리즘의 법이론이라고 할 수 있다.

그리고 그에 따르면 법관은 헤라클레스와 같은 초인이 되어 법원리에 기초하여 권리를 탐색하여야 한다(권리명제; right thesis). 주어진 사안에 대하여 누가 권리자인지 대답하는 것이 법관의 제도적 역할이라는 것이다. 이는 법관이 민주국가에서 정치철학자로서 작업을 하는 초인이 되어야 하는 것으로 이해된다. 그런데 헤라클레스가 자신의 법 해석에 부합하지 않는 선례를 찾았고 그것이 뒤집을 수 없는 상급심의 선례인 경우에, 드워킨은 선례가 '같은 것을 같게' 취급하는 평등 원칙에 근거하여 '중력의 힘'을 가지고 있지만, 장래 사건에 대한 선례구속의 효과는 단지 그 엄밀한 문언(precise wording)에 국한되는 것이라고 한다.

이와 같이 법관이 선례에 근거하고 사법적 전통을 보존하는 것이지만, 사회변동에 따라 전개되는 스토리의 해석자로서 법관의 구성적 해석적 역할을 인정한다. 따라서 그는 법을 문학에 비유하면서 법관이 연작소설의 저자로서 선례를 계속 이어 쓰는 것이라고 표현하고 있다. 그리고 그는 '악법이 법인가'라는 논쟁은 의미론적 차원에서 단지 법이란 말의 의미와 관련되어 있기 때문에 무익하다고 한다. 나치의 법이 법이 아니라는 주장은 그 규칙과 절차가 강제를 정당화하는 법체계의 특징을 갖추지 못하였다는 회의적이고 해석적인 판단을 나타내는 것이고, 따라서 드워킨은 이를 사실상 정치적 판단이라고 한다(왁스 법철학, 61면).

결국 드워킨의 법이론은 제도화된 도덕철학이고 자연법론적이지만, 가다머의 해석학을 수용하고 롤스의 반성적 평형에 따른 구성적 해석이론과도 연결되는 것으로 보인다. 그리하여 그는 해석적 실천으로서의 법은 해석 이전의 인식(선이해), 해석단계에서 정당화(논증), 그 이후의 개선 과정을 통하여 해석 지침으로서 정의, 공정성이나 적법절차와 구분되는 법의 정합성 내지 통합성(Integrity)이 이루어져야 한다고 주장한다. 이상적 법관인 헤라클레스는 그의 법해석이 전 법체계를 정당화하는 일관적인 이론의 한 부분을 형성할 수 있는지 물어야 한다는 것이다. 강제의 집단적인 적용은 그 사회가 통합성을 정치적 덕목으로 받아들여야만 방어할 수 있으며, 이로써 독점적인 힘을 행사하는 도덕적 권위를 정당화할 수 있다는 것이다. 따라서 통합성이라는 것은 파당성, 기망이나 부패에 대한 안전장치이다. 통합성은 법이 공동체의 전 구성원이 평등하다고 선언하는 원리의 문제로 인식되는 것을 보장하고, 자유사회의 본질을 형성하는 가치들과 드워킨이 '합법성'이라고 주장하는 법의 지배의 혼합물이라고 한다.

그러나 드워킨의 이론은 심한 비판과 공격을 받고 있다. 모든 판사들이 미국의 포스너(R. Posner) 판사와 같이 법경제학에 정통할 수 없는 것과 같이 모든 법관들에게 헤라클레스가 되는 것을 기대하기는 어려울 것이다.

3. 제도적 법실증주의

윤리학에서 인식주의와 비인식주의의 대립이 있다. 윤리적 명제, 나아가 최고 당위의 정당성은 증명할 수 없고, 공리로 받아들여져야 한다는 것이 비인식주의(non cognitivism)이다. 그에 반하여 인식주의는 도덕적 가치가 독립적이고 객관적이라고 하며, 당위나 가치 판단의 가능성과 자율성을 승인하는 것이다(드워킨 등). 그러나 비인식주의의 실천적 인식가능성의 부정은 실천적 영역에서 합리적 분석이나 근거지움이 불가능하거나 필요 없다는 것은 아니다. 비인식주의도 최고 당위의 공리에 근거하여 합리적 실천담론 내지 목적론적 추론은 가능하다고 한다. 최고 당위는 세계관이나 종교에 따른 평가적 입장 표명 내지 신앙적 고백의 대상이지만, 그 하위의 당위는 목적논리에 의한 추론이 가능하다는 것이다.

제도적 법실증주의에서 말하는 제도는 인간행위의 틀로서 상호작용이나 사회관계의 질서이다. 예컨대 사회집단 내지 이익집단의 회의가 있다면 회의 규칙이나 회칙이 있다. 구체적으로 총회나 이사회 등으로 제도화된다. 따라서 제도와 규범은 본질적 상관관계가 있다. 법은 규범적 관념이며, 동시에 제도적 사실로서 사회적 형성물이다. 즉 사회체계를 이루는 제도적 질서인 규범은 실천적 정보의 체계 내지 관념이자 실재로서의 복합적 총체이다.

이러한 제도적 법실증주의는 순수 규범주의가 아니고, 현실적이고 기능적이다. 오스트리아의 바인베르거(O. Weinberger)에 따르면 영원하고 절대적으로 타당한 정의는 없고, 따라서 정법의 존재를 부정한다는 점에서 비인식주의에 기초하여 법실증주의를 지지하지만, 정의 추구는 탐색의 과정으로서 포기할 수 없고 정의나 도덕은 허상이 아니라 현실이라고 한다. 그는 정의 규준의 분석을 위한 논리적 구조로서 평등, 보편화가능성, 상호성, 즉 실천이성의 보편적 합리성을 인정하지만(실천이성의 복권), 이는 칸트적인 의미에서 형식적인 것이고 정의의 실체적 내용에 관하여는 궁극적으로 평가적 결단이 필요하다는 것이다.

4. 포용적 법실증주의와 배제적 법실증주의

법실증주의의 진영에서도 법과 도덕의 합치명제의 인정 여부에 관하여 온도 차이가 있다. 배제적 법실증주의는 도덕을 법의 영역에서 추방하고 법과 도 덕의 엄격한 분리를 주장하지만, 포용적 법실증주의에 의하면, 법의 도덕성 은 법으로서의 자격, 효력과 무관하지 않다. 그런데 그 시대의 도덕원리가 헌법의 기본권 조항이나 일반조항 등으로 법규정에 구현되어 법원리로 채용 되거나 승인되어 있고, 또한 도덕원리가 법관들의 실제 재판에서-승패의 결 정이나 양형에서-암묵적으로 작용하고 있음은 부인할 수 없다. 그러한 한 도덕원리가 법의 존재와 내용을 가늠하는 기준이 될 수 있다는 것이 포용적 법실증주의이고, 여기서는 실질적 도덕원리가 최고의 승인률이 될 수 있다.

7 소결

1. 입장 선택의 어려움

자연법론은 현존재를 초월하여 의무를 부과하는 당위를 자연이나 신 또는 인간의 이성이나 양심에서 찾고, 그 당위의 존재가 의미있는 인간 실존의 가 능조건임을 분명하게 해주었다(벨첼, 자연법과 실질적 정의. 335면).

그러나 세속적 자연법론의 붕괴는 인간의 이성과 양심에 대한 신뢰가 흔들 려 왔다는데 기인하고, 특히 실증주의의 이데올로기 의심에 의하여 그렇게 되었다(벨첼, 344면). 예컨대 스웨덴의 로스(A. Ross)와 같은 이는 "자연법은 매춘부와 같이 모든 이의 손에 맡겨져 있다.” “자연법에의 호소에 의거하지 않는 이데올로기는 없다.” “도대체 나의 직관이 남의 직관보다 나을 수 있는가?”라고 비판한다. 효력있는 법은 오늘날 세속화된 세계에서 아직도 여전히 상당부분 종교적으로 근거지워지고 전통으로 내려오는 가치관념에 근거하고 있다. 그러나 다양한 자연법 체계에서 승인되는 기본가치는 시대와 장소에 따라 서로 다르다.

법은 전체적으로 파악되고 모순없이 안착된 개념과 원칙들의 체계를 전제로 하지만, 막연히 도덕과 같은 전법(前法)적인 개념으로부터 외견상 논리적으로 규범을 연역하는 것은 원칙적으로 사이비 논증이다. 실제적으로 노예문제나 카스트 등 신분제도, 기본권과 인권에 관하여 시간적, 공간적으로 다양한 입장이 자연법에서 논의된다. 현대 입헌주의 국가에서 대부분의 기본가치는 헌법에 인간 존엄과 기본권 조항 등으로 실정화되었고, 그 과정에서 형성된 각 제도와 정치의 역사도 실정법 체계의 요소가 되고 있다. 자연법의 원리는 결국 국가 내에서 입법에 의하여 실정화되고, 나아가 법원, 특히 최종심의 판단에 맡겨져 있다: “무엇이 자연법인지 최종적으로 법원이 정한다.”

그러나 모든 법규범은 합리적 명증성의 최소한에만 의존하고, 절대적으로 정당한 규범은 찾기 어렵다. 법실증주의는 내용적으로 각기 다른 정치체제 하에서 다양한 규율 관념들이 각기 모두 정당하다고 보는 것이다. 이는 문화 다원주의이고 가치 상대주의를 따르는 것이다. 법실증주의는 법의 내용을 둘러싼 투쟁이 국가적인 규범설정 절차의 범위 내에서 이루어져야 함을 명백히 한다. 법실증주의는 적절하게도 법을 정치적 목표를 관철하는 권력의 도구로 이해한다. 그리고 법은 그것이 국가권력에 의하여 관철될 수 있는 한 효력이 있다는 것도 타당하다.

그러면 법실증주의가 논리적으로 가능한가? 모든 법이 실정법이라고 하지만, 우리는 근본규범이나 초실정적 법이 최종적인 효력규범으로 소급되는 것은 포기할 수 없다. 오늘날 헌법이라는 이름 하에 제정법을 초월하는 고차법 내지 정의의 요소들이 내재되어 있고, 이는 서구법사상에서 '위대한 자연법의 전통'이라고 말할 수 있다(법원론 165). 오늘날 민주주의 하에서 법치주의는 헌법에 합치되는 법률의 지배이고, 자유주의적 입헌국가의 원칙은 법에 관한 개인적 관념을 일반적이고 구속적인 이데올로기로 선언하는 것은 허용하지 않는다.

결국 법실증주의와 자연법론의 입장 선택은 어렵다. 기본적으로 법률가는 법실증주의에 의거하더라도 자연법론의 지평과 차원이 병행 가능하고 결국 양자는 수렴 접근되고 있다고 말할 수 있다. 오늘날 영구 불변한 신의 계시 또는 이성의 명령에 따른 법원리의 목록이라는 의미에서의 자연법론은 물러나고 있지만, 자연법의 진리 내용을 올바르게 평가하고 이를 실제의 통치질서에 새겨 넣기를 기대할 수 있고, 그 시대의 실정법은 그러한 과제를 위탁받고 있다. "실정법에 위탁된 이 과제야말로 항상 새로운 조건들 밑에서 사회관계의 올바른 형성을 위한 투쟁이 정신적인 대결로 남도록 하고, 인간에 의한 인간의 억압이나 파괴로 끝나지 않도록 돌보는 일이다."(벨첼, 354면).

2. 비판적 법실증주의

법실증주의는 실정법의 내용적 정당성은 묻지 않지만, 실정법이 이러한 과제를 위탁받음에 있어서 실정법의 심각한 반도덕적 억압이나 비인간적 파괴를 용납할 수는 없는 것이다. 법의 기본적 도덕성을 자연법이나 법이념인 정의의 최소내용으로서 법을 힘과 구분하고 강제가 아닌 당위의 의미를 가지는 징표로 본다면—굳이 자연법의 이름이 아니더라도—그것이 실정법에 대한 비판적 기준으로서 헌법 등 실정법질서에 나타나는 법원리로 작용할 수 있는지 문제가 될 수 있다.

필자의 지도교수인 고 심헌섭 교수는 역작인 '분석과 비판의 법철학'(법문사, 2001)에서 '비판적 법실증주의'(批判的 法實證主義)를 주창하였다. 법실증주의는 상대주의적 가치관에 기초하여 언제 어디서나 보편타당한 법이란 인간의 시대적, 상황적 제약성으로 보아 불가능하다고 보며, 법의 개념도 존재하는 실정법 이외에서 얻을 수 없다고 한다. 그리하여 법실증주의는 '법률과 법의 동일성(Identität von Gesetz und Recht)'이라는 동어반복의 공식으로 대표된다. 여기서 법률은 비록 그것이 부도덕하다고 해도 법이었고, 법률의 내용상의 한계는 없게 된 것이다(위 책, 160면). 이와 같이 법실증주의는 법이 사실적으로 행해지거나 절차적으로 형성된 행위규율 속에서만 존재하고 그것으로 다하는 것으로 보지만, 거기에는 법이 현존 외에 다른 본질, 즉 일정한 가치 내지 정당성을 지향한다는 점이 간과되고 있다. "어떠한 내용도 법이 될 수 있다"는 법실증주의의 주장은 입법자를 전능한 자로 승격시켰다. 그것은 신의 전능을 지상의 입법자에 이전시킨 법률적 신학이었고, 법률실증주의는 법의 법이념에의 지향을 포기하였다. 특히 "실정법은 이미 그것이 존재한다는 데서 자신의 근거지움과 정당화를 갖는다"는 베륵봄(Bergborm)의 말은 법률실증주의의 지나친 자기만족이라고 하지 않을 수 없다(168면 이하).

물론 법실무가, 특히 법관은 자연법론자가 될 수 없다. 자연법론은 그 방향과 추구하는 가치에 따라 보수적 기능과 혁명적 기능을 함께 할 수 있는 양날의 칼이 될 수 있다. 오늘날의 입헌국가에서 자연법은 헌법으로 대체되었기 때문에 더욱 그러하고, 법실증주의는 법관의 기본 덕목이 되어야 한다. 추상적 헌법은 바로 적용될 수 있는 규범적 규준이 되지 못하지만, 오늘날 악법의 문제는 먼저 별도의 헌법재판이라는 규범통제 절차에 의하여 다루어지게 된다. 위헌법률심사의 규범통제에서 법률이 상위법인 헌법에 모순되기 때문에 무효나 불합치를 선언하는 것은 상위법이라는 명칭 하에, 헌법조문에 쓰여지지 않은 비법적인 도덕적 기준을 적용하여 그러한 경우가 많다. 그러한 관점에서 법이 도덕과 절연되고 도덕적 심사를 배제하며, 법은 단지 사회적 사실이고 그에 따라 결정된다는 라즈(J. Raz) 류의 배제적 법실증주의는 실정법과 법현실에 부합하지 아니한다. 라즈는 법의 존재와 내용은 사회적 사실을 따라 결정할 수 있다는 '연원 명제'와 법은 권위로부터 출발한다는 '권위 명제' 및 '제정법, 판례, 관습법이 법의 범주에 포함된다'고 주장한다(최봉철, 현대법철학, 75면 이하). 그는 법이 도덕에 근거하는 것이 아니라 (봉사적) 권위에 의하여 처방과 지침이 정해지는 것이고, 입법의 이유와 사법적 기준이 중요하다고 하였다. 이는 법을 사실로 환원시키고 도덕과 절연시키는 것인데, 비판의 여지가 있다.

실정법질서 내에서 정의 이념과 그로부터 파생되는 신의칙 등의 법원리들은 법해석에서의 규준적 역할도 하지만, 법률실증주의에 대한 비판적 기능을 하는 것이 뚜렷하다. 여기서 정의 등 법원리는 그 작동 방법과 한계가 문제가 될 뿐이다. 정의 이념은 심각한 부정의를 인식하고 드러내는 역할을 하는 것을 통하여 명백하게 옳지 않는 것에 대하여 배제적 기능을 한다고 볼 수 있다. 다만 명백히 부정의한 것에 대한 합의가 있는 곳에서만 그 배제는 성공할 수 있고, 정의로운 것에 대한 합의보다도 부정의에 대한 일치의 가능성이 대부분 더 클 것이다(뤼터스 법이론, 235면). 이것이 바로 '비판적 법실증주의'의 단초가 되는 것이다."비판과 자기비판은 인간의 구성적 요소이고, 비판적 법실증주의는 이러한 인간적 태도에 부합하는 것이다."(심헌섭, 172면)

현대법은 입헌주의의 헌법이념에 따라 그 시대의 기본적 가치나 그 사회의 도덕원리들을 도입하였고, 실정법도 다양한 경로를 통하여 도덕원리를 법원리로 승격시키고 있다. 따라서 법의 존재와 내용을 결정하는데 있어 도덕적 심사가 요구된다는 명제를 제시하는 포용적 법실증주의의 관점을 받아들일 수밖에 없다(Wilfred Waluchow, Inclusive Legal Positivism, 1994: 최봉철, 현대법철학, 82면 이하). 왈러쵸우는 그 심사기준으로 헌법상 인정된 도덕적 원리에 한정하고 있지만, 실제로는 헌법 하의 실정법률에 많은 도덕적 원리들이 법적 규범이나 권리의 결정에 관여하도록 제시되어 있다.

3. 비판적 법실증주의의 키워드와 기능

기본적으로 도덕가치인 신의성실의 원칙은 중요한 법원리이고, 민법과 민사소송법, 국세기본법 등이 명문화하고 있다. 신의칙은 법률과 계약의 해석에서 당사자 사이에 어떠한 내용의 권리, 의무가 발생하는지 결정하는 기준이 되기도 하지만, 그 본질적 기능은 어떠한 행위가 형식적 법률의 요건에 부합하지만 신의칙에 반하는지, 권리남용이 되는지 판단하여 그 권리 행사를 용인하지 않거나 나아가 권리를 상실시키는 법률효과까지 발생시키는 것이다. 따라서 신의칙은 구성적 원리라기보다는 원칙적으로 비판적 법원리 내지 기준이다.

1) 실정법에 내재하는 신의성실의 원칙과 같은 법원리(法原理: legal principle)가 비판적 법실증주의의 첫 번째 키워드가 된다. 여기서 법원리는 헌법이나 법률이 직, 간접적으로 승인하는 법윤리적 원칙을 포괄하는 것이고, 법질서의 내적 체계를 이루는 것이며, 그 시대의 정의 관념의 실체적 내용이 된다. 우리 대법원도 신의칙을 '법질서 전체를 관통하는 법의 일반원칙'이라고 하며, 나아가 "지금까지 신의성실의 원칙, 형평의 원칙, 권리남용금지 원칙, 실효의 원칙, 또는 조리 등 일반적인 법원칙을 법률에 특별한 규정이 없더라도 민법을 넘어 사법 전체, 때로는 공법 영역에까지 적용해 왔고, 노사관계의 영역도 예외가 아니었다. 이러한 법의 일반원칙은 규범의 세계와 현실의 세계 사이의 괴리를 좁히고, 사회구성원들에게 일반적으로 받아들여지는 정의관념에 반하는 결과를 방지하여 법규범이 살아있는 법으로 기능하도록 한다"고 한다(근로자의 집단적 동의가 없는 취업규칙의 변경에 관한 '사회통념상 합리성'의 법리를 폐기한 대법원 2023. 5. 11. 선고 2017다35588, 35595 전원합의체 판결 참조).

그리고 실정법이 직접적으로 승인하는 법원리적인 일반조항들도 그러한 역할을 수행하고 있는데, 예컨대 민법 제103조의 '선량한 풍속 기타 사회질서'나 형법 제20조의 '사회상규'등 법원리적인 일반조항은 도덕적 기준이라 할 것이고, 헌법의 가치나 기본권이 사인 간에 효력을 발생시킬 수 있는 통로도 된다(대법원 2010. 4. 22. 선고 2008다38288 전원합의체 판결 참조). 그밖에 실정법이 직접적으로 승인하는 법원리의 예로는, 행정기본법 제2장의 법치행정의 원칙, 평등과 비례의 원칙, 성실의무 및 권한남용금지의 원칙, 신뢰보호의 원칙, 부당결부금지의 원칙과 국세기본법 제2항 제1,2절의 국세 부과의 원칙과 세법 적용의 원칙, 지방세기본법 제1장 2절의 지방세 부과 등의 원칙 등이 있다. 이러한 법원칙은 실정법의 해석이나 판례상 승인되고 있는 법원리들인데, 개별 법률에 직접 법원리를 규정하는 것이 타당한지는 의문이 있다. 그리고 실정법에서 간접적으로 승인되는 법원리들, 예컨대 공평의 원칙이나 외관법리, 거래안전 등은 개별 규범의 배후에서 이를 지지하거나 비판하는 기능을 하고 있다. 예컨대 쌍무계약상 동시이행의 항변은 공평의 원리에 의하여 지지되는 규범인데(민법 제536조), 법률에 규정이 없는 흠결의 경우에도 이 원리에 의하여 동시이행의 항변이 유추 적용될 수 있는 것이다.

이러한 법원리들뿐만 아니라 실정법에 규정된 정당한 이유나 공익, 불공정, 음란 등과 같은 추상적인 불확정개념 등도 도덕적 심사의 기준으로 법원리적 기능을 하는 것이다. 예컨대 '혼인을 계속하기 어려운 중대한 사유'의 해석을 둘러싼 유책주의 파탄주의 논쟁에 관하여, 대법원(2015. 9. 15. 선고 2013므568 전원합의체 판결)은 '판례가 유책배우자의 이혼청구를 허용하지 아니하는 것은 혼인제도가 요구하는 도덕성에 배치되고 신의성실의 원칙에 반하는 결과를 방지하려는 데에 있다'고 한다. 또한 실제로 형사재판의 유, 무죄 판단과 양형에는 도덕적 기준이 상당히 영향을 줄 수밖에 없으며, 일반 민사소송에도 당사자의 도덕적 우월성이 승패의 열쇠가 되기도 하는 경우도 많은 것이 현실이고, 이 경우에 도덕적 기준은 보이든 보이지 않게든 작동한다.

2) 비판적 법실증주의의 두 번째 키워드는—넓은 의미에서의—규범통제(norm control)이다. 법해석자는 실정법규정을 있는 그대로 무비판적으로 받아들이는 것이 아니라 상위법이나 법원리와의 관련성을 의식하고 그 합치성을 심사하여야 한다. 하위법이 상위법에 반하는 경우 권한 있는 기관에 의한 심사와 무효 선언은 좁은 의미에서의 규범통제이고(제7장 4의 3)항 규범통제와 헌법재판 참조), 제정법뿐만 아니라 관습법 등 실정법 전체가

비판적인 규범통제의 대상이 된다,

나아가 기존의 판례가 현실이나 법의식에 맞지 않게 된 경우에 이를 변경하거나 엄밀하게 문언에 따라 제한적으로 적용하는 것도 널리 귀납적으로 성립되는 법(法)인 판례에 대한 규범통제라고 할 수 있다. 또한 법률의 해석도 문언의 가능한 범위 내에서 다양한 해석 가능성이 있는 경우에 헌법과 법원리에 반하는 해석 결과를 배제하는 것도 넓은 의미에서의 규범통제라고 볼 수 있다.

비판적 법실증주의에 따르면, 무엇이 정의로운지는 합의하기 어려워도 무엇이 부정의한지 합의가 가능하고, 부정의에 대한 비판은 법실증주의의 한계를 넘어서는 것이 아니다. 이때 바로 헌법원리 등의 법원리가 부정의에 대한 비판적 규준이 되는 것이고, 법원리가 실정법 해석의 엄격성이나 형식성으로 인한 현저히 부당한 결과를 시정하는 비판적 기능을 하는 것은 널리 법해석의 범주에 포함된다. 이러한 법해석은 넓은 의미에서의 규범통제에 해당하고, 이는 '비판적 법실증주의'에 부합하는 것이다. 이때 법원리가 규범통제에서 상위법의 역할을 담당하는 것이라고 볼 수 있다.

다만 법관이 판결할 때 법원리적인 규정들의 적용을 남용한다면 '일반조항으로의 도피'가 되고, 법관마다 도덕적 기준이 다를 수 있기 때문에 법적 안정성에 저해가 될 수 있다. 신의칙이 명문으로 승인되는 민사법의 영역에서도 법원리적인 추상적 규범으로 실정법에 의한 형식적 법적용을 시정하는 것은 '정의관념에 비추어 용인될 수 없는 상태에 이르러야 하는 정도'의 비판적 규준을 요구하는 등으로 신중을 기하여야 함은 물론이다. 같은 취지에서 대법원은 "민법상의 신의성실의 원칙에 위배된다는 이유로 그 권리행사를 부정하기 위하여는 상대방에게 신의를 공여하였다거나 객관적으로 보아 상대방이 신의를 가짐이 정당한 상태에 이르러야 하고, 이와 같은 상대방의 신의에 반하여 권리를 행사하는 것이 정의관념에 비추어 용인될 수 없는 정도의 상태에 이르러야 한다"(대법원 1991. 12. 10.

선고 91다3802 판결)고 하였다. 그러나 예컨대 대법원이 '통상임금' 사건에서, "노사가 정기상여금을 통상임금에서 제외하기로 합의하고 이를 전제로 임금수준을 정한 경우, 근로자가 노사합의의 무효를 주장하며 정기상여금을 통상임금에 포함하여 산정한 추가 법정수당을 청구하는 것이 신의성실의 원칙에 위배되는지" 심사를 하라는 것(대법원 2013. 12. 18. 선고 2012다89399 전원합의체 판결), 정의관념과 무관하게 법원리의 적용으로 법적 불안정성을 야기하는 것이 된다.

그밖에 약관이나 취업규칙 등 법규범적 효력이 있는 비국가적이고 자율적 법에 대한 심사와 무효 판단 역시 광의의 규범통제라고 할 수 있다.

3) 비판적 법실증주의의 세 번째 키워드는—방법론상—정의나 법원리에 따른 법률회피 내지 수정이고(제9장 3의 3)항 참조), 물론 이는 비판적으로—정의와 법원리에 심각하게 어긋나는 경우에—작동되고, 단지 예외적으로만 허용될 뿐이다. 법률회피 사례 중에서 실정법의 형식적 적용이 현저히 부정의한 결과를 가져오는 경우에 신의칙 등 법질서에 현존하는 법윤리적 원칙에 의하여 법률회피를 하는 경우가 예외적으로 있을 수 있고, 이는 비판적 법실증주의의 발현이고 적용이라고 볼 수 있을 것이다. 이른바 '금괴폭탄거래' 사건의 대법원 판결이나 '법인격 부인'의 판례 법리가 뚜렷한 예이고, 드워킨이 든 사례(Riggs v. Palmer)도 이에 해당할 것이다. 이는 법원리에 의거하여 법문 그대로 적용하는 경우에 발생하는 심각하게 부당한 결과를 피하는 것이고, 비판적 법실증주의의 관점에 부합하는 것이다.

이른바 '금괴폭탄거래' 사건은 연속되는 일련의 거래과정에서 매출세액의 포탈을 목적으로 하는 악의적 사업자가 존재하고 그로 인하여 자신의 매입세액 공제·환급이 다른 세수의 손실을 가져온다는 사정을 알았거나 중대한 과실로 알지 못한 수출업자가 매입세액의 공제·환급을 구하는 것이 신의성실의 원칙에 위배된다고 하는 대법원 2011. 1. 20. 선고 2009두13474 전원합의체 판결의 경우이다. 또 채권양도인이 양도 통지 전에 채무자로부터 채권을 추심하여 금전을 수령한 경우, 종전에 대법원은 양도인과 양수인 사이에서 그 금전의 소유권은 양수인에게 귀속된다는 이유로 양도인이 신의칙상 그 돈을 양수인을 위하여 보관하는 지위에 있다고 하여 양도인이 채권을 수령한 경우에 횡령죄의 성립을 인정하였다(대법원 1999. 4. 15. 선고 97도666 전원합의체 판결). 그후 대법원은 이는 채권채무관계이고 양도인이 양수인을 위한 보관자의 지위가 인정될 수 있는 신임관계가 있다고 볼 수 없다는 이유로 횡령죄의 성립을 부정하는 것으로 판례를 변경하였는데(대법원 2022. 6. 23. 선고 2017도3829 전원합의체 판결), 횡령죄의 보관자의 지위에 관하여 신의칙의 법원리가 해석의 규준으로 문제가 된 예가 된다.

전자의 판결에서는 조세법의 형식적 문언에 따라 악의적 사업자에게 부가세 환급을 인정하는 것은 참을 수 없는 부정의가 된다고 하는 다수의견이 12명이고 반대의견이 1명이라는 점에서 바로 무엇이 부정의한지는 합의가 가능하다는 비판적 법실증주의의 명제를 증명하는 경우라고 볼 수 있다. 후자의 판결에서 채권양도인이 약정에 따라 채권양도 통지를 하지 않고 채무자로부터 변제받아서 양수인에게 전달하지 아니한 것은 이중의 채무불이행이 되는데, 이를 형사처벌하는 것이 형사사법의 정의에 부합하는지가 논점이 되었다. 그러한 비도덕적인 배신행위를 처벌하자는 의견과 불벌이라는 의견은 대법관들 사이에서 팽팽하게 대립되었고 그 비율이 종전 판결에서는 8:5이었다가 판례 변경 시에는 4:9로 바뀐 것을 보면, 무엇이 법적 정의인지는 합의하기 어렵다는 점을 시인할 수 있을 것이다.

이러한 비판적 법실증주의의 법이론은 방법론과 법실무에서 실제로 기능하고 작동되고 있는 것이며, 법적용자는 이러한 관점을 의식화하고 깨어 있어야 한다. 여기서 법원리는 법적용의 비판적 근거가 되고, 광의의 규범통제는 법률가가 통상적으로-해야-하는 것이며, 법률회피는 특별한 경우에 단지 예외적으로 기능하는 것이라는 점이 중요하다. 이러한 것을 통하여 법적용자가 정법(正法)을 획득하고, 법의 발전과 변화가 가능하게 되는데, 이는 법의 진화이지 법을 전복하는 혁명은 아니다. 실정법 질서 전체에 대항하고 전복하려는 혁명이나 저항권은 비판적인 것이기는 하지만, 법실증주의가 포용할 수 있는 법적 제도가 될 수 없는 것이다.

법이념의 문제

1 의의 – 법이념의 3요소

법이념은 법의 궁극 목적으로서 통상 정의(正義)라고 말해진다. 정의의 개념은 다양하고 상대적이다. 특수적 정의는 평등이고, 평등을 상대적 평등과 절대적 평등으로 나누는 것이 아리스토텔레스 이래 법철학의 전통이다. 그는 일반적 정의를 '덕성'이라고 하였다. 또 울피아누스의 '각인에게 각자의 것을'이라는 것도 정의의 원칙으로서 이는 상대적 평등을 말하는 것인데, 거기에 이어지는 말은 '주려는 항구적 의지'라고 되어 있다.

정의의 객관적 기준을 신법이나 이성법으로 보려는 자연법론의 전통이 유구하지만, 오늘날의 자연법론이 불변의 이성법으로 승인하는 것은 없고, 내용 가변의 자연법 내지 구체적 자연법이 말해지고 있다. 그 내용으로 그 시대의 도덕이나 윤리법칙과 같은 것을 들고 있지만, 이것들은 "직관상 산술적으로 참이지만 그 체계 내에서는 증명할 수 없는 명제"이다.

법이념은 단지 정의나 법윤리적 원칙뿐만 아니라 또 다른 중요한 가치들도 내포하고 있다. 독일의 위대한 법학자 라드부르흐는 법개념의 법이념과의 관련성을 승인하고, 법이념으로서 정의(일반적, 특수적 정의), 법적 안정성(법적 평화, 질서 유지), 합목적성(국가 목적과 그 실현을 위한 효율과 경제)을 들고 있다(라드부르흐 법철학, 109면 이하).

2 법이념론

1. 라드부르흐의 목적가치에 관하여

라드부르흐는 국가 목적에 관한 궁극적 당위명제는 최고의 목적가치로서 개인가치(윤리적 인격, 개인주의), 단체가치(책임윤리, 초개인주의), 문화가치(작품가치라고 하며, 초인격주의, 여기에는 종교적 가치도 포함)를 들고 있다(라드부르흐 법철학, 85면 이하). 그는 최고의 목적가치의 선택에 관하여 그 정당성은 증명할 수 없고 신념이나 확신의 대상이라고 하여 가치상대주의의 입장을 취하였고, 관용과 방어적 민주주의 개념을 제시하였다. 물론 그의 상대주의는 법이념을 힘이나 실력에 양보했다는 비판을 받고 있다.

그는 국가의 목적가치를 합목적성의 영역에서 다루었지만, 국가 목적에 관한 궁극적 당위명제는 넓은 의미에서의 정의, 즉 일반적 정의에 속하는 것으로 볼 수 있다. 즉 국가 목적 중에서 최고의 목적가치는 그 시대에 승인되는 정치나 사회도덕의 원리이고, 예컨대 오늘날 자유나 인권, 복지 등과 같은 목적가치가 헌법에 반영되어 있다. 이는 널리 일반적 정의에 포함시킬 수 있고, 이때 정의는 그 시대에 정당하다고 승인되는 법원리와 가치들의 총합이 된다. 그러나 일반적 정의원리들은 정당성이 승인될 수 있을 뿐 그 증명이 불가능한 공리들이고, 그 어느 것이 절대적으로 옳다고 볼 수 없는 세계관적인 다양성이 있으며, 그 개념이 사용되는 경우 폭력성과 투쟁성을 나타낼 수 도 있다. 따라서 한 국가가 선택하는 목적가치가 일반적 정의에 포괄된다고 하더라도 이는 '상대적 정의'에 불과하다고 할 것이다.

유의할 것은, 자유와 인간 존엄과 같은 국가의 목적가치는 헌법이 정하는 개인가치로서 정의와 법적 안정성의 양자의 지지를 받는 법이념이라고 할 수 있지만, 이는 보편적 법이념은 아니다. 자유는 자유주의, 개인주의의 목적가치이다. 만약 인간에게 자유를 주면 오히려 존재의 불안을 야기하고 필연적으로 방종에 빠지게 된다는 식의 자유주의 비판론(예: '모택동'의 자유론)과 같은 반대도 있기 때문이다. 반대로 정의나 법적 안정성 양자로부터 개인의 자유가 제한을 받기도 한다. 헌법 제37조가 정하는 자유의 제한 규준인 국가안보, 질서유지와 공공복리는 법적 안정성과 실질적 정의의 원리에 기초하고 있는 것이다.

자유와 함께 평등은 민주주의 내지 국민주권주의의 기본가치이지만, 자유와 평등이 반드시 같이 가지는 않고 대립 충돌할 수 있다. 우리나라 대법원 건물에 '자유, 평등, 정의'의 이념을 표어로 병렬하고 있으나, 그 개념들은 모호하고 서로 동치되거나 모순되기도 한다. 서구에서는 칸트에 이르러 '인간 존엄'의 사상이 확립되었고, 그로부터 도출되는 기본권 보장이 민주주의의 요소가 되었는데, 기본권 중에서도 사유재산의 보장과 표현의 자유 등을 핵심으로 하는 자유주의가 민주주의와 결합되어 '자유민주주의'라는 정치이념이 성립되었다. 서구 근대의 평등원리는 노예제와 귀족제의 폐지와 참정권의 확대로 귀결되었고, 그것이 제국주의 식민지배로 인하여 세계로 전파되었다. 그런데 인간에게 자유를 부여하는 한, 개인들 간의 능력이나 노력의 차이 등으로 인하여 자유주의는 부의 불평등을 야기시켰다. 이 때문에 급진적인 평등을 주장하는 공산주의는 프롤레타리아의 지배, 즉 '인민민주주의'라는 구호로 민주주의를 표창하면서 자유주의는 배격한다.

오늘날 특히 자유주의 체제 하에서는 양극화, 즉 부의 불평등 분배가 심화되고 있으며, 그로 인한 계층의 분화와 고정화가 나타나고 있다. 물론 오늘날 자유와 평등 이념은 상호 수렴되어 서구의 많은 나라에서 사회민주주의의 이념 하에서 '사회복지'라는 이름으로 특히 자유나 재산권 보장을 제한하고 부의 재분배를 시도하고 있다. 그러나 하이에크(P. Hayek)는 자유방임주의와 최소국가론을 주장하고, 누진세를 강제노역이라고 하여 반대하였다. 또한 마이클 샌델을 비롯한 많은 학자들(C. MacIntyre, Michael Walzer 등)은 자유주의와 개인주의를 시정하는 '공동체주의', 즉 전통적인 자유주의에 개인의 자율과 책임을 강조하는 이념을 주창한다. 공동체주의는 개인의 자유보다는 평등의 이념, 권리보다는 책임, 가치중립적 방임보다는 '가치판단적 담론'을 중시한다. 이는 개인주의의 타락인 이기주의와 산업화에 따른 도덕 공동체의 와해 등의 현상을 치유하는 이론이고, 우리에게 좋은 목적가치의 지향점이 될 수 있을 것이다(김정오 외, 법철학, 181면 이하 참조).

2. 라드부르흐 법이념의 해석

필자는 라드부르흐의 법이념의 3요소인 정의, 법적 안정성, 합목적성을 더 이해하기 쉽게 '정당성', '안정성', '효율성'이라고 달리 부르는 것이 좋다고 생각한다. 우선 정당성은 넓은 의미에서의 정의로서 국가의 목적가치를 포괄하는 개념이다. 이렇게 정의하면 합목적성은 순수하게 효율성 내지 기능성으로 이해된다. 이러한 합목적성은 특히 행정법이나 소송법의 영역에서 중시되는 가치이다. 합목적성이란 국가의 차상위 목적가치, 예컨대 경제적 부나 환경, 국방 등의 국가 목표를 실현하거나 소송의 신속, 경제 이상을 이루기 위한 가장 적절하고 합리적인 수단을 법이 선택하여야 한다는 것으로 수단적 이념이 된다.

일반적 정의의 기준은 증명할 수 없는 것이지만, 그 정당화 근거로는 민주적 정당화, 권위적 정당화, 논증적 정당화의 3가지가 있을 수 있다. 이 중에서 권위적 정당화는 왕권이나 신권에 기초한 정당화로서 오늘날에는 독재자의 정당화 방법이다. 민주적 정당화는 시민들이나 대표자의 토론과 합의를 중시하지만, 그것이 어려울 때 최후적으로는 다수결에 의한 정당화로 만족해야 하고, 오늘날 선거나 의회절차에서 통용되는 정당화이다. 그리고 논증적 정당화는 토론과 합의의 절차를 더욱 중시하고 거기서 도출된 결론에 대하여 이유를 제시하고 근거를 찾는 정당화로서, 주로 사법절차에서 통용되는 정당화이다. 물론 민주적 정당화가 논증적 정당화와 결부될 때 가장 정당한 것이 될 수 있을 것으로 생각된다.

법이념 중에서 합목적성은 목적과 수단의 타당성, 효율성을 말하고, 수단적 원리이지만 독자적인 중요한 법원리이다. 헌법상 원리로 인정되는 비례원칙이나 과잉금지 등과 같은 것도 합목적성의 주요 내용이 될 수 있다. 또한 합목적성은 경제나 효율성과 같은 것도 포함하는데, 이는 공리주의나 법경제학에서 법적 사고의 중요한 기준이 된다. 행정법의 영역에서 행정계획이나 행정목적의 실현을 위한 각종 법적 수단은 합목적적이어야 하고, 소송법의 영역에서 소송의 신속과 경제는 이상이다. 요컨대 최고의 국가 목적을 실현하기 위한 하위목적의 설정과 그 달성을 위한 효율적인 법적 수단을 선택한다는 이념이 합목적성이고, 그것을 효율성이라고 부를 때 경제성이나 신속성 등을 포괄하는 목적 개념이 된다.

법적 안정성은 기본적으로 법적 평화와 질서, 사회의 존속 유지이다. 다른 한편 법적 안정성은 신뢰보호, 예측가능성, 죄형법정주의 등과 같은 법치주의 원리도 포함한다. 법적 안정성은 법을 통한 안정화(사회의 안정과 질서 및 개인의 법적 지위의 안정성을 통한 자유공간의 확보)뿐만 아니라 법 자체의 안정성(법의 실정성과 조령모개 식의 변경금지)도 필요하다. 이는 입법의 빈번한 개정을 제어하기도 하지만, 판례법의 중요성으로 인하여 판례 변경을 대법원 전원합의체에 의하는 등의 엄격한 절차를 요구하여 법적 안정성을 도모한다. 법적 안정성은 국가의 질서유지와 개인의 신뢰보호라는 목적을 가지고, 특히 형사법이나 침익적 행정의 영역에서 기본적으로 보장되어야 할 기본가치라고 할 수 있다.

3. 법이념들 상호 간의 모순, 충돌

라드부르흐에 의하면, 법이념의 3요소는 같은 방향을 지향하기도 하지만, 때로는 삼각관계의 갈등과 모순의 관계에 있다. 우선 평등으로서의 정의가 배분적 정의의 차별 취급이나 형평과 같은 구체적 타당성을 지향하고 있지만, 합목적성이라는 국가 목적이나 법적 안정성을 위하여 획일적인 기준에 따른 취급이 필요한 경우가 있다. 형사미성년자의 획정 기준이나 주식회사의 규모에 따른 규제의 차별, 일정 금액에 따른 뇌물죄 등의 가중 처벌 등과 같은 경우이다. 반면에 평균적 정의의 관점에 따른 일률적인 취급이 부정되고 구체적 사안에 따라 공익이나 행정목적을 위한 재량적 고려에 의하여 개별적 해결이 되어야 할 경우가 있으며, 소송법의 영역에서 합목적성의 요구에 따른 신속의 이상이 정의의 요청을 제한하는 경우도 있을 수 있다.

가. 정의와 법적 안정성

우선 정의와 법적 안정성은 관습법의 경우나 혁명 상황에서 그 대립과 갈등이 현저하다. 또한 기판력이나 재심, 시효나 제척기간, 점유보호 제도, 형벌 불소급의 원칙이나 소급입법의 경우 및 사법상 거래안전(동적 안전)과 진정한 권리자 보호(정적 안전)의 관계에서 양자 간의 갈등을 볼 수 있다.

예컨대 대법원은 확정판결의 취득 혹은 그에 기한 집행을 불법행위라고 하기 위하여는 당사자가 단순히 실체적 권리관계에 반하는 허위주장을 하는 등의 행위만으로 확정판결의 위법한 편취에 해당하는 불법행위가 성립한다고 할 수 없고, 소송당사자가 상대방의 권리를 해할 의사로 상대방의 소송관여를 방해하거나 허위의 주장으로 법원을 기망하는 등 부정한 방법으로 실제의 권리관계와 다른 내용의 확정판결을 취득하고, 그로 인하여 상대방의 절차적 기본권을 근본적으로 침해함으로써 확정판결의 효력을 존중하는 것이 정의관념에 반하여 이를 도저히 묵과할 수 없는 사정을 요구한다(대법원 2013. 4. 25. 선고 2012다110286 판결 등). 이 경우, 법적 안정성과 정의가 대립하지만, 법원은 원칙적으로 법적 안정성을 우선하고 있다.

소급입법과 관련하여 정의와 법적 안정성의 충돌이 현저하다. 헌법재판소는 자유를 침해하는 진정소급입법은 위헌이지만 신뢰보호의 이익이 적거나 중대한 공익상의 이유가 있는 경우에는 예외적으로 허용하고, 과거에 시작된 법률관계가 아직 완성되지 않은 경우의 부진정소급입법은 이익형량에 의하여 원칙적으로 허용한다(헌법재판소 1998. 9. 30. 선고 97헌바38 결정). 그에 따라 헌법재판소는 가등기담보에 관한 법률 시행 이전에 계약이 체결된 경우에까지 소급하지 않는 위 법률 부칙 2조는 합헌이라고 하였다. 친일재산의 국가귀속 사건에서 헌법재판소는 친일재산의 보유는 정의관념에 반하므로, 진정소급입법도 합헌이라고 결정하였다(헌법재판소 2011. 3. 30. 선고 2008헌바41 결정: 2인은 위헌의견). 그리고 전두환 등의 반란사건에서 5.18.민주화운동 등에 관한 특별법의 공소시효 정지규정은 합헌으로 결정하였는데(헌법재판소 1996. 2. 16. 선고 96헌가2 등 결정), 이 결정들은 정의와 법적 안정성의 가치 충돌과 형량을 보여주고 있다. 여기서는 공소시효가 실체법적 제도인가, 법치주의(법적 안정성, 신뢰보호)와 죄형법정주의의 적용한계는 어디까지인지, 공익과 신뢰보호의 이익형량은 어떻게 할 것인지가 중요한 논점으로 다루었다.

대법원은 판례변경과 형벌불소급 원칙에 관하여, 판례변경으로 처벌대상이 확대되는 경우에 건축법의 양벌규정의 해석으로 사용인 등에 대한 처벌이 확장되었지만, 다수의견은 판례변경이 형벌불소급원칙의 적용영역이 아니라고 하였다(대법원 1999. 7. 15. 선고 95도2870 전원합의체판결).

특히 헌법재판소의 위헌결정의 효력 문제도 소급효에 관한 것이고, 이 역시 정의와 법적 안정성이 충돌하는 경우라고 할 수 있다(제7장 2의 4. 항 참조). 그리고 헌법재판소의 위헌결정이 선고된 경우에 위헌법률심판의 제청을 한 당해 사건은 물론이고 당해 법률조항으로 형사재판이 계속 중인 다른 사건은 어떻게 처리되어야 하는가? 판례와 실무는 당연무효설에 입각하여 무죄를 선고하고 있지만, 이는 법적 안정성을 해치는 것이다. 폐지무효설에 의하면 이는 범죄 후 법률의 개폐가 있는 경우로서 형법 제1조를 유추하여 '면소판결'이 선고되어야 한다. 이러한 논의는 위헌결정이 선고된 형벌법규로 처벌받은 사람에 대한 재심의 경우에도 마찬가지이다.

한편 헌법재판소가 합헌결정에서 위헌결정으로 선례를 변경한 경우, 위헌결정의 소급효는 어디까지 미치는지 문제도 정의와 법적 안정성의 충돌의 예가 된다. 대법원은 시대적, 사회적 상황의 변화로 인하여 합헌에서 위헌으로 헌법재판소의 선례가 변경된 경우 전면적 소급효의 문제점을 인정하면서도 합헌결정 시까지만 소급한다는 검찰의 상고이유는 소급효 규정의 문언에 반하므로, 입법에 의하여 해결할 수밖에 없다고 하여 검찰의 상고를 기각하였다(대법원 2011. 4. 14. 선고 2010도5606 판결). 그후 간통죄와 혼인빙자간음죄의 경우에도 법원은 1953년 형법 제정 시까지 소급효를 인정하였으나, 이론상, 실무상 문제가 있어 헌법재판소법 제47조 제3항 단서가 신설되었고, 그에 따라 합헌결정 이후까지만 소급효가 인정되었다. 이러한 해결은 정의와 법적 안정성의 긴장 사이에 조화점을 찾는 것이다. 또 예컨대 대법원은 변형결정, 특히 헌법불합치결정이 위헌결정임을 전제로 당해 법률을 무효로 판단하고 있지만, 이는 규범논리상 부당하고 법적 안정성을 저해하는 것이다(제7장 2의 4.항 참조).

나. 합목적성과 법적 안정성

합목적성과 법적 안정성의 충돌은 조세법의 영역에서 현저하고 빈번하다, 조세법은 국가재정의 충당을 위한 행정법으로 합목적성의 요구가 우선되지만, 시민의 재산권 제한이라는 측면에서 조세법률주의가 지배하는 것은 법적 안정성의 이념에 따른 것이다. 특히 법원이 시민의 신뢰보호라는 법적 안정성의 요청에 따라 특정 과세처분을 취소해도 조세당국이 같은 조항에 기한 같은 유형의 다른 과세처분은 직권 취소하지 않으며(별도 소송으로 다투어야 함), 심지어 국회를 통하여 당해 법률조항의 개정안을 통과시키는 것으로 잘못된 과세처분을 사후적으로 정당화하는 경우를 보면 그 갈등은 뚜렷하다.

또한 행정목적 수행의 효율성과 탄력성 같은 것을 중시하는 행정법의 영역에서 합목적성의 요구가 법적 안정성을 제한하는 경우가 있다. 대법원은 출판문화산업 진흥법 제22조 제4항, 제5항에 따라 도서정가제 준수의무를 부담하는 '간행물 판매자'에 같은 법상 간행물의 유통에 관련된 사업자로서 관련 법령에 따라 통신판매업자로 간주되며 판매자와 별도로 간행물의 최종 판매가격을 결정할 수 있고 그에 따른 경제적인 이익을 얻는 '통신판매중개업자'가 포함된다고 유추 내지 확장해석을 하였는데(대법원 2019. 9. 10.

자 2019마5464 결정), 이는 행정의 합목적성 요구에 따른 것이다(제7장 2의 4. 5)항 참조). 그러나 만약 도서정가제 위반에 대한 제재가 행정상의 질서벌인 과태료가 아니라 형벌로 규정되었다면—이 경우 헌법상 과잉금지원칙 위반이 문제될 수 있지만—법적 안정성의 이념에 따른 죄형법정주의의 원칙상 이러한 과도한 확장해석 또는 유추는 금지될 것이다.

그리고 대법원은 변리사 등 전문자격사의 시험 사건에서 변리사 등 전문자격사의 시험을 상대평가제에서 절대평가제로 변경하였다가 다시 상대평가제로 환원한 것은 법치주의에서 나오는 신뢰보호의 원칙을 침해(시행령 부칙 개정에 경과규정이 없고, 그후 2개월 후에 실시된 시험에서 절대평가로 합격할 자가 상대평가제에서 불합격됨)한 것인지에 관하여, 비교형량을 통하여 과도한 침해로 인정하였다(대법원 2006. 11. 16. 선고 2003두12899 전원합의체판결). 다수의견은 부진정소급입법에도 신뢰보호의 원칙이 적용된다는 것인데, 이는 법적 안정성에 우위를 둔 해석이다. 물론 그 신뢰는 주관적 이해관계에 따른 사실상의 것이라는 반대의견도 있다.

그런데 헌법재판소는 로스쿨 졸업 후 변호사시험의 응시 제한을 5년 내 5회만으로 하는 변호사시험법 제7조에 대한 위헌 확인 등 사건에서 입법재량을 인정하고 예외나 유예를 인정하지 않는 엄격한 법적 안정성을 고수하였다(헌법재판소 2022. 2. 24. 선고 2021헌마392등 결정). 그러나 '고시낭인'과 같은 것을 막으려는 입법목적으로 질병이나 출산 혹은 다른 시험의 응시 등 개별 구체적 사정을 무시하는 것은 합목적성에 반하고, 예외나 유예를 인정하는 것이 필요하다는 소수의견이 타당하다고 여겨진다.

다. 정의와 합목적성

정의와 합목적성의 충돌은 우선 형사법의 영역에서 뚜렷하다. 형벌의 목적이 응보인가 예방인가 하는 논쟁에서, 응보는 정의의 요구이고(사람을 죽인 자는 사형에 처해야 한다는 칸트나 헤겔의 예), 예방은 형벌의 합목적적인 행사라는 요청에 따른 것이다(목적형주의). 오늘날 형벌의 특별예방 요청에 의하여 가혹한 보복적 형벌은 교육형과 같은 목적형으로 대체되고 있지만, 응보적 정의의 요구가 뒤로 물러날 수는 없을 것이다.

또한 소송법의 영역에서 정의와 합목적성의 요청이 부딪칠 수 있다: "지연된 정의는 정의가 아니다". 실체적 진실발견과 적정한 판결이라는 정의의 요청을 위하여 소송절차의 비용이나 기간이 무한정 늘어나서는 합목적적인 소송제도가 될 수 없는 것이다.

라. 소결

이와 같이 법이념들 상호간에 모순, 충돌이 있지만, 그 어느 하나에 우위를 둘 수 있는가? 라드부르흐는 후기에 그 서열을 조정하여 정의를 최고의 가치로 인정하고 법적 안정성 등은 그 아래에 두었다고 한다. 그리고 그는 법이념 상호간의 모순관계를 인정하지만, 그 이율배반이라는 것은 서로가 반대이념을 배제하는 것이 아니라 함께 적용되는 것이며, 비중과 정도에 따른 우위는 있을 수 있다는 점을 인정하였다.

결론적으로 법이념 상호간의 충돌에 관하여, 그 상황이나 변화의 시점에 탄력성이나 유연성이라는 관점에서 법이념 상호간의 모순 해결과 조화가 필요하다. "철학은 결단에서 해방시키는 것이 아니라 결단에 직면하게 한다".

▐3▌ 법과 도덕의 문제

1. 서론

"법과 도덕과의 관계는 법철학의 케이프혼이다(R. Jehring)". 또는 "법은 도덕의 최소한이다(G. Jellinek)". 이러한 유명한 명제로 대변되는 법과 도덕은 분리되는가, 합치되는가, 법을 도덕에 일치시켜야 하는가의 문제가 제기되고 있다. 도덕은 옳은 것이나 바른 것을 의미하고, 법이념 중에서 넓은 의미에서의 정의의 실체적 내용이 될 수 있기 때문이다. 법과 도덕의 관계는 법 개념 자체를 정의하는 것에서 나아가 법의 내용적 관계로서 실정법이 법이념과 도덕을 얼마나, 어떤 방식으로 반영하고 있는지, 반영해야 하는지 문제가 된다. 그리고 도덕이 자연법의 내용이 된다면, 도덕에 반하는 법규범의 효력이 문제가 되고, 반도덕적인 법은 더 이상 법이 아닌지, 무효화 되는지와 같은 문제도 논의될 수 있다.

원시적 시원규범의 시대에는 법과 도덕의 구분은 없었다. 사회의 형성, 특히 국가 성립 이후 도덕이 제도화되었고, 사법과 같은 국가기구가 설치되고 외견적 존재가 되면서부터 법과 도덕이 분리되기 시작하였지만, 현대 이슬람국가와 같은 신정국가에서는 여전히 합치명제가 지배하고 있다.

그러면 도덕 내지 윤리란 무엇인가? 명백하게 완결적이고 절대적으로 타당한 도덕은 없다. 도덕의 분류는 다양하다. 독일의 도덕철학자 회페(O. Hoeffe)는 1) 개인적이든 공적이든 인간의 실천에 따른 정당성 요청의 총체로서의 도덕이 윤리이고, 2) 법적인 영역을 제외한 모든 영역에 대한 구속성의 총체로서의 도덕과 3) 전래적인 사회적 습속인 에토스를 구분한다.

독일의 헹켈(H. Henkel)은 도덕을 자율도덕(선의 이념에 기초한 순수당위로서 양심과 인격의 자율성에 의한 주관적 입법인 정언명령), 종교도덕(일정한 범위에 한정되고 자율과 타율의 결합), 사회도덕(특정 사회가 구성원에게 요청하는 윤리적 명령의 총체로서 사회 일반의 도덕의식의 산물이고 교육되고 전승되며, 법에서 원용되거나 위임되어 있다), 인본도덕(개별자로서의 인간에 요구되는 보편적 도덕: 공동생활에 불가결한 최소한도의 도덕원칙, 거짓말하지 마라, 약속을 지켜라 등)으로 구분하고, 법도덕은 사회질서를 유지하기 위하여 반드시 지켜야 할 도덕을 법으로 전환시킨 것이라고 한다.

2. 차이와 구별 및 법의 징표로서의 강제가능성

법과 도덕의 차이와 구별에 관하여 다음과 같은 기준이 제시되고 있다.

1) 외면과 내면-관심방향의 차이(토마스 아퀴나스)
2) 합법성과 도덕성-칸트의 동기설(아래 3항 참조)
3) 타율과 자율-강제의 유무
4) 외적 의무와 내적 의무-법은 외부기관에 의한 강제가능성, 도덕은 내면의 법정에 의함
5) 행위와 결과, 의사와 심정-법의 객관성과 도덕의 주관성
6) 정의와 선-목적 이념의 차이: 도덕은 윤리적 선의 실현, 법은 사회공동질서의 유지가 목적임
7) 일면성과 양면성-도덕은 분리적 의욕으로 일면성이 있고, 법은 결합적 의욕으로 양면성이 있으며, 타자와의 관계에서 권한과 의무를 부여함(델 베끼오); 법에 관한 한 아무도 자기의 일에 대하여 법관이 될 수 없고, 도덕은 자기 자신의 양심의 법정에서 스스로 심판한다(이에 대하여 개인주의적 도덕관에 불과하고 제3자의 도덕적 비난이란 것이 존재한다는 비판이 있다).
8) 하트는 법은 의도적 제정의 대상이고 결정의 산물임에 대하여(관습법 포함), 도덕은 의도적으로 만들어지는 것이 아니라 승인되고 전승되는 그 무엇이라고 한다.

법과 도덕의 구별기준 중에서 중요한 것이 바로 강제성과 비강제성의 차이이다. 예링은 법이란 국가 내에서 효력을 가지는 강제규범이고, 국가권력에 의한 승인과 실현가능성을 징표로 본다. 켈젠도 강제질서로서의 법은 최대한의 윤리이고 제도화된 폭력이라고 하여, 법의 강제가능성을 중시한다. 다만 수권규정이나 불완전 의무와 비강제적 규정이 있지만 이는 예외이고, 강제성이 취약한 국제법이나 권고적 효력을 가지는 EU법과 같은 것은 현재 진행 중인 법이다. 심헌섭 교수는 강제가능성이란 것은 법의 특수한 징표이지만, 이는 내용적인 구분이 아니고 실현의 문제라고 한다(법철학 1, 114면).

3. 칸트(I. Kant)의 윤리학과 실천이성

칸트는 법과 도덕을 동기로 구별한다. 하나의 행위를 의무로 하고 그 의무를 동기로 하는 입법은 윤리적이고, 의무 자체의 이념과는 다른 동기를 허용하는 것이 법적인 것이다. 동기에 대한 고려 없이 하나의 행위가 법칙에 일치하는가가 합법성이고, 의무 자체가 동기가 된 그러한 행위와 법칙의 일치는 도덕성이다. 여기서 의무와 선의 개념이 결부되고, 의무론적 윤리 내지 형식론적 고찰방법이 된다(deontology).

칸트에 의하면, 순수실천이성은 각자의 경험에 좌우되지 않는 도덕적 선에 관한 선험적 능력이다. 그의 도덕형이상학 원론에서, "선한 의지가 무조건적으로 선하고," 그것은 "보석처럼 빛이 난다." 즉 그 행동이 옳기 때문에 한 행동이 선하다. 그가 든 가게주인의 예(잘못 교부된 거스름 돈의 반환)에서 도덕성은 그 동기만 중시하고, 자살의 경우에도 자신이 목숨의 보존의무를 자각하고 자살하지 않는 경우만 도덕적으로 선하다고 한다. 또 칸트는 돈을 빌릴 때의 거짓 약속은 보편적 법칙의 명령이 될 수 없어서 선하지 않다고 하는 예를 들고 있다. 이에 대하여 거짓말하면 세상이 나빠질 것이라고 하는 논거는 '결과에의 호소'라는 밀(J. S. Mill)의 비판이 있다. 그러나 마이클 샌델은 이 테스트는 일종의 도덕적 직관이고 실천이성의 능력에 의한 것이며, 나 자신의 욕구(이익, 요구 및 상황)를 남의 욕망보다 앞세우는지 보기 위한 것이기 때문에 이는 부당한 비판이라고 한다.

칸트는 '도덕형이상학 원론'에서 최고의 도덕원칙은 무엇이고, 자유는 어떻게 가능한가의 문제를 제기하였다. 그에 따르면 최고의 도덕원칙은 자유이고 자율이다. 자유는 스스로에게 부과한 법칙에 따라 행동하는 것이다. 자유는 도덕률의 존재근거이고, 도덕률은 자유의 인식근거이다. 여기서 자유의 주체로서 인격 개념이 등장한다. 동물성과 다른 인간성, 인격성이 자유의 주체이다. 이것이 형식론적 의무윤리의 토대가 되었는데, 인격의 자율성은 자기입법에 기초해 있고, 이로써 주관적 행위원칙이 보편적 도덕률과 일치하게 된다.

여기서 실천이성의 기본원리인 정언명령이 도출된다.

1) 너의 의지의 준칙이 항상 보편적 입법의 원리로 타당할 수 있는 것에 따라 행위하라! 다시 말하면 준칙에 따라 행위하되, 내 의지로 인해 그 준칙이 보편적 법칙이 될 수 있도록 하라는 것이고, 이를 '보편성 내지 보편화가능성의 원리'라고 부른다.

2) 이성적 존재자인 인간은 인격으로서 그 자체 목적으로 간주되어야 하고 수단으로 삼지 말라! 이는 인간 존엄의 근거와 내용을 이루는 중요한 공리이다. 예컨대 성명권은 개인의 인격권의 발현이고 개명의 자유가 있지만(대법원 2005. 11. 16.자 2005스26 결정 참조), 환경운동가들이 4대강 사업을 반대하기 위한 정치적 목적을 위하여 이름을 '4대강'으로 개명을 신청한 사건에서, 서울가정법원은 위 정언명령에 입각하여 자신의 인격을 수단으로 삼는 것이고 개명신청권의 남용이라는 이유로 개명신청을 불허하였다(필자, 개명허가의 요건, 가사재판실무, 2011, 3면 이하 참조).

3) 따라서 이성적 존재자의 의지는 보편적 입법자의 의지이다. 이것이 바로 만인이 공유하는 실천이성이다.

자기 안에 목적을 가지고 있는 것이 바로 이성적 존재자이다. 정언명령은 특정한 이익과 목적에 기초할 수 없는 것이고, 인격은 자기 목적으로 존재하며, 임의로 이러 저러하게 이용될 수 없다. 칸트에 의하면, 자살은 살인과 같은 것으로서 인간 스스로의 존엄성을 파괴하는 것이다. 그 존중은 보편적 인간성에 대한 존중이고, 이는 사랑이나 동정심, 연대의식과 다르다는 것이다.

그러나 켈젠은 자신을 파괴하는 자살이나 준수하지 않으려는 의도에서 한 약속(반환할 수 없음을 알면서 돈을 빌리는 경우)이 보편적 법칙으로 금지된다는 칸트의 예를 비판하고, 어떤 것이 보편적 법칙의 내용인가에 관한 결정적 물음은 대답되지 않은 채 남아 있다고 한다. 그는 내용이 말해지지 않은 보편적 법칙에 따라 행위하라는 명령으로부터 일정한 행위를 하라는 도덕규범은 도출될 수 없다는 점도 지적하고 있다(켈젠 법이론선집, 204면).

마이클 샌델은 법과 도덕의 구분에 관하여 칸트에 따라 3가지 2원론을 분류하고 있다: 1) 행위의 동기-의무와 끌림. 2) 의지의 결정방법-자율과 타율. 3) 이성의 명령-정언명령(무조건적인 명령)과 가언명령(조건적 명령; 만일 X를 원한다면 Y를 하라).

4. 법과 도덕의 관계

가. 법과 도덕의 사실상의 관계

법과 도덕의 사실상의 관계는 도덕이 실정법에 들어왔는가, 그밖에 남아 있는가의 문제가 된다.

1) 명시적으로 도덕률을 실정화하거나 실정법에 위임한 경우-신의 성실, 선량한 풍속, 사회상규 및 매춘, 낙태, 군형법상 동성애의 처벌 등.
2) 헌법은 인간 존엄이나 평등과 같은 자율도덕, 인본도덕을 지도원리로 승인하고 있다.
3) 법이 은밀히 도덕에 의거함을 지시하는 경우-법률언어 중에서 음란, 책임, 혼인, 특히 이혼사유 등의 해석은 많은 부분 사회도덕에 의거한다.
4) 도덕 중립적이거나 도덕 적대성이 있는 경우에는 법이 도덕의 최소한이려고 하며, 법으로부터 자유로운 영역을 도덕에 남겨두는 경우가 많이 있다. 예컨대 입법자가 낙태나 동성애, 간통 등을 처벌하지 않는 것은 그것이 비도덕적이 아니어서가 아니라 다원사회에서 국가 형벌권의 포기로 해석된다. 이 경우는 비도덕적이라고 하더라도 최후의 강력한 국가적 제재인 형벌로 다스릴 정도의 사회적 해악이 되지 않는다는 것이다.

이와 같이 국가 내에서 법과 도덕은 상호 조화와 적응을 하기도 하지만, 다른 한편 긴장과 대립의 관계에 있기도 한 것이다. 그런데 특수한 경우인 정치범 등의 확신범은 국가적 처벌에도 불구하고 자기의 신념을 지키는 것이므로, 도덕적으로는 우월할 수 있다. 그리고 행정범은 원칙적으로 도덕과 무관하지만, 무단횡단 금지 등과 같은 도로교통법위반의 경우에 오랜 시간 지켜지면 그 준수가 도덕적 영역으로 들어올 수도 있다. 한편 공무원이나 변호사 등 자격사의 징계는 행정처분인데, 그 영역에서는 법과 도덕은 거의 합치하고 있다. 공무원이나 변호사 등의 성실이나 진실 및 품위유지와 같은 것은 다분히 도덕적인 의무이기 때문이다.

나. 법과 도덕의 당위적 관계

법과 도덕의 당위적 관계는 법이 도덕적이어야 하는가의 문제로서 도덕의 실정화나 불법국가의 문제와 관련된다. 당위적 관계에서는 일치 요구과 중립 요구에 따른 두 가지 준칙이 나온다.

1) 동화의 준칙—법은 도덕의 최소한 또는 형법은 도덕의 척추이다.
2) 독립 내지 분리의 준칙—이익의 조정이나 경제적 효율성, 복지 등의 국가 목적, 세법, 급부행정에서는 법은 도덕과 무관하거나 분리된다.

생각건대, 지배적인 사회도덕에 합치하는 법이 잘 승인되고 준수될 것이므로, 법과 도덕의 완전 분리나 합치는 양 극단의 입장에 불과하다. 또한 법, 특히 형법의 해석에 도덕관념이 반영됨은 부인할 수 없지만, 지나친 도덕적 관점의 개입은 지양되어야 하고, 법관은 도덕교사가 아니다. 형사소송규칙 제147조 제2항에 의하면, 재판장이 판결을 선고하면서 피고인에게 적절한 훈계를 할 수 있다고 되어 있고, 실제로 법정에서 도덕적 훈계를 하는 판사도 있다. 그러나 법관은 법을 선언하고 집행하는 공무원일 뿐이므로, 이는 부적절하다.

또한 형법에서 의사자유, 책임, 비난가능성 등과 같은 형이상학적 법 개념이 도덕적으로 사용되어서는 아니 된다. 형벌은 범죄자의 도덕적 책임을 묻는 것이 아니고 단지 죄질이나 범인의 악성을 판단함에 있어 도덕적 관점이 문제되고 법관이 실제로 양형에 반영될 수 있는 것이다.

법과 도덕의 관계에 관하여, 매춘과 동성애의 처벌을 둘러싼 하트 교수와 데블린 판사의 논쟁이 주목된다(김정오 외, 법철학, 70면 이하 참조). 1954년 영국에서 매춘과 동성애의 처벌에 관하여, 사적으로 은밀히 행해지는 매춘이나 상호 동의 하에 성인 사이에 사적으로 행해지는 동성애는 당사자 이외에 누구에게도 해를 끼치는 것이 아니므로, 범죄로 처벌해서는 안된다는 보고서가 제출되었다. 이에 대하여 데블린 판사는 도덕이나 윤리 등에 대한 공통적 관념 없이는 사회는 존재하지 못하며, 이는 사회를 통합시킨다고 한다. 그러나 하트는 부도덕이 사회를 약화시키고 해체시킨다는 주장은 동성애가 지진의 원인이라는 유스티니아누스 황제의 확신처럼 증거가 없다고 한다. 국가는 국민에게 도덕적 정당행위를 교육시키기 위해서가 아니라 권리나 이익의 침해로부터 시민을 보호하기 위해서만 자유에 간섭할 수 있다는 것이다. 그는 밀(J. S. Mill)의 해악의 원리(harm principle)을 지지하면서 도덕적 준수를 보호하고 도덕적 혐오를 처벌하는 것은 형법의 책무가 아니고, 사회적 유해성, 위험성을 제재하는 것이라고 한다. 예를 들어 중혼(重婚)이 비윤리적이거나 종교의 계율을 깨뜨려서 처벌하는 것이 아니라, 결혼과 가정생활을 파괴하고 자녀 양육을 악화시킬 수 있는 것이어서 사회적으로 해악이 있기 때문에 이를 처벌할 수도 있는 것이다. 그러나 이를 법으로 규제할 것인지는 국가와 시대마다 다르다. 우리의 경우, 현재 중혼을 형사 처벌하지는 않지만, 민법상 혼인 취소사유가 된다.

도덕의 영역에 법이 개입하는 한계를 결정하는 기준으로 '공적 차원과 사적 차원에서 이루어진 행위'의 구별도 제시되고 있다(골딩 법철학, 103면 이하). 이는 사적 차원에서 이루어진 동성애나 변태성행위 등을 처벌에서 제외하자는 것이고, 같은 취지에서 대법원 2022. 4. 21. 선고 2019도3047 전원합의체판결의 다수의견은 군형법 제92조의6의 동성애 처벌규정을 사적 공간에서 자발적 의사 합치에 따라 이루어지는 경우에 처벌을 하지 않는 예외를 설정하고 있다. 그러나 사적 차원에서 이루어지는 행위도 대중에게 고통을 주거나 사회적으로 유해한 경우도 많다. 현행법은 공연성 없는 모욕은 처벌하지 않지만, 사적 차원에서의 인신모독이 더 커다란 고통일 수 있다. 또 어떤 종류의 성적 행위와 농도 짙은 도색문서나 도화는 공포나 유통 여부를 불문하고 인간성을 타락시킨다. 이는 사람을 물건 취급하고 대상화하고 있기 때문이다. 반면에 술에 만취하는 것은 도덕적으로 옳지 않지만, 사적 차원에서의 만취는 타인에게 피해를 주지 않는 한 그 사람의 인생살이에 지나지 않는 것이다. 그러나 데블린은 수많은 인구가 너무 자주 만취한다면 사회에 유해하고, 이를 금지하는 입법을 할 수도 있다고 주장한다. 그리고 알콜중독자를 그 위험성 때문에 사전에 치료 등의 보안처분을 할 것인지, 만취 후 어떤 범죄행위로 나아갔을 때까지 기다려야 할 것인지도 어려운 문제이다. 이는 심한 정신병자의 경우도 마찬가지이고, 사회적 유해성의 정도 판단과 그 사회의 감당능력의 고려가 문제가 된다.

어떻든 낙태에 관한 데블린의 주장은 동의할 점이 있다: "낙태에 관한 법이 불필요한 불행을 가져온다면, 낙태가 법의 소관사항이 아니라는 이유로 폐지할 것이 아니라, 개정을 하라.……사회의 지정된 입법자는 경합하는 가치들을 교량(較量)할 의무가 있다."(Devlin, The Enforcement of Morals, p. 117) 그러나 데블린은 사회는 관념의 공동체로서 공적 도덕은 사회의 존립에 본질적인 것이라고 주장하지만, 관념의 공동체라는 생각은 다원사회와 양립하기 어렵고 공적 도덕으로부터의 일탈이 사회의 존립을 위협한다는 점도 명백하지 않다. 예컨대 도색문서의 반포나 도박이 금지되어야 한다는 것이 본질적인 것인가? 도박을 금지한다면 왜 국가가 운영하는 도박장은 허용하는가? 특히 데블린이 말하는 '관용의 한계'로서 대중의 실질적인 비난 감정, 혐오감이나 증오감과 같은 말은 모호하고 입법이 일시적 여론에 휘둘리기 쉬우며, 대중 선동이나 여론 조작도 가능하다는 비판을 받고 있다.

결국 도덕이든 법이념이든 법질서에의 수용이 선험적으로 결정되거나 정당화되는 것은 생각하기 어렵다. 따라서 법에 대한 도덕의 개입에 관한 법이론적인 한계 설정은 할 수 없는 것이다. 오늘날 헌법에 사회의 합의된 기본가치가 정해져 있고, 그 전제 하에서 무엇이 지배적 도덕인가를 결정하는 것은 입법자의 소관사항이다. 지배적 도덕의 존재나 그 내용의 완전한 증명은 어렵지만, 그렇기 때문에 입법자가 사회 유지·존속를 위하여 필요한 최소한의 도덕을 실정화하여 법률의 형식으로 정하고 그 실현을 위한 제재나 강제가 필요한 것이다.

5. 도덕의 실정화의 한계

입법자가 도덕을 실정화하는 경우에 그것이 법이 개입하는 범위를 넘어서 과도한 것인지는 원칙적으로 위헌 판단을 하는 헌법재판소의 소관이다. 헌법재판소는 간통죄 처벌의 위헌성에 관하여 과잉금지와 국가 개입의 정도를 물었고, 종전에 합헌결정을 하였으나(헌법재판소 2008. 10. 30. 선고 2007헌바17 결정: 반대의 위헌의견은 법정형의 과잉도 지적하였고, 헌법불합치 의견도 있었다), 그 후 시대와 법의식의 변천에 따라 헌법재판소는 간통죄가 성적 자기결정권 및 사생활의 비밀과 자유를 침해한다고 하여 위헌결정을 하였다(헌법재판소 2015. 2. 26. 선고 2009헌바17, 205 등 결정). 이 결정은 간통에 대한 형사처벌이 기본권의 과잉침해라는 것이므로, 그보다 가벼운 민사책임을 추궁하는 것은 허용되어 그후 이에 관한 분쟁이 민사화되었다. 비슷한 이유로 혼인빙자간음죄도 헌법재판소가 2002년 합헌결정에서 위헌으로 선례를 변경하였다(헌법재판소 2009. 11. 26. 선고 2008헌바58 등 결정). 그러나 군형법상 수간(동성애)의 처벌에 대하여는 헌법재판소가 합헌결정을 하였고(2008헌가21), 존속살인죄나 존속폭행죄의 폐지 논의도 법과 도덕의 문제이다.

또한 낙태죄에 대하여 헌법재판소는 종전에 합헌결정(헌재 2012. 8. 23. 선고 2010헌바402 결정)을 하였으나, 2019. 4. 11. 선고 2017헌바127 결정으로 헌법불합치로 선회하였다. 다수의견은 "임신한 여성의 자기낙태를 처벌하는 형법 제269조 제1항과 의사가 임신한 여성의 촉탁 또는 승낙을 받아 낙태하게 한 경우를 처벌하는 같은 법 제270조 제1항 중 '의사'에 관한 부분이 각각 임신한 여성의 자기결정권을 침해한다"는 것이다. 이 결정에는 단순위헌의견이 3인, 헌법불합치의견이 4인이고, 합헌의견이 2인으로 나뉘었다. 헌법재판소는 법적 공백을 막기 위하여 헌법불합치 선고를 하고 입법 명령을 내리면서 입법자의 개선입법이 이루어질 때까지 계속 적용을 명하였다(따라서 재심은 불가하다). 헌법재판소는 현 시점에서 최선의 의료기술과 의료인력이 뒷받침될 경우에 태아는 임신 22주 내외부터 독자적인 생존이 가능하다고 하면서, 결정가능기간을 어떻게 정하고 결정가능기간의 종기를 언제까지로 할 것인지, 결정가능기간 중 일정한 시기까지는 사회적·경제적 사유에 대한 확인을 요구하지 않을 것인지 여부까지를 포함하여 결정가능기간과 사회적·경제적 사유를 구체적으로 어떻게 조합할 것인지, 상담요건이나 숙려기간 등과 같은 일정한 절차적 요건을 추가할 것인지 여부 등에 관하여 앞서 헌법재판소가 설시한 한계 내에서 입법을 명하면서 입법재량도 부여하고 있다(2020. 12. 31.의 시한 이후에도 아직 입법이 이루어지지 않아서 현재 낙태죄는 폐지된 상태이다). 반면에 단순위헌 의견은 이른바 '임신 제1삼분기(first trimester, 대략 마지막 생리기간의 첫날부터 14주 무렵까지)'에는 어떠한 사유를 요구함이 없이 임신한 여성이 자신의 숙고와 판단 아래 낙태할 수 있도록 하여야 한다는 의견이고, 합헌 의견은 당연히 태아의 생명권을 중시하고 있다.

낙태죄의 찬반에 관하여 많은 논의가 있다. 특히 미국에서는 낙태죄 논쟁으로 특히 여성단체와 기독교계가 둘로 갈라져서 심하게 싸우고 있다. 독일의 경우에도 낙태죄 처벌의 위헌성이 문제되었다. 1975년 독일연방헌법재판소는 태아의 생명보호는 헌법적 명령이라 하여 3개월 이내 자유낙태를 허용한 주법에 대하여 위헌 결정을 하였다가(결정 다음 날 여성단체가 헌법재판소의 정문에 폭탄테러를 하였다), 1993년도에는 연방헌법재판소가 상담의무를 부과한 기한부여(Fristenloesung mit Beratungspflicht)의 규정에 대하여 합헌 결정을 하였다. 그런데 독일의 헌법재판소는 레스비안은 불벌로 두면서 남성 동성애의 처벌을 합헌으로 보는 등 일관성이 없다(BVerfGe 6, 389).

6. 반도덕적 법률의 효력

반도덕적 법률의 효력은 어떠한가? 이는 악법, 법률적 불법 내지 정의에 반하는 법률의 문제로서 수범자의 내적 수긍이 없으면 폭력이라는 견해나 반도덕이나 부정의가 참을 수 없는 정도에 이르면 부정당한 법으로 무효라는 견해가 제시된다. 반도덕적 법률은 당장 그 효력을 부인하거나 실효성을 상실시키기는 어렵지만 위헌결정이 나오거나 혁명 또는 정권교체 이후에 무효화될 가능성은 있을 것이다.

이른바 '법률적 불법'의 문제에 관한 라드부르흐의 공식에 대하여 어느 정도가 참을 수 없는 불법인지 기준이 없고, 개인의 결단에 맡겨져 있다는 비판이 있다. 이에 대하여 하트(Hart)는 법률적 불법은 사후 소급입법으로 해결하여야 한다는 견해를 제시한다. 우리의 경우, 12.12 사태와 5.18 민주화운동에 대한 전두환 정권의 불법행위를 사후에 소급입법으로 해결하였다. 물론 소급입법 전에 검찰은 전두환과 군부의 쿠데타는 불법이기는 하지만 성공했기 때문에 처벌할 수 없다는 이유로–옐리네크(Jellinek)의 '사실적인 것의 규범력'– 불기소 처분을 한 바 있었다. 전두환 등의 행위는 엄밀히 말해서 법률적 불법의 문제는 아니고 불법적인 과거 청산을 위하여 공소시효 연장을 위한 소급입법을 한 것이며, 헌법재판소는 이를 시인하였다(헌법재판소 1996. 2. 16. 선고 96헌가2 결정; 제10장 참조). 같은 이유로 헌법재판소는 법률적 불법에 해당하는 친일재산을 그 취득·증여 등 원인행위 시에 국가의 소유로 하도록 규정한 친일재산귀속법 제3조 제1항 본문이 진정소급입법으로서 헌법 제13조 제2항에 반하지 않는다고 하였다(헌법재판소 2011. 3. 31. 선고 2008헌바141 결정). 이에 대하여 소급입법이 아니라 법치주의 원칙상 헌법적 근거가 필요하다는 반대의견도 있었다.

미국의 론 풀러(L. Fuller)는 법률적 불법은 무효이지만 그 외관의 제거를 위한 입법이 필요하다는 견해를 제시한다. 물론 입법적 차원에서 해결하는 것이 좋겠지만, 그 이전에 법원이 헌법재판소에 위헌법률심판의 제청을 통하여 악법을 제거하는 길이 열려있다. 그러나 그 방법으로도 악법이 제거되지 않는 경우, 법관이나 법집행자는 어떻게 하여야 하는가? 결국 참을 수 없는 정도의 불법이라면 법관 등은 그 직을 사임하거나 회피 등의 방법으로 악법의 적용을 하지 않아야 할 것이다. 다만 이에 대하여 문제를 다른 법관에게 떠넘긴다는 비판이 있고, 법관이 정치적 선택을 하는 것이라는 비판도 있다.

7. 소결-법의 조건과 목표로서의 도덕

도덕은 그 시대의 문화적 경험이나 종교, 철학적 관념에 기초한 인간행위의 규율체계이고, 법도 사회통념이나 상식에 근거하고 있다. 법과 도덕은 단지 구속력의 특성과 규범의 강제성에서 구별된다. 법규범은 국가적 강제에 의하여 보장되거나 유지되지만, 도덕규범은-가능한 사회적 제재에도 불구하고-행위자의 내적 자유(도덕성)를 지향한다.

법은 이 사회도덕에 표현된 윤리적(좋은) 행위에 관한 가치 관념에 기초하고 있고, 사회의 지배적 도덕에 합치하는 법이 더 잘 승인되고 준수될 수 있다. 도덕이 없는 법은 쓸모 없고(Leges sine moribus vanae), 따라서 일반적으로 승인된 사회도덕의 최소한은 법의 필요조건이다. 그러나 법이 도덕에서 끝나는 것은 아니기 때문에 도덕은 법의 충분조건은 아니다.

법과 도덕은 기본적으로 행위규범이다. 행위규범들 중에서 형벌이라는 강력한 국가적 제재를 수단으로 하는 형법은 강제규범으로서 도덕의 윤리규범과 일응 구분되지만, 형법상 범죄로 정해진 것의 대부분은 도덕의 관점으로부터도 허용되지 않는다. 형법은 사회유지를 위한 윤리규범 중에서 국가적 제재에 의하여 지켜야 할 최소한을 규정하고 있는 것이다-법은 도덕의 최소한이다(Jellinek). 이로써 형법규범의 준수와 강제는 정당화되고, 따라서 형법상 범죄는 이른바 자연범·형사범이다. 이에 비하여 이른바 법정범·행정범은 국가 행정상의 정책적 필요성 등으로부터 실정법에 의하여 비로소 일정한 행위가 범죄로 규정된 것이다. 다만 당초 행정범이었던 환경범죄나 도로교통법 위반의 경우와 같이 법규위반이 국민의 법의식에 의하여 점차 사회윤리규범으로 받아들여지는 경우도 있다.

이상에서 볼 때 도덕은 법 실현의 필요조건일 뿐만 아니라 법의 목표이다(뤼터스, 262면). 라드부르흐도 법과 도덕이 긴장관계에 있지만, 법의 목적은 도덕이라고 한다(법철학, 73면). 법은 지배적 도덕에 근거하고, 특수한 방식으로 도덕과 윤리의 확보에 기여한다. 도덕은 법을 평가하는 기준이 될 수 있고, 법의 불완전성을 보충하며, 구체적인 적용이나 실현 단계에서 법을 수행하는 기능을 행한다. 따라서 법과 도덕의 완전한 분리는 있을 수 없다(포용적 법실증주의).

그러나 도덕의 극대화 내지 전면화, 즉 도덕과 법의 완전한 합일은 매우 위험하고, 그러한 요청은 전체주의 체제의 특징이다. 어떠한 행위가 반도덕적이라 하여 바로 형사상 범죄가 되고 처벌하는 것은 도덕의 과잉이고 시민의 권리나 법적 안정성을 과도하게 침해하는 것이 된다. 특히 그 판단이 정치적 집권층이나 일부 지배적 법률가의 자의에 맡겨지는 것은 민주주의를 위협하는 전체주의가 될 수 있다. 또한 지배층이 시민의 도덕 감정에 호소하여 여론을 불러일으키는 방식으로 법을 제정하고 집행하는 것은 포퓰리즘의 전형이고, 이는 민주주의의 타락이고 역설이다. 인간이 완전히 도덕적일 수 없으므로, 만일 집권층이나 지배층의 반도덕적인 행위가 드러난다면 곧바로 자기모순 내지 금반언의 함정에 빠질 수도 있게 된다. 따라서 법과 도덕의 완전한 분리나 합치테제는 양 극단이고 일면적이다.

제5장

정의론의 문제

"세상의 통치자들이여, 정의를 사랑하라!"

– 지혜서 1-1 –

"정의는 죽지 않는다."

– 지혜서 1-15 –

"정의를 강물처럼 흐르게 하여라!"

– 아모스(Amos) 5-24 –

"한줄기 강이 가로막는 가소로운 정의여!
피레네 산맥 이쪽에서의 진리는 저쪽에서는 오류이다."

– 파스칼 팡세(Pascal Penses) –

1 정의란 무엇인가?

정의는 지배의 필수적 징표이자 규정적 이념이다. 정의롭지 않은 국가는 거대한 강도집단과 다르지 않다(Augustinus의 神國論). 정의는 뜻 그대로 좋은 것, 올바른 것을 의미한다. "법은 좋은 것과 적당한 것을 실현하는 기술이다"(울피아누스 Dig. 1,1,1). "법학은 무엇이 정당한지, 부정당한지에 관한 학문이다"(1,1,10). "법은 마치 어머니와 같은 정의로부터 나온다. 따라서 정의는 법보다 우선하는 것이다."

인간의 실천적 사고가 시작되고 국가가 성립된 이래 국가와 국민의 법의식은 모든 법이 정의에 가까워야 하고, 적어도 거기에 배치되어서는 아니된다는 것을 요구한다. 국가권력은 부정당한 법률이나 기타 고권적 행위의 공포를 통하여 국가적 불법을 명할 가능성도 있고, 부정당하다고 여겨지는 법률은 시민의 불복종이나 저항을 부른다. 독일의 나치나 우리 유신시대의 불법국가의 경험이 이를 말해준다. 그 시대에도 권력의 남용과 불법의 행사는 법의 이름으로 행하여졌고, 법은 권력의 도구였다(수권법, 긴급조치 등). 과거 남아프리카 공화국의 인종 차별도 형식적인 법의 이름으로 행하여졌다.

결국 정의는 법의 필수적 속성으로서, 법은 기본적으로 인간 행위를 대상으로 하고, 파생적으로 사회구조나 인간관계를 대상으로 하므로, 정의론 역시 사회의 주요 제도를 대상으로 한다.

1. 덕으로서의 정의

정의의 주관적 의미는 개인의 덕이나 적격성, 성실성을 말한다. 플라톤의 국가론에서 '자신의 것을 행하는 자는 정의롭다'고 하였고, 아리스토텔레스는 일반적 정의를 덕성이라고 하였다.

유스티니아누스 시민법대전(Corpus Juris Civilis)의 법언에서 정의는 '각인에게 각자의 것을 주려는 항구적 의지'라고 하였다. '항구적 의지'라는 것은 주관적 정의나 덕성에 기한 자신의 행위가 객관적 정의를 지향하는 것이라고 볼 수 있다. 이는 개인적인 진실성과 객관적 진리와의 관계에 비유될 수 있고, 개인적 덕성(Kardinaltugend)은 정의로운 법관, 바른 선생, 좋은 양친 등을 말하는 경우와 같다. 모든 개인은 자신의 사회적 역할과 과제를 윤리적 선과 의무에 따라 충실히 다해야 한다는 것이다. 여기서 일반적 정의인 덕성은 주관적 정의가 되는 것이고, 이는 동양의 유교적인 덕치주의, 정명(正名)사상과 상통한다.

2. 규율의 특성으로서의 정의

규율의 특성으로서의 정의는 케이크를 공정하게 나누는 사회와 정치적 제도의 수립과 같은 객관적 정의의 요구이다. 정의의 객관적 의미는 사회적 공동생활의 상태와 규율이 형평성이 있거나 윤리적으로 정당화되는 것이다(라드부르흐). 이는 예컨대 정당한 형벌, 유산의 정당한 분배, 정당한 사회질서 등과 같은 규율이나 제도를 말하는 것이고, 여기서 정의는 윤리적 행위의 정당한 결과를 구조화하는 것을 의미한다.

아리스토텔레스는 그의 정치학에서 정의와 국가, 법의 관계에 대하여, "정의는 국가로부터 나온다. 법은 국가공동체의 질서이고, 법은 무엇이 정당한지에 관한 판단이기 때문이다."라고 한다. 정의 문제는 아직도 국법철학의 영원히 중요한 테마이다. 정의의 객관적 기준이 있는가는 수천년 동안 논의되었지만, 여전히 확실한 성과는 없었다. 아리스토텔레스는 목적론적 정의론을 주장하고, 사회적 행위와 제도의 텔로스(telos), 사회제도나 정치에 관한 목적론적 사고와 합목적성으로서의 정의론을 제시하고 있다. 또한 그의 분배적 정의는 자격이나 덕성 또는 미덕에 따라 보수나 재산, 기회의 분배를 다루는 것이지만, 그는 특히 공직이나 명예, 포상의 문제에도 관심이 있었다.

그러면 정치나 사회제도의 목적은 무엇인가? 아리스토텔레스는 좋은 덕성을 함양하는 것(forming a good character)이라고 한다. 정치공동체인 폴리스의 목적은 선을 장려하는 것이고, 행복한 삶(Eudaimonia)이나 좋은 삶(good life)을 가져오는 것이다. 행복은 미덕과 일치하는 영혼의 활동이고, 미덕은 실천을 통하여서만 습득되는데, 연습을 통한 능숙함이 습관을 이룬다고 한다. 아리스토텔레스에 의하면, 좋은 삶은 정치공동체에 참여하는 것이고, 이는 인간본성에 부합한다. 인간은 사회적 내지 정치적 동물(zoon politikon)이고, 정의와 불의를 판별하는 능력이 있다. 그에 따르면, 공직과 명예는 정치공동체의 목적 실현에 공이 큰 사람에게 부여하되, 어떤 자질이나 미덕을 포상하여야 하는 것은 좋은 정책을 시행하는 현명함과 시민의 미덕, 실천적 지혜를 가진 사람에 대한 예우를 말한다.

그러나 아리스토텔레스의 목적론적 정의론이 자유의 영역을 배제하고 시민의 기초적 평등을 해친다는 비판을 받는다. 그는 시민사회 유지를 위한 필요나 노예의 자질론에 의거하여 노예제를 지지하였다.

한편 마이클 샌델도 목적론적 정의론을 지지하면서 그의 '정의론'에서 든 장애인 골프선수인 케이시 마틴의 골프카트 소송의 예에서 스포츠의 본질과 목적을 논하여 결론을 도출하고 있다(프로선수의 골프카트 사용은 불허됨).

3. 평등 내지 공정으로서의 정의

아리스토텔레스의 특수적 정의는 평등이고, 좁은 의미의 정의는 평등과 동의어이다. 평등은 개인이 일관되고 공평하게 취급되어야 한다는 요구와 직결된다. 정의의 기준으로서의 평등은 무조건적인 것은 아니고, '같은 것은 같게, 다른 것은 다르게 취급하라'는 요구이다. 물론 다른 취급을 정당화하려면 다른 것이라는 점에 관하여 객관적으로 확증할 수 있는 상당한 근거를 우리가 동의할 수 있어야 한다. 특수적 정의는 사회 구성원 개인에 대한 사회적 처우나 분배 문제를 다루는 것이고, 이는 영원한 난제로 남아 있다.

다른 한편 공정성 내지 불편부당성은 법적인 정의의 핵심 요소이고, 존 롤스는 공정(fairness)으로서의 정의를 중시하고 있다. 이 역시 부나 권력, 지위 등 사회적 가치의 공정한 분배뿐만 아니라 이를 위한 제도나 절차의 문제와 관련된다. 공정성의 반대는 부정의가 아니라 불공정성이고, 이는 파당성이나 부패가 된다.

4. 법과 정의의 상징물

고대 이집트 신화에 나오는 마아트(Ma'at, Maat)는 법과 정의, 조화, 진리, 지혜의 여신이다. 그녀는 태양신 라의 딸이며 달의 신인 토트의 아내이고, 머리에 깃털 장식을 한 모습이나 새의 날개를 양손에 든 모습으로 묘사된다. 마아트는 법과 정의, 조화의 법칙 그 자체를 인격화한 존재로서, 지상 신인 파라오조차 그녀를 거스를 수 없었다고 한다. 마아트는 낮과 밤, 그리고 4계절, 인간의 생사와 같이 서로 연관되어 있는 자연 현상들과 그 순환에 대한 질서를 부여하는 법칙이고, 우주와 인간사회의 질서를 유지하는 역할도 맡는다고 한다. 따라서 마아트는 자연법적이고, 이는 그리스, 로마 신화의 디케(dike)에 연결되고 있다.

정의의 여신 디케는 조각으로 형상화되고 있는데, 그녀는 한 손에 칼을 들고 다른 손에 저울을 들고 있다. 칼은 사법 권력의 힘을 의미하고, 저울은 공정하고 중립적인 이익교량과 같은 것을 의미하는 것이고, 16세기의 예술가들이 정의는 어떠한 압력이나 영향을 받지 않아야 한다는 의미에서 디케의 눈을 가렸다고 한다. 그러나 우리나라의 대법원에 설치된 정의의 여신은 사실과 법률을 잘 보라고 눈을 가리지 않았고, 한 손에는 칼 대신에 법전을 들고 있는 것으로 변형되었으며, 앞으로 나가지 않고 앉아 있다.

한편 해태(獬豸/獬廌)(haetae, xiezhi)는 중국 고대 전설 속의 '시비와 선악을 판단하여 안다고 하는 상상의 동물'로서 해치라고도 한다. 해태는 선과 악을 구분하는 속성 때문에 재판과 관계 지어졌으며, 조선시대에는 관리들을 감찰하고 법을 집행하는 사헌부를 지켜주는 상징으로 대사헌이 입는 관복의 흉배에 해치를 새겼다. 오늘날 우리 국회의사당과 대검찰청 앞에 해치상이 세워져 있는데. 정의의 편에 서서 법을 공정하게 세우고 처리하라는 뜻이 담겨 있는 것이다.

｜2｜ 교환적 정의와 분배적 정의

아리스토텔레스는 일반적 정의인 덕성 이외에 특수적 정의를 평등으로 보면서, 이를 다시 교환적 내지 평균적 정의와 분배적 내지 배분적 정의로 나누었다.

1. 교환적 정의

가. 계약적 정의-동가치성과 시장경제

시민들 사이의 분배의 조정규율로서 정의 기준이 추구되어 왔다. 여기서는 계약적 정의, 즉 임의적, 비임의적 재화거래에서 동가치성이나 급부와 반대급

부의 등가성이 문제되고, 이는 자유사회에서 원칙적으로 사적 자치에 맡겨져 있다. 매매 등 유상의 쌍무계약에서 당사자 스스로 급부의 대등성 내지 등가성에 관하여 자유로운 법률행위를 하는 것이 시장경제의 법적인 틀이 되는 것이다. 사법(私法)에서 자기결정과 계약자유가 중요한 질서요소이다. 계약자유의 원칙, 즉 계약의 체결과 내용 결정, 종료의 자유는 시장경제의 근간을 이루는 근대 민법의 기본원리이지만, 오늘날 그에 대한 제약은 국가적 개입을 통한 정의의 문제가 된다.

나. 정당한 가격과 보수

일반적인 재화나 용역의 시장가격은 자유시장에 맡겨져 있지만, 오늘날 가격은 경제법의 통제를 받을 수 있다. 그런데 노동에 대한 대가 내지 보수인 임금도 시장경제로 조직화된 산업사회에서 원칙적으로 노동시장에서의 계약에 의하여 규율된다. 그러나 정당한 임금에 대하여 확실한 척도가 없고, 인간의 노동은 시장에서 특수한 상품이므로 특별한 시장질서가 필요하다. 오늘날 헌법적으로 승인되는 근로3권, 단체협약 등은 시장질서의 보정수단이다. 인간 노동의 대가인 정당한 보수의 합당한 기준은 정하기 어렵지만, 오늘날 최저임금의 결정이 국가에 유보되고 있다.

다. 국가적 정의-교정적 정의

범죄에 상응한 형벌은 국가적 정의의 요소이고, 형벌은 교정적 정의의 요구가 된다. 형벌은 동해보복(同害報復)에서 출발하였고 범죄와 형벌의 등가성을 추구하지만, 오늘날 국가적 형벌은 완화와 균형의 방향으로 발전하였다.

한편 사법(私法)의 영역에서 착취나 손해, 부당한 이득을 방지하거나 제거하는 것들이 중요하다. 불법행위나 부당이득 등은 교정적 정의를 실현하는 사법적 수단이고, 양 당사자가 사실상 근사치에 가깝게 동등하게 강한 위치를 점하지 못한 경우에는 계약적 정의에 대하여 상당한 이유가 있는 고권적 개입이나 자유에 대한 제약이 필요하다. 자유주의 사법은 기본적으로 선량한 풍속에 반하거나 불공정행위, 강행법규 위반 등의 경우만 통제, 개입을 하고 있지만, 오늘날 공정거래법이나 약관규제법 등에 의한 사적 계약의 국가적 규제를 교정적 정의라고 할 수 있을 것이다.

2. 배분적 정의–평등원칙과 차별취급

가. 의의

'각인에게 각자의 것을'이라는 것이 배분적 내지 분배적 정의의 기본원리라고 말해진다. 분배의 대상은 사회의 기본 재화인 권리, 자유, 권력, 기회, 소득이나 명예와 부와 같은 것이다.

배분적 정의는 기본적으로 3자관계를 전제로 하고(예: 분배하는 국가와 분배받는 당사자들), 정당한 이익 분배는 여러 가지 기준으로 이루어진다. 예컨대 원칙적으로 각자에게 똑 같은 것을 주는 '평등추정의 원칙', 공과나 기여에 따른 '업적의 원칙', 각자의 욕구나 수요에 따른 '필요의 원칙', 기득권 '보호의 원칙' 등을 들 수 있다(카임 페를만, 법과 정의의 철학, 22면 이하 참조). 정당한 분배의 반대는 불평등분배가 아니라 자의적 분배이다.

분배기준의 다양성 때문에 평등원칙의 적용은 어렵다. 한 집단을 돕거나 혹은 사실상의 평등을 이루려고 할 때 다른 집단은 불평등 취급 내지 역차별을 받게 된다. 이는 이른바 '적극적 평등실현조치'의 경우에 잘 나타난다. 또한 법적 평등이 사실상의 불평등을 고착화시킨다면 불평등은 더욱 심화될 수 있다.

모든 국민은 법 앞에 평등하다는 것이 헌법의 명령이지만, 이는 모든 인간이 다 같거나 사실상 평등하다는 뜻은 아니다. 인간은 다 같거나 동등한 것이 아니라 각기 다른 환경에서 다른 능력과 특성 등(신체조건이나 장애, 부모나 지역, 환경 등)을 가지고 태어나고 성장하기 때문이다. 개개 국민들의 생활관계나 직업, 소득, 요구나 업적, 능력 등이 같을 수는 없고, 그것을 억지로 동등화시켜서도 안 된다. 오히려 사실상의 동등취급 명령은 정의가 아니라 별도의 사회국가 내지 사회정의의 원리로부터 도출된다. 그것이 충돌되는 경우에 입법자는 평등원칙과 사회국가 원리 간에 비례원칙에 따른 고려를 할 의무가 있다. 모든 이의 사회적 동등성은 헌법이나 정의원리로부터 도출되는 것이 아니다. '사회적 정의론'이라는 것은 상대적 평등인 정의보다 사회국가 원리를 우선하는 것이고, 자유주의 국가에서는 입법자에게 정치적(정책적) 형성을 위임하고 있다. 그것은 분배적 정의에 관한 객관적이고 통시대적인 타당한 척도가 없기 때문이다. 그래서 켈젠은 '각인에게 각자의 것을'이라는 공식은 동어반복에 그치고, 이 정의규범의 적용은 각자의 권리-다른 이에게는 의무-를 정하는 규범적 질서의 효력을 전제하여야 하는 것이라고 한다(켈젠, 법이론선집, 106면).

물론 가장 간명한 분배기준은 원칙적인 동등취급 내지 '평등추정의 원칙'이다. 이는 반대증거가 없는 한 원칙적으로 사람을 같은 것으로 보아 같게 다루는 것을 말한다. 다수 당사자가 공동목적을 위하여 함께 일하였을 때 그 성과의 분배기준으로서 완전 평등주의, 업적주의, 비업적주의나 필요주의 등의 관점이 있으나, 오스트리아의 콜러(Josef Koller)는 평등추정의 원리를 지지한다. 즉 공동사업에 참여한 사람들은 정의에 합치되는 근거로 다른 취급, 불평등 분배를 정당화하지 않는 한, 동등 취급되어야 하고 권리와 의무, 재화와 부채를 동등하게 분배받아야 한다. 물론 이에 대한 비판도 있지만, 공유지분의 평등 추정에 관한 민법 제262조 제2항과 조합원의 손익분배 비율이나 채무 부담비율에 관한 제711, 712조와 같은 실정법적 근거가 있다. 다만 이는 법률상 추정이므로, 평등분배의 추정은 많은 경우에 충분한 근거가 있으면 그 원칙을 벗어날 수 있다. 분배는 통상 기득권이나 업적, 필요성의 원칙을 그때그때 적용함으로써 이루어지는데, 헌법에 의하여 입법자는 평등추정을 벗어날 때 그 이유를 제시할 의무가 있다: "평등은 이유를 필요로 하지 않는다. 불평등만이 이유를 필요로 한다."

여기서 몇 가지 문제가 제기된다. 무엇이 동등한가? 어떻게 그 회피가 근거 지워지는가? 또 자기 임의대로 행동하고 경제활동을 할 수 있는 자유의 법적 보장이 사실적인 힘이나 능력, 운명의 차이로 인하여 불평등 상태를 결과한다면 그 시정은 어느 범위 내에서 가능한가?

나. 차별의 종류

통상 정의원리는 '같은 것은 같게 취급하고, 다른 것을 다르게 취급하라'(Treat like case alike and treat different case differently)는 원칙이라고 한다. 그런데 무엇이 같고 다른가의 문제는 획일적이고 불변적으로 정해지지 않는다.

권리나 법적 지위의 불평등한 분배에 있어서 1차적, 2차적 차별이 문제된다. 우선 1차적 차별은 인간의 선천적인 가치 차이가 받아들여지는 경우인데, 예컨대 노예 등의 계급이나 신분, 흑인, 유대인과 같은 인종, 남녀의 차이 등과 같은 경우이다. 과연 인간의 선천적 특징에 관하여 그 유사점이나 상위점이 확인되는지 문제가 되고, 이는 법 자체의 기준에 따라 결정되고 있다(하트, 법의 개념, 146면 이하). 예컨대 과거에는 흑인이나 여성은 백인이나 남성에 비하여 이성적 능력 등에 차이가 있다고 하여 투표권을 주지 않았거나 각종의 차별 취급을 당하여 왔다. 흑인은 남아공에서 만델라 이전까지 심각한 인종차별이 법제화되어 있었고, 심지어는 해변이나 화장실의 이용도 법적으로 분리되어 있었다. 이는 과거 신분이나 계급에 따른 차별 취급의 경우도 마찬가지였다. 양반이나 귀족들이 여러 가지 우대를 받고 귀족이 노예를 폭행해도 처벌받지 않고, 반대의 경우는 엄한 처벌을 하는 차등을 두어 왔다. 당시에는 신분이나 계급에 따른 인간의 가치에 차이가 있다는 전제가 받아들여지고 있었기 때문이다. 그러나 이러한 선천적 특징의 차이에 관하여는 과학적 증거도 없을 뿐만 아니라 역사적 경험과 투쟁으로 인하여 차별 취급의 근거가 되는 차이점은 그 전제가 무너졌고, 오늘날 그러한 차별은 헌법상 용인될 수 없게 되었다.

그러나 차별의 2차적 형태는 가능하다. 모든 이가 동등한 가치를 갖는다는 전제 위에 서거나 이를 해치지 않는 범위 내에서 차별 취급은 가능하다. 부의 재분배 문제와 같은 경우이다. 인간 모두가 같은 출발선상에 서지 않는다. 어떤 상황에서 어느 가족에서 태어나고 자랐느냐(금수저, 흙수저)에 따른 차별은 과연 정당한가 문제가 제기된다.

다. 분배규율

평등원칙은 차별의 허용에서 나아가 차별 취급의 명령도 포함한다. 각인에게 각자의 것을 주는 것이기 때문이다. 기득권을 가지고 있는 경우에 이를 보장해주거나 상속제도를 두는 것은 차별 취급이 아니다. 각자의 능력에 따른 응능부담의 원칙도 합리적 차별에 해당되고, 누진세의 예를 들 수 있다. 또한 기여의 원칙, 더 많은 기여를 한 자에게 업적주의에 따라 더 많이 분배될 수 있다. 이 경우 비례성의 원칙이 적용되는데, 기여의 평가도 다양한 기준에 따를 수밖에 없다. 그러나 자본이나 설비의 투자와 기술이나 능력의 투자와 같은 것은 단순 비교가 어렵고, 그 평가가 쉽지 않다. 또한 상속재산분할의 기여분이나 이혼 재산분할의 기여비율과 같은 법적 제도에서 기여의 인정 여부와 정도가 종종 문제가 된다. 예컨대 후처가 피상속인이 사망할 때까지 장기간 동거하면서 간호한 것이 기여가 되는가에 관하여, 대법원은 통상 부부로서 부양의무를 이행한 정도를 넘어 법정상속분을 수정함으로써 공동상속인들 사이의 실질적 공평을 도모하여야 할 정도로 특별히 부양하였다거나 피상속인의 재산 유지·증가에 특별히 기여한 점이 인정되어야 한다고 하지만(대법원 2019. 11. 21. 자 2014스44, 45 전원합의체 결정), 민법 제1008조의2 제1항의 '특별한 부양행위'로 보아야 한다는 반대의견도 있다. 나아가 헌법재판소는 유류분에 기여분에 관한 민법 제1008조의2를 준용하지 않는 것은 위헌이라고 결정하였는데(헌법재판소 2024. 4. 25. 헌가4 등 결정), 이 역시 공정한 분배를 정의의 기준인 상대적 평등의 원리로 인정한 것이다.

한편 개인의 요구나 필요가 분배의 기준이 될 수 있다(필요주의). 이 경우 필요성의 평가는 객관적이어야 한다. 예컨대 정신적, 신체적 장애가 있거나 아이나 노인, 임산부 등 지원이 필요한 객관적 상태에 있는 경우이다. 이는 롤스(J. Rawls)의 차별 취급의 원리에 상응하는 것이다. 그러나 단지 특정 개인의 주관적, 개인적 욕망이 더 크다는 것은 분배의 기준이 될 수 없다. 맑스(K. Marx)가 정식화한 공산주의 경제원리는 "각자는 능력에 따라 일하고 그 필요에 따라 주어라"라는 필요주의이다. 그러나 어떠한 사회도 모든 필요를 충족시킬 수 없기 때문에 가용할 수 있는 자원을 그 사회질서가 정한 순위와 방법에 따라 분배할 수밖에 없다. 필요는 주관적인 것이 아니라 객관적인 것이고 미리 내용이 정해진 것도 아니므로, 가용 자원의 분배를 정하는 사회질서를 전제로 하는 것이다. 사회주의 국가들뿐만 아니라 현대 복지국가의 사회정책적 입법은 이러한 요구의 관점에서 이해될 수 있다.

한편 미국의 마이클 왈저(Michael Walzer)는 다원적 정의론을 주장하고, 정의규준은 시대와 장소에 따라 다르다고 한다. 그는 다원적 평등 내지 가치론에 따라, 복지는 필요에 의거하여, 처벌과 명예는 공과에 따라, 교육은 재능에 따라, 부는 자유교환에 의하여, 정치권력은 논쟁과 선거를 통하여 분배되고 귀속되어야 한다고 주장하였다. 그렇지만 어떤 가치도 다른 가치를 절대적으로 지배하지 못한다고 한다(마이클 왈저, 정원섭 역, 정의와 다원적 평등, 서울: 철학과현실사, 1999). 왈저가 주장하는 다원적 평등은 다양한 사회적 가치가 분배되는 다양한 영역들 각각을 동등하게 보고 어떤 가치가 본래의 영역을 초월해 다른 영역까지 '지배하는 것'을 거부한다는 것이다. 다양한 사회적 가치들(권력, 영예, 신분, 지식, 재산, 안전, 노동과 여가, 보상과 처벌, 의료, 일상용품 등 의식주를 포함하는 일군의 가치)은 각각 다른 '분배 절차와 주체 및 기준'을 가지고 있으며, 분배의 유일하게 정당한 기준은 없다는 것이다.

라. 근거 제시 내지 입증 문제

정의는 좁은 의미로서 평등원칙이지만, 평등원칙은 내용적 기본권이 아니다. 개인의 다른 기본권이나 권리영역에 침해가 부가되는 불합리한 차별이 있거나 특정인에 대한 보상이 특혜적으로 과도한 경우에 평등원칙이 침해되는 것이다. 차별 취급의 근거와 그 입증의 정도에 관한 평가에 어려움이 있다. 여기서 합리적이고 간주관적인 기준의 제시가 문제되고, 효용성의 판단도 필요하게 된다. 원칙적으로 평등추정이 인정되는 한, 입증책임은 차별을 주장하는 측에 있는 것이지만, 입법자에 관한 한 그 책임은 엄밀히 법적인 것은 아니고 정치적인 것일 뿐이다. 헌법도 아무런 구체적 기준을 제시하지 않는다. 다만 헌법재판소의 규범통제 절차에서 입증책임의 소재와 그 정도의 문제가 제기될 여지는 있다.

마. 분배기준의 상대성

3형제가 염소를 키우고 있었다(뤼터스 법이론, 219면의 예). 갑이 자신이 가진 30마리 중에서 병에게 5마리, 을이 3마리 중에서 병에게 1마리 증여하였고, 그후 병은 염소 사육에 성공하여 8년 뒤 병의 염소는 6마리에서 132마리로 늘었다. 그런데 다른 상속인이 없는 병이 사망한 후 나머지 형제(병의 사망 당시 사육에 큰 성공을 거두지 못한 갑은 50마리, 을은 10마리 보유)에게 어떻게 분배하는 것이 정당한가? 이 문제에 대한 가능한 답은 매우 다양하고, 정당한 분배의 문제는 정답이 없다. 예컨대 우리 실정법상으로는 66마리씩 분배하는 제1안이 있고, 거기에 기여분으로 조정하는 제2안도 나올 수 있지만, 그 기여의 정도를 어떻게 보는 것이 타당한가? 갑이 4마리를 더 주었기 때문에 갑에게 4마리만 더 주면 되는 것인가(갑 68 :을 64). 갑이 을보다 5배의 염소를 주었기 때문에 5배를 주는 것이 정당한가(갑 110 :을 22), 또는 을이 자신의 염소 중 1/3을 준 것에 비하여 갑이 1/6을 주었으므로, 2 : 1로 분배하는 것이 상당한가(갑 44 :을 88)? 그밖에도 다양한 해결 제안이 있을 수 있다. 이러한 문제는 현행법상 상속재산분할의 기여분에서 실제로 문제가 될 수 있다.

법적 규율의 문제는 하나의 정의로운 문제 해결이라는 의미에서 명백히 정당하거나 올바른 하나의 해결책이 있는 것이 아니다. 개별 사안에서 무엇이 정당한가의 평가가 중요한 것이다. 물론 우선적 도움은 아리스토텔레스의 배분적, 평균적 정의를 원용하는 것이지만, 이 역시 명백하지 않다.

바. 형평과 구체적 타당성, 공평의 관념

형평은 동일한 본질 범주에 속하는 사람들을 지나치게 불평등하게 다루지 않게 하려는 경향이다(카임 페를만, 법과 정의의 철학, 71면 이하 참조). 형평은 평등원리의 수정이 아니라 보완이고, 구체적 타당성이라고 할 수 있다. 엄격한 보통법의 보완 역할을 하는 것이 영미의 형평법(Equity)이고, 서구에서 형평은 법내재적인 정의원리로 인정되고 있다.

'공평의 관념'은 판결에서 많이 원용되는 정의의 파생원리이다. 공평의 원리는 동시이행의 항변권과 같이 실정법에 여러 근거가 있으며, 법률에 흠결이 있는 경우에도 인정되고 있다. 예컨대 손해배상액 산정의 근거가 되는 일실소득의 기준에 관하여, 대법원은 정직이 있어도 일용노임보다 적게 받으면 일용노임에 의거하는 것이 공평의 관념에 합치된다고 한다(대법원 1980. 2. 26. 선고 79다1899 전원합의체 판결: 반대의견 있음).

사. 사회정의론

사회정의를 정의와 별개 또는 상위개념으로 이해하여 공동선을 목표로 하고 인간 존엄과 인격의 완성에 이바지하는 정의라고 하는 견해(이상열, 사회정의론, 117면 이하)가 있다. 그러나 원래 '사회정의'라는 개념은 스콜라 자연법론과 카톨릭 사회론에 근거하여 교황의 회칙에 나타났고, 국제노동기구(ILO)의 설립으로 이어졌다. 좁은 의미의 사회정의는 노동자의 권익 보호를 위한 노동법의 형성에서 유래하지만 나아가 공산주의 내지 사회주의에 반대하고 자본주의, 자유주의의 경제적 모순을 시정하고 경제적 공동선을 추구하는 것이 주된 목표라고 할 수 있다. 따라서 이는 노동법과 경제법, 사회보장법을 포괄하는 사회법의 이념적 기초가 되는 분배적 정의의 특수한 발전으로 볼 수 있고, 우리 헌법상 '경제민주화'와 관련된다고 할 수 있을 것이다.

3. 평등원칙에 관한 판례

평등원칙은 주로 헌법재판소에서 주요 토픽으로 다루어지는 헌법과 정의의 기본이념이다. 평등 취급의 한계나 불평등 취급의 정당화에 대한 근거가 있고, 그 근거가 입증되는 것인지 주로 문제가 되고 있다.

예를 들면, 국민의 선거권 행사의 영역에서 지역구의 인구편차에 관한 헌법재판소 2001. 10. 25. 선고 2000헌마92 결정이 주목된다. 헌법재판소는 95헌마224 사건에서 정하였던 기준인 전국 선거구 평균 인구수 대비 상하 60% 범위 내에서 상하 50%로 판단 기준을 정한 후, 57% 편차인 안양 동안구 선거구 획정은 위헌이라고 하되, 잠정 적용을 명하는 헌법불합치결정을 하였다. 현재 지방선거에서는 편차 60%를 유지하고 있다.

헌법재판소는 제대군인의 가산점이 여성과 장애인을 차별하는 것이라고 하여 위헌결정을 하였고, 헌법 제39조 제2항의 불리한 처우 금지가 가산점제도의 근거가 되지 않는다고 하였다(헌법재판소 1999. 12. 23. 선고 98헌마363 결정). 그러나 이 결정은 군복무가 헌법상 의무이지만 특별한 희생인 이상, 우대의 정당한 근거가 될 수 있다는 비판에 직면하였다. 반면에 헌법재판소는 장애인 고용의무제와 고용부담금제는 적극적 평등실현조치로서 합헌이라고 하였다(헌법재판소 2003. 7. 24. 선고 2001헌바96 결정). 또 헌법재판소는 학교용지부담금의 일률적 부과는 평등원칙 위배, 재산권 침해라고 하며, 의무교육의 무상성 원칙 위배도 인정하였다(헌법재판소 2005. 3. 31. 선고 2003헌가20 결정). 다만 이에 대하여 교육제도는 기본권이 아니라 제도보장이며, 그 재원 확보는 공평성에 입각한 국가 재정정책의 문제라는 비판이 있다.

또 헌법재판소는 독립유공자에 대한 부가연금의 차등(차등의 기준; 공헌과 희생의 정도)과 영전1대의 원칙(유족에 대한 것은 특권이 아니라 보상)은 평등원칙에 반하지 않는다고 하였으며(헌법재판소 1997. 6. 26. 선고 94헌마52 결정), 국적 취득에서 부계혈통주의는 남녀평등 원칙에 반하는 위헌이라고 하여 국적법 부칙조항에 대하여 헌법불합치 결정(잠정 적용)을 하였다(헌법재판소 2000. 8. 31. 선고 97헌가12 결정). 헌법재판소는 위 군가산점 위헌결정 등에서 보듯이 남녀평등원칙에 대하여는 엄격한 심사 척도를 적용하고 있다.

그런데 헌법재판소는 특정범죄 가중처벌등에 관한 법률 제11조가 마약관련 범죄를 영리범, 상습범, 단순범, 미수, 기수, 예비음모를 구별하지 않고, 동일하게 가중된 법정형으로 처단하는 것은 법정형의 과잉금지와 균형성 위배로 위헌이라고 하였으나(헌법재판소 2003. 11. 27. 선고 2002헌바24 결정), 그와 똑같은 규정이 있는 관세법위반의 가중에 관한 특정범죄 가중처벌 등에 관한 법률 제6조 제4항 제1호에 대하여는 반대로 합헌결정을 하는 등 일관성이 없다(헌법재판소 2008. 2. 28.선고 2005헌바88 결정).

3 정의원리로서의 황금률

논어와 성경에 나오는 황금률(Golden rule)이 정의원리로서 문제가 된다. 여기에는 소극적 황금률과 적극적 황금률이 있는데, 적극적 황금율은 "너희는 남에게서 바라는 대로 남에게 해주어라"라는 것이고(Do unto others as you want them to do it unto you: 마태 7;12), 소극적 황금율은 "남이 너희에게 하지 않기를 바라는 것을 남에게 하지 말라"(論語; 己所不欲 勿施於人)는 것이며, 이와 비슷한 것이 이슬람 코란에도 있다고 한다.

중세에 황금률은 윤리적 근본규범이고 자연법의 내용이라 하였으며, 토마지우스(C. Thomasius)는 이를 정의의 원리로 들고 있다. 그러나 칸트(I. Kant)는 도덕형이상학 원론에서 황금률을 진부하다고 거부한다. 예컨대 궁해서 돈을 빌리지만 갚을 수 없게 된 경우에 갚을 수 있는 가능성 없이 궁해서 돈을 빌리는 것이 사기인가? 칸트는 이는 부당이득이 되거나 타인을 수단으로 이용한 것으로 정언명령에 반하여 부도덕하다고 한다. 그러나 나라도 그렇게 했을 것이라는 점에서 위와 같은 사정을 이해하는 사람도 있을 것이다. 그래서 황금률만으로는 선이나 선이 아니라는 완전 입증은 어렵다.

또한 칸트는 소극적 황금률에 의하면 법관도 자신이 처벌받기를 원하지 않기 때문에 범죄자를 처벌할 수 없게 되고, 이는 법정에서 피고인의 항의수단이 된다고 비판하기도 한다. 마찬가지로 켈젠도 황금률에 따르면 범인이 처벌받기를 원하지 않으므로 어떤 범인도 처벌할 수 없게 되며, 이를 이용하는 이에 의해 명백히 의도되지 않는 결과에 이른다고 비판한다(켈젠 법이론 선집, 197면). 그에 의하면, 모든 이가 바라는 바나 바라지 않는 바가 다르고, 그것은 주관적 규준에 의존할 수밖에 없으며, 어떻게 취급되어야 한다는 일반적 규범의 객관적 기준은 없다는 것이다.

그러나 법관 자신도 죄를 지으면 처벌받는 것이므로, 그렇게 위와 같은 항의를 묵살할 수밖에 없다. 그래서 오늘날에도 이성법의 원리를 찾는 자연법론자는 황금률을 긍정한다. 예컨대 독일의 페히너(Fechner)는 황금률은 상호성의 원리로서 칸트의 '보편화가능성의 원리'나 '각인에게 각자의 것'과 같은 정의의 공식과 일맥상통한다고 주장한다. 마이호퍼(W. Maihofer)는 자기에 대하여는 칸트의 정언명령이 유효하고, 타인에 대하여는 황금률이 유효하다고 하며, 스펜델(Spendel)도 불문의 법원칙으로서 소극적 황금률이 보편타당하다고 주장한다.

📛 정의론 약사(略史)

1. 역사상 다양한 정의론

역사상 그 시대의 정의관에 따라 다양한 정의 기준이 있어 왔다. 각자의 것, 그에게 귀속되어야 할 것이 무엇인가가 핵심 문제이다. 물론 그 자체 명백한 기준이 아니다. 이는 공공복리와 같은 개념과 연결되는 포괄적이고 추상적 기준이다.

정의 판단의 근거지움을 위하여 다양한 단초가 제시될 수 있다. 종교적 기초가 있는 사회에서는 정의 판단이 신의 의지와 질서에 소급된다. 그 가르침의 순수성을 유지하기 위하여 이를 확정하는 권위 있는 중앙당국이 필요하다. 종교적, 정치적 신념에 합치되게 근거지워지는 정의 이념은 다원적 자유주의 국가에서는 일반적인 승인이나 관철 요구가 성립되기 어렵다. 종교적, 철학적으로 통합되는 신앙이나 신념사회에서 가르치는 직책(교황, 랍비, 술탄 등)도 의회민주주의에서는 필수적인 법정책을 둘러싼 공공적인 논쟁에의 참가자에 불과할 뿐이기 때문이다.

정의의 문제, 특히 동등, 부동등 취급의 기준은 결국 윤리의 문제로서, 역사상 다양한 해결 제안이 나와 있다. 마이클 샌델은 역사적으로 발전된 철학적 정의론을 대별하면 서사적(narrative) 정의이론과 규범적(normative) 정의이론으로 나누어진다고 한다.

서사적 정의이론은 인간을 집단 안에서 서사적 존재로 보고 사회 내에 존재하는 또는 언어로 표현된 정의관념 내지 경험적 가치표상을 서술한다. 서술적 윤리의 현대적 형태는 언어분석, 즉 메타윤리이다. 일상 언어에서 사용되는 도덕적 문장이나 단어를 분석하고, 이를 통하여 인간의 정의사고의 구조를 파악한다. 다양한 언어분석 이론은 경험적 논거가 윤리적 근거지움의 기초를 형성한다는 점에 일치하고, 단지 구속적인 도덕적 언명을 얻기 위하여 추가적 논거가 필요한가에 차이가 있다. 즉, 도덕적 언명은 비합리적 입장표명이나 고백에 의한다고 더 이상의 논거를 요구하지 않는다는 입장과 경험적 사실이나 언어게임의 준수라는 등의 의미에서 인간의 이성에 의거한다는 등의 논거가 필요하다는 입장의 차이가 있다.

한편 규범적 정의이론은 인간의 경험적 가치관념을 탐구하는 것이 아니라 가치판단의 이유제시 가능성을 추구한다. 또한 도덕적 판단을 내리고 평가하기 위하여 판단절차를 전개하는 것도 중요하다. 규범적 정의론도 두 가지 하위그룹으로 나눌 수 있다: 실체적 정의론과 절차적 정의론. 실체적 이론은 무엇이 정당한지 직접적이고 구체적으로 대답하고 스스로 평가기준을 발전시키는 논증을 하는 것이고, 절차적 이론은 도덕판단을 내리거나 정당화하기 위한 절차나 방법의 전개가 올바른 길이라고 한다. 플라톤의 대화법 내지 변증법에 소급되는 절차적 정의론은 몇 가지 모델로 분류될 수 있다: 계약모델(관계 당사자의 합의를 중시하는 하버마스의 소통이론, 논증이론), 법원모델(중립적인 제3자의 판단절차에 주목하는 루만), 내면적 모델(반성적 평형의 롤스).

실체적 정의론은 자연법적, 이성법적 정의론의 두 가지로 대별된다. 자연법적 이론은 신의 명령이나 자연법칙의 경우와 같이 사물 자체에서 정당한 자연법이 인식될 수 있다는 것이고, 이를 드러내지 못하는 것은 인간의 인식능력의 한계나 불충분성에 기인한다. 이성법적 자연법론은 이성에 의하여 도덕법칙을 얻을 수 있고 정당화할 수 있다는 것이다. 이성법 이론도 다시 형이상학적, 비형이상학적 이론으로 나눌 수 있다. 선험적 구성인 칸트의 보편화가능성의 원리는 형이상학적이다. 거짓말이 허용되는 것으로 일반화하면 모순되므로 거짓말은 금지된다는 예와 같은 경우는 보편화가능성의 원리로 증명이 가능하지만, 자살 등의 금지는 근거 제시가 어렵다. 비형이상학적 이론의 예로는 영국의 도덕철학, 예컨대 홉스의 자기보존의 원칙이나 벤담의 공리주의 및 인간의 사회적 요구나 특성을 고려하는 흄의 경험론을 들 수 있다. 이것들은 다시 서사적 정의론에 연결되고, 하트의 언어분석적 정의론도 서술적이고 비형이상학적 정의론으로 볼 수 있다.

2. 절차적 정의론

가. 대화적, 논증적 정의론

이성과 법을 재조명하는 비판이론과 비판적 합리주의의 진영에서 실천이성의 복권이 나타났다(칸트에게로의 회귀). 독일의 하버마스(J. Habermas)는 진리에 관한 '합의설'에 기초하여 실천적 합의의 중요성을 강조하면서도 실천이성은 필요조건이지 충분조건이 아니라고 하며, 그러한 합의에 이르는 전제로서 '이상적 대화상황'의 조건을 제시한다. 그는 이상적 대화상황에 의한 토론이나 논증에 의하여 실천이성에 따른 윤리법칙을 합의할 수 있다는 주장을 하였다. 이러한 논증절차를 통하여 보편화가능성의 원리에 의해 담보되는 논증구조가 그의 실천적 담론이론이고, '보편적 실용론'이라고 불린다.

하버마스는 의사소통행위이론에 따른 대화를 중시하는 일종의 절차적, 논증적 정의론을 주장하는 것이다. 사회적인 언명이나 규범은 모든 이가 합의하거나 합의 가능한 것이 진리라는 것이고, 규범은 그것이 합리적 대화에 참여하는 모든 관련자들로부터 동의를 얻을 수 있는 한에서만 타당하다. 합리적 대화란 모든 가능한 참여자들이 자유롭고 평등하게 일체의 외부적 장애 없이 논증적 대화과정에 참여하여 주장을 펼치고 근거를 제시하는 과정을 말한다. 여기서 형식성과 상호주관성, 절차를 통한 합의 등의 규칙이 중요한데, 이러한 절차적 규칙은 도덕의 영역에서 보편화가능성의 원칙과 같은 기반 위에 있다. 모든 타당한 규범은 이 규칙을 준수함으로써 모든 이해관계의 충족에 미칠 수 있는 결과와 부작용들이 모든 관련자들에 의하여 비강제적으로 수용될 수 있다는 조건을 충족시켜야 한다는 것이다. 이는 칸트의 정언명령이 말하는 보편화가능성을 상호주관성의 모델을 통하여 구체화시킨 것이라고 할 수 있다.

그러나 이에 대하여는, 현실에서 가치판단에 관한 합의는 불가능하고 실천이성은 합리성의 필요조건이지 충분조건은 아니라는 비판이 제기된다. 더욱이 의사소통의 조건이 되는 이상적 대화상황은 사회계약과 같은 가상으로서 비현실적인 것에 불과하다는 비판도 타당하다. 그리고 도덕과 법은 질적 차이가 있다는 문제도 있다. 이에 대하여 하버마스는 법과 도덕 사이에 내적 연관성이 있으며, 민주주의는 대화원칙이 법영역에서 구체화된 원리라는 반론을 제기한다. 법률은 법적으로 짜여진 대화적 입법과정에서 모든 법적 관련자들의 동의를 얻을 수 있을 때에만 정당한 효력을 주장할 수 있다는 것이고, 이를 '합법성을 통한 정당성'이라 할 수 있다는 것이다. 그 과정에 참여할 수 없거나 참여 기회가 없는 자에게도 법이 적극적으로 효력을 갖는지의 문제는 일정한 규범이 절차에 적합하게 형성되었는가에 근거를 두는 것이지, 개별 국민이 이 규범에 동의했는지 아니면 거부했는지에 근거를 두는 것은 아니라고 한다. 그러므로 법은 이를 제정하는 과정에서 참여권을 행사하지 않았거나 참여하기는 했지만 거부의사를 밝히고 설득당하지 않은 국민들에 대하여도 구속력을 주장할 수 있다는 것이다.

하버마스의 이론에 영향을 받은 법적 논증이론(Dikurstheorie)은 규범의 근거 제시를 위한 이성적 논의와 법적 결정에 대한 합리적이고 상호주관적인 통제의 가능성을 중시한다. 독일의 알렉시(R. Alexy)는 이상적 대화상황에서 논증절차의 규칙카논인 담론규칙을 제시한다: 1) 강제나 억압이 없는 상황, 2) 토론 개시 및 지속의 기회 부여, 3) 근거 제시 및 편견으로부터 해소, 4) 표현의 기회균등 등(Theorie der juristischen Argumentation: 변종필 번역, 법적논증이론, 2007 참조).

벨기에의 카임 페를만(Chaim Perelman)의 신수사학 또는 논의이론적 정의론은 화자가 보편적 청중을 설득하여 어떠한 행동을 하도록 만드는데 관심을 두고, 정의에 관하여 이성적 합의가 이루어질 수 있는 합리적 담론의 조건과 규칙을 모색한다(카임 페를만, 법과 정의의 철학, 175면 이하 참조).

그러나 이성적 논의나 합리적 소통의 한계로서 공통의 가치 기초나 가치에 관한 합의가 없다는 문제가 있다. 또 이성적 논의의 내용은 고정 불변인 것이 아니고, 거기서 이성은 지식과 신념의 혼합체로서 세계관적으로 각인된 이데올로기의 범주에 속할 수 있다는 비판도 피할 수 없다.

나. 순수 절차적 정의론

구체적이고 현실적인 법사회학적 이론으로서 독일의 루만(N. Luhmann)의 절차적 정의론이 주목되고 있다. 루만은 절대적 가치로부터 연역되는 일체의 내용적 정당성을 부정하면서, 정당성의 개념을 법사회학적인 관점에서 다시 규정한다. 그는 법체계 내에서 나오는 "내용적으로 불특정한 결정을 일정한 관용의 한도 내에서 받아들이는 일반화된 태도"를 정당성이라고 말한다(N. Luhmann, Legitimation durch Verfahren, 1983, 28면). 이 일반화된 태도로서의 정당성을 통하여 체계 내에서의 결정으로 형성된 규범적 기대가 체계구성원들에게 학습을 통하여 인지될 것이 다시 규범적으로 기대됨으로써 규범적 기대의 일반화는 보장된다고 한다. 이렇게 루만의 체계이론(Systemtheorie)은 사회학적 학습이론(Lerntheorie)과 결합하여 정당성의 개념을 구성한다. 그에게 있어서 정당성 내지 구속력의 근거는 결정과정과 학습과정의 통합에서 찾아지고, 체계구성원인 일반인들이 이를 통하여 그 규정 내용을 승인한다고 가정하는 것이 가능하다고 본다. 물론 이 승인은 개인의 사실적이고 심리적인 승인이 아니고, 사회체계의 수준에서 일반화되는 승인의 가정에 기초하지 않으면 안 된다는 점은 루만도 인정하고 있다(N. Luhmann, 32면 이하). 이 승인은 개인의 개별적인 인격과도 관계가 없고, 어떠한 이유에서든가 그 결정을 자신의 행위 전제로 받아들이고 자신의 기대를 변환시키는 것을 통하여 형식화되고 일반화되는 것이다. 다만 상당히 불변적인 개인의 인격 안에 새로운 기대구조가 이입되는 방식은 다양하다: 드물지만 개인이 생각을 고쳐먹을 수 있고, 자기의 체험적 규율을 추상화하거나 문제된 상황을 단절 또는 배제시킬 수도 있으며, 문제를 사소한 것으로 치부해버리거나 아예 세상사를 체념해 버리거나 혹은 그저 다른 사람의 행동을 따라 가는 등 외계 내지 주변 환경(Umwelt)에 의존해버릴 수도 있다. 물론 개인이 학습을 거부하고 자신의 종전의 기대구조를 변화하지 않는 경우, 즉 내려진 법적 결정을 자신의 고집에 따라 부정하거나, 법에 따른 처벌을 받고도 여전히 무고함을 주장하거나 재범하는 자는 많고, 심지어 비난이나 항의 등 실제 행동에 나서는 경우도 얼마든지 있다.

그럼에도 불구하고 그에 의하면, 정당성의 기초가 되는 법적 결정의 승인은 자의(恣意)로 이루어지거나 개인적 확신에 달려있는 것이 아니라, 그 반대로 승인은 구속적 결정을 자명한 것으로 제도화하고 그 결정을 개인의 결정이 아니라 직무상 권위에 의한 결정의 효과로 보는 사회적 환경에 의거한다고 한다. 이렇게 법의 구속성이 개인적 동기나 책임으로부터 해소되어야만, 사회 내의 개인들이 서로 다르고 개별화(내지 고립화)된 복잡한 사회질서 안에서 시민의 평균적인 규범 준수와 법관료의 형평성 있는 결정 실무를 확보할 수 있다고 한다. 즉, 정당성의 개념을 결정의 정당성에 관한 개인적 믿음으로 보는 것을 포기하여야만 비로소 정당성의 제도화에 관한 사회적 조건과 사회체계 안에서 학습능력을 적절하게 분석할 수 있다는 것이다.

결국 규범의 정당성에 대한 근거는 결정과정과 학습과정의 통합으로 여겨지는 절차에 두게 되는데, 그에게 있어서 절차는 다시금 법체계의 부분체계로서 특수한 종류의 사회적 행위체계로 파악된다. 루만에 의하면, 이러한 절차를 통한 정당화는 단지 절차법의 법적, 법정책적 평가를 문제시하는 것이 아니라, 절차법의 규준에 따라 진행되는 사실상의 소통과 논증과정을 통한 –그 규범적 의미가 아니라 현실적인 경과로서–'기대의 구조전환'이 문제되는 것이라 한다. 이러한 기대의 구조전환이 바로 학습효과이다. 절차의 참여자가 절차에서 나온 결정이 정당하다고 인정하여 자기가 잘못되었음을 시인하는 경우는 드물지만, 학습은 이루어진다.

루만에 의하면, 절차는 그 사회의 상황과 수준에 따라 다양하게 분화하고 변전(變轉)한다. 민주주의를 표방하는 현대국가에서 토론과 합의가 중요하지만, 그것은 세분화, 전문화, 복잡화된 다원주의 사회에서 현실적으로 불가능하기 때문에 절차는 기능적으로 분화되어 있다. 오늘날 가장 중요한 절차유형은 정치체계 내에서의 선거절차와 입법절차와 사법절차, 행정절차이다.

민주주의 절차에는 이해관계인이나 국민들의 참여가 중요하고, 오늘날 이는 '참여민주주의'라고 불리고 있다. 우선 제도적 참여로는 청문, 공청회 등의 공식절차가 있고, 비제도적 참여로는 로비, 언론, 인터넷, SNS 등을 통한 참여가 있다. 특히 오늘날 민주주의는 이른바 '전자민주주의'로 이행되고 중요하게 되었지만, 그 남용도 문제가 되고 있다. 또한 청문절차 등과 같은 행정절차도 중요시되고, 이는 행정절차법에 의하여 보장되고 있다.

특히 루만은 사법절차의 중요성을 강조하고, 내용적인 오류 가능성에도 불구하고 절차적 보장에 의하여 법규범이 산출되고 정당화될 수 있다고 한다. 현대 사법국가에서 가장 뚜렷한 절차인 사법절차는 '분쟁의 제도화'로서 그 장점이 현저하다. 결정과정과 학습과정의 통합으로서의 사법절차가 그 절차에서 나온 결정을 받아들이는 개인의 태도와 관계없다는 것은 그 절차에서 나온 규범의 '효력'이라는 개념으로 설명되는데, 절차는 바로 그 참여자들의 규범에 관한 효력 요구나 주장을 사회생활 안에서 위험하지 않게 실현하는 데 기여한다는 것이다.

이러한 '절차적 정의'는 영미법상 적법절차(due process)와 같은 것은 아니지만, 널리 절차적 정의론의 한 관점이 될 수 있다. 예컨대 미국의 미란다 원칙이나 위법수집증거배제의 법리와 같은 것은 실체적 정의와 무관한 절차적 정의의 요구에 따른 것이다. 우리 판례도 적법절차의 원칙을 헌법의 차원에서 소송법을 지배하는 절차적 정의의 요구로 인정하고 있다. 형사절차에서의 각종 적법절차와 증거능력에 관한 명제들이나 민사소송에서 "당사자가 주장·증명을 제출할 기회를 제대로 갖지 못하였고, 그 대상이 판결의 결과를 좌우할 수 있는 주요한 요증사실에 해당하는 경우 등과 같이 당사자에게 변론을 재개하지 않고 패소의 판결을 하는 것이 '절차적 정의'에 반하는 경우에는 법원은 변론을 재개하고 심리를 속행하여야 한다"는 확립된 판례(대법원 2019. 2. 21. 선고 2017후2819 전원합의체 판결 등) 등의 예를 찾을 수 있다. 이는 독일 연방헌법재판소가 일반 법원 판결의 위헌성의 근거로 삼는 '법적 청문권'의 침해의 경우이고, 이로써 절차적 정의가 사법적 행위에 대한 비판적 기준이 되는 것이다.

3. 현대의 정의론―롤스와 샌델

가. 존 롤스

존 롤스(John Rawls)의 정의론도 널리 절차적 관점에서 내면적인 사고의 과정을 중시하는 것이고, 공정(fairness)으로서의 정의를 말한다. 여기서 정당화의 절차는 자기성찰에 의하여 도덕적 판단과 도덕원리들 간의 상호 조정을 통하여 반성적 평형상태에 도달하는 것이다.

그러기 위하여는 무지의 베일(상호 무관심한 합리성으로서 이해관계나 자신의 입장을 배제한 심리적 동기)에 쌓인 원초적 입장에서 논의를 출발하여 숙고하여 내린 결론의 합의 내지 동의 가능성을 중시한다. 그에게는 결과에 이르는 절차와 과정이 중요하고, 게임의 룰이 공정하면 결과와 무관하게 공정한 것이라고 한다(최봉철, 현대법철학, 227면 이하).

롤스는 합의 과정에서 최소극대화 원칙(maximin rule)과 같은 보수적, 안정적인 선택 내지 추론과정을 거친다고 하는데, 선택에 놓인 대안들의 최저 이익을 조사하고 그 최저 이익을 최대화하는 것을 선택한다는 것이다. 그러한 추론과 선택은 순수한 합의가 아니라 내면적, 사고적 과정이고, 이를 통하여 사회의 모든 가치, 즉 자유와 기회, 소득과 부, 인간적 존엄 등은 기본적으로 평등하게 배분되어야 하며, 가치의 불평등한 배분은 그것이 사회의 최소 수혜자에게 유리한 경우에만 '정의롭다'고 본다. 그에 따라 그의 '공정으로서의 정의' 실현을 위한 2가지 사회구성의 원리가 바로 '기본적 자유의 평등원칙'과 '조정의 원리'이다.

제1원리; 평등한 시민의 자유, 최대자유의 원리(소수의 희생 거부)
제2원리; 직위나 교육기회 등에서 기회균등의 원리, 차등의 원리(최소수혜자의 우대원칙)

전자는 모든 개인은 다른 사람의 유사한 자유와 충돌하지 않는 범위 내에서 최대한 기본적인 자유에 대한 평등한 권리를 인정해야 한다는 것이고, 후자는 기본적 자유의 평등원칙 하에서 발생하는 불평등을 조정하기 위한 원칙으로 '공정한 기회균등의 원리'와 '차별의 원리'라고 불리운다. 이는 사회적 연대를 실현하는 것이라 할 것이고, 인간의 자연적 우연성과 사회적 운수의 횡포를 완화하려는 관념에 따르는 것이다.

이렇게 도출된 정의의 원리는 평등과 자유의 절충으로서 개인주의적이고 내면적인 절차적 정의론이라고 할 수 있다. 그는 자유주의적인 도덕적 절차적 이론을 개인의 합리적 선택의 문제로 환원시킨 것이다. 그러나 그의 이론은 명쾌하지만, '원초적 상황에서의 합의'라는 공상적인 가정을 전제함으로써 현실적이고 구체적인 해결책을 제시하는 것은 아니고, 그 분석적 기능은 인정된다고 하더라도 정당화까지 이를 수 있는지 의문이 있다. 그리고 그 과정을 거쳐서 나온 두 가지 원리는 상호 모순된 이념들을 결합시키는 것이고, 자유주의 하에서만 통용될 수 있는 원리라는 비판이 있다.

나. 마이클 샌델

미국의 마이클 샌델(Michael Sandel)은 '정의란 무엇인가'에서 그의 정의론을 스스로 변증법적 도덕추론이라고 하였다.

그는 정의와 도덕적 선(善)의 결부 문제에 관하여, 정의나 권리가 특정 시기 특정 공동체에 적용되는 환경이나 전통의 산물이라고 하는 상대적 결부와 다른 한편 정의가 특정한 지배적 가치는 아니고 선의 추론으로서의 정의에 비판적 성격이 있다고 하는 비상대적 결부가 있다고 한다. 전자는 비판적 성격이 없는 서술적인 정의론이고, 후자는 규범적 정의론에 해당한다.

샌델은 예컨대 교육, 입학, 취업에 관한 분배정의에 관한 셰릴 홉우드 사건(텍사스로스쿨 입학거부사건)에서 소수집단 우대정책에 대한 지지론과 반대론의 논거를 비교하면서 추론하고 있다. 여기서 지지론의 추론 논거 중에서 보상 논거(과거 소수집단 차별이라는 잘못에 대한 보상), 다양성 논거(인종과 집단의 다양성을 보장하는 것)와 같은 것은 상대적 결부이고, 시정 논거(교육 여건의 차이를 적극적으로 보정해야 한다는 것)는 비상대적인 결부이다. 물론 그는 반대의견의 좋은 논거에 항상 열려 있어야 한다는 점도 강조하고 있는데, 그 논거의 중요도에 따른 정당한 결론이라도 그 시대나 상황에 따라 상대적이고 가변적일 수밖에 없다고 한다.

그리고 그는 분배정의를 도덕적 자격에서 분리해야 한다고 주장한다. 즉 아리스토텔레스의 목적론적 논리는 정의를 개인의 덕목에 맞는 역할을 찾아주는 것이라고 하지만, 샌델은 선(善)의 추론 문제가 중시되어야 한다고 지적한다. 예컨대 동성혼의 문제에 관하여 통상 정의나 권리에 관한 도덕적 관념, 사회제도로서의 결혼의 목적을 문제 삼는데, 그는 여기서 선의 추론은 가능한지를 묻는다. 이와 같이 샌델은 정의와 선의 문제에 관하여 변증법적 도덕 추론을 통하여 반성적 평형상태에 이르는 것이 중요하고, 정의나 선은 자명한 전제로부터 도출되는 것이 아니기 때문에 많은 것을 고려하고 구체적으로 숙고하여야 한다는 점을 강조한다. 즉 모든 것을 '수용하고 경청하는 존중'과 '숙고하고 몰입하는 존중'이 필요하다. 물론 이로써 윤리적인 문제에 대한 합의의 보장은 없지만, 제기된 문제와 논거에 관하여 우리에게 익숙한 것을 낯설게 하고, 자명한 것을 의심하는 것이 중요하다고 한다. 이러한 비판적 성찰이 사회의 정치적 발전과 도덕적 성숙을 이룬다는 것이다. 그래서 그는 철학은 피할 수 없고, 이성을 일깨워 이성이 이끄는 곳으로 따라가는 것이며, 끊임없는 사고와 토론을 요구한다고 하였다. 따라서 '이성의 방황'은 불가피하지만, 그렇다고 해서 회의주의에 빠져서도 안 된다는 점도 지적된다. 그는 칸트의 말을 인용하여 '회의주의'는 이성의 쉼터는 될 수 있을지언정 안식처가 될 수 없다고 한다.

한편 샌델은 그의 정치철학에서 무정부주의, 자유주의, 공동체주의, 전체주의 논쟁을 다시 제기한다. 그 논쟁의 양극단은 철학적 근본주의로서 각각 무정부주의나 공산주의는 국가의 적이라고 한다. 우선 자유(지상)주의적 정의론은 개인의 자유권을 근원적 권리로 본다. 이는 내가 나의 주인이라는 전제 위에 서는 것이고(Robert Nozick의 자유방임주의적 정의론; '아나키, 국가, 유토피아'), 이 국가는 최소국가, 야경국가가 된다. 이 국가의 목표는 자유시장의 보호에 있고 정의로운 분배는 환상이다. 국가의 기능은 단지 국방, 치안, 사법에 국한된다. 이 국가에서는 예컨대 시민의 보호를 위한 오토바이 운전자의 헬멧이나 안전벨트 착용의 강제는 자유를 제한하는 것이 된다. 노직은 도덕의 법제화나 부의 재분배에 반대하며, 세금, 특히 누진세는 강제노역이라고 한다. 물론 그 반대의 관점에서 가난한 자는 돈이 필요하고, 조세는 피치자의 동의에 의한 징세라거나 성공한 자는 사회에 빚이 있다거나, 부는 단지 운에 좌우되는 것이므로 부자만 이를 누리는 것은 옳지 않다는 논거로 비판이 제기될 수도 있다.

독일의 클룩(Ulrich Klug)도 같은 맥락에서 자유민주적 법치국가의 이상형(Idealtypus)은 '질서 잡힌 무정부주의'라고 한다. 그는 법치국가의 조건으로서 시장의 준칙, 평등의 준칙, 통제의 준칙, 합법성의 준칙을 들고 있다. 롤스와 마찬가지로 그는 '최대한의 평등한 자유 보장'을 중시하고, 자율과 무지배를 주장하지만, 최소한의 국가 통제는 필요하다고 한다. 그에 의하면, 법치국가의 통치는 지배가 아니고, 통치자는 동열 중에 1인자(primus inter pares)에 불과하다.

그러나 샌델에 의하면, 자유주의는 칸트나 롤스의 자발적 자아개념에 기초하지만, 서사적 자아개념에 따른 공동체주의는 연대나 소속감, 의무를 중시한다. 그는 자유주의 정의론의 한계를 지적하면서 고립적 인간관을 부정하고 인간을 공동체에서 규정되는 존재로 본다. 그는 이를 '간주관적 자아관'이라고 하며, 그에 따른 '공동체주의적 정의론'을 지지한다. 샌델은 한국 강연에서도 좋은 삶은 미덕, 도덕적 가치를 가지는 삶이고, 그에 따른 공동선(共同善) 내지 공동체주의의 문제를 제기하였다. 공동체에서는 민주적 삶의 가치나 연대성, 신뢰와 시민정신이 중요하고, 도덕적 가치에 대한 논의 없이 단지 경영 관리나 지배의 정치로는 어떠한 민주주의도 존속할 수 없다고 한다.

5 정의 부정론 및 정의론의 역할과 한계
– 과도한 기대의 위험과 합리적 회의 및 비판

1. 정의 부정론 내지 회의론

법이념 중 가장 중요한 최상의 원리는 정의이다. 법실증주의는 정의를 부정하거나 상대화하면서 정의의 기준은 실정법–헌법 제103조의 헌법과 법률–이고, 이 실정법의 일반 규범을 평등하게 적용하는 것이 특수적 정의인 '법 앞에 평등'이라고 한다. 이것이 바로 '정의 부정론' 내지 '정의 회의론'의 입장이다(켈젠, 로스, 루만 등). 일찌기 소피스트가 '정의는 강자의 이익'이라 하였고, 이것이 정의 부정론의 뿌리이다.

켈젠(H. Kelsen)은 정의 문제를 생각한다면 쓰레기더미 앞에 서게 된다고 한다. 그는 정의 사고의 본질인 평등은 동일률, 모순률의 논리법칙과 같다고 한다. 이는 윤리적 이상을 논리적 이상으로 대체시킨 것이고, 평등은 논리의 요구이지 정의의 요구가 아니며, 조건이 평등하면 결과도 평등해야 한다는 원리는 규범의 일반적 성격의 논리적 귀결이라고 한다(켈젠 법이론선집, 230면). 정의 문제의 기원은 인간사회에서의 이해 충돌이고, 각기 자신의 입장을 정당화하기 위하여 객관적 기준에 호소하는 데서 연유하지만, 가치판단은 정서적, 주관적이며 합리적 증명이 불가능하고 상대적이라고 한다.

켈젠의 정의론에 대한 핵심 비판은 다음과 같다(켈젠 법이론선집, 196면 이하 참조). 1) "각인에게 각자의 것을"은 무엇이 그의 것인가를 말하지 않는다. 이는 a=a 라거나 혹은 의무를 지키라는 말과 같은 동어반복이고 무내용한 명제이다. 2) 아리스토텔레스의 '중용'은 정의와 불법 사이의 중간이지만, 이것은 타협이 아닌가? 3) 칸트의 정언명령은 도덕의 최고원칙이지 법의 최고원칙은 아니고 역시 무내용하다. 그것은 도덕을 사고적(思考的) 입법에 구속시킨 것이고, 보편적 입법을 도덕에 구속시킨 것이 아니다. 도덕성과 합법성은 구별되어야 한다. 4) 토마스 아퀴나스의 "선을 행하고, 악은 피하라", "자연법의 원칙을 지켜라" 등도 공허한 구호에 불과하다. 자연은 강자가 약자를 지배 및 복종시키는 것이므로, 다른 민족을 지배하고 복종시키기 위하여 강한 민족이 되어야 한다는 나치의 주장과 무엇이 다른가?

그는 정의에의 동경은 행복의 갈망에서 나오고 이는 인간의 마음속에 깊이 뿌리박고 있지만, 인간의 이성으로 파악할 수 있는 상대적 정의는 인간의 행복이라는 목표에 단지 부분적으로만 만족을 줄 뿐이라고 한다. "세상이 외치는 정의, 특히 정의 '그 자체'는 절대적 정의이다. 이는 비합리적 이상이다. 왜냐하면 이는 초월적 권위로부터, 즉 신으로부터만 나오기 때문이다. 그러므로 정의의 원천과 그것의 실현은 이 세상에서 저 세상으로 옮겨져야만 되고, 지상에서는 모든 실정법질서 속에서 그리고 그것에 의해 다소 확보된 평화와 안정의 상태 속에서 볼 수 있는 순전한 상대적인 정의로 만족하지 않으면 안된다"(237면).

같은 맥락에서 독일 신칸트학파의 상대주의도 "무엇이 옳고 그른지의 문제를 결정하는 것은 바로 우리다! 민주주의는 정의의 문제를 우연적이고 가변적인 선거에 맡겨 놓은 것"이라고 한다. 정의의 지배나 독재의 문제는 상대주의의 가치철학으로는 극복할 수 없다. 오늘날 정보의 자유, 표현의 자유, 참여 등을 통하여 가치의 경쟁 및 지배의 획득 기회가 열려있고, 다른 한편 거주이전의 자유, 즉 벗어날 자유도 있어서 국가의 법을 승인하지 않는 자는 자신의 가족과 재산을 가지고 그 국가를 떠날 수 있는 자유까지 누린다.

또한 알프 로스(A. Ross)도 정의는 개인의 요구를 절대적 요청으로 전환하려는 비합리적인 정서적 표현에 불과하고, 상호 이해의 방법이 없으며, 합리적 토론이 불가능하다고 한다. 그래서 그는 정의를 원용하는 것은 마치 주먹으로 탁자를 치는 것과 같다고 하였다.

2. 정의론의 역할과 한계

정의는 고차적이고 형이상학적인 거대 담론이지만, 실제로 정치나 사법의 영역에서 정의가 자주 원용되고 있으며, 법정책의 영역에서도 정의에 대한 요구가 중요한 역할을 한다. 그러나 기존 상태(status quo)를 지키려는 세력이나 이것을 바꾸려는 개혁주의 진영에서도 다 같이 정의를 들고 나온다. 혁명이나 저항의 법도 모두 정의를 근거 삼는다. 그래서 정의는 필연적으로 투쟁적, 논쟁적 개념이다.

역사상 나타난 많은 정의이론에서 다음과 같은 인식이 나온다. 신법(神法)은 인간의 이성으로 파악할 수 없는 것이고, 이성법에서 이성은 객관적—간주관적—으로 확정할 수 없다. 이성법의 내용으로서 도덕률이나 윤리법칙은 시대나 장소에 따라 다르고, 구체적인 가치관에 따라 견해 차이도 있을 수 있어 정의의 객관적 기준은 없거나 확정할 수 없다. 정의 관념의 내용이 시대에 따라 가변적이고, 법적 규율의 문제는 정의의 관점에서 다양한 방식으로 해결될 수 있다. 한 사회 안에서도 경합되는 정의 주장들과 여러 해결 제안들이 있을 뿐이고, 나라마다 해결도 다르다. 통상 정의의 내용으로 주장되는 것들은 특정 이데올로기나 가치에 연결되고 궁극적으로 세계관적인 특정한 개념 요소에 의존한다. 이는 법사나 비교법에 의하여도 알 수 있다. 예컨대 빈 라덴은 서방세계에 의해 불의한 테러범으로 처단되었지만, 지구 반대편에서는 정의로운 순교자가 되기도 하는 것이다.

다양한 세계관이 경합되는 자유주의적 입헌국가에서 규율 문제에 대하여 불변적이고 유일하게 정당한 해결로서의 정의(正義)는 없기 때문에 절대적 정의는 지상의 정부나 법원에서 기대될 수 없는 것이고, 절대적인 정의를 주장하는 법철학이나 법이론은 오히려 불신을 초래한다. 단지 정의에 가까운 잠정적 해결만 있을 뿐이고, 법철학이나 법이론에 대하여 더 이상을 요구한다면 실망하게 될 것이다. 정의는 우선적으로 정당한 인식, 즉 진리의 문제가 아니라 합리적이고 잘 다투어질 수 없는 합의나 타협을 이루는 문제이다. 합의나 합의 가능성 문제는 의회민주주의 하에서는 토론과 타협의 절차를 거치고, 그로써 해결되지 않는 경우에는 정치적인 선거나 투표의 다수결 원칙에 의거하게 되는 것이다.

한편 민사법정에서 권리를 주장하거나 형사법정에서 무죄를 다투는 개인들도 자신의 규범적 기대의 근거로 정의를 원용한다. 국민들은—잘못되거나 과도하게도—사법이 진정한 정의의 수호자이길 기대한다. 그러나 인간의 작업인 사법작용은 대개 단편적이고, 전체적이고 종합적인 분쟁해결을 하지 못한다. 또한 거기서 오류와 무지나 태만의 결과도 나올 수 있다. 인간이 만들고 적용하는 법률은 눈에 띄는 정의를 드물게 제시할 뿐이고, 사법은 정의를 추구하지만 재판의 결론은 모든 이를 승복시킬 수 없다. 패소 당사자는 무한 볼복할 것이고, 정치적 사건에서 이념과 진영에 따른 판결 비판은 불가피할 것이다. 따라서 사법적 정의는 제약되고, 일정한 정도의 사법불신은 사법의 숙명이다. 어떻든 국가사법은 개별사례에서 '타협 가능한 작은 정의'를 제공할 뿐이라고 할 수 있다. 여기서 '타협이 가능'하다는 것은 특히 민사나 가사사건 등 사법적 영역에서 처분권주의가 원칙이고, 조정이나 화해가 판결보다 더 좋은 분쟁 해결이라는 점을 의미하는 것이며, 형사나 행정의 공법적 영역에도 어느 정도의 타협은 사건의 결과에 영향을 미칠 수 있다.

결국 정의는 상대적이고 관계적인 개념이다. 그 개념은 그에 결부된 기준과 목표 설정에 따라 다양한 내용을 가질 수 있기 때문이다. 그럼에도 불구하고 그 시대와 장소에 따른 한 국가의 올바른 제도의 설계와 운영 및 일정한 사태나 상황에서의 합리적인 문제 해결이라는 관점에서 비록 상대적이고 가변적일 수 있지만 정의나 정당성의 관념은 포기할 수 없다.

3. 정의 문제에 대한 법학의 기여

법학은 무엇보다도 법사(法史)와 비교법(比較法)을 통하여 정의에 관한 충분한 경험적 지식을 모은다. 그 경험적 지식은 인간관계의 규율을 위한 가능한 정치적, 법적, 사회적 조직형태에 관한 것이다. 여기에 정의에 관한 법적 전문분야가 있는 것이고, 이것이 서사적 정의에 관한 법학의 역할이다. 법학은 법의 역사적 발전과 비교를 통하여 정의 판단의 척도나 기준의 핵심 요소를 제시할 수 있다. 역사적, 비교적 맥락에서 오늘날 자유주의 국가의 정의 척도는 제시될 수 있고, 그것은 오늘날 입헌주의 헌법에 나타난 1) 인간 존엄과 자유의 표현으로서 자기결정, 2) 평등과 정당한 차별, 3) 비례원칙과 공정성, 4) 최소한의 법적 안정성(예견과 지속 가능성)과 최소한의 생존보장, 5) 국가적 행위의 사회적 결과에 대한 고려 등과 같은 것이다. 오늘날 입헌주의 헌법에 채택된 위와 같은 가치들은 그 국가와 사회에서 선언적으로 나마 통용되는 정당성의 규준이 될 수 있다.

오늘날 유엔 인권선언이나 각종 국제협약을 통하여 이러한 것들이 세계 공통의 가치로 인정되고 있다. 물론 지구상에는 그 가치 중 일부에 대하여 저항하는 나라도 있고(인권 가치를 거부하는 중국 등의 예), 최소한의 물질적 기반이 갖추어지지 않은 곳에서는 그 가치 실현에 어려움은 있을 수 있다. 그러나 법철학과 법이론을 포괄하는 법학은 세대를 넘어서 이러한 가치의 수호와 발전이라는 과제의 수행을 도울 수 있어야 할 것이다.

4. 정의의 수호자로서의 헌법재판소와 법원

우리 헌법에 확실히 쓰여진 기본 합의, 특히 국민주권과 기본권 조항 등의 목표 규정은 비록 그것이 시대와 장소를 초월하는 정의의 보편적이고 객관적 기준이 된다고 보기는 어렵지만, 널리 그 시대의 정의 문제와 관련된다. 이러한 기본 합의를 변화하는 역사적 조건 하에서도 유지하고 보장하는 것이 입법과 사법의 임무이다. 헌법이 주권자의 근본결단으로서 국민통합의 근거이고 가치질서라는 점에서 독일 신헤겔주의자들의 지적은 옳다. 하지만 이러한 생각은 결단주의와 구체적 질서사상이 기초한 나치즘의 지배와 같은 것을 정당화하는 것으로 변질될 위험성도 있다. 우리의 경우에도 유신시대에 '한국적 민주주의'라는 구호 아래 법의 이름으로 보편적 인권과 정치적 반대자가 억압당하였음을 기억해야 한다.

그리고 법률과 양심이 충돌되는 경우나 혹은 부정의라고 판단되는 실정법이 있는 경우, 이는 악법(惡法)의 문제와 관련되고, 오늘날 이 문제의 해결책은 현대법의 지혜로운 소산인 헌법재판 제도이다. 헌법재판소는 무엇이 헌법에 합치되는지 최후의 결정 권한을 가진다. 그러나 헌법은 추상적이고 포괄적이어서 입법자나 사법에 광범위한 형성과 재량 여지를 부여한다. 이는 정의 개념의 입법자에 대한 개방성을 뜻하고, 여기서는 단지 자의(恣意) 금지가 중요하다. 그러나 헌법재판소는 점점 입법자에게 헌법에 따른 법정책적 임무를 부여하고, 따라서 헌법적 통제와 입법 내지 정책적 판단 사이의 경계를 혼동하거나 넘나들고 있다.

또한 법원도 비록 타협 가능한 작은 정의라고 하더라도 역시 헌법과 법률의 해석을 통하여 정의 문제에 대한 책임을 지고 있다. 이른바 '금괴폭탄거래 사건'에서 부가세 매입세액의 공제·환급을 구하는 것이 신의성실의 원칙에 위배된다고 하는 대법원 2011. 1. 20. 선고 2009두13474 전원합의체 판결이나 드워킨이 든 상속 부적격에 관한 Riggs v. Palmer 사건과 같은 것이 정의 관념이나 법원리가 판결의 논증과 결론에 작용한 뚜렷한 예이다. 전자의 판결에서 대법관 1인의 소수의견은, 다수의견이 정의관과 윤리관을 기준으로 합법성의 원칙을 희생하더라도 신의칙을 적용하는 것이 정의로운 과세권의 행사라고 보고 있는 것은 실정법의 규정을 넘어서는 해석이고 그 기준이 모호하여 과세관청의 처분기준으로 용인하기 어렵다고 반대하였지만, 이는 실정법에 고착하여 일반조항의 정의기능을 약화시키는 견해라고 할 것이다.

6 소결 – 주관적 정의론과 비판적 정의론

1. 주관적 정의론(主觀的 正義論)

칸트(I. Kant)의 실천이성은 내용적인 도덕법칙이 아니다. 실천이성에 따른 윤리법칙은 규칙성과 보편성의 형식에서 나오고, 이 보편성의 형식이 의지의 준칙을 법칙일 수 있게 한다. 결국 실천적 입법 내지 윤리법칙의 원천은 주관적인 의지이고 그 형식은 보편성에 있다.

칸트의 '도덕형이상학원론' 첫 구절은 "무조건적 내지 절대적으로 선한 것은 선(善) 의지 밖에 없다"라고 되어 있다. 한편 로마의 시민법대전에 나오는 정의 규정의 완전한 문장은 "정의는 각인에게 각자의 것을 주는 항구적 의지"라고 하였고, 이는 각자의 몫을 정한 것이 아니라 그러한 의지(意志)를 중시하는 ‘주관적 정의’를 말하는 것이다.

정의의 반대명제는 부정의가 아니라 정치적 행위의 자의(恣意)와 임의성이다. 이러한 자의나 임의성을 배척하는 태도가 주관적인 양심이나 선, 정의에의 의지이다. 사람들은 가슴으로 선을 바라본다! 법철학이나 법이론이 궁극적으로 정의 문제를 해결할 수 없고, 민주시민의 개인적 용기와 희생을 대체할 수도 없는 것이다.

그래서 사견(私見)으로는, 절대적으로 정의로운 것은 ‘정의에의 의지’이고, 따라서 정의는 1차적으로는 ‘주관적 정의’, 즉 의지나 덕성 또는 태도로서의 정의, 즉 아리스토텔레스의 ‘일반적 정의’이고, 헌법 제103조가 말하는 법관의 양심이 바로 그것이다. 학계나 실무의 통설은 헌법 제103조의 양심을 객관적 양심이라고 하지만, 양심의 객관성 내지 간주관성은 합의 가능성이라고 할 것인데, 양심의 객관성은 확증하기 어렵다. 헌법 제103조는 법관이 법률과 양심에 비추어, 즉 정의로운 태도를 가지고 법이념과 실정법으로부터 객관적이고 보편적인 법규범을 정립하라는 명령으로 해석하여야 한다. 또 헌법이 규정하고 있는 재판의 독립은 그 자체 목적이 아니라 공정성을 위한 수단적 이념이고, 누가 보장해주는 것이 아니라 법관 스스로 지켜나가야 하는 것이다.

무미건조한 법학에 예술적 요소라는 신선한 샘물을 부은 라드부르흐(G. Radbruch)는 “판결이란 사람의 피부에 쓰여지는 것이고, 말장난이나 퀴즈로 법 문제를 푸는 것은 폭군의 시중이 되는 것이다. 폭군으로부터 벗어나는 길은 정의에의 투철한 의지뿐”이라고 하였다. 헤겔도 ‘법철학 입문’에서 군주와 민중의 중간신분으로서 관리의 ‘교양 있는 지성과 합법적인 의식’이 국가의 안정을 위하여 지극히 중요하다고 하였다. 또한 루만(N. Luhmann)이 절차적 정의론에서 말하는 법관의 중립화된 ‘역할분리’(Rollentrennung: 법관의 사적 영역과 공적 영역의 분리) 역시 직업적 덕성으로서 공정성을 요구하는 것이다.

이와 같이 정의에의 의지를 중시하는 주관적 정의론은 그 의지 내지 자세의 척도나 규율로서 직업윤리의 문제와 연결될 수 있다. 예컨대 법관이나 검사, 변호사의 행위전범이나 윤리장전은 직업 법률가로서의 정의로운 자세와 관련되고, 이는 좋은 법실무가로서의 역할을 제시하는 것이다. 그들에게 직업윤리는 그 위반에 대한 징계가 가능하므로 바로 구속적 법규범이 되고, 그것은 바로 품위와 성실, 진실이라는 도덕의 덕목으로 요약될 수 있다.

역사적으로 최초의 정의에 대한 요구는 구약에 공정성의 요구로 나와 있다: "여호와께서… 네 지파를 따라 재판장들과 지도자들을 둘 것이요. 그들은 공의로 백성을 재판할 것이니라", "너는 재판을 굽게 하지 말고 사람을 외모로 보지 말며, 또 뇌물을 받지 말라."(신명기 16장 18, 19절)

2. 중요한 절차적 정당화

절차적 정의론 내지 절차적 정당화는 법절차 내에서 법적 분쟁에 대한 구체적 법규범을 산출하는 실무가의 관점에서 매력적이다. 법원에서 민사사건의 구술심리주의와 형사사건의 공판중심주의를 구현하고 실질화하는 절차 운영의 방향이 실천되어 왔고, 이는 절차적 정의에 지향한 것이다. 실제로 당사자들 중에는 자신의 사건에 대하여 법관이 오판을 하였다고 보지만, 절차에서 모든 기회를 부여받았고 주장된 논점에 관한 판단을 다 받았기 때문에 승복하는 경우가 많이 있다. 이러한 경우, 실체적 정당성은 몰라도 절차적 정당성은 확보된 것이다.

국가적 형벌을 과하는 형사소송에서 적법절차의 원칙은 헌법적으로 보장된다. 그 예로는, 헌법재판소가 공소제기 후 증거제출 전 단계에서 수사기록 열람등사청구권을 인정한 것이나(헌법재판소 1997. 11. 27. 선고 94헌마60 결정), 구속적부심청구를 한 구속 피의자가 전격기소된 경우, 청구권자를 피의자로 한정하여 절차적인 심사 기회를 제한하는 결과를 가져오는 구 형소법 규정의 헌법불합치 결정을 한 것(헌법재판소 2004. 3. 25. 선고 2002헌바104 결정), 검사가 법원의 증인으로 채택된 수감자를 반복 소환한 경우, 공정한 재판을 받을 권리와 적법절차의 원칙을 침해하는 것으로 위헌 판단을 한 것(헌법재판소 2001. 8. 30. 선고 99헌마496 결정) 등을 들 수 있다. 또한 대법원이 검사가 증인을 소환하여 증언을 번복하는 진술조서를 작성한 경우, 재판청구권을 침해하는 위헌적 행위로서 유죄의 증거로 할 수 없다고 한 것(대법원 2000. 6. 15. 선고 99도1108 전원합의체 판결: 단 그후 번복 증언을 하는 경우 이를 유죄의 증거로 할 수 있음)이나 변호인 선임권의 고지가 없는 체포와 공무집행의 적법성에 관한 판례나 구금된 피의자의 신문과 변호인을 참여시킬 권리에 관한 대법원 판례(대법원 2003. 11. 11.자 2003모402 결정), 위법한(범의 유발형) 함정수사에 기초한 공소제기는 수사절차상의 신의칙 위배로 정의관념에 반하여 공소기각되어야 한다는 판례 (대법원 2007. 10. 12. 선고 2007도5571 판결) 및 영장주의를 위배한 위법 수집증거의 증거능력 배제에 관한 판례(대법원 2007. 11. 15. 선고 2007도 3061 전원합의체 판결: 개정법의 시행 이전에 실정법적 근거 없이 판결한 것임)는 모두 적법절차 원칙 또는 절차적 정의와 관련이 된다.

특히 형사소송에서 신병 구속은 절차적 정의와 중대한 관련이 있다. 피고인이 도주우려나 증거인멸의 우려가 있다고 구속이 되지만, 구속되면 방어권 행사에 지대한 지장이 있고, 이는 공정성의 요구인 '무기대등의 원칙'에 반한다. 따라서 이는 절차적 정의에 반할 가능성이 다분하고, 특히 법원의 법정 구속은 예견가능성이 없어서 더욱 그러하다.

민사소송에서 절차적 정의와 관련하여 이른바 법적 청문청구권(Anspruch auf rechtlichen Gehoer)은 헌법상 기본권인 재판청구권의 일환으로 문제가 된다. 독일에서는 판결에 대한 헌법소원에서 문제가 되어 그 침해로 많은 판결이 연방헌법재판소의 위헌 선언을 당하고 있다. 우리의 경우, 대법원이 민사소송법 제138조에 의하여 당사자의 공격방어방법이 시기에 늦은 것이라고 각하한 원심판결을 여러 사정을 종합적으로 고려하여 파기한 사례(대법원 2017. 5. 17. 선고 2017다1097 판결 등)는 법적 청문권의 언급은 없고 단지 절차위배라고 하지만, 절차적 정의를 문제삼는 것이다.

나아가 의회의 입법절차에 관하여도 적법절차 원칙이 문제가 된다. 헌법재판소는 의회절차도 기본적으로 적법절차 원칙에 따른다고 하지만 권력분립의 원칙을 들어 국회의 자율성을 널리 인정하고 있다. 예컨대 헌법재판소의 미디어법에 대한 권한쟁의 심판청구사건의 결정(헌법재판소 2009. 10. 29. 2009헌라8 결정)에 의하면, 국회의 질의 토론 절차가 위법하고 표결의 자유와 공정성이 현저히 저해된 경우로서(이른바 '날치기' 통과), 의원의 심의 표결권은 침해되었지만, 명백한 위헌의 흠은 없어서 법률의 가결 선포행위는 유효하다고 판단을 자제하였다.

한편 법의 이념은 정당성 이외에도 안정성과 효율성도 포괄하므로 절차적 안정성, 효율성도 중요하다. 소송법상 절차의 신속과 경제의 이념은 절차적 정의의 요구이고, 이로써 시민의 사법 접근이 쉬워질 수 있다. 또한 의회의 결정이 정당성의 경쟁이 아니라 협상과 타협의 산물이라는 것과 같이 사법의 영역에서도 법적 분쟁은 타협이 필요하다. 소송의 승패나 유, 무죄의 양극단인 규범적 결론에 대하여는 패소자가 승복하지 못하고 사법불신이 남게 되는 것이므로, 사법절차에서의 타협은 합의나 관용 또는 현명한 전략이 되는 것이다. 결국 사법기관은 판결뿐만 아니라 화해, 조정, 중재 등의 법절차의 폭넓은 활용을 통하여 '타협을 통한 작은 정의'를 실현하는 것이라고 할 수 있다.

3. 포기할 수 없는 실체적 정당성

입법이나 판결에 의하여 정립되는 법규범의 정당화는 이러한 절차적인 것만으로는 부족하다. 법규범의 설정인 입법과 그 해석인 판결의 실체적인 내용적 정당성도 포기할 수 없는 요청이다.

그러나 실험이나 관찰 등에 의한 명제나 가설의 진리성을 검증할 수 있는 자연과학의 경우와 달리, 법학을 포괄하는 사회과학의 명제나 가설의 진리치,

특히 실천적 당위의 내용적 정당성에 관한 검증은 불가능하고, 절차와 토론 참여자들의 견해 일치 내지 합의도 어렵다. 내용적인 정당한 규범에 대한 합의가 이루어질 수 없다고 하더라도 적어도 합의 가능성이 보장되어야 하고, 그것은 그 정당성에 관한 논증에 의하여 이루어질 수 있다. 규범의 실체적 내용에 관한 논증의 객관성과 보편성, 투명성은 실체적 정당성의 기초가 될 수 있는 것이고, 판결 이유의 제시를 통하여 검증되고 비판받는 것을 통하여 정당성이 어느 정도 확보될 수 있다.

따라서 법규범의 정당성에 대한 기초로서 법률가 집단과 시민들 사이의 토론과 논증이 중요하고 이를 살피는 것이 필요하다. 여기서 개방적 내지 열린 토론이 필요한데, 특히 헌법문제는 전체 국민이나 관계된 집단에 매우 중요한 문제이므로, 헌법재판관들이 결정을 할 때 논증의 독점을 하여서는 아니 되고, 헌법학자들뿐만 아니라 언론인, 일반 시민들도 참여하는 헌법적 논의의 장이 열려야 한다(Boeckenfoerde의 '헌법해석자들의 열린 사회' 이론). 헌법재판소와 대법원도 중요한 이슈에 관하여 공개변론을 하는 것이 바람직하고, 공개된 논점에 관하여 논증을 하는 것이 중요하다. 헌법재판소의 수도 이전 위헌결정이나 군가산점 위헌결정의 경우, 논증과정의 독점 상태에서 중요 논점을 간과하거나 논의되지 않은 논점으로 결정하였다는 비판을 받고 있다. 법원도 중요한 법률문제를 판단할 경우, 변론을 열거나 전문가나 언론, 시민들의 주장과 논거에 귀 기울이는 기회를 가져야 하는데, 대법원은 사건 부담이나 시간적 제약으로 인하여 사회적으로 매우 중요사건 극히 일부만 변론을 열고 있다.

그러면 사법절차의 논증과 추론에 관한 어떠한 방법론이 있는가? 뒤에서 보는 법학방법론이 유용하겠지만, 판결의 논증에서 변증법적 추론이나 논증 내지 토픽이론이 의미 있다. 본래 변증법은 그리스 시대 이래 대화의 기술, 논쟁과 토론, 특히 공적 연설이나 법정토론의 기술을 말하는데, 찬성, 반대를 통하여 주장과 반대주장이 황금적 중용(Goldene Mitte)으로 귀결될 수 있다는 것이다. 사법절차에서 이러한 변증법적 추론과 황금적 중용이 중요하다고 생각된다. 법원조직법 제66조 제2항은 합의에 관한 의견이 3개 이상으로 나뉘어 각각 과반수에 이르지 못할 때에 결론에 관한 황금적 중용을 법정한 것이라고 볼 것이다.

법관은 무(無)에서부터 논증하여 판결을 하는 것이 아니고, 헌법과 합헌적인 법률을 출발점으로 삼아서 해석의 논증을 통하여 최종적으로 법률을 구체화하는 규범을 산출한다. 이러한 논증 절차를 거친 법원의 판결 이유가 공개되고 검증되면 반대 견해의 존재에도 불구하고 판결의 논증 결과 도출된 규범은 합의되거나 적어도 합의될 수 있는 것으로서 객관성(간주관성)을 획득하고, 따라서 정당화될 가능성이 있다. 다만 여기서 말하는 정당성이라는 것은 절대적 정당성이나 비판을 허용하지 않는 독선이 아니라 루만이 말하는 바와 같이 '일반인이 일정한 관용의 한도 내에서 승복할 수 있는 가능성'이라고 할 수 있다. 규범과 판결 내용에 대한 합의 가능성은 이론적으로는 성립될 수 있을지언정 사회학적으로 실재하는 것이 입증될 수는 없다. 패소 당사자의 불복과 저항이 있다고 하더라도 그 논증이 일반적인 승인을 받거나 승인 가능성이 있으면 객관적으로 정당화될 수 있고, 그에 따른 결론은 보편적 규범으로 효력을 확장할 수 있다.

한편 일반 소송 이외에 비송사건에서 법원은 법적 정의만을 추구하는 것이 아니라 합목적성의 관점에서 당사자 사이의 합의나 갈등을 조정하는 것이 중시되고 있다. 예컨대 가사소송이나 비송사건이 추구하는 목적은 '가정 평화'나 '아동의 복리' 등과 같은 것이고, 이는 좁은 의미에서의 정의의 문제는 아니다. 여기서 법원은 후견적 지위에서 폭넓은 재량을 행사하게 되고, 설득을 통한 결과의 합의 가능성이라는 것이 정당성의 척도가 될 것이다.

4. 비판적 정의론(批判的 正義論)

'정의 부정론' 내지 '정의 회의론'에서 보는 바와 같이 절대적인 정당성은 없고 무엇이 정의인지는 합의하기 어렵지만, 반대로 심각하게 부정의한 것은 사람들 사이에 합의 가능성이 더 크다는 점에서 '소극적 정의론' 내지 비판적 정의론이 나올 수 있다. 예컨대 나치나 유고의 인종청소와 같이 명백하고 큰 부정의를 가려내는 것은 정의가 무엇인지 합의하는 것보다 의견 일치의 가능성이 높을 것이다.

물론 현행법이 현 상태에서 대체로 정의로운 것인 경우, 법의 부정의가 어느 정도 이상을 지나치지만 않는다면 우리는 부정의하다고 여겨지는 법도 구속력이 있다고 인정하여야 한다. 현행법의 법적 효력이 그것을 지켜야할 충분조건이 아닌 것처럼 법의 부정의가 그것을 지키지 않아야 할 충분조건이 아니기 때문이다. 다만 비판적 정의론은 라드부르흐 공식이 말하는 바와 같이 참을 수 없는 정도로 명백히 부정의한 것에 대한 부정과 비판의 기능을 하는 것이고, 이것이 바로 위에서 본 비판적 법실증주의의 입장인 것이다. 실정법 자체나 그 엄격한 해석이 부정의한 결과에 이르는 경우에 실체적인 정의 이념을 구현하는 가치질서로 인정되는 헌법과 실정법질서가 승인하는 법원리를 통하여 현저한 부정의를 교정할 가능성이 열려 있는 것이다.

그러한 가능성은 바로 주관적 정의, 즉 법관의–보편화 가능한–정의 관념과 그에 따른 심각한 부정의의 교정에 대한 의지에 달려있고, 그 원칙적인 방법은–넓은 의미에서의–규범통제가 되는 것이다. 물론 부정의뿐만 아니라 심각성이라는 기준 역시 판단자의 주관적인 정의 감각에 달려 있고, 개인마다 차이가 있을 것이지만, 결국 그 시대정신과 상식의 대표자들로 구성된 최종심이–합의가 되지 않는 경우에는 다수결로–정하게 되는 것이다.

법의 기능과 효력의 문제

1 법의 기능

법의 기능이나 과제는 법 개념의 문제와 밀접한 관련이 있고, 법 개념의 파악에 도움이 된다. 라드부르흐의 법 개념에 의하면 법은 기본적으로 법이념에 지향하고 실현하는 기능을 가지므로, 법의 기능은 법이념과 밀접한 관계에 있다. 다른 한편 법은 '존재하는 당위'로서 현실 존재와 관련 없는 당위는 없으므로, 법의 기능은 법현실을 형성하고 변화시키는 것이기도 하다.

헤겔(F. Hegel)은 '법철학' 서문에 '현실적인 것은 이성적인 것이고, 이성적인 것은 현실적이다'라고 하였다. 이는 현실 속에 합리성이 있다는 것과 아울러 현실을 이성적으로 변화시키는 것을 뜻하는 것이다. 법이 현실을 이성적으로 형성하는 기능은 통상 입법을 통하여 이루어진다. 반면에 사법(司法)은 기본적으로 법현실에 대한 사후적 치유의 기능을 하는 것이고, 부수적으로 그에 따른 미래 형성을 한다. 비이성적인 것은 비현실이므로, 사법절차에서 이를 부정하고 이성을 회복한다는 의미에서 변증법적이다. 즉, 사회적 해악인 범죄는 있을 수 없는 일이라는 점에서 현실에 나타난 비현실이고, 이를 부정하고 처벌하는 것을 통하여 이성과 현실을 회복한다는 뜻으로 이해할 수 있다.

헤겔은 법철학 서문 마지막 부분에 '미네르바의 부엉이는 황혼이 들자 날기 시작한다'고 하였다. 철학은 그 시대를 넘지 못하고 현실세계의 형성이 완료된 후에 정립된다는 취지로 해석되고 있는데, 이 부분도 사법의 기능과 한계로 해석될 수 있다. 사법은 사회적 분쟁이 발생한 후에 비로소 개입하여 절차를 통하여 분쟁을 종결시킨다. 물론 분쟁을 예방하는 자문(諮問) 등의 법적 기능이 있지만, 이는 예측이고 분쟁을 줄이기 위한 것이지 사법(司法)의 기능인 종국적 해결이 아니다. 입법(立法)도 장래의 사태를 규율하기 위하여 미리 규범을 설정하는 것이지만, 이 역시 단지 예측에 기한 추상적 기준이거나 사건이 발생하고 난 후의 대책에 불과하고, 기본적으로 법은 법에 반하는 사태가 발생하고 난 후에 사법을 통하여 반사실적으로 이를 교정함으로써 구체적, 현실적인 것이 된다.

법의 기능을 어떻게 보고 분류하며, 무엇을 중시하는지는 법을 바라보는 입장에 따라 매우 다양하게 전개된다. 그 입장은 결국 법 개념과 법이념을 보는 견해 차이에 달려있다.

1. 법의 기획적 기능과 개선적 기능

법은 공동사회 질서의 형성과 조정의 기능을 가지고, 이를 위한 지배기구와 필요한 조직의 구성을 하는 것이다. 지배기구는 법규범을 통하여 정치적 관점(가치판단)에 따른 정책적 결정을 실행하는 것이다. 정부와 의회가 각종 사회보장법상 복지제도나 유류분이나 재산분할 등 가족법에 관한 새 제도, 국적법이나 난민법을 통한 외국인에 대한 새로운 처우 제도를 도입하거나 생명윤리법 등의 제, 개정 등을 하는 것이 그 예이다.

오늘날 행정법이나 경제법, 세법 등 정책 수단인 법률에서 이러한 기능이 중시된다. 그래서 법의 이 기능을 가장 중요하게 보고 다른 기능은 하위 기능으로 보는 견해도 있다. 법에 따라 구성된 조직과 기구의 기획을 통하여 그 변화는 개혁적으로 작용하지만, 그 변화는 어디까지나 법의 테두리 내에서 이루어진다.

한편 법은 그것이 근거하고 있는 법현실의 사실상태과 가치관념의 변화에 계속적으로 영향을 받는다. 쓰여진 법질서 내에서도 정적인 법은 없다. 그래서 법률가의 개념 구성과 체계는 법적 기초의 동적인 변화를 유연하게 받아들이고 다른 것으로 대체할 수도 있어야 한다. 그러나 모든 개혁이나 변혁이 반드시 옳은 것은 아니고, 다음과 같은 점이 고려되어야 한다: 기존의 상태 또는 현행 법규범은 자신의 성립 근거나 이유를 가지고 있다. 그것은 원칙적으로 이전 세대의 축적된 경험을 기초로 하는 것이다. 현실적인 것이 이성적이라 말할 때, 이는 기존의 것에 대한 합리성 추정을 뜻하기도 하는 것이다. 물론 좋은 방향으로의 개혁이 중요하지만 전 사회와 국민의 비용으로 하는 인위적인 개혁의 실험은 그 대가가 비쌀 수밖에 없다. 특히 국민의 자유와 재산에 부담을 더하는 개혁은 더욱 그러하다.

2. 법의 형식적 질서기능과 실질적 질서기능

법이나 규범은 그 존재만으로 사회의 질서기능을 하고, 이 기능은 법의 내용이 무엇이든 무법상태나 혼란을 방지하는 기능을 한다는 것이다. 중국 법가의 신불해는 "법이 비록 선하지 않더라도 법이 없음보다 낫다"고 하였다. 법적 안정성이 없는 무법상태는 혼란이고 이는 질서화된 독재보다 비인간적이고 참을 수 없다는 것이다.

법은 국가와 사회질서를 안정화하고 지배관계를 유지, 존속시키는 기능을 하는데, 이러한 의미에서 모든 법질서는 기본적으로 보수적이다. 그러나 기존 질서를 무조건 지킨다는 것 자체가 아니라 무엇을, 어떻게 지키느냐가 중요하다. 민주주의 체제는 자유선거를 통하여 정권교체나 지배자의 변경을 할 수 있고, 종전 체제의 실수나 잘못을 교정할 수도 있다. 법이 독재나 전체주의 체제와 같은 것을 계속 지키는 것이 아니라 지배관계의 변동을 가져올 수 있는 유연성 있는 체제 자체를 지키는 것이 중요하다.

나아가 국가적 법질서가 존속하고 기능을 제대로 하려면 법이 국민의 정의관념을 잘 실현하는 것이 필요하다. 그래야만 좋은 질서로서 법이 정당화 기능을 할 수 있고, 수범자인 시민들이 법을 기본적으로 정당하거나 정의롭다고 여기고 승인할 수 있으며(acceptio legis), 법의 실질적 질서기능은 정당화의 기반 위에서 작동할 수 있는 것이다. 지배 내지 권력은 자신의 이익을 지키거나 반대자를 탄압하는 것으로 남용될 위험이 있다. 지배는 그 남용을 방지하고 이를 정당화될 수 있을 때에만 지속될 수 있다. 반대로 법질서가 안정적이고 실효적이 되어야 정의 이념이 실현될 수 있는 토대가 되고, 이러한 점에서 정의와 법적 안정성은 밀접한 관련이 있다.

다른 한편 이러한 법적 안정성의 질서 기능은 사회적 영역에서 시민들 상호간 및 시민과 국가 사이에 예측 가능성을 보장해주고 신뢰 보호에 기여하며, 동시에 국가적 권력행사에 대하여 시민을 보호하는 보장적 기능을 하는 것이다. 이러한 법적 안정성 내지 평화의 기능은 시민들과 상이한 이해집단, 사회적 제 세력들 사이의 정(靜)적이고 지속적인 조화로만 이해되는 것이 아니라 상이한 집단의 이해나 의견의 다양성을 조정하는 동(動)적인 과정이고, 변화가 허용되어야 질서 기능이 더 잘 보장된다. 이 점은 위에서 언급한 개선적 기능과 관련된다.

3. 법의 규범적 기능과 그에 따른 책임과 권리의 귀속을 통한 분쟁 해결 및 만족 기능

무엇보다도 법은 일반 시민에 대하여 행위를 지시하는 규범적 기능을 하는 것이고, 관련된 규범이 침해되었을 경우에 규범적 대응을 위한 기능을 한다. 법의 규범적 기능의 측면에서 본 규범의 작용은 해당 주체에 따라 당위 내지 지시규범(입법자의 측), 행위 내지 결정규범(수범자 측), 평가 내지 판단규범(법적용자 측)이 된다.

법은 복잡한 사회 내에서 일반인에 대하여 합리적 행위선택의 기회를 부여하고, 상대방의 대응에 대한 기대도 가능하게 한다. 만일 그 기대의 배반이 일어나는 경우에 사회적 분쟁이 발생한다. 이때 법원은 법절차 내에서 규범적 관점에서 일어난 사실을 부정하는 방법으로 책임의 소재를 밝히고, 그에 대한 규범적 대응으로 법이 정한 제재를 가하는 것이다. 이는 책임 귀속(Zurechnung), 즉 귀책의 방법을 통하여 침해된 규범의 효력을 회복하고 유지시키는 것이고, 이로써 분쟁해결을 통한 법적 평화를 가져오는 것이 법의 기능이다.

다른 한편 사법(司法)은 사법(私法)관계에서 법절차는 권리를 찾아주고 의무이행을 명하는 방법으로 사회적 분쟁을 해결함으로써 개인과 사회를 만족시키는 것을 통하여 법적 평화와 질서를 유지한다. 따라서 이러한 규범적 기능은 위에서 본 법의 안정화나 질서 기능과 밀접한 관련이 있다. 그런데 사법을 통한 분쟁의 해결은 비록 당사자가 승복하는 정당한 결과가 아니라고 하더라도 법적 안정성을 위하여 절차적으로 확정되고 집행이 가능하다. 그리고 이를 번복하는 재심은 법적 안정성의 요청에 따라 단지 예외적으로만 허용된다.

4. 국가나 사회통합과 교육기능

이슬람과 같은 종교국가에서는 종교가 사회통합과 교육의 기능을 행한다. 거기서는 종교의 경전이나 그 해석이 곧 법이기도 하다. 오늘날 세속화된 국가에서도 법은 합의 내지 콘센서스를 통한 국가나 사회의 통합에 기여하고, 특히 오늘날 국가의 기본법인 헌법은 사회통합의 기본 문서가 된다.

한편 법은 사회통합의 기초 위에서 또는 이를 위해서 시민에 대한 교육적 기능도 수행하여야 한다. 수범자인 시민들은 지시되는 규범의 학습과 수용을 통하여 공통된 법문화를 가진 법공동체의 일원이 된다. 이를 통하여 법규범은 그 배후에 있는 강제를 넘어서서 국민의 법의식을 각인시키기도 한다. 현행법은 국민의 법의식에 작용을 하면서 그 효력기간 동안 시민의 법 복종은 법적 확신을 창출하기도 한다. 물론 역으로 법도 국민의 법의식에 의하여 영향을 받고 변화하기도 한다. 어떻든 법에 대한 시민의 동의나 승인은 법 효력의 질이나 그 반사효과를 높인다. 전체 사회나 법공동체의 법문화는 이러한 법 복종자인 시민들의 자발적인 법 수용에 의하여 더 잘 생겨난다. 단지 물리적 강제수단에 의하여는 시민의 법 복종을 이끌어내지 못한다. 시민의 자발적 법 수용을 위하여 법이 그 근저를 이루고 있는 도덕이나 전통 등을 받아들이고 시민들을 교육하는 것이 중요하다. 시민들이 법을 잘 이해하고 학습하도록 하기 위하여는 그 시대의 '지배적 도덕과 상식에 부합하는 법질서의 통일성이나 일관성'이 필요하다.

그리고 법절차 자체가 교육적 기능을 수행하기도 한다. 재판절차를 통한 시민의 법 교육 내지 학습이 의미가 있고, 특히 소년사법은 바로 교육을 위한 제도이다. 재판 자체를 통하여 재판을 받는 직접 당사자의 학습도 중요하지만, 재판 공개를 통한 일반인에 대한 학습 효과가 의미 있다. 이것이 바로 형벌목적 중에서 학습이론을 토대로 한 '적극적 일반예방'의 관점이고, 이는 단순한 위협이나 경고를 통한 소극적 일반예방을 넘어서는 것이다.

5. 소결

시민들 사이의 사적 이익 충돌을 조정하고 그 적용법규의 대부분이 민상사법규인 민사소송의 관점, 즉 사법($私法$)의 측면에서 보면 법의 권리추구 기능이나 분쟁해결 기능이 우선한다. 하지만 높은 법문화를 가진 발전된 사회체계 내에서 특히 공법의 영역에서 법은 국가 사회의 형성과 조정, 안정화, 즉 지배기구의 구성과 작동이 필수 불가결하다. 여기서 지배는 반가치적 억압이나 통제를 의미하는 것이 아니라 헌법합치적으로 성립된 정치적 의사결정과 그 결정의 법치국가적인 집행을 의미한다. 민주적 법치국가에서는 바로 사람의 지배가 아니라 법의 지배를 통하여 질서화된 정당화 내지 정의 기능이 가장 중요하다. 법의 다른 기능들은 이 중심적 기능의 하위에 선다.

물론 법규범의 작용을 적절하고 완전하게 파악하기 위하여는 다른 기능들도 중요하다. 법질서의 규범들은 그 기능들 중에서 다수 또는 거의 모든 기능을 실현한다. 그 기능들의 개념적인 구별은 기능들의 실제적인 구분으로 오해되어서는 안 된다. 예를 들면 입법과 사법에 의하여 정립된 규범이 분쟁 해결과 만족의 기능뿐만 아니라 장래를 행한 기획적 기능도 할 수 있는 것이다.

결국 법규범은 다기능성을 가진다고 말할 수 있다. 그 중에서 법의 학습과 수용을 통한 통합과 교육 기능이 중요하지만, 법률가 내지 법실무가에게는 무조건적이 아닌 '비판적 수용', 즉 법의 정당성 내지 위헌성에 관한 심사와 규범통제를 거친 수용이 되어야 하고, 입법자에게도 현행법에 대한 비판을 통한 개혁 내지 개선이 주된 과제가 된다.

2 법의 효력

1. 개념

법의 효력(Rechtsgeltung)은 법의 존재양식이고 기능형태이며, 국가적 강제 그 이상을 의미한다. 이는 법이 국가적 강제를 넘어서서 독자적 실존을 가지는가의 문제이다. 즉 법이 하나의 정신적 힘을 나타내는가 또는 헤겔의 말처럼 객관적 정신의 현상으로 볼 수 있는가의 문제이다. 법은 법절차에 따른 공포만으로 규범적 효력을 주장하지만, 개개의 시민들이 그것을 승인하거나 단순히 수인하는 데에는 다양한 이유가 있다.

법 개념과 법 효력은 일단 구분되는 것이지만, 법의 효력은 실정법의 개념 징표이다. 특히 법실증주의는 일치설을 취하여 법 효력론은 법 개념론의 연장으로 본다. 여기서는 법 개념에 있어서 법의 실정성을 중시하므로 법 효력에서도 합법성(Legalitaet)이 중요하다. 법실증주의의 '법률적 효력론'은 합법성이라는 규범적 의미만을 주목한다. 법의 규범적, 당위적 효력은 실정법에 근거한 의지행위의 의미이고, 규범의 효력은 규범의 특수한 존재를 나타낸다. 법의 관념적이고 규범적 효력은 타당성(Gültigkeit)이라 하고, 현실적 효력인 실효성과 구분한다.

법사회학은 법 효력을 현실적, 경험적인 측면에서 실효성(Wirksamkeit)으로만 본다. 법사회학적인 사실적 효력은 준수나 강제적 실현가능성을 효력으로 본다. 그러나 실제적인 법의 준수나 그 실효성은 제한되어 있으므로 법 효력을 실효성의 확률로 표시하는 견해도 있다(독일의 T. Geiger). 단지 법 위반의 정도나 확률이 높다고 하여 법의 실효성이 없는 것이 아니고, 법 위반에 대한 제재가 사실상 이루어지면 실효성이 있는 것이다.

라드부르흐(Radbruch)는 법의 역사적-사회학적 효력과 법적-철학적 효력을 구분하였고, 법철학적 효력은 존재가 아니라 초월적 당위에서 효력 근거를 찾는다. 이는 합법성을 넘어서 정당성(Legitimitaet)의 문제가 된다.

2. 법 효력 내지 타당성의 근거

가. 법률적 효력이론

법실증주의의 법률적 효력이론은 법규범은 상위의 수권규범에 의하여 창설되기 때문에 효력이 있다는 것이다. 법질서의 단계구조 하에서 법규범은 형식적으로 상위법의 절차와 조건에 합치되어 제정되는 것이 효력근거라고 하는 것이다. 헌법은 실정법상 최종적인 수권규범으로서 법률 이하의 모든 법규범의 효력조건이고, 따라서 법질서 전체의 효력근거이다. 다만 켈젠(Kelsen)은 궁극적으로 법의 최종 효력근거를 근본규범에 소급시키고 있는데, 이는 단순한 논리적 전제나 가설이고 어떠한 사실(지배나 통치에 의한 실효성)로 환원될 수 있다고 함은 이미 본 바와 같다.

한편 하트(Hart)의 승인률(rule of recognition)은 규범 창설의 권위를 설정하는 규율이고 특정 법체계의 규범의 효력을 결정하는 판단 기준의 역할을 수행한다(한국법철학회 편, 현대법철학의 흐름, 36면). 승인률은 특히 공적 기관이 내적 관점에서 구속력 있는 규범으로 받아들이고 준수한다는 점이 중요하다. 같은 맥락에서 하트의 법 효력이란 법규범이 법체계의 일원으로서의 규율의 지위를 갖는다는 점에서 체계적 효력을 말한다. 관습 등과 같은 체계외적 규율에 법적 효력을 부여하는 것은 절차적 합법성만으로는 부족하고, 상위규범에 합치한다는 내용적 합법성이 요구된다. 법체계의 기초는 법적으로 무제한인 주권자에 대한 복종의 습관에 있는 것이 아니라, 규칙이 체계에 그 타당성의 기준을 주는 궁극의 개념인 승인률에 있다는 것이다(하트, 법의 개념, 100면 이하). 결국 하트의 승인률은 일종의 내면적인 근본규범이라고 볼 수 있다고 생각된다.

나. 실력설

법이란 하나의 일정한 힘의 질서이고, 법은 그것을 실현시킬 수 있는 힘에 의하여 명령되었기 때문에 효력이 있다. 이와 같은 견해는 소피스트나 홉스에게서 볼 수 있다. 예링(R. Jehring)이 법을 국가권력에 의하여 조직되고 집행되는 강제기구라 할 때 실력설에 가깝다고 본다. 그러나 실력설에 대하여는, 명령이나 힘은 의욕과 능력을 의미하고, 따라서 힘과 강제는 수명자에 대하여 필연(must)을 생기게 할 뿐이지 당위(should)를 부과할 수는 없다는 라드부르흐의 비판이 타당하다. 즉 힘이나 실력은 복종을 이끌 수 있어도 복종에의 의무를 낳을 수는 없기 때문이다.

다. 법이념설

이념적 자연법론에서 출발하고 가치철학적인 기초 위에서, 라드부르흐는 "법의 효력은 실정법규에나 힘이나 승인과 같은 사실에 의거할 수 없고, 오로지 더 높은 당위, 초실정적 가치에만 의거할 수 있다"고 한다. 법의 효력은 법이념의 구현으로서 존재하고 설명될 수 있으며, 법의 근본은 처분 불가능하다는 것이다. 독일의 벨젤(H. Welzel)은 '자연법과 실질적 정의'에서 "힘으로는 법은 강제할 뿐이며, 가치로서만 법이 의무를 부담시킬 수 있다"고 하였다. 법의 효력은 법이 지향하는 윤리적 가치, 즉 정의에서만 근거 지워질 수 있다고 하는 것이 법이념설의 입장이다.

그러나 철학적 효력은 관념적이고. 그래서 현실적 대상으로 표출되는 것이 없다는 비판이 유효하다. 법이념은 비실재적인 것이고, 법은 당위이지만 현실존재이기도 하기 때문이다.

그러나 철학적 효력은 관념적이고. 그래서 대상으로 표출되는 것이 없다는 비판이 유효하다. 법이념은 비실재적인 것이고, 법은 당위이지만 현실존재이기도 하기 때문이다.

라. 승인설

법은 정신 내지 의지에 대한 힘이고, 법규범 내용의 정당성은 끝까지 증명할 수 없으므로, 법의 효력은 자발적이건 비자발적이건 승인에 근거한다는 것이 승인설이다. 이는 법 효력의 자율적 기초를 중시하는 것이다. 승인설은 개별적 승인설, 일반적 승인설로 나누어 볼 수 있다.

개별적 승인설에 대하여는, 법 복종자들의 개별적 승인은 입증하기 어렵고 개별적 불승인은 얼마든지 확인될 수 있다는 비판이 있다. 또한 법규범은 이를 승인하지 않고 부정하는 수범자가 있으며, 법은 불승인하는 개인에 대하여도 효력이 있다. 법위반자가 제재를 당하는 것을 승인이라고 할 수도 없으므로, 개별적 승인설은 유지되기 어렵다.

따라서 법에 대한 일반적 승인이 문제가 된다. 법은 물론 그 위반의 경우에 의미 있는 질서이지만, 대부분의 법은 습관적이고 지속적인 준수나 존중에 의거하여 유지 존속된다. 또한 법의 배후에 있는 이념이나 가치에 대한 승인을 법에 대한 일반적이고 간접적인 승인으로 볼 수도 있다. 그래서 법이 그 시대에 주어진 국민의 윤리의식이나 정의관념에 부합되어야 하고, 그럼으로써 법은 시민의 간접적 승인을 받게 되고 그 승인을 일반화할 수 있다는 것이 일반적 승인설이다. 여기서 의무와 구속성의 근거는 윤리적 기초 위에 선 자율성이고, 따라서 승인설에 따른 입법은 자율적인 자기입법이 된다고 한다. 우선 관습법은 사실적인 관행이 사람들의 관념 속에서 법적 확신으로 승인될 때 규범력을 가지게 된다는 것이 일반적 견해이다. 즉 지금까지 있는 그대로 계속 있어야 한다는 확신이 덧붙여질 때 그것이 법이 된다. 그러나 관습법과 같은 비실정적 법의 승인뿐만 아니라 실정법 자체가 승인되어야 한다. 그 승인은 일반인의 승인이지만, 최종적으로는 법관료(법설정자와 법적용자)에 의한 승인 내지 승인의 확인으로 충분한지 문제가 된다.

일반적 승인은 루소의 일반의지와 같이 추상적인 것이고 대중의 지지가 현실적으로 문제되는데, 일반적 승인에서는 반대파나 소수의 반항이 고려되지만 무시되고 만다. 승인설에 대하여는, 승인의 자율성이 있어야 하는지, 있다면 어느 정도로 가능한가 라는 문제가 제기된다. 예를 들어 불법행위나 범죄는 법의 승인을 전제한 것인가(아니면 그 제재를 수인하는 것만으로 승인이 충분한가?), 승인의 주체(세대를 넘은 승인이 가능한가?)와 대상(법률 자체인가, 법률에 내재된 사회도덕의 승인이라는 간접적 승인만으로 충분한가, 또는 단지 법 제정절차의 승인만으로 가능한가?)을 어떻게 정할 것인지 확정하기 어렵다는 비판이 제기된다. 특히 다수결에 대한 소수자의 불승인이 무시된다거나 현 체제나 현행 법률을 승인하지 않는 정치범 등 확신범의 문제도 제기된다.

또한 승인설은 법철학적으로 존재에서 당위를 도출하는 이론적 문제가 있을 뿐만 아니라 실제적인 승인이라는 사회학적인 확인 조사도 어렵다는 문제도 있다. 또한 관습법을 승인하는 법적 확신의 확인은 결국 법관이 하는 것이고, 따라서 그 법적 확신의 확인이라는 것은 법관의 주관적 확신에 의한 승인이 아닌가 하는 의문도 제기된다.

켈젠에 따르면, 명증한 규범, 증명 가능한, 따라서 모든 이가 승인하는 행위 법칙은 없다. 예컨대 명백하게 보이는 '살인하지 말라'는 규범조차도 전쟁 또는 비상상황에서 예외가 인정되고, 자신의 보복을 타인의 생명보다 중시하는 사람에게는 이 규범의 정당성을 증명해 보이기 어렵다. 그렇다면 그의 말대로 승인이라는 것은 허구적 의제가 아닌가?

마. 소결

법 효력의 근거에 관하여, 법실증주의는 실정법을, 켈젠은 근본규범을, 자연법론은 법이념을 내세우고 있다. 다른 한편 실력설, 승인설은 법사회학적 효력이론이라고 할 것이다. 신이나 이성의 명령에 따른 자연법론이 아니라 법이념을 도덕이나 지배적 법의식으로 환원하면 법이념설은 법의 도덕적 효력을 말하는 것이 된다. 법질서가 시민 다수에 의하여 준수되는 경우에 통상 법에는 사회도덕의 승인된 기본가치에 근거한 공통의 법적 확신이 근저에 있다. 이러한 도덕적 효력의 특수한 종류가 자연법이론과 연결되고, 여기서 법이념설과 승인설의 결합이 암시된다.

그러나 라드부르흐(Radbruch)는 절대가치에 대한 회의주의에서 출발하여 가치상대주의의 입장을 취한다. 즉 절대적이고 유일한 가치는 없고, 가치의 결정은 의지와 힘이 담당하는 것이 된다. 세속화된 법철학에서는 법 효력의 궁극적 근거를 증명하는 것은 현실적으로 불가능하다. 법규범의 정당성을 끝까지 증명할 수 없기 때문에 역설적으로 강제가 필요한 것이고, 그 때문에 강제를 실효적으로 할 수 있는 힘의 계기가 효력의 근거가 되는 것이다. 그리하여 라드부르흐는 실력설을 가치철학적으로 근거지우고, 법과 힘의 결합, 따라서 법적 안정성을 존중하는데 이른다.

심헌섭 교수도 승인설의 사실적 부분과 법이념의 가치적 효력의 결합을 지지한다(심헌섭, 법철학 1, 95면). 이 문제는 법의 다차원성—법이념, 실정법, 법현실—과 관련된다. 그런데 승인의 대상인 법규범 자체의 내용은 승인받기 어렵다고 하더라도 법규범을 산출하는 입법기관, 사법기관의 법제정 권위 자체나 그들이 행하는 절차적 과정만 승인하는 것으로 충분하다고 생각된다. 승인의 주체는 일반 시민이지만, 결국은 법제정당국이나 집행자인 법관료의 승인이 중요하다. 이는 하트가 말하는 승인률에 의하여 법규범이 정립되는 것이지만, 법 엘리트들의 법 독점의 위험이 있다. 나아가 일반 시민들의 승인은 현실적인 것이 아니라 법제도와 절차에 대한 시민의 신뢰나 법 준수에 대한 일반적 태도에 의하여 '승인 가능성'을 확인할 수 있을 것이다.

그리고 심 교수에 의하면, 법이념과의 합치가 법 승인의 요건이기는 하지만, 이는 적극적 요건이 아니라 법이념과의 노골적 모순, 명백한 불합치가 소극적 요건, 불승인의 요건으로 본다. 이것은 바로 법 효력의 저지사유가 된다는 것이고, 여기서 법이념이 적극적은 아니지만 적어도 비판적인 효력근거라는 비판적 법실증주의에 이르는 것이다.

한편 혁명은 법 파괴를 수반하는 정치적 변동 내지 전복으로서 실패 시에는 기존의 법에 의한 처단이 기다리고 성공 시에는 새로운 법질서가 창조되는 것이다. 다만 혁명으로 인하여 실효성이 상실된 법이 타당성도 없어지는 것이 아니고, 실제로 혁명 이후 혁명이념과 배치되지 않는 한 구 법이 대부분 존속한다. 이는 법이념설이 뒷받침하는 승인이 법 효력에서 중요함을 시사한다. 결국 법 효력의 근거는 궁극적으로는 법이념, 현실적으로는 법절차 자체와 그 절차에서 산출된 법에 대한 간접적인 승인이라고 할 수 있다.

3. 법의 실효성

법규범은 법이념을 지향하는 매개로서 법체계의 구조 내에서 타당성을 가지는 당위이지만, 다른 한편 현실적 존재로서 법현실에 기초하고 있어야 한다. 후자가 바로 법의 실효성, 즉 법과 현실의 문제이고, 법사회학의 관심 대상이 된다.

가. 법과 현실의 괴리

법은 위법 내지 위반이 있기 때문에 오히려 그 존재의의가 있다. 사회 내에서 발생하는 일정한 정도의 범죄는 정상적인 사회현상이고, 범죄에 대한 제재와 방어 시스템이 제대로 작동하는 사회가 건강하다. 그런데 현실적으로 법 위반이나 권리 침해가 있어도 당사자가 감수 내지 포기를 하면 사회적 분쟁으로 나타나지 않게 되고, 법의 집행력이 미치지 않거나 심지어 범죄가 암수(暗數: Dunkelziffer)나 미제사건으로 남는 경우도 흔하다. 이와 같이 법과 현실은 괴리되어 있는 것이 통상적이다.

법현실에서는 범죄=처벌이라는 등식은 성립하지 않는다. 모든 범죄를 전부 포착하기 위하여 경찰력을 무한정 늘리거나 무인단속 카메라를 방방곡곡에 설치하는 것은 국가 재정상 불가능하기 때문이다. 마찬가지로 낙태나 성매매를 처벌하는 입법을 하는 것은 국가가 심각한 도덕위반을 법으로 금지한다는 상징적 의미이지(상징적 입법 내지 장식용 법), 이를 모두 찾아내어 처벌하는 것은 현실적으로 불가능하다. 특히 성매매와 같은 것은 모조리 처벌하는 것도 적절하지 아니하다(이른바 '풍선효과'의 부작용). 또 법이 불가능하거나 실현이 어려운 것을 명하는 경우나 규범 자체는 타당하지만 준수의 현실적 조건이 구비되지 못한 경우도 있다. 포장마차나 노점상 규제가 그러한 예이고, 이 경우 사회주의 법이론은 적대적 계급모순이 있는 것이라고 비판한다. 또한 국가보안법의 예와 같이 실정법은 폐지되지 않고 존속하기는 하지만 법의식과 현실 상황의 변화로 준수의 조건이 현저히 변한 경우, 그 법이 거의 기능하지 못하는 경우도 있다('식물법' 내지 죽은 법).

이와 같이 제정법이 비실효적이라면 법사회학적으로 '정상성'과 '규범성'에 괴리가 있는 것이다. 이는 사회 내에 실제 체험되는 사태와 그 사회에서 구속적인 규범이라고 설정된 것과의 차이에서 나타난다. 법과 현실의 괴리가 있기 때문에, 예컨대 교통위반의 단속 현장에서 위반자가 경찰에게 지금 지나가는 다른 위반자들을 단속하지 않고 나만 단속하는 것은 잘못이라는 주장을 하는 경우가 흔히 있다. 독일의 룄(K. Roehl)은 이를 '불법의 평등' 항변이라고 하는데, 이러한 항변이 이유 없음은 명백하다. 국가가 모든 교통위반을 전부 단속하려면 거리마다 속도계를 설치하고 교통경찰을 세워야 하지만, 예산을 무한정 투입할 수 없고, 이는 법경제학적으로 비효율을 초래한다.

또한 법 위반자가 재수가 없어서 단속되거나 다른 위반자들이 대부분 빠져나갔다고 하더라도 위법행위를 한 자신이 면책될 수는 없다. 예컨대 뇌물죄로 법정에 선 공무원이 자신은 공직기간 동안 청렴했지만 운이 나빠서 걸렸다는 항변을 하는 경우도 많은데, 이는 이른바 '불운의 항변'으로서 민사상 '무자력 항변'의 경우와 같이 법률상으로는 아무 이유가 없음은 명백하다.

그러나 당국이 많은 위반자를 단속할 수 있음에도 불구하고 표적수사를 하여 특정 위반자만 단속하여 처벌하는 경우, 불법의 불평등은 심화되어 '집행상 위헌'이 될 수 있고, 평등원칙 위반으로 헌법소원의 대상이 될 가능성이 있다. 독일의 가이거(T. Geiger)에 의하면, "99명의 사람이 처벌받지 않았고 100번째 사람도 처벌을 예견하지 못하였는데도 그를 처벌하는 것은 부정의가 된다." 다만 현저한 불평등을 입증하기 위하여 처벌되지 아니한 다른 사례를 증명하는 것은 쉽지 않을 것이다.

나. 법의 실효성과 타당성의 관계

법이 현실에서 실제로 관철되는 가능성이 법의 실제적 효력으로서의 '실효성'이고, 이는 법의 관념적 효력인 '타당성'이나 '유효성'과는 구별되지만, 법은 '존재하는 당위(Seiendes Sollen)'로서 타당성과 실효성이 함께 요구된다.

전 법질서의 실효성은 개별 법규범의 효력의 필요조건이라고 인정된다. 즉 국가가 법을 유지하기 위한 힘이 있어야 법질서가 실효적이 되고, 그 안에 개별 법규범이 작동하는 것이다.

켈젠(Kelsen)은 특히 "법의 최소한의 실효성은 법 효력의 조건"이라고 하였다. 또 하트(Hart)는 법 효력은 실효성과는 무관하게 승인률(rule of recognition)에 의하여 정해지고 비실효적인 규범도 효력이 있다고 하지만, 그 역시 효력 있는 규범이 되기 위하여는 그 규범에 속하는 법체계가 대체로 실효적이어야 한다는 견해이다.

다. 규범 준수의 조건—행위의 주관적 측면에 관한 형법이론

법규범이 행위자의 행위를 지도하는 '행위규범'인가 법관의 재판의 규준이 되는 '재판규범'인가 하는 문제가 있지만, 법규범은 1차적으로 행위규범이라고 볼 것이다. 행위규범으로서의 법이 실효적이려면 행위자가 규범을 준수하는 행위를 하여야 한다.

그런데 행위자가 규범을 준수하는 행위를 하려면 '행위자가 규범 준수의 조건을 인식하고, 규범 준수의 의지를 가지거나 이를 의욕하여야 한다'. 이 문제는 형법철학의 이론으로서 행위의 주관적 측면(고의, 과실, 사실과 법률의 착오, 책임)의 과제와 관련되는데, 이 점에 관하여 독일의 야콥스(G. Jakobs)의 이론이 주목할 만하다(김대휘, 범죄의 주관적 측면의 의의와 과제, 2009, 강원법률실무연구, 1면 이하 참조).

야콥스는 규범 준수의 조건으로 '사실적 정보'(사실적 판단의 대상으로서 행위의 상황적 조건)와 '실천적 정보'(실천적 판단의 영역으로서 행위규범의 내용)가 있어야 하고, 인간의 행위는 그 정보들의 인식에 근거하여 이루어진다. 그러나 행위자에게 사실적 정보와 실천적 정보가 다 갖추어져 있다고 하더라도 '규범 준수의 의지'가 없으면-규범 적대적이거나 규범 무시 등의 경우-규범은 침해된다. 이러한 규범 준수의 의지는 개인의 주관적 영역에 속하고, 바로 그 의지나 태도의 결여가 곧 형법상의 '책임'이라고 한다. 따라서 종래의 형법상 책임 개념이 제시하는 윤리적인 '비난가능성'이나 검증 불가능한 '타행위가능성'이 법적인 책임이 될 수 없다. 그래서 야콥스는 책임능력은 바로 규범 준수의 태도나 의지를 가질 수 있는 능력으로서 '자신의 행위를 의미 있게 하는 능력'이라고 한다. 예컨대 심신장애 등으로 그러한 능력이 없는 경우는 처벌이 아니라 치료(감호)로 대처하여야 하고, 반면에 정치범 등 '확신범'은 오히려 규범 파괴의 의지가 뚜렷하기 때문에 행위자가 도덕적으로 흠결이 없더라도 법질서는 책임 가중으로 대처하여야 한다. 특히 음주 명정 중의 범죄도 행위자가 규범 무시의 태도를 보이는 것으로 책임 감경이 아니라 오히려 책임이 가중되어야 한다는 것이다.

그에 따르면, 행위의 주관적 측면 중에서 '고의'의 인식적 요소는 사실적 정보의 인식이고, 미필적 인식조차 결여된 상황에서 주의의무 위반으로 평가되는 '과실'의 경우와 함께 구성요건 해당성의 문제이며, 사실적 정보의 결여는 형법상 착오의 경우로서 과실도 착오의 한 적용례이다. 그런데 고의는 사실의 인식만이 아니라 결과 발생에 대한 의지 내지 의욕도 그 요소로 하고 있는데, 이는 규범 준수의 의지나 태도와 관련이 있는 이른바 '악의적 고의'(dolus malus)로서 책임의 영역에 속하는 것이다. 이 경우 형법학계의 통설과 판례인 '인용설'에 의하면, 단지 구성요건적 결과의 '인용'이나 '감수'의 정도로도—미필적—고의가 성립된다는 것이다.

한편 실천적 정보는 사실적 정보로부터 즉각 도출되는 것은 아니고, 행위자가 사전에 규범내용을 다 알 수 없고 알더라도 세세한 것까지 알 수 있는 것도 아니다. 그래서 실천적 정보에 관하여는 행위자가 규범 내용을 스스로 알아보거나 전문적인 조언을 구하는 노력이 필요하고, 이 역시 규범 준수의 의지와 관련되는 것이다. 따라서 실천적 정보의 결여는 규범 무지 내지 무시의 경우로서 행위자에게 규범 준수의 의지가 없기 때문에 원칙적으로 처벌 대상이 되고, 다만 행위자에게 특별한 의지나 노력이 있었는데도 실천적 정보를 오인한 경우에만 그 오인에 정당한 사유가 있어 벌하지 아니하는 것이다. 형법 제16조는 그러한 취지를 규정하는 것이고, 이러한 법률의 착오는 바로 규범 준수의 의지와 관련이 있어 구성요건적 고의가 아니라 책임의 조각으로 다루어지는 것이라고 이해된다.

라. 시민의 불복종과 혁명

규범 준수의 의지가 전혀 없이 의도적으로 개별규범에 대한 불복을 하는 경가 있고, 이는 이른바 '시민의 불복종'(civil disobedience)의 문제라고 한다. 시민의 불복종은 수범자가 "양심상 부정의하다고 확신하는 법제도나 정책을 개선할 목적으로 법체계 전체가 아니라 기존의 법 중 해당 부분을 위반하여 행하는 공적이고 정치적인 항의행위"라고 정의하는 것이 보통이다(John Rawls, A Theorie of Civil Disobedience; 김정오 외, 법철학, 236면 이하 참조). 합법적 다수자에 의하여 제정된 법령에 따라야 할 의무는 각자의 자유를 방어할 권리와 부정의에 반대할 의무에 비추어 어느 정도의 지점에서 그 구속력을 상실하는지 문제가 된다. 이는 다수결 원칙의 성격과 한계에 관한 문제이고, 민주주의의 도덕적 기초에 관한 이론들에 대한 시금석이 된다. 이러한 시민의 불복종에 관하여는 법적 정당화가 불가능하다는 견해로부터, 관대한 처벌론이나 헌법이나 법적 정당화론 등이 제시되고 있다.

원칙적으로 시민의 불복종의 경우, 행위자에게 실천적 정보는 확실히 있지만 규범 준수의 의지가 전혀 없고, 오히려 규범 파괴의 의지가 뚜렷한 경우라고 할 것이므로, 시민의 불복종도 현행법상 처벌은 감수되어야 할 것이다. 우리나라에서 이른바 '낙천 낙선운동'이 문제되었는데, 이 문제는 시민의 불복종의 한 형태로 국민주권과 기본권(표현의 자유 등 정치적 자유) 및 형법상 정당행위의 논점이 있기는 하지만, 결국 모두 유죄 인정되어 처벌되었다. 그러나 낙천 낙선운동은 헌법상 정치적 자유의 관점에서 형법 제20조의 사회상규에 반하지 않는 행위로 법적 정당화가 이루어질 여지는 있을 것이다.

이른바 종교적 신념에 따른 병역거부자는 확신범에 해당하고 엄밀한 시민의 불복종 문제는 아니지만, 널리 관련될 수 있다. 1+1=2라는 명증한 법칙을 위반하거나 무시하는 자는 바보이고, 그는 바보로 취급되어 그 사회에서 살아갈 수밖에 없다. 하지만 바보가 아닌 확신범이나 병역거부자들은 당위규범의 정당성을 승인하지 않고 계속 위반하는 것이므로, 국가는 불승인자의 의도적 법 위반에 대하여 법규범의 효력을 확증시킬 수밖에 없다. 따라서 종래 대법원은, 법규범은 개인으로 하여금 자신의 양심의 실현이 헌법에 합치하는 법률에 반하는 매우 드문 경우에는 뒤로 물러나야 한다는 것을 원칙적으로 요구하고 있다고 하여 병역법위반의 유죄를 인정하였고(대법원 2004. 7. 15. 선고 2004도2965 판결), 헌법재판소도 합헌결정을 하면서 대안으로 대체복무제를 권고하였다(헌법재판소 2004. 8. 26. 선고 2002헌가1 결정). 그러나 최근에 시대와 법의식이 변화되었다고 하여 대법원과 헌법재판소가 앞 다투어 병역법의 처벌규정을 무력화시켰다. 병역거부자들은 기존의 법 중 해당 부분만 불복종하였고 '공적이고 정치적인 항의행위'를 한 것은 아니지만, 결국 법의 변화를 이끌어 내었고 이제는 그들이 심사를 거쳐 병역의 대체복무를 하게 되었다.

시민의 불복종은 대체로 정의로운 민주주의 사회에서 문제가 되지만, 법질서 전체가 부정의하거나 정당성이 없는 경우에 이를 바꾸기 위한 혁명은 ― 쿠데타와 같은 위로부터의 혁명이나 반란이 아닌 경우― 국민의 저항권 문제와 관련된다. 다만 폭력이 수반되든 아니든 혁명이나 저항권이 실정적 권리라는 것은 법논리의 모순이고, 어디까지나 혁명이나 저항권은 정치적 권리이다(아래 제10장 참조). 부정의에 대한 혁명에는 법이 아니라 시민들의 용기와 희생이 중요한 것이다. 혁명이 성공하면 기존의 체제가 법질서의 실효성을 유지할 수 없게 되고, 따라서 구 법의 타당성도 원칙적으로 상실하게 된다. 켈젠이나 하트의 말대로 법의 실효성은 타당성의 필요조건이 되기 때문이다.

4. 소결

법의 효력은 원칙적으로 법체계 독자적으로 전제되고, 법 효력은 바로 법의 현존재를 말한다. 왜, 그리고 어떠한 방식으로 법이 효력이 있는가의 문제, 특히 법의 효력근거는 법학(法學)과 사법(司法)의 근본 문제이다.

그래서 법 효력의 상이한 종류가 구별된다. 법적, 사실적, 도덕적 효력이 구분되고 그 관계는 상이하며(분리와 결합), 이는 당위적 효력, 존재적 효력, 설득적 효력에 상응한다. 구체적 법질서에서 효력의 상이한 종류가 기능적으로 관련되고, 이는 합법성, 실효성, 정당성으로서의 효력 문제이다.

법규범의 효력은 다양하게 근거 지워지고, 그 근거는 역사의 진전에 따라 다양하게 변한다. 법 효력에서 국민의 법 승인(acceptatio legis)은 특별한 의미를 가진다. 먼저 법 승인을 통하여 입법자의 권력이나 규율수단으로부터 자율적인 법 주체들의 공동사회가 이루어지고, 그 공동사회는 하나의 법문화를 성립시킨다. 정당성과 합법성, 그에 따른 수범자의 법 승인은 국민주권과 자율성의 문제와 관련되고, 법의 실효성도 높인다. 그렇지만 국민의 법 승인은 언제나 확실하지 않고 가변적이므로 실질적 법치국가에서는 항상 법의 정당성 문제가 제기될 수 있고, 이 경우 시민의 불복종이나 저항권 등의 문제가 발생할 수 있다.

법규범과 법체계론

1 법규범론

1. 의의

법규범은 법질서의 기초부분이고, 법규범의 개념은 일반적 법이론의 핵심개념이다. 법은 언어적인 법명제로 구성되어 있는 법규범으로 이루어져 있다. 법규범은 당위규범으로서 존재법칙과 구별되고, 강제규범으로서 도덕, 윤리규범이나 관행 등 타 규범과 구분된다.

법규범은 당위명제로서 행위의 규칙 내지 준칙이다. 법규범이 여타의 규범적 규칙과 구별되는 특징적 징표는 수범자에 대한 명령 내용이고, 규범적 명령의 이행 가능성은 국가적 제재라는 강제에 의하여 보장될 수 있다. 이 점에서 사실 내지 관행으로 파악되는 사회적 규칙과 다르다. 그 구분 기준은 바로 원천(법은 국가적 설정), 연결점(외적 행위가 대상), 목적(법이념), 내용(법은 도덕의 최소한, 부분적 동일성), 관철 가능성(법의 강제 가능성)이다.

규범이라는 것은, 화용론(pragmatics)적으로는 규범의 언어가 언어의 명령적, 규정적 사용으로서 타인의 행위로 지향된 의지적 행동이라는 것이고, 의미론(semantics)적으로는 명제 종류의 관념체로서 상호 소통이 가능한 객관적인 당위적 의미라고 할 수 있다.

2. 명제의 종류

일반적으로 명제는 다음과 같이 분류할 수 있다.

가. 이론적 명제

이론적 명제로는, 경험적, 서술적 명제(진위 판단이 가능하고, 경험법칙에 따르는 사실인정의 명제)와 논리적 또는 분석적 명제(개념과 명제에 관한 진술로서 진위가 논리적으로 증명가능하고 논리법칙에 따르며, 사실인정의 논리법칙 위배나 모순을 서술하는 명제)가 있다.

나. 형이상학적 명제(신념명제)

형이상학적 명제는 공리(公理)적 기능을 한다. 이러한 세계관적인 신념이나 선이해에 관한 명제는 사실적 증명이 불가능하다. 예컨대 '사회주의는 혁명의 깃발을 높이 든다', '법은 피를 먹고 사는 것이다'(나치의 이데올로기), '신은 존재한다'(신학의 공리) 또는 '인간에게 자유의지가 있다' 등과 같은 것이다. 형이상학적 명제는 대부분 공통의 신념이나 감정에 대한 호소적 기능을 하는 비유적 표현이다. 인간이 이성이나 사실에만 한정되는 1차원적 존재가 아니므로, 그것이 전혀 무의미하거나 불합리한 것은 아니다. 그래서 파스칼(팡세)에 의하면, '심장은 이성이 알지 못하는 이유를 알고 있다'고 한다. 결정적인 것은 위 양자를 구분해야 한다는 것이다.

법학에서 형이상학적 명제는 남용의 위험성이 있고, 적용에 어려움이 있다. 또한 상대적으로 안정적이지만 다소 유동적인 준형이상학적 명제도 검증이 어렵다. 그래서 준형이상학적인 '야간'이나 환경침해의 '수인한도'의 개념과 같은 것은 판례가 해석론으로 수치화하여 안정적인 법 적용을 시도하고 있다(일조권 침해의 기준의 경우).

다. 가치판단 명제

가치판단 내지 평가적 명제는 확인적, 분석적인 특성을 가지고, 행위지도적인 기능을 한다. 가치판단 명제 중에서 '기술적 명제'의 개념과 기능은 '좋다, 나쁘다' 등 사람이나 사실, 기호의 특성에 관한 진술이다. 가치판단은 법에서 중심적 역할을 한다. 입법자의 가치판단이나 법정책적인 목적은 예를 들어 불법행위의 기준을 정한다(위법하게). 법은 가치질서로 입법자의 가치판단이 반영된 구성요건에 법률효과를 연결하는 것이다.

경험적 명제와 가치판단 내지 평가적 언명의 차이는 법실무상 매우 중요한 의의를 가지고 있다. 가치판단은 개인의 자유이고 선택에 맡겨져 있다. 인간이나 사회적 사태에 대한 비판도 마찬가지이다. 이는 표현의 자유 문제로서, 명예훼손의 경우나 언론중재의 반론보도에 있어서 사실적 주장과 의견 표명의 구별 문제와도 관련된다.

한편 가치판단 명제 중에서 '지시적 명제는' 인간에 대한 지시나 명령을 하거나 권한을 부여하는 것이고, 이 명제는 당위나 허용과 관련된 규범적 명제로 환원될 수 있다.

라. 규범적 명제; 명령과 조건명제

규범적 명제의 언어는 당위나 허용 등 지시나 명령을 하는 수단이다. 규범적 명제는 가치판단의 특수한 종류로서, 일정한 인간관계나 행위에 지향되는 판단을 포함한다. 법규범은 언어적으로 다양하게 구성되어 있다. 단순한 명령(행위명령), 조건명제(조건과 효과의 연결), 개념의 정의규정이나 의제, 추정, 준용규정 등 다양하다.

명령과 금지나 당위지시, 행위지시를 포함하는 명령명제와 '…이면, …이다'라는 조건명제 중에서 어느 것이 법규범의 본질에 가까운지 다툼이 있다. 명령명제와 조건명제는 문법적으로 같은 것은 아니지만, 대부분의 법규범은 당위지시로 이해가 가능하다. 모든 조건명제도 수범자나 법적용자에 대한 명령이나 금지로 환원 가능하고, 반대로 명령명제도 조건명제로 변환이 가능하다. 예컨대 '사람을 살해하면 형벌에 처한다'는 조건명제는 '사람을 살해하지 말라'는 명령명제로 환원되는 것이다.

주류적인 법 명령설에 따르면, 법명제에 불완전 법명제나 보조적 법명제도 있지만, 이를 체계적으로 종합하면 명령이나 규범으로 환원되는 완전 법명제를 구성할 수 있다고 한다. 수권규범은 권한을 부여하는 것이지만, 그 권한으로 당위를 지시하고 이를 통하여 다른 이의 의무를 구성하거나 지시할 수 있으므로, 결국 명령으로 귀착된다. 또한 명령으로서의 규범적 명제는 '사이비 이론명제'인 서술적 명제로 구성이 가능하다. 예컨대 남녀평등이나 인격존엄과 같은 법명제는 '평등이나 인격은 헌법에 따라 침해되지 말아야 하고 국가에 의하여 보장되어야 한다'는 사이비 이론명제로 구성될 수 있다.

그런데 법은 목적의 산물이므로 규범적 명제의 핵심으로서의 목적과 그에 따른 가치판단이나 평가가 중요하다. 법규범은 그 바탕에 보호법익이나 목적을 정하는 가치판단이 포함되고, 그러한 가치판단이나 법정책적 목적의 달성을 위한 수단이 된다. 따라서 법명제의 배후에는 목적이나 평가가 있다. 불법행위 규정을 통하여 조정기능, 제재와 예방기능(불법행위를 억제하려는 법정책적 목적)이라는 규범 목적을 추구하고, 규범 목적에는 평가 내지 가치판단이 내재되어 있다. 따라서 법규범의 구성요건과 법률효과의 밀접한 연결 안에서 법질서는 사회적 이상의 한 부분을 모자이크의 한 조각으로 지도적 정의관념을 제시한다. 규범 설정자는 그것이 사태에 적절하다거나 합목적적이라고 보기 때문에 그 상황을 규율한다.

3. 가치판단과 규범적 명제의 증명 가능성과 추론 문제

규범은 진리치를 가질 수 없으므로, 규범의 증명 내지 정당화는 불가능한가? 예컨대 '창문을 닫으라'는 명령은 적절한지, 합목적적인지 —추위를 피하기 위하여— 의 판단만 가능하다. 가치판단이나 규범적 명제가 학문적 객관성의 요구에 따른 진위의 문제가 아니라 정당 내지 적절한지 증명될 수 있는가의 문제는 유럽에서 이른바 가치판단 논쟁(Werturteilsstreit)으로 불이 붙었다.

비판이론(H. Albert, T. Adorno 등)은 규범이 목적론적으로 목적에 적합한지, 필수적인지 판단이 가능하다고 한다('인식주의'). 가치판단의 기초는 인간의 이익에서 찾을 수 있고, 그 이익은 자기 관찰이나 경험적 탐구로 확정될 수 있다는 것이다. 가치판단과 규범의 배후에 이익이나 가치관념이 자리잡고 있어 법적용에서 입법의 동기나 목표(규범 목적)가 확정될 수 있으며, 또한 법적 규율에 관련된 인간의 이익을 도출하고 근거지울 수 있다는 것이다.

그러나 가치판단, 규범과 법명제는 합리적으로 증명 가능하다고 하더라도 절대적으로 진리치를 가질 수는 없다. 이는 법률가의 자기이해와 자의식에 대하여 중요한 포인트이다. 법률가가 지지하고 적용하는 법은 객관적 진리의 위치가 아니라 상대적이고 역사적으로 성립되고 근거지워지는 합목적성 내지 적절성, 상당성의 표현이다. 사실 법이 정의(正義)라는 표현은 과도하다! 규범은 형식논리가 아니라 목적논리의 적용영역으로서 보편화 가능성의 이상에 지향하지만, 절대적 정당화는 없다는 것이다. 같은 맥락에서 오스트리아의 바인베르거(O. Weinberger)는 궁극적 가치판단은 증명 불가능하고 상위가치는 선택과 결단의 문제라고 한다(이른바 '비인식주의'). 가치판단은 원칙적으로 증명될 수 없고, 감정의 표현이거나 타인에게 수사적으로 영향을 주는 시도일 뿐이라고 한다. 다만 그 상위가치를 실현하기 위한 하위가치나 실현 수단의 추론은 논리적으로 가능하고 이를 '목적론적 추론'이라고 한다. 예를 들면 학교의 무상급식에 관한 법정책적인 판단은 논리적 문제나 진위판단의 문제가 아니라 헌법상 평등한 복지(보편적 복지)라는 상위가치로부터 도출되는 하위가치로서 목적론적 추론이 가능한지 판단할 수 있다. 하지만 그것이 국가 재정상 가능하고 상당한지는 별도의 현실적인 실행 가능성에 관한 합목적성의 판단 문제라는 것이다.

한편 이른바 법률적 삼단논법 내지 실천적 삼단논법이 규범적 명제의 추론에 적용될 수 있는가(이른바 예르겐센의 딜레마)? 켈젠은 이를 부정하였다. 규범은 사실을 표시하는 진술명제와 달리 그 진위를 말할 수 없고, 단지 효력이 있고 없을 뿐이기 때문이다. 존재법칙에 반하는 사태는 존재할 수 없어도 당위규범에 반하는 현실이 얼마든지 존재하고, 규범의 실현에는 인간의 의지적 작용이 필요하다. 따라서 삼단논법과 같은 논리는 명제의 진리관계에 관한 것이고 규범적 명제의 추론에는 적용할 수 없다는 것이다.

이에 대하여 간접적 규범추론을 긍정하는 견해도 있다. 법논리학의 영역에서, 규범이 충족된 상태를 이행된 사실명제로 환원하는 '충족의 이론', 규범의 존재, 즉 그 규범은 효력이 있다는 식의 진술명제로 환원하는 '규범명제의 논리', 규범의 양상을 '어떤 행위가 명령되어 있다'는 술어로 보는 '술어논리의 적용이론'이나, 추론이 진리관계만 아니라 규범에도 효력치를 부여할 수 있다는 '추론관계의 확대이론' 등이 있다. 규범추론 내지 법률적 삼단논법의 적용 문제는 법논리학상 다투어지고 있지만, 오늘날 법이론상 기본적으로 받아들여지고 있다. 법이론상 삼단논법의 대전제인 규범의 획득이나 소전제인 사실의 인정이 더 중요한 것이다.

4. 법규범의 특성과 기능

가. 특성

법규범의 특성 중 중요한 '일반성'이란 법명제는 일반적으로 공포된 규범으로서 보편적으로 적용된다는 것이다. 이는 '같은 것은 같게' 취급하는 정의원리의 표현이다. 물론 법규범은 다양한 수범자를 가질 수 있다: 모든 국민, 시민집단(상인), 법원이나 행정관청 등. 법체계의 부분 질서는 수범자의 범주를 달리한다. 일반성의 문제와 관련하여 수범자가 제한되어 있는 개별사건법률 내지 처분법률이 문제된다. 이는 특정한 계기나 상황에서 구체적 목적 관념을 실현하는 역할을 다하는 것이지만, 독일 연방헌법재판소는 특정인에 대한 처분이 아니라 중요한 개별사건에 대한 법률은 헌법상 문제되지 않는다고 하였으며, 우리의 경우에도 예컨대 개별사건 법률인 5.18 민주화운동에 관한 법률도 같은 이유로 문제되지 아니하였다.

그리고 법규범은 명확한 것이 바람직하지만, '추상성'은 불가피하고, 이는 법적 결정의 효율성, 즉 복잡성을 감축하는 동시에 재량과 탄력성을 부여하기 위한 것이며, 유사 사례를 동등 취급하거나 '다른 것을 다르게' 취급할 수 있는 가능성도 열어준다.

또한 법규범은 '지속성'이 있어야 한다. 이는 법적안정성, 예측가능성의 요구이고, 법의 변경가능성은 배제하지 않지만, 입법자가 개정안을 통과시키려면 상황 변동이나 수정의 필요성에 대하여 일정한 정도의 입증책임을 부담한다. 경우에 따라서 긴급하거나 필요한 경우에는 일정 시한 동안만 적용되는 한시법도 허용될 수 있다.

나. 기능

법규범의 기본적 기능은 앞에서 본 법 전체의 기능에서 파생된다. 우선 법규범의 '규범적 기능'은 시민에 대하여는 행위 조종과 향도적 기능이고(행위규범), 법 적용자에 대하여는 사후 평가의 척도를 제공하는 평가적 기능을 한다(재판규범). 그리고 법규범의 계획적, 개선적 기능이 우선인가, 사후 대응적 기능이 우선인가 다툼이 있지만, 법역에 따라 그 기능의 중점이 다르다. 대체로 행정법은 전자, 형법은 후자가 우선한다. 그러나 사법적인 사후 대응도 변화에 대처하고 미래를 고려하는 유연성이 있어야 한다는 점은 부정할 수 없다. 또한 성매매의 처벌과 같이 실효성을 외면하고 윤리적 기능을 가지는 금지규정이나 계획이나 목적 프로그램을 명시한 법규정의 경우에는 법규범은 실효성보다는 국가 목표의 설정이라는 상징적 기능을 하기도 한다.

한편 법규범은 명령과 금지만 있는 것은 아니고, 당위의 제한으로서의 허용(소극적 허용과 적극적 허용)이라는 규범양상이 있다. 규범적 허용에는 강한 허용(행정상의 허가 등)이 있고, 법에 관여하지 않는 영역으로서 약한 허용이 있는데, 이는 법이 관여할 수 없거나 관여할 필요가 없는 자유의 영역이다. 또한 법규범 중에는 수권규범(권한을 부여하는 규범)과 변경규범이나 폐지규범(비독립적 규범)이 있다. 이들은 하트가 말하는 2차적 규칙으로서 규범을 설정하거나 폐지, 변경하는 메타규범으로서 행위규범을 산출하는데 기여하는 것이다.

5. 법규범의 구조

법명제는 일반적으로 조건적인 규범명제이다. 즉 규범 적용조건의 서술(법률요건)과 그 결과인 당위 내지 행위지시(법률효과)의 연결이다. 완전한 법규범은 구성요건과 당위규정, 법률효과 규정을 포함한다. 행정법규는 대체로 명령규정을 두고, 조건명제로서 형법과 같은 처벌규정을 별도로 두는 입법양식을 취한다. 다만 행정법규에는 제재가 없는 불완전 명령도 많이 있다.

법명제는 기본적으로 조건프로그램이지만, 법은 목적프로그램도 많이 포함하고 있다. 헌법규정이나 행정법의 경우에는 목적프로그램을 규정하여 입법자나 행정청에 형성자유나 재량여지를 부여하고 있으며, 이는 합목적성의 영역으로서 수권기관은 상위법의 위탁에 따라 목적 달성을 위한 최선의 수단을 선택할 의무가 있다.

물론 조건명제와 목적명제의 구분은 매우 유동적이고, 그 법률효과의 차이도 크지 않다. 법규범이 일반적 조건명제인 경우에도 정도 차이는 있지만 행정법규에 나타나고 있는 법률의 목적규정이나 프로그램을 고려한 해석이 필요함이 물론이고, 목적규정이 없더라도 입법취지를 반영하는 목적론적 해석은 필수적이다. 예컨대 도시계획법령에 의한 녹지지역 등과 같은 용도지역 지정이나 변경행위는 전문적·기술적 판단에 기초하여 행하여지는 일종의 행정계획으로 목적프로그램이다. 목적프로그램에 의한 계획재량은 원칙적으로 자유재량이지만, 행정주체가 행정계획을 입안·결정함에 있어서 이익형량을 전혀 행하지 않거나 이익형량의 고려대상인 중요한 사항을 누락한 경우 또는 이익형량이 비례의 원칙에 어긋나게 된 경우에는 그 행정계획 결정은 재량권을 일탈·남용한 것이 될 수도 있다(대법원 2005. 3. 10. 선고 2002두5474 판결).

또한 법규범은 조건명제와 목적명제의 혼합형태도 사용한다.

1) 목적화된 조건명제: 조건인 법률요건에 공익 등과 같은 불확정개념을 사용하고, 효과의 면에도 합목적적 수단의 선택을 가능하게 하는 법규범(예, 형벌과 과징금 등을 병용하는 공정거래법의 경우). 2) 조건화된 목적규정: 목적규정 아래 구체적 목표규정을 두고, 내용적 한계를 설정하거나 수단의

선택기준이나 절차조건을 상세히 규정하는 등의 법규범의 복합이고, 도시계획 등 계획적 법률 의 예.

6. 당위의 종류로서의 규범양상과 규범논리

법규범은 기본적으로 명령을 내용으로 하지만, 법논리학상 규범명제를 명령, 금지, 적극적, 소극적 허용으로 분류하는 양상논리학 내지 다치논리학의 가능성도 제시되고 있다. 규범양상으로는 명령, 금지, 적극적, 소극적 허용 (Erlaubnis, Freistellung)의 4가지이고, 이 규범양상들은 상호 규범대당의 사각형을 이룬다(김성룡, 법논리학, 322면 이하 참조). 이는 진술명제의 대당사각형에 상응하는 것이고, 규범명제는 그 규범의 요구가 이행되었다는 전제 하에서(충족의 이론) 이를 사실 내지 진술명제로 환원시킬 수 있다. 규범양상들 중에서 금지와 명령은 반대관계이고, 금지와 적극적 허용 및 명령과 소극적 허용은 각 상호 모순관계에 있다. 이른바 양상논리학에 따라 그 관계를 도식으로 나타내면 다음과 같고, 각 규범 양상 아래는 그에 따라 '이행된 사실명제'로 환원한 것이다.

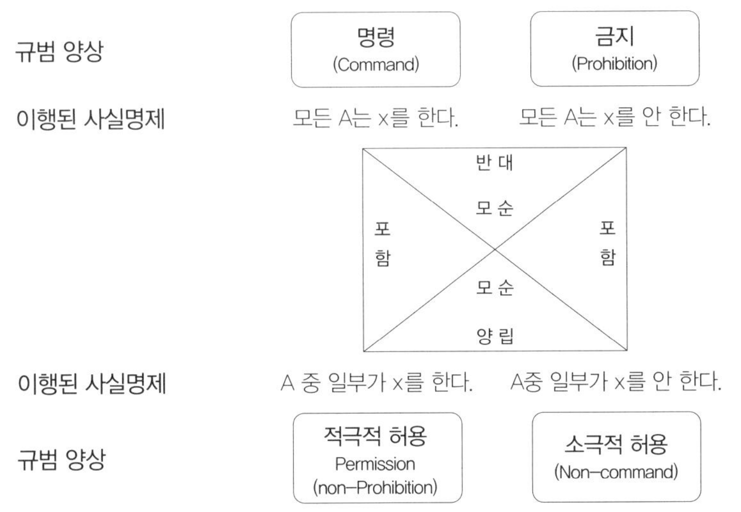

규범양상 중에서 금지와 명령은 상이하고 대립되는 유형의 규범으로서 지배설, 특히 켈젠에 의하면, 각 규범 양상에 구조적 차이가 있는 것이 아니라 언어적인 유형이라고 한다. 금지는 하지 말 것을 명령하는 것이고, 명령은 이중의 부정을 사용하면 금지가 된다. 예컨대 요구조자를 도우라는 것은 요구조자를 돕지 않는 것은 금지되어 있다고 말할 수 있다. 금지는 부작위의 명령과 등치될 수 있다. 따라서 이는 작위와 부작위의 명령의 차이에 불과하며, 명령과 금지는 반대와 부정의 관계에 있다. 형법상 부작위범에서 부작위가 금지되어 있고, 따라서 작위가 명령되어 있다고 말할 수 있는 것이다.

적극적 허용은 금지, 즉 부작위를 명령하지 않는 것이며, 이는 금지의 해제로서 행정법상 허가나 특허와 같은 경우를 들 수 있다. 소극적 허용은 작위를 명령하지 않는 것으로서 명령과 모순관계에 있지만, 이 역시 이행된 사실명제로 환원하면 'A 중 일부가 x를 안 한다'는 것으로 금지의 사실명제에 포함되는 관계에 있다.

수범자 A와 어떤 행위 x를 기준으로 하여 규범 내용인 수범자의 행위를 이른바 '충족이론'에 따라 이행된 사실명제로 환원시키면, 명령은 '모든 A는 x를 한다', 금지는 '모든 A는 x를 안 한다', 적극적 허용은 'A중 일부가 x를 한다', 소극적 허용은 'A중 일부가 x를 안 한다'(즉, A는 x를 해도 되고 안 해도 된다)는 자유의 영역이 된다. 이행된 사실명제로서의 규범 대당은 전통적인 진술명제의 대당사각형에 대응시킬 수 있는 것이다. 이렇게 보면 명령은 적극적 허용을 포함하고 금지는 소극적 허용을 포함하지만(대소관계), 적극적 허용과 소극적 허용은 형식상 반대이지만 서로 양립할 수 있다(소반대관계).

한편 명령과 금지는 각각 작위와 부작위를 명령한다는 점에서 등치될 수 있지만, 중요한 차이점은 있다. 명령과 금지 양 규범 종류의 시간적 특성의 차이이다. 금지의 차단영역에 들어가는 것은 규범을 위반하는 것이고, 명령의 목표영역을 다하지 못하는 것은 규범을 이행하지 않는 것이다. 규범위반은 돌이킬 수 없는데 반하여 명령의 불이행은 언젠가 이행으로 전환할 수 있는 것이다. 그래서 명령의 이행은 시한이 부여되어야 한다. 그렇지 않으면 명령의 위반을 말할 수 없지만, 금지는 시간과 관계없이 구성된다. 이는 입법자에게도 중요한 암시이다.

허용도 금지와 같이 무시간적으로 구성될 수 있다. 이는 법적으로 규율되지 않는 영역(법으로부터 자유로운 영역)과 구별되는데, 이 역시 허용으로 볼 수 있는가? 많은 이는 금지되지 않으면 허용되어 있다고 하여 긍정한다. 그러나 규범양상으로서의 허용은 이보다 강한 것으로 생각된다. 고유의 허용은 허용된 행위에 반하는 금지가 없다는 소극적 측면 이외에 허용된 행위가 법질서에서 승인된 가치를 체화한다는 적극적 측면도 가지고 있다. 예컨대 정당방위는 살해금지의 흠결이 아니라 공격자의 이익에 대하여 방어자의 이익을 우선시하는 가치를 가진다. 그러나 두 명의 위급환자 앞에 선 의사의 경우, 의사는 그가 살린 한 명의 목숨이 더 귀중해서가 아니라 달리 방법이 없었기 때문에 처벌되지 않는 것이다. 그리고 법질서가 낙태나 동성애를 허용하는 경우, 그 행위들이 정당하다고 시인하는 것이 아니라 대립적인 가치관이 충돌하는 다원주의 사회에서 국가가 처벌을 포기한 것으로 해석된다. 이 부분은 금지의 흠결에 대하여 적극적 가치가 부여되지 않는 법공백의 영역이 되는 것이다.

한편 허용에는 위계질서 내에 있는 두 명의 입법자가 전제된다. 하위의 입법자는 상위 입법자의 위임에 따라 규율을 명한 범위 내에서 규율하여야 하고, 그가 규율하지 않고 놓아 둔 영역은 그대로 놓아두어야 한다. 이 경우 상위의 입법자가 국민에게 하위 입법자가 존중해야 할 행위의 자유를 준 것이고, 이는 헌법제정권자가 입법자에게 국민의 기본권 존중을 명하는 것과 유사하다. 이 위계질서로부터 권리가 아니라 금지되지 않은 영역의 보장이 나온다. 따라서 헌법이 보장하는 자기결정권이나 일반적 행동의 자유는 규범논리상 기본적으로 소극적 허용의 영역이다. 그러나 자유의 침해는 국가권력에 대하여 금지의 형식으로 명령되어 있다고 볼 수 있으며, 자유는 그 침해에 대한 금지나 구제가 가능하기 때문에 방어권으로서의 권리의 측면이 있는 것이고, 단순한 법으로부터 자유로운 영역(rechtsfreier Raum)을 넘어선다.

다른 한편 예컨대 기여과실, 자초위난, 피해자의 승낙의 경우에는 자신의 행위가 대부분 허용의 영역에 속하고 위법은 아니다. 기여과실의 경우, 안전벨트 미착용이나 횡단보도 보행위반 등은 실정법상 위법한 경우도 있지만, 위법하지 않더라도 자기책임의 영역에 속하여 상대방에게 책임을 묻지 못하거나 과실상계로 인하여 그 책임이 제한되는 경우도 있다.

그리고 행정법상 허가나 특허 등은 금지 해제이지만, 그보다 강한 권리나 법적 지위로 구성되는 적극적 허용의 영역이다. 그런데 대법원은 건축법 제14조 제2항에 의한 인, 허가 의제의 효과를 수반하는 건축신고에 관하여, 다수의견은 수리를 요하는 신고라고 하였으나, 소수의견은 적법한 요건을 갖춘 신고만 하면 행정청의 수리 등 별단의 조치를 기다릴 필요 없다는 종전 판례의 유지를 주장하였다(대법원 2011. 1. 20. 선고 2010두14954 전원합의체 판결). 그러나 수리를 요하는 신고라는 개념을 인정하는 다수의견은 시민의 자유보장과 법치행정에 반하고, 결국 신고와 허가의 차이를 무시하여 이를 구분하는 입법취지를 몰각하는 것이다. 즉 행정법상 신고는 소극적 허용의 영역으로서 단지 행정청에 어떠한 사실을 보고만 하면 되는 것이고, 그에 반해 허가는 적극적 허용으로서 금지 해제이지만 일종의 권리라는 구성의 이론적 틀이 형해화될 수 있기 때문이다.

7. 전형적인 규범의 종류와 내용

가. 주관적 권리와 의무, 책임의 귀속규범

법인격으로서의 개인의 자유나 자기규정으로서 개인의 권리와 책임은 특정 법규범에 의하여 귀속된다. 귀속규범은 완전한 규정으로서 민사상 청구의 기초 내지 소송물을 구성하는 것이고(예; 민법의 부당이득, 불법행위 규정 등), 형사법상으로는 구성요건과 법률효과를 규정하는 각칙 규정들이 이에 해당한다. 귀속되는 권리는 민사상 청구권, 형성권 등이 있고, 형사상 귀속되는 책임은 형벌로 나타난다. 귀속규범은 수범자의 입장에서는 명령 내지 금지의 행위규범이 되는 것이고, 이것이 바로 하트(Hart)가 말하는 1차적 규칙이다.

나. 강행규정과 임의규정

민, 상법 등 사법규정 중에는 강행규정 이외에 많은 임의규정을 두고 있다. 임의규정은 당사자의 의사로 그 적용을 물리칠 수 있는 규범이고, 민법 제105조와 제106조의 '법령 중의 선량한 풍속 기타 사회질서에 관계없는 규정'을 말한다. 임의규정과 다른 약정은 사적자치의 원칙상 얼마든지 가능하고, 임의규정은 당사자의 의사표시나 관습이 없는 경우에 법률행위 해석의 표준이 된다. 이에 비하여 강행규정(mandatory rule, jus cogens)은 법령 중의 선량한 풍속 기타 사회질서에 관계있는 규정이고, 다시 효력규정과 단속규정으로 나뉘는데, 효력규정에 위반한 법적 행위는 무효가 된다. 법령에 위반한 법률행위는 무효라고 명시되어 있지 않은 '효과 흠결'의 경우에 효력규정과 단속규정의 구분은 입법목적이나 윤리적 비난 정도 등을 고려하여 해석에 의할 수밖에 없다.

오늘날 섭외사건에서 국내 강행규정의 국제적 적용에 관한 사례가 증가하고 있으며, 국제사법 제20조는 "입법목적에 비추어 준거법에 관계없이 해당 법률관계에 적용되어야 하는 대한민국의 강행규정은 이 법에 따라 외국법이 준거법으로 지정되는 경우에도 적용한다"고 되어 있다. 여기서 강행규정은 공익을 보호하는 강행규정뿐만 아니라 사법적 규제도 포함하는지 문제가 된다. 특히 준거법과 중재약관 등 재판관할을 제약하는 약관에 대하여 우리의 약관규제법을 강행규정으로 보아 무효화할 수 있는지 문제가 되고 있으나, 우리 법원은 대체로 이를 부정하고 있다(서울중앙지방법원 2020. 4. 1. 선고 2018나63343 판결: 상고기각). 강행규정의 적용은 국가주권에 관한 문제이지만, 이를 확대하는 경우 국제거래를 위축시키는 결과를 가져올 수 있을 것이다.

다. 수권규범과 변경규범

수권규범은 하트(Hart)가 말하는 2차적 규칙으로서, 의회나 행정기관 등에 공법적 권한을 부여하거나 사법상 대리인, 대표이사, 지배인, 후견인 등에게 권한을 부여하는 규범을 말하는데, 널리 조직법이나 절차규범도 수권규범에 포함된다. 그리고 헌법이나 법률 등의 개정에 관한 규정, 판례 변경에 관한 법원조직법의 규정 등이 이른바 변경규범이고, 이 역시 널리 수권규범에 포함된다고 볼 수 있다. 2차적 규칙 중에서 하트가 말하는 승인률(rule of recognititon)은 어떠한 명령규범과 수권규범이 그 사회의 법체계의 일원이 되는지 말해주는 규율이고, 법과 다른 사회규범을 한계지우는 기능을 한다.

라. 보조규정과 정의규정

형법 각칙은 원칙적으로 형사책임의 귀속규정이지만, 총칙의 규정들과 각칙의 친족상도례나 고소, 형사소송법의 공소시효 등과 같은 것은 그 귀속규정을 적용하기 위한 보조규정이 된다. 그리고 민법상 물건, 동산 등의 정의규정이나 많은 행정법규는 그 법률이 사용하는 용어의 정의규정을 두고 있다. 정의규정은 단독으로 법률요건이 되지 못하므로 보조규정이라고 할 수 있다. 각종 행정특별법 제1조가 정하는 목적 규정과 같은 것도 직접 적용되는 것이 아니라 해석의 지침으로 작용하는 보조규정이다. 민법이나 민사소송법 등이 규정하는 대원칙인 신의칙은 법률행위 해석의 원리로서 보조규정이기도 하지만, 법원리에 의한 귀속규정의 수정, 보충을 하는 경우에는 직접 법률효과를 산출하는 귀속규정이 될 수도 있는 것이다.

마. 의제규정과 준용규정

의제규정과 준용규정은 유사한 구성요건에 유사한 효과를 부여하는 것이다. 법률이 의식적으로 두 가지 다른 구성요건에 같은 법률효과를 부여하기 위하여 의제라는 입법기술을 사용한다. 준용규정(예; 민법 제96조)은 반복을 피하기 위한 입법기술이고, 입법에 의한 유추적용의 명령이다. 준용은 같은 법률효과를 부여하지만, 다른 것은 다르게 취급하는 경우와 같이 약간의 수정적 적용이 필요한 경우도 있다.

바. 법률상 추정과 간주규정

법률상 추정은 반증에 의하여 추정사실의 번복이 가능하고 그 번복을 주장하는 자에게 입증책임이 있다(예; 민법 제30조 동시사망의 추정). 간주(看做)라는 용어는 법률에서 '본다'라는 우리말로 대체되고 있는데, 어떻든 간주규정은 반증에 의하여 번복이 불가능하고 법률이 정한 수단에 의해서만 간주의 효력을 제거할 수 있다(민법 제28조 실종선고의 취소). 사실상의 추정은 법률이 정하고 있지 아니한 경우에 우리의 경험칙에 의하여 인정되는 효력으로서 법률상 추정과 같은 기능을 한다. 추정과 간주규정은 하나의 사건에서 다른 사태를 추론하는 입법기술이고, 증거의 부담이나 사실 인정을 돕는 보조규정이다.

| 2 | 법체계론

1. 개별규범과 법체계

스웨덴의 알프 로스(Alf Ross)는 법과 법원(法源)의 개념 자체를 체계에서 찾고 있다. 그는 법원론(Theorie der Rechtsquellen)에서 법은 "사회적인 전체 행위구조의 표현으로서의 규범체계"라 하고, "법의 궁극적 인식근거, 법이라고 하는 것의 원천은 상호적인 전체 질서로 이해되는 체계에 있다"고 한다(법원론, 27면). 여기서 체계는 루만이 말하는 사회기능적 체계가 아니라 실정법, 즉 현실적으로 실존하는 법의 체계이다.

 체계 개념이란 내적, 외적으로 연결이 되는 유기적 전체로서 모순 없고 일관적인 전체적 관련으로 이해된다. 실정법질서 하에서 개별규범들과 다른 규범들 간의 관련성이 법체계로 표현되고, 개별적인 법령들의 전체 구조가 실정법의 '외적 체계'를 이룬다. 예컨대 민법총칙과 채권법, 물권법의 관계나 각종 민사특별법과의 관련성, 상위법과의 연결성 등이 사법의 외적 체계를 구성한다. 이는 마치 '태양계'와 같이 태양에 해당하는 헌법을 중심으로 민법, 형법과 같은 개별 법역의 각 행성이 있고, 중력의 상호 작용을 하는 것에 비유될 수 있다. 개별 법역의 특별법은 각 행성의 위성들이라고 볼 수 있고, 다른 법역은 태양계의 다른 행성에 비유될 수 있다. 그중에서 행정법은 헌법에 가장 가깝지만 태양계에 속하는 소행성들의 집합체라고 할 수 있는데, 다만 최근 제정된 행정기본법은 태양계에 속하는 무수한 행정법규의 소행성들 중에서 기준이 되는 행성으로 볼 수 있을 것이다. 이러한 법질서의 외적 체계는 도서 정리번호와 같은 외형적인 개별규범들과 법률의 추상으로서 법률의 편제나 구성에 해당하고, 그로부터 곧바로 법적 결론이 도출되지는 않는다.

한편 법전에 형식적으로 분류되고 구성되는 언어와 개념, 문장들의 체계인 '외적 체계' 이외에 개별 규정들의 전체적인 내적 질서로서 모순 없는 가치구조도 법체계라고 볼 수 있다. 법질서는 최고의 가치체계를 정하는 헌법 하에 다양한 가치질서를 구성하고 있는데, 이를 '내적 체계'라고 할 수 있다. 법원리와 규범 목적의 체계를 내적 체계로 보는 것은 독일 이익법학자인 헥크(P. Heck)와 스톨(H. Stoll)에 소급된다. 따라서 내적 체계에 따른 법적용은 바로 법이 승인하는 가치를 실현하는 행위가 된다(뤼터스 법이론, 466면). 내적 체계는 예컨대 거래 안전(동적 안정성)이나 권리자 보호(정적 안정성)와 같은 목적이나 이익 개념으로부터 구성되며, 직접적인 법적 판단에 도움을 준다. 따라서 내적 체계에 관한 이해는 법률해석에 매우 중요하다. 내적 체계는 외적 체계가 변하지 않은 상태에서도 변동이 가능하고, 외계나 외부환경에 대하여 개방적이다. 따라서 경제계의 현실이나 이익 상황이 바뀌면(예: 소비자 보호의 필요) 새로운 입법으로 대처하지 않는 경우에도 그에 대응하여 법원리나 규범 목적의 내적 체계가 변경될 수 있다. 따라서 내적 체계는 개방적 성격, 동적 성격, 단편적 성격(구체적 사례에서 개별적으로 현실화된다는 의미)을 가진다.

내적 체계는 독일의 피벡(T. Viehweg)이 말하는 토픽적 체계라 할 수 있고, 문제사고와 체계사고가 결합하는 지점이다. 물론 체계 중심이냐, 문제 중심이냐에 따라 방법론에서 체계의 중요도에 차이가 있지만, 법 담론 내지 논증은 기본적으로 토픽 내지 논점들로부터 시작된다. 그런데 그 논증이 분열되고 어떠한 의존점이나 시사점이 없는 것이 아니라 전체 체계의 내적인 평가적 통일성에 합치되어야 한다. 물론 그 체계는 닫힌 체계가 아니라 새로운 문제에 대하여 새로운 해결을 가능케 하는 열린 체계가 되어야 한다. 결국 법적 문제에 대한 열린 체계 내에서의 논증은 체계의 정합성, 통일성을 지향하여야 하고 때로는 변동도 가능하여야 하며, 이러한 문제중심적 사고가 내적 체계에 의한 해석(체계적 해석)의 정당한 방법이라고 할 수 있다.

법체계는 적용 사안에 관계되는 규범들의 합동적이고 모순 없는 해명에 의하여 구성된다. 체계의 무모순성 내지 일관성은 가치지향적 체계로서의 법질서의 원칙이다. 내적 체계는 실질적 평가의 체계, 즉 법원리나 법원리적 명제들의 체계로 구성된다. 법원리가 신의칙의 경우와 같이 실정법에 명문으로 규정된 경우도 있지만, 다른 한편 계약 자유나 무방식의 원칙의 예와 같이 법률이 그 원리의 예외를 규정함으로써 외적 체계의 배후에 있는 경우도 있다. 그리고 실정법상 여러 가지 규범례들을 종합 평가함으로써 귀납적으로 도출되는 법원리도 있다. 예컨대 민법상 중요한 법적 개념인 법률행위에 대응하는 법원리는 '사적자치의 원칙'이고, 부당이득이나 동시이행의 항변권의 배후에 있는 법원리는 '공평의 원칙'이며, 이러한 내적 체계의 법원리들은 해석학적으로 그 기능이 어느 정도 확정된 것이다. 또 법이 명시하지는 않지만, 여러 조항들의 입법목적들로부터 '위험책임의 원리'나 '외관보호', '신뢰보호'와 같은 법원리가 귀납적으로 도출될 수 있다. 외관이론 내지 외관보호의 법원리는 표현대리나 선의취득 등 사법상 거래안전을 도모하는 제 규정들로부터 도출되고, 다른 유사한 사례에도 그 법원리는 확장 적용되고 있다.

그런데 실정법이 승인하는 법원리들은 상호 충돌하는 것이 보통이고 모순 반대관계에 있을 수도 있어서 조화로운 형량이 필요한데, 이는 법이념들 상호 간의 모순, 충돌의 경우와 유사하다. 예컨대 대법원이 민법 제746조 본문의 해석상 불법원인 급여자가 '반환 청구를 못한다'는 것이 물권적 청구권도 제한하는지에 관하여, 부당이득에 관한 공평의 원칙과 불법을 행한 자의 이익 박탈이라는 법윤리적 원칙의 충돌 문제를 다루었다(대법원 1979. 11. 13. 선고 79다483 전원합의체 판결). 다수의견은 후자의 법원리에 우위를 두어 "급여된 목적물의 소유권은 반사적 효과로서 상대방인 수익자에게 귀속된다"고 하였다. 다수의견은 소유권에 기한 청구권도 배척하여 수익자에게 권리가 귀속되게 하는 것이 사법의 기저를 이루는 이상의 표현이라고 설시하였다. 이에 대하여 소수의견은 차라리 급부자에게 원상회복시켜 양자가 다 법률상 근거없는 이득을 취할 수 없게 하는 편이 훨씬 공평의 이념에 부합하는 결과가 된다고 아니할 수 없다고 한다.

또 예컨대 주식 양도를 상법 제335조 제1항 단서 이상으로 제한하는 주주 간 약정이나 정관의 효력의 문제는 주식 양도자유의 원칙(상법 제335조)과 사적 자치의 원칙 사이에 원리 충돌 또는 주식을 취득한 제3자의 이익(거래안전)과 기존 주주들의 이익(정적 안전) 사이에 이익 충돌의 예가 되는데, 전자를 우선하는 판례(대법원 2000. 9. 26. 선고 99다48429 판결)와 후자를 우선하는 판례(대법원 2022. 3. 31. 선고 2019다274639 판결)가 엇갈리고 있다.

무릇 법관이 법적용을 할 때 사실관계에 대하여 개별 법규범이 고립적으로 적용되는 경우는 거의 없고, 관련 규정들이 함께 적용되는 경우가 보통이며, 나아가 배후의 법원리가 기능을 하면서 의미나 평가적 단일체로서의 전 법률이나 법질서가 작동되는 것으로도 볼 수 있다. 따라서 개별규범의 적용 범위, 즉 입법자에 의하여 의도된 규범의 작용 한계는 전체 법체계, 입법자의 규율계획 안에서 목적론적으로 제약된 지위를 보아야만 제대로 파악될 수 있는 것이다. 즉 개별 규범의 적용도 외적, 내적 체계 전체에 정합되어야 한다는 것이다. 규범의 적용은 동시에 전 법질서의 내적 체계에 속하는 법원리를 적용하는 것이고, 따라서 이때 내적 체계와 외적 체계는 동시에 작동된다. 내적 체계에 부합하는 규범을 적용할 때에는 그 규범은 법원리를 대표하는 기능을 하고, 법관은 그 적용을 정당화하기 위하여 별도로 법원리적 논증을 도입하지 않아도 된다. 이로써 실질적 정당성은 형식적 합법성으로 전환된다. 다만 외적, 내적 체계에 부합하지 않는 규범은 그 체계에 정합시키는 규범통제의 과정에 들어가서 무효화되거나 수정 또는 변용되어야 한다.

2. 법질서의 단계구조

켈젠(H. Kelsen)의 순수법이론(Reine Rechtslehre)은 전체 법질서는 헌법과 법률, 명령, 규칙, 조례의 순위로 '피라미드' 형태의 단계구조에 있다는 것을 밝혔다. 법질서의 단계구조 최정상에는 헌법 위의 근본규범이 있고, 켈젠의 근본규범은 신법이나 자연법처럼 의지행위에 의해 제정된, 실정법과 다른 초월적인 정의의 질서가 아니라 단지 실정법의 효력근거로 전제되어 있는 것이다. 따라서 근본규범을 통한 실정법의 효력은 법의 자기 근거지움이라고 할 수 있다(심헌섭 편역, 한스켈젠 법이론선집, 95면).

헌법은 헌법 제정권력자에 의한 국가의 근본결단이고, 오늘날 입헌민주주의 하에서는 주권자인 국민이 투표로 제정하고 개정도 엄격한 절차를 거치도록 하고 있다(경성헌법). 헌법은 그 국가의 근본가치를 담고 있고, 통치구조의 기본 틀을 정하고 있으며, 모든 법률의 근거이자 효력의 바로미터로서 헌법의 이념과 원리에 반하는 하위법은 존속할 수 없다. 또한 헌법은 수권규범으로서 법 설정의 권한과 책임을 부여하고 있다. 헌법의 위임에 따라 하위 법률에 조직이나 절차규범을 포함하는 수권규범이 존재한다. 법률은 수권기관인 의회가 헌법과 법률에 합치하는 절차에 따라 의결하는 것이지만, 그 내용상으로도 헌법에 합치하지 않으면 규범통제의 대상이 된다. 또 하위의 명령, 규칙, 조례 등도 상위 수권규범의 위임에 따라 법규적 효력이 발생하는 것이다. 법질서의 단계구조에서는 수권규범의 수범자가 동시에 행위규범의 창시자가 되는 것이고, 위임받은 권한의 행사는 상위의 수권규범의 조건에 합치되어야 하는 것이다. 이와 같이 법체계의 하위단계에서의 법설정은 상위구조의 수권과 위임에 따르고, 그 내용도 제약되는 것이다.

법질서의 단계구조에서는 상위 법단계의 규범이 더 추상적이고 불확정적이고, 따라서 그 외연은 크지만 내포가 적다. 따라서 단계구조상 하위 법단계의 법설정자에게는 상당한 범위의 형성 자유가 주어지는 것이다. 상위규범은 이를 제정, 시행하는 규범 창설행위나 집행행위와의 관계상 이러한 행위들에 의해서 충족되어야 할 범주 또는 테두리의 성격을 가진다. 모든 법적 행위는 법 창설행위이건 집행행위이건 상위규범에 의해서 일부는 결정되지만 나머지 일부는 결정되지 않는 것으로 남아 있는데, 켈젠은 이를 '비결정성'이라 하고, 그렇기 때문에 하위의 법단계에서 법 창조행위의 계기가 있다고 한다(심헌섭 편역, 한스켈젠 법이론선집, 98면 이하).

규범의 제정과 개정에 관한 규정은 규범논리상 상위법 단계에 속하는 규범이다. 법률의 개정규정은 상위법인 헌법에 있다. 헌법 자체의 개정규정은 헌법보다 상위의 실정법이 없기 때문에 헌법에 두지만, 그 개정규정은 상위단계인 근본규범에 속한다. 또한 헌법 개정의 불가조항이나 이른바 '헌법핵'도 헌법의 개정규정으로 개정할 수 없기 때문에 상위의 근본규범에 속한다고 볼 수 있다. 독일 기본법은 헌법 개정으로 바꿀 수 없는 헌법핵을 명시하고 있다. 그래서 헌법 안에도 단계구조가 있다고 인정된다: 헌법핵, 개정규율, 헌법률. 그렇지만 헌법의 제정규율은 헌법 자체 내에 규정될 수 없는 사실상의 조건으로서 근본규범의 영역에 속한다. 여기서 근본규범은 전제로서 성립하는 헌법으로서 법적 인식의 한계지점에 있고, 체계논리로 표현되는 정치적 사회적 현실과 권력의 문제이다.

한편 로스(A. Ross, Theorie der Rechtsquellen, 363)는 주권자인 국민의 법적 확신 내지 법의식이나 정의에 대한 사회 일반의 관념에 기초하는 승인이나 의지와 같은 사회 전체적 의사를 말한다. 그가 말하는 사회 전체적 의사나 이를 실행하는 힘이란 켈젠의 근본규범과 다르지 않다. 바로 그 안에서 존재가 당위로 이행되는 계기가 있으며, 이로써 근본규범이 규범적 성격을 획득하는 것이다. 새 헌법을 만드는 혁명은 역사적 사실이지만, 사회 전체적 의사에 따라 구 질서에 대한 부정과 새 질서의 형성의 권위를 부여받음으로써 규범적인 근본규범이 성립되는 것이다. 옐리네크(Jellinek)도 근본규범의 구속성은 심리적 불가능성에 있고, 근본규범에 어긋나는 헌법 개정이나 헌법적 권한의 행사는 광범한 저항을 야기하며, 이를 제어할 집행자를 찾기 어려운 경우에 그 한계가 발견된다고 한다.

끝으로 켈젠은 바로 '국가는 법'이라고 하였지만, 오늘날 국가만이 법을 만든다는 신화는 깨어지고 있음이 지적되어야 한다. 기업이나 사적 단체. 노동조합 등도 자치적 규율이나 약관을 통하여 법규범이나 그에 준하는 사회규범을 생성하고 있으며(자율적 입법; 제8장 4의 4. 항 참조), 국가는 이를 통제하고 조정하는 기능을 담당하게 된다. 또한 세계화로 인하여 국제관계에서 조약이나 국제법이 생성 발전하고 있는데, 이는 국내법과 동등한 효력이 있으므로 국가주권의 개념은 제약될 수밖에 없다.

3. 법률유보와 위임입법의 한계

헌법은 실정법질서의 최고법으로서 법률을 비롯한 하위법에 규율 형성을 위임한다. 헌법이 법률에 규율을 위임하는 범위에 관하여 '일반적 법률유보'와 '개별적 법률유보'가 있다. 일반적 법률유보는 헌법 제37조 제2항과 같이 제 기본권을 제약하는 것은 법률로 하되, 그 한계를 설정하는 경우이다. 개별적 법률유보는 헌법 제23조가 재산권을 보장하되 그 내용을 법률로 정하는 것과 같이 개별적으로 그 내용을 법률에 위임하는 경우이다. 그러나 헌법의 위임에 따른 법률만으로 변화하는 복잡한 현실을 전부 형성하거나 통제할 수 없고, 또다시 하위입법에의 위임이 불가피하다.

그러면 그 위임입법의 한계는 어디까지인가? 이 문제는 특히 죄형법정주의와 조세법률주의의 영역에서 중요하고, 이에 관하여 다양한 논의가 있지만,

독일의 연방헌법재판소는 '본질성 이론', 즉 규율의 본질적 내용은 법률이 정하여야 하고 하위입법에 위임할 수 없다는 견해를 제시한다. 우리 판례도 헌법상 법치주의의 핵심적 내용인 법률유보원칙에 내포된 의회유보원칙에 따라 국민의 권리·의무에 관한 기본적이고 본질적인 사항 및 헌법상 보장된 국민의 자유나 권리를 제한할 때 그 제한의 본질적인 사항에 관하여 국회가 법률로써 스스로 규율하여야 한다고 하여 본질성 이론을 채택하고 있다(대법원 2020. 9. 3. 선고 2016두32992 전원합의체 판결). 따라서 법률의 시행령이 법률에 의한 위임 없이 법률이 규정한 개인의 권리·의무에 관한 내용을 변경·보충하거나 법률에 규정되지 아니한 새로운 내용을 규정할 수 없으며, 그에 따라 대법원은 노동조합 및 노동관계조정법 시행령 제9조 제2항이 법률의 위임 없이 법률이 정하지 아니한 법외노조 통보에 관하여 규정함으로써 헌법상 노동3권을 본질적으로 제한하여 그 자체로 무효라고 하였다(소수의견 있음).

위임입법의 한계에 관한 것은 종종 문제가 된다. 예컨대 헌법재판소는 선거운동 방법을 제한한 농업협동조합법 제50조 제4항이 지역농협의 정관으로 정하는 행위 이외의 선거운동은 할 수 없다고 규정한 것에 대하여, 형사처벌에 관련되는 주요사항을 헌법이 위임입법의 형식으로 예정하고 있지 않는 특수법인의 정관에 위임한 것은 위임입법의 한계를 일탈하고 죄형법정주의에 위배된다고 하였다(헌법재판소 2010. 7. 29. 선고 2008헌바106 결정). 그런데 헌법재판소가 구 군형법 제47조의 명령위반죄가 합헌이라고 하였지만(헌법재판소 2011. 3. 31. 선고 2009헌가12 결정), 반대의견이 지적하는 바와 같이 이는 하위규범에의 위임도 아닌 불확정한 '동적 준용'의 경우로서 죄형법정주의의 명확성 원칙에 위배되거나 위임입법의 한계를 벗어난다고 볼 것이다.

헌법상 조세법률주의 원칙은 과세요건 등 국민의 납세의무에 관한 사항을 국민의 대표기관인 국회가 제정한 법률로써 규정하여야 하고, 법률을 집행하는 경우에도 이를 엄격하게 해석·적용하여야 하며, 행정편의적인 확장해석이나 유추적용을 허용하지 아니함을 뜻한다. 법률의 위임 없이 명령 또는 규칙 등의 행정입법으로 과세요건 등에 관한 사항을 규정하거나 법률에 규정된 내용을 함부로 유추·확장하는 내용의 해석규정을 마련하는 것은 조세법률주의 원칙에 위배된다. 예컨대 대법원은, 특정법인이 얻은 이익이 바로 '주주 등이 얻은 이익'이 된다고 보아 증여재산 가액을 계산하도록 하는 구 상속세 및 증여세법 시행령 제31조 제6항이 모법의 규정 취지에 반할 뿐만 아니라 위임범위를 벗어난 것이라거나(대법원 2017. 4. 20. 선고 2015두45700 전원합의체 판결), 법인세법 시행령 제97조의3 제1항, 소득세법 시행령 제131조의3 제1항이 모법의 위임범위를 벗어나서 세무사 등록을 한 변호사 또는 이들이 소속된 법무법인의 세무조정 업무수행 자체를 못하게 하거나 그 수행 범위를 제한하는 것은 직업수행의 자유를 부당하게 침해하며 헌법상의 평등원칙에 위배되고 모법 조항의 위임범위를 벗어난 것으로 판단하였다(대법원 2021. 9. 9. 선고 2019두53464 전원합의체 판결).

4. 규율 전체와 개별규범 – 법질서의 단일성과 통일성 문제

가. 법적용의 기준

앞에서 본 바와 같이 법 적용자가 원하는 법적 권리를 추구하기 위한 법적 근거를 찾거나 사실관계에 대하여 법률효과를 부여하는 법적용을 하는 것은 고립적이고 개별적인 작업이 아니다. 법률의 개별 규정이 원하는 법률효과를 규정하고 있다고 하더라도 법적용자는 개별 법률규정만을 읽는 것으로 그치지 아니하고, 규율 대상에 관련된 모든 규정을 읽어야 한다. 그리고 유사한 규율을 하거나 경합하는 규정들을 찾아내고, 규정들의 비교를 통하여 적용될 규정들의 특수한 목적을 인식하도록 하여야 완전한 법 적용이 이루어질 수 있고 전 법체계에 부합할 수 있다. "법률 전체를 개관하기 전에 개별 규정으로써 판결하거나 해결 제안을 하는 것은 부적절하다."(Dig. 1,3,24)

개별규범은 단지 각 법률과 전 법질서의 비독립적인 부분에 불과하다. 무수한 개개의 법규범은 그 자신을 넘어서서 추단가능한 전 개념, 즉 규율대상 전체에 대한 평가계획이나 규율의도의 한 부분으로 나타난다. 당해 개별규범은 상위에 있는 입법자의 정의관념이나 규율의도의 한 조각을 나타낼 뿐이다. 법적용은 한 사건의 해결을 위한 답만을 찾는 것이 아니라 그 사건이 전체 법질서의 관점에서 어떻게 판단되어야 하는지를 추구하는 것이다. 즉 개별규범이 아니라 평가 단일체로서 법질서 전체가 개별 사건에 대한 법적용의 기준이 된다. 이는 해석방법 중 체계적 해석의 원리이기도 하지만, 방법론상 법형성의 경우에도 전 법체계의 평가기준이 작동되어야 한다는 것이다.

최고법인 헌법은 원칙적으로 공법 해석의 기준이 되는데, 오늘날 입헌주의 하의 헌법재판 절차에서 각종 권리를 헌법적 차원으로 끌어올리는 권리 주장이 많이 나오고 있다. 그에 따라 우리 헌법재판소는 새로운 헌법상 권리를 많이 만들어내고 있다(자기결정권, 행복추구권 등등). 이 경우, '헌법의 과잉' 문제가 지적되고, 하위 법체계와 부조화를 야기할 수 있다. 다만 헌법재판소는 예컨대 근로관계존속보호청구권과 같은 것의 기본권성을 부인하여 일정한 한계를 두고 있다(헌법재판소 2002. 11. 28. 선고 2001헌바50 결정). 대법원도 봉은사 사건에서(대법원 1997. 7. 22. 선고 96다56153 판결) 헌법상의 환경권에 기한 침해배제의 직접청구권은 부정하고 법률이나 해석에 의하여 구체화된 청구권이 있어야 함을 강조하였다. 이 사건에서 대법원은 건축법, 문화재보호법, 일조권, 경관 훼손, 종교적 환경권 등의 논점으로 그 침해가 수인한도를 넘는다는 이유로 인접 건물의 4개층(19층이 예정된 건물의 15층까지만 허용함)에 대한 건축 금지를 명한 원심을 지지하였다.

그런데 변리사자격시험 사건에서 대법원은 변리사 제1차 시험을 절대평가제에서 상대평가제로 환원하는 내용의 시행령 개정조항을 즉시 시행하도록 정한 부칙 부분은 헌법상 신뢰보호의 원칙에 반하여 무효라고 판단하였다(대법원 2006. 11. 16. 선고 2003두12899 전원합의체 판결). 위 판결의 반대의견에 대한 보충의견(대법관 김용담)은 만연히 법단계설에 서서 모든 법률문제는 결국 헌법문제로 치환될 수 있다는 사고는 '헌법 과잉'이라고 지적하면서 이렇게 판시하였다: "헌법 이외의 법령에 의하여 마련된 제도라면 그 존속에 대한 신뢰는 그 법령상의 문제이다. 모든 신뢰의 연원을 헌법에 둔다면 사법권과 헌법재판권의 경계를 무너뜨리게 된다. 제도의 유지, 변경, 폐지 등에 관한 형성적 권한은 원칙적으로 입법자의 재량에 속하고, 법령 개정의 한계를 명백히 일탈한 경우에만 사법심사가 정당화된다."

나. 법질서의 통일성과 단일성－해석의 산물이자 결과

법질서는 다양성과 복잡성 등의 이유로 전체적인 개관이 어렵고, 법질서 내부에 모순적인 규범들이 동시에 존재할 수 있으며, 규범 충돌도 빈번히 일어난다. 법질서의 단계구조와 규범이론은 여러 법원(法源)들 간에 서열을 정하고 모순과 충돌을 해소한다. 이로써 모든 개별규범은 전 법질서에 모순 없이 통합되는 체계의 한 부분으로 이해되고, 이 단일하고 통일적인 법체계에 편입되어 그 전체적인 규율의도에 따라 규범이 창설된다. 입법자의 전 규율계획 아래 특정 생활영역에서 모자이크의 돌과 같은 개별규범들이 모이고, 그것들이 퍼즐처럼 통일적인 그림으로 조합되어 전체 법질서의 한 부분으로 편입되면 사회적 이상 내지 정의를 추구하는 전 법질서의 통일성과 단일성이 인식될 수 있다. 물론 이는 이상적인 소망일 뿐이고, 실제로는 각 법역이나 대상에 대한 입법자의 규율에는 흠결이 있거나 모순이 있는 것이 보통이다. 법률은 그 성립 시기나 배경이 각각 다르고, 시대에 따라 사회적 이상의 가치 관념도 변하기 때문에 다양한 시기에 다양한 목적으로 생겨난 규범들은 상호 충돌하거나 모순에 빠지기도 한다. 이 충돌이나 모순은 규범통제나 유권적 해석에 의하여 사후적으로 제거되고, 이로써 법체계의 통일성과 정합성이 회복된다.

따라서 법질서 내지 법체계의 통일성과 단일성은 미리 주어진 소여(所與)가 아니라－법질서의 단계구조 내에서 궁극적으로 헌법에 따른－해석과 보충, 수정 등의 과정을 통한 법 발견의 사고적 과정을 거친 후에야 비로소 수립될 수 있다. 따라서 법질서의 통일성은 법원의 이상적인 법적용의 목표이다. 즉 실제 존재하지 않는 법질서의 평가 단일성을 현행 가치기준의 체계적 파악과 조화로운 해석을 통하여 이루어 내는 것은 법해석학과 법원의 과제이다. 따라서 법질서의 통일성과 단일성은 이상(理想)이고 요청(要請)이며, 해석의 산물이자 결과이다.

다. 법질서의 통일성과 법역에 따른 차이

법질서가 사용하는 개념들이 모든 법역에서 통일적으로 사용되는 것이 아니라 각 법률의 보호 목적에 따라 차이가 있을 수 있다. 예컨대 민사상, 형사상 과실에 차이가 있는가, 민법상 점유와 형법상 점유가 다른가, 형법상 범죄와 민사상 불법행위는 어떻게 기능하고 관련되는가 하는 복잡한 문제가 제기된다. 이러한 문제는 그 법역에서의 입법자의 평가에 따른 차이가 있을 수 있고, 각 적용 영역에 따른 해석상 차이도 있을 수 있다. 행정기본법 제38조에 의하면, "법령 등의 내용과 규정은 다른 법령 등과 조화를 이루어야 하고, 법령 등 상호 간에 중복되거나 상충되지 아니하여야 하고……"라는 법률조항을 두고 있지만, 이는 당연한 법질서의 통일성의 원리를 선언하는 것에 불과하다.

우리 판례는 금전의 횡령이 문제된 경우 재물의 타인성을 인정할 것인지에 관하여 원칙적으로 일반적인 재물과 동일하게 민법, 상법 그 밖의 실체법에 따라 결정해야 한다고 보면서도, 일정한 경우 민법상 소유권과는 다른 형법상 금전 소유권의 개념을 인정해 왔다. 대법원은 목적과 용도를 정하여 위탁한 금전이나 위임자를 위하여 제3자로부터 수령한 금전의 경우에 수탁자나 수임자가 이를 소비하는 것을 횡령으로 처벌하고 있는 사례를 들고 있다(대법원 2022. 6. 23. 선고 2017도3829 전원합의체 판결의 다수의견). 그러나 가능한 한 법질서의 통일성을 위하여 금전이 특정물이 아니라 가치로 평가되는 경우에는 민법상 점유와 소유가 일치한다는 해석이 일관되어야 할 것이다. 위 사례에서 금전 수령의 원인이 된 법률관계의 성질과 당사자의 의사에 따라 위탁받거나 위임받아 수령한 금전은 가치 자체가 아니라 특정되어 그 소유권이 위탁자나 위임자에게 유보되어 있다고 해석할 수 있을 것이다.

그리고 구 소득세법 제88조 제1항 본문의 '양도'에 대한 양도소득세 부과에 관하여 자산이 유상으로 이전된 원인인 매매 등의 계약이 법률상 유효할 것까지 요구하고 있는지에 다툼이 있었다. 다수의견은 계약이 법률상 무효임에도 당사자 사이에서는 매매 등 계약이 유효한 것으로 취급되어 매도인 등이 매매 등 계약의 이행으로 매매대금 등을 수수하여 그대로 보유하고 있는 경우에는 그로 말미암아 얻은 양도차익에 대하여 양도소득세를 과세할 수 있고, 그것이 조세정의와 형평에 부합한다고 하였다. 그러나 대법관 6인의 반대의견에 의하면, 구 소득세법상 양도는 엄연히 권리이전의 원인행위가 유효하게 이루어진 것을 전제로 하는 것이고, 그 원인인 계약의 유·무효와 관계없이 사실상 이전이라고만 해석하는 것은 사법상 양도 개념과 세법상 양도 개념의 통일적 해석에 장애가 되는 것이어서 받아들이기 어렵다고 하였다(대법원 2011. 7. 21. 선고 2010두23644 전원합의체 판결). 사법상 양도가 무효라면 세법상으로도 자산의 양도로 인한 소득이 없는 것이므로, 소수의견이 법질서의 통일성 요청에 더 부합하는 것이다.

한편 행정범의 과실범 처벌에 관하여 형법상 과실범의 처벌에 관한 원칙이 적용되지 않는다는 것이 지배적 견해이다. 행정법학계의 통설은 행정범은 과실범에 대한 처벌규정이 없는 경우에도 고의범뿐만 아니라 과실범도 포함한다는 것이다. 그러나 이 문제에 관하여, 예컨대 찜질방에서 음주 사망한 사안에서 원심은 종업원과 업주에게 과실을 인정하고 양벌규정을 적용하여 처벌하였지만, 대법원은 행정상의 단속을 주안으로 하는 법규라고 하더라도 명문규정이 있거나 해석상 과실범도 벌할 뜻이 명백한 경우를 제외하고는 형법의 원칙에 따라 고의가 있어야 벌할 수 있다고 하여 원심판결을 파기 환송하였다(대법원 2010. 2. 11. 선고 2009도9807 판결). 이는 법원이 법질서의 통일성을 지향하는 좋은 예라고 할 것이다.

5. 규범논리와 규범충돌 등의 문제

가. 켈젠의 양립성 명제

전통적으로 규범충돌의 해결방법으로는 상위법 우선(lex superior derogat legi inferiori), 신법 우선(lex posterior derogat legi priori), 특별법 우선(lex specialis derogat legi generali)의 원칙이 제시되어 왔다. 그리고 자치법규에 대하여 국가법 우선의 원칙이 적용되고, 이는 연방국가에서 '연방법이 주법을 깨뜨린다'는 원칙과 같다.

우선 상위규범에 적합하도록 하위규범을 해석함으로써 규범충돌을 해소할 수 있고, 법원 등 권한 있는 기관이 규범통제 절차에서 하위규범의 무효를 선언할 수도 있다. 그런데 다음과 같은 의문이 제기된다: 1) 상위규범에 저촉되는 하위규범의 효력은 원천무효인가, 또는 권한 있는 기관의 무효 선언이 있을 때까지 유효하고 무효의 확인과 선언으로 폐지되는 것인가? 2) 동위규범 사이에 상호 모순이나 충돌이 있는 경우에 그 규범들의 효력은 어떠하고 해결은 어떻게 할 것인가?

두 규범이 서로 양립할 수 없는 행위를 규정하는 상황인 규범충돌을 논리적 모순으로 이해하는 것이 전통적인 견해였다. 그러나 법규범에 대한 논리의 적용, 특히 모순율과 추론규칙의 적용은 그렇게 자명한 것이 아니다(켈젠 법이론선집, 110면 이하). 켈젠에 의하면 규범은 당위를 규정하고 당위는 의욕의 상관개념이므로, 당위는 의지행위의 의미로서 그 자체로 진위일 수는 없다. 따라서 의욕된 규범은 효력이 있거나 없을 뿐이고 효력이란 바로 규범의 현존을 의미할 뿐이다. 그는 명제의 진위와 규범의 효력 간에 유비(類比)가 존재하지 않기 때문에 규범충돌은 논리적 모순이 아니라고 한다. 즉, 상위규범과 하위규범의 충돌이나 동위규범들 사이의 충돌이 있는 경우에도 위 양규범은 모두 효력이 있고(이른바 '양립성 명제'), 단지 하나의 규범이 준수될 때 다른 하나는 침해될 수 있다.

이 경우에 모순되는 하나의 규범이 효력을 상실하는 것은 두 가지 방법으로 가능하다. 켈젠에 의하면, 우선 1) 실효성의 최소한은 규범 효력의 조건이므로, 충돌하는 규범 중의 하나가 자연스러운 실효성의 상실(관행적인 비준수)로 효력이 상실될 수 있다. 또한 2) 의도적인 폐지(Derogation; 법창설자의 의지행위)를 통하여 당해 규범의 효력을 상실시킬 수도 있다. 폐지는 명령, 허용, 수권 이외에 규범의 독자적 기능의 하나이고, 폐지규범은 다른 규범의 효력을 전제하고 결정하는 비독립적 규범이다. 폐지는 입법자가 종전 규정을 명시적으로 폐지하거나—이는 규범충돌이 없어도 가능하다—명시적 표현 없이 신법의 제정을 통하여 구법을 폐지하되 이를 자명한 것으로 보아 명시하지 않는 경우이다. 후자가 바로 '신법이 구법을 폐지한다'는 전통적 원칙이지만, 입법자가 폐지를 묵시적으로 전제하였다고 하더라도 신법에 하나의 실정적 폐지규범이 포함되어 있다고 볼 수 있다고 한다(Hans Kelsen, Allgemeine Theorie der Normen, Wien 1979, 99면 이하 참조).

켈젠에 따르면, 헌법과 법률, 법률과 명령 사이와 같은 상, 하위 규범의 충돌에서는 상위규범에 의하여 하위규범의 효력이 당연 무효가 되지는 않고, 헌법과 법률에서 정해진 특별한 절차를 통하여 나온 폐지규범에 의하여 하위규범의 효력이 상실되는 것이다. 명제의 진위와 규범의 효력이나 준수는 같은 것이 아니기 때문에 이러한 규범들 사이의 충돌은 논리적 모순이 아니고, 진위는 명제의 속성인데 비하여 규범의 준수, 불준수는 규범이 아닌 일정한 행위의 속성이기 때문이다. 규범은 의지행위의 결과이고 규범의 효력은 그 의미가 규범이 되는 의지행위에 의존한다. 그 의지행위는 입법자의 법설정일 수 있고, 관할권 있는 법원의 판결행위일 수도 있다. 규범의 효력에 관한 입법이나 판결은 순전한 인식적 기능이 아니라 법 창설과정에서의 의지적 기능을 가진다는 것이다.

결국 켈젠은 상, 하위 규범충돌의 경우에 상위규범에 저촉되는 하위규범의 효력을 모두 인정하고, 단순한 해석이 아닌 폐지규범(입법이나 판결 등)으로 충돌이 해소될 수 있다는 것이다. 이 경우 폐지규범은 같은 법체계에 속하는 제3의 규범으로서 비독립적 규범이고, 학자에 따라서는 이를 '충돌규범' 또는 '저촉규범'이라고 부른다. 상위법 단계에 속해있는 저촉규범 내지 권한 있는 기관이 설정하는 폐지규범에 의하여 하위규범의 상위규범과의 충돌, 저촉이 해소되고, 그때까지 하위규범은 유효하게 존속하며 원천무효가 되는 것은 아니다. 이러한 '양립성 명제'가 켈젠의 규범논리이고, 이는 법적 안정성의 이념에서 출발하고 합헌성 추정이나 합헌적 법률해석의 원리와도 부합한다.

이와 같은 것은 상, 하위규범들 사이뿐만 아니라 동위규범들 사이의 충돌의 경우에도 마찬가지이다. 동위규범들 사이에는 원칙적으로 신법 우선, 특별법 우선의 원칙이 적용되지만, 그 시간적 관계나 특별성이 명백하지 않는 경우가 많다. 결국 동위규범 충돌의 해결은 관할권 있는 법적 기관이 해석으로 하게 되고, 그 결정은 묵시적인 폐지규범을 포함하고 있다. 방법론상 동위규범의 충돌도 법의 흠결이 되고, 이를 '충돌흠결' 또는 '저촉흠결'이라고 부른다. 동위규범의 충돌을 해소하는 해석이 바로 충돌규범이 되고, 규범충돌의 해소 시까지 모순, 상충되는 각 규범은 유효하며, 법적 권위 있는 사법적 결정이 있는 경우에 비로소 저촉되는 규범이 전부 또는 일부 무효가 된다. 특히 헌법재판에서 헌법 내의 동위규범, 예컨대 기본권 규정의 충돌은 통상적이고(예; 표현의 자유와 인격권), 권한 있는 헌법재판소가 비례원칙 등을 통한 형량을 통해서 해결하게 된다.

한편 국가 간의 규범저촉의 해결은 국제사법의 영역에 속하고, 국제사법이 전형적인 충돌규범이다. 그러나 각 규범의 시적, 공간적 효력 범위 내지 적용 한계가 다른 경우는 규범충돌이 아니고, 입법자가 정하는 권한 영역에 따른다. 규범의 효력 범위는 규범 자체에 명시될 수 있지만, 그렇지 않은 경우 해석으로 결정된다. 우선 공간적 적용범위 내지 장소적 효력범위는 규범의 영향과 중요도에 따라 속지주의, 속인주의, 국제주의가 선택될 수 있으며, 시간적 적용범위는 통상 법률 부칙에 명시되지만, 그렇지 않는 경우에는 법령 등 공포에 관한 법률상 공포 후 20일이 지나 효력이 발생한다.

나. 규범경합

양립할 수 있는 규범들이 병존하는 규범경합은 규범충돌이 아니고, 이 문제 역시 해석으로 해결되어야 한다. 규범경합은 하나의 사실관계에 적용될 수 있는 법규가 여러 개인 경우로서, 그 법률효과가 동일한 경우는 문제가 되지 아니한다. 예컨대 타인의 토지를 무단점유함으로써 불법행위와 부당이득이 동시에 성립하는 경우, 사법상 '청구권 경합'이 발생하고, 권리 행사는 권리자의 선택에 맡겨진다. 민사상 채무불이행과 불법행위가 동시에 성립하는 경우에 권리자는 선택적, 병존적으로 권리행사가 가능하고 권리의 내용이 상이하지만, 이 역시 청구권 경합으로 다루어질 수 있다. 형사법상 규범경합은 형법 제40조의 상상적 경합의 예를 들 수 있다.

한편 하나의 사실관계에 대하여 적용되는 규범의 경합이 있고 그 법률효과의 양립은 가능하지만, 한 규범의 법률효과가 다른 규범의 법률효과를 배제시키는 경우를 '법조경합'이라고 한다. 이는 순수한 규범충돌은 아니지만 그 효과는 규범충돌의 경우와 같이 어느 하나의 규범은 적용이 배제된다. 특히 형사상의 법조경합에는 특별관계, 흡수관계, 보충관계가 있다는 것이 통설이다(주석 형법총칙 2, 한국사법행정학회 편, 283면 이하 참조: 단 법조경합은 모두 특별관계라는 설이 유력하다).

경합되는 법규범이 특별관계에 있는 경우에 법조경합을 인정할 것임에도 이를 부정한 예가 있다. 특정범죄 가중처벌 등에 관한 법률 제5조의4 제5항은 절도죄 등으로 세 번 이상 징역형을 받은 사람이 다시 이들 죄를 범하여 누범으로 처벌하는 경우에는 가중된 법정형을 규정하고 있는데, 이와 유사한 규정이 형사특별법에 많이 있다. 대법원은 이 처벌 규정의 입법 취지, 형식 및 형법 제35조와의 차이점 등에 비추어 보면, 이 처벌규정은 형법 제35조(누범) 규정과는 별개로 새로운 구성요건을 창설한 것으로 해석한다. 따라서 위 가중처벌 규정에 정한 형에 다시 형법 제35조의 누범가중을 해야 한다는 것이 대법원의 확립된 판례이다(대법원 2020. 5. 14 선고 2019도18947 판결 등).

그러나 위 특별법의 가중규정은 동종의 누범 가중을 정한 특별법상 누범, 즉 특별누범의 처단규정으로서 전과의 요건은 처벌조건에 관한 것이지, 범죄 구성요건과는 관계없는 것이고, 동시에 형법 제35조의 일반누범 요건도 포섭하는 특별법에 해당한다. 그렇다면 대법원이 위 특별법의 가중처벌 조항의 누범이 형법상 일반누범의 요건도 충족하고 있다고 하여 위 조항의 특별누범으로 가중된 형에 다시 일반누범의 가중을 하라고 하는 것은 특별법 우선의 원칙과 법조경합(특별관계)의 법리를 무시한 것이고, 또한 이중평가(Doppelverwertung) 및 그에 따른 과잉처벌이라는 비판을 면하지 못한다(위 주석 형법총칙 2, 266면 이하 참조).

다. 규범통제와 헌법재판

규범통제는 비판적 법실증주의의 키워드이다. 법해석자는 실정법규범을 있는 그대로 무비판적으로 받아들이는 것이 아니라 상위법이나 법원리와의 관련성을 의식하고 그 합치성을 심사하여야 한다. 제정법뿐만 아니라 관습법이나 약관 등도 규범통제의 대상이 되고, 따라서 실정법 전체가 비판적 검토의 대상이 되어 전부 또는 일부가 무효화될 가능성이 열려 있는 것이다.

법질서의 단계구조상 상위법 우선의 원칙에서 도출되어 최상위법인 헌법 수호의 기능을 하는 것이 헌법재판 제도이고, 헌법재판소는 그 기능을 위탁받은 특별사법기관이다. 법원이 위헌법률심사권을 가지는 영미의 경우와 달리 대륙법계에서는 일반적으로 헌법재판소가 위헌법률을 폐지 내지 무효화하는 권한을 가지는데, 이는 결과적으로 '소극적 입법권'이라고 할 수 있다. 헌법재판소의 위헌법률심판은 규범충돌, 즉 최상위 법단계인 헌법과 차상위 법단계인 법률 사이의 충돌을 심사하는 규범통제 절차이다. 우리나라의 위헌법률심판은 구체적 규범통제에 국한되지만, 헌법재판소는 당해 법률이 재판의 전제가 되지 않는 경우에도 법률에 대한 헌법소원심판의 절차에서 직접성이나 자기관련성을 확대하여 위헌 심사를 하고 있어 실질적으로는 독일의 추상적 규범통제에 가까운 권한을 행사하고 있다(예: 재판의 전제성이 없이 법률 시행 이전에 규범통제를 한 이른바 '김영란법'이나 '공수처법' 등의 경우 등).

명령, 규칙 등 하위입법의 헌법과 법률 등 상위법위반 여부는 일반법원의 규범통제의 심사대상이고, 관습법도 실정법인 한 규범통제의 대상이 되지 않을 수 없다. 대법원이 여성을 종중원에서 제외한 종전의 관습법에 대하여 헌법적 심사를 거쳐 무효화한 판결(대법원 2005. 7. 21. 선고 2002다1178 전원합의체 판결)이나 관습법상 분묘기지권의 시효취득을 계속 인정할 것인지 여부를 심사한 판결(대법원 2017. 1. 19. 선고 2013다17292 전원합의체 판결)이 있고, 헌법재판소도 관습법에 대한 규범통제 가능성을 긍정하고 있다. '호주가 사망한 경우 딸에게 분재청구권을 인정하지 아니한 구 관습법'(헌법재판소 2013. 2. 28. 선고 2009헌바129 결정)과 "여호주가 사망하거나 출가하여 호주상속이 없이 절가된 경우, 유산은 그 절가된 가(家)의 가족이 승계하고 가족이 없을 때는 출가녀(出家女)가 승계한다"는 구 관습법(헌법재판소 2016. 4. 28. 선고 2013헌바396 결정)과 분묘기지권에 관한 관습법(헌법재판소 2020. 10. 29. 선고 2017헌바208 결정)이 헌법재판소법 제68조 제2항에 의한 헌법소원심판의 대상이 되었으나, 헌법재판소가 종래의 관습법을 위헌으로 선언한 사례는 아직 없다.

나아가 기존의 판례를 변경하거나 엄밀한 문언에 따라 제한적으로 적용하는 것도 넓은 의미에서는 판례에 대한 규범통제라고 할 수 있는 것이다. 또한 법률 문언의 가능한 의미 범위 내에서 다양한 해석 가능성이 있는 경우에 헌법과 법원리에 반하는 해석 결과를 배제하는 것도 널리 일종의 규범통제로 볼 수 있다.

라. 위헌결정과 헌법불합치결정의 효력

위헌결정은 헌법재판소의 규범통제에 따른 폐지규범인데, 위헌결정의 효력에 관하여 판례는 원칙적으로 원천무효 내지 소급무효라고 하며, 학설도 대체로 이를 지지하는 것으로 보인다. 그러나 이는 켈젠의 양립성 명제에 어긋나고, 위헌결정의 폐지규범에 의하여 폐지무효가 된다는 것이 규범논리에 부합하는 것임은 앞에서 본 바와 같다. 원칙적으로 의회가 제정한 법률의 합헌성 추정이 인정되고 헌법재판소의 결정 이전에는 당해 법률의 위헌 여부에 관하여 예측 불가능할 정도로 불확실성이 있는 것이다. 재판관들 사이에 법률의 위헌 여부에 대한 견해가 당연히 엇갈릴 수 있으며, 실제로 헌법재판소의 결정에도 재판관들의 의견이 나뉘는 경우가 많다. 그러한 점에서 위헌결정을 원천 무효로 보아 소급효를 인정하는 것은 지나치고, 법률의 합헌성을 신뢰한 시민들의 법적 안정성을 침해하는 등의 문제가 있는 것이다.

다만 헌법재판소법이 형사법규에 대한 위헌결정에 대하여 소급효를 인정하는 것은 위헌법률에 의한 종전의 형사처벌도 정의에 반한다는 입법자의 결단에 의한 것이라고 해석된다. 형사법규에 대한 위헌결정에 소급효를 인정하고 재심 대상이 된다고 하더라도 위헌결정은 폐지규범에 해당하므로, 범죄 후 형벌의 폐지가 있는 것으로 보아 법원은 무죄가 아니라 면소판결을 하여야 할 것이다(구속사건의 무죄판결로 받게 되는 형사보상은 면소판결의 경우에는 배제되는 차이가 있다).

그런데 이러한 위헌결정의 소급효로 인하여 파급효과가 크기 때문에 헌법재판소가 종국적인 위헌결정을 회피하는 경우가 많이 있다. 그래서 우리 헌법재판소는 독일 연방헌법재판소의 예를 좇아서 헌법불합치 결정을 하고, 나아가 헌법합치적 법률로 개정하라는 시한부 입법촉구의 주문을 내기도 한다. 이는 국회에 대한 명령을 통한 사실상의 적극적 입법권 행사로 볼 수 있고 권력분립의 원칙상 문제가 있는 것이지만, 실제로 국회가 헌법재판소가 제시한 시한까지 헌법불합치의 법률을 개정하는 경우는 드물다.

헌법재판소의 변형결정 중 헌법불합치결정의 효력은 규범논리상 특히 문제가 된다. 예컨대 구 학교보건법상 절대정화구역에서 극장 영업금지 조항에 대한 위헌제청에 대하여 헌법재판소가 헌법불합치결정을 하였는데, 대법원은 이를 위헌결정으로 보아 원칙적 적용금지를 명하였고(대법원 2009. 1. 15. 선고 2004도7111 판결), 그후 법원은 헌법불합치결정도 위헌결정이라고 하여 형사사건의 경우는 무죄를 선고하여 왔다. 그리고 헌법재판소가 헌법불합치결정을 하면서 시한부 입법촉구 결정을 한 경우에도 법원은 개선입법

이전에도 해당 조항은 무효라고 하였다. 따라서 사후에 의회의 개선입법이 이루어진 경우에 법원은 개정 조항의 소급적용도 하지 아니하는 입장이다.

문제가 많았던 야간옥외집회금지 규정에 대하여, 헌법재판소는 헌법불합치결정을 하고 잠정 적용을 명하면서 2010. 6. 30.까지 개정을 촉구하는 결정을 하였다(헌법재판소 2009. 9. 24. 2008헌가25 결정: 위헌 5인, 불합치 2인, 합헌 2인으로 헌법불합치 결정을 하고, 91헌바14 합헌결정의 선례를 변경하였다). 이것은 위헌적인 법률의 개정을 명하는 주문을 통하여 헌법재판소가 헌법불합치라는 수단으로 간접적으로 입법을 명한 것이다. 그런데 헌법재판소가 정한 시한인 2010. 6. 30.까지도 법률 개정이 이루어지지 않았고, 이 경우, 헌법재판소가 정한 개정시한을 넘긴 헌법불합치법률의 효력에 관하여 대법원 2011. 6. 23. 선고 2008도7562 전원합의체 판결의 다수의견은 당해 법률규정이 무효가 된다는 이유로 무죄설을 취하였고, 면소설을 취한 별개의견도 있었다. 헌법재판소가 결정 주문에 위헌적 법률의 개정시한을 정한 경우에 이를 넘긴 헌법불합치적 법률의 효력에 관하여 여러 이론들이 있지만, 의회의 입법부작위로 그 법률은 효력을 상실할 수밖에 없고, 이때 일반적인 위헌결정의 효력과 마찬가지로 형사법규인 경우에는 형의 폐지로 보아 면소판결을 할 것이라는 위 전원합의체 판결의 별개의견(대법관 이인복 등)이 규범논리상 타당함은 물론이다.

헌법불합치 결정은 위헌결정이 아니므로, 규범논리상 그 규범은 유효하게 존속하고 무효가 될 수 없다. 그러나 당해 법률이 유효하고 헌법재판소가 잠정 적용을 명하는 경우라고 하더라도 법원이 헌법불합치의 법률을 적용하여 재판하는 것은 위헌적이고, 합헌적인 법률해석의 방법이 없는 한 의회의 법률 개정을 기다릴 수밖에 없다. 다만 헌법재판소는 구 특허법 제186조 제1항이 특허심판과 항고심판 이후 바로 대법원으로 하여금 특허사건의 최종심 및 법률심으로서 단지 법률적 측면의 심사만을 할 수 있도록 한 것은 국민의 재판청구권을 침해한다는 등의 이유로 헌법불합치를 선언하면서 법적 안정성의 이유로 합헌적인 개정법률이 시행될 때까지는 당해 사건도 포함하여 위 규정의 잠정적 적용을 명하였다(헌법재판소 1995. 9. 28. 선고 92헌가11 등 결정). 이러한 경우에 위헌적이라고 하더라도 특허법원이 설치될 때까지는 특허사건의 항고심판은 계속될 수밖에 없었다.

마. 한정합헌, 한정위헌 결정의 효력—대법원과 헌법재판소의 갈등

우리 헌법재판소는 위헌결정의 파급효과 때문에 단순 위헌결정을 하지 않고, 독일의 예를 따라서 헌법합치적 해석을 통한 한정합헌이나 한정위헌이라는 변형결정을 하고 있다. 헌법재판소의 변형결정인 한정위헌이나 한정합헌 결정은 단순한 전부 위헌결정이 아니라 일부 위헌을 선언하면서 실질적으로 법원의 법률해석을 지도하는 형식이 된다. 법원으로서는 당연히 헌법재판소가 법원의 법률해석 권한에 개입하거나 이를 제약하는 것으로 볼 수밖에 없고, 이 문제에 관하여 대법원과 헌법재판소의 갈등이 심하다.

예컨대 전기사업법상 전기간선시설의 지중설치 비용의 부담주체에 관한 주택건설촉진법 제36조 제3, 4항에 대하여, 헌법재판소는 한국전력이 비용을 부담한다고 법률을 헌법합치적으로 해석하여 합헌결정을 하였다(헌법재판소 2005. 2. 24. 선고 2001헌바71 결정: 재판관 5인이 위헌의견으로 다수이기는 하지만 위헌정족수를 채우지 못하여 합헌결정을 한 사례). 하지만 대법원은 통상적인 설치방법인 가공설치 이외에 지중설치는 한국전력이 전부 부담할 의무가 없다고 해석함으로써(대법원 2008. 10. 23. 선고 2006다66272 판결: 단 주택건설촉진법에 의하여 사업자가 분담 가능함), 헌법재판소와 충돌하였다. 또 과거에 국가보안법에 대하여 헌법재판소가 한정합헌 결정을 하였으나(89헌가113), 대법원은 그 결정 취지가 추상적이고 선언적이라는 이유로 대법원은 그에 따르지 않았다(대법원 1992. 3. 31. 선고 90도2033 전원합의체 판결). 그 판결의 소수의견은 헌법재판소의 결정 취지를 따라 "표현물의 내용은 현재 대한민국의 존립 안전이나 헌법의 기본질서를 위태롭게 할 구체적이고 가능한 위험성이 없다고 볼 것이므로 국가보안법의 규제대상인 반국가활동성있는 불법표현물에 미치지 못한다"고 제한 해석하였다. 그 후 법원은 시대와 의식의 변천에 따라 기존 판례를 실질적으로 변경하고 국가보안법을 제한 해석하였고, 대법원은 남북공동선언실천연대의 자료집 소지행위에 대하여, 이적표현물 소지의 고의로부터 이적행위 목적을 추정한 종전 판례를 폐기하였다(대법원 2010. 7. 23. 선고 2010도1189 전원합의체 판결). 그러나 그 목적의 인식 정도에 관하여, 다수의견은 종전 판례를 고수하여 간접증거로 이적목적을 인정하였으나, 소수의견은 국가보안법 제7조 중 이적표현물 소지죄는 사상이나 표현의 자유를 제약하므로 단지 이적목적의 미필적 인식으로는 부족하다고 하여 그 증명의 엄격성을 요구하였다.

그런데 헌법재판소의 한정합헌은 질적 일부 위헌결정의 성격이 있지만, 법원이 한정합헌 결정은 위헌결정이 아니라고 구속력이 없다고 하자, 헌법재판소는 한정위헌 결정을 하기 시작했다. 특히 헌법재판소의 한정위헌 결정에 기속력이 있는지 여부와 한정위헌을 구하는 심판 제청의 허용 여부가 문제되었다.

우선 한정위헌 결정도 일부 위헌결정이라면 원칙적으로 그 일부에 대하여 효력이 있다고 볼 것이지만, 법원은 한정위헌 결정도 단순 위헌결정이 아니라고 하여 그 기속력을 부정하고 있다. 예컨대 헌법재판소는, "상호신용금고법(1995. 1. 5. 법률 제4867호로 개정된 것) 제37조의3 제1항 중 임원에 관한 부분 및 제2항은 상호신용금고의 부실경영에 책임이 없는 임원에 대하여도 연대하여 변제할 책임을 부담케 하는 범위 내에서 헌법에 위반된다"는 한정위헌 결정을 선고하였다(헌법재판소 2002. 8. 29. 선고 2000헌가5, 6 결정). 그런데 법원은 위 법률조항의 입법목적에 따라 위 조항에서 말하는 '상호신용금고의 임원'이란 '상호신용금고의 부실경영에 책임이 있는 임원'이라고 제한적으로 해석하면서도 법원이 법령의 해석·적용 권한에 따라 위 규정에서 말하는 임원의 범위를 축소 해석한 것이지, 헌법재판소의 한정위헌 결정에 기속력을 인정하고 그에 따른 해석을 한 것은 아니라고 명시하였다(대법원 2008. 4. 10. 선고 2004다68519 판결).

그리고 법률이나 법률조항의 한정위헌을 구하는 심판제청은 허용될 수 없다는 것이 확립된 대법원의 견해이다(대법원 2018. 3. 20.자 2017즈기10 결정 등). 즉, 대법원은 헌재의 한정위헌 결정이 법률이나 법률조항의 전부 또는 일부가 폐지되는 것과 같은 결과를 가져오는 것이 아니라 그 법률이나 법률조항의 문언은 존속하고 그 해석기준을 제시하는 것이므로, 이는 법원의 법률해석권을 침해한다는 이유에서 법률의 의미를 풀이한 '법률해석'이 위헌인지 여부의 심판을 제청하는 것은 허용되지 않는다는 것이다. 같은 취지에서 대법원은 국가가 국가공권력을 악용하여 국민을 고문하고 이를 통하여 사유재산권을 박탈하는 등 반인도적 범죄행위를 함으로써 직접적으로 피해를 입은 국민의 국가에 대한 손해배상청구권이 민법 제766조 제1항이 정한 3년의 단기소멸시효의 완성으로 소멸하였다고 볼 수 없다고 해석하여 원심판결을 파기환송하면서(2001다44086호), 위 법률조항의 위헌 여부에 따라 재판의 주문이 달라지거나 재판의 내용과 효력에 관한 법률적 의미가 달라진다고 볼 수 없으므로 위 조항에 대한 한정위헌을 구하는 헌법소원심판 청구는 재판의 전제성이 인정되지 않아 부적법하다고 판시하였다.

이에 대하여 헌법재판소는 재판관들의 의견이 나뉘었고, 다수의견은 손해배상청구권의 소멸시효 규정에 대한 한정위헌 청구가 적법하다고 하였으며(헌법재판소 2008. 11. 27. 2004헌바54 결정), 나아가 본안에 관하여 헌법재판소의 다수의견은 위 법률조항들은 헌법에 위반되지 않는다고 판단하였다(헌법불합치 의견과 한정위헌 의견도 있음). 결국 헌법재판소는 대법원의 해석을 지지하면서도 한정위헌청구가 허용된다는 견해를 고수하는 것인데, 만일 헌법재판소의 한정위헌 결정이 질적 일부 위헌결정인 경우에는 법원의 법률해석권(특히 합헌적 해석)에 관여하는 것이므로, 원칙적으로 허용될 수 없다. 다만 심판대상의 법률조항이 구체적 사실관계와 관계없이 법률의 의미와 적용범위에 있어서 객관적·개념적·추상적으로 분리될 수 있는 경우에는 한정위헌 청구가 적법할 수 있다는 소수의견(재판관 목영준)이 있다. 규범논리상 양적 일부 위헌결정은 가능하다고 볼 것이므로, 이 의견은 타당하다.

특히 헌법재판소는 2012. 12. 27. 선고 2011헌바117 결정에서 한정위헌청구의 적법성을 정면으로 인정하고 종전 결정들을 변경하였다. 이 결정에서 공무담당 사인인 제주도통합영향평가심의위원회 심의위원을 형법의 뇌물죄가 정하는 공무원에 포함시키는 것이 위헌이라는 한정위헌청구의 적법성을 인정하였다. 다수의견은 한정위헌청구를 원칙적으로 적법하다고 선언하면서 당해 청구가 법률조항의 단순한 포섭, 적용에 관한 것은 아니라는 전제 위에서 바로 본안을 판단하였다. 다만 소수의견은 다수의견처럼 청구를 이해한다면 구체적인 법률의 해석, 적용을 판단하는 재판소원이 될 수밖에 없다고 보아 부적법하다는 의견이다.

한편 대법원이 적극적인 헌법합치적 해석을 통하여 법률규정에 대한 실질적인 일부 위헌판단을 하는 경우도 나오고 있다. 예컨대 대법원 2022. 4. 21. 선고 2019도3047 전원합의체판결의 다수의견은 "군형법 제92조의6의 문언, 개정 연혁, 보호법익과 헌법 규정을 비롯한 전체 법질서의 변화를 종합적으로 고려하면, 위 규정은 동성인 군인 사이의 항문성교나 그밖에 이와 유사한 행위가 사적 공간에서 자발적 의사 합치에 따라 이루어지는 등 군이라는 공동사회의 건전한 생활과 군기를 직접적, 구체적으로 침해한 것으로 보기 어렵다"고 하는데, 이는 체계적, 역사적 해석방법을 통하여 위 군형법 규정의 목적론적 축소를 한 것이지만, 실질적인 양적 일부 위헌판단을 하였다고 볼 수 있다. 물론 다수의견이 현행 규정이 가지는 문언의 가능한 의미를 넘어서 법원에 주어진 법률해석 권한의 한계를 벗어난 것으로서 이에 동의할 수 없다는 반대의견(조재연 대법관 등)이 있다. 그후 헌법재판소 2023. 10. 26. 선고 2017헌가16 결정은 대법원의 위 해석을 전제로 위 군형법 규정에 대하여 합헌결정을 하였다(반대의견 있음).

결국 대법원은 헌법재판소의 한정합헌과 한정위헌 결정은 헌법의 이름으로 법원의 해석에 관여하는 것이라고 하여 반대하면서 한편으로는 헌법합치적 해석을 통하여 실질적인 일부 위헌결정을 하고 있다. 결국 이 영역은 양대 최고 사법기관의 관할이 경합되는 부분이라고 할 수 있는데, 이로써 헌법의 규범성을 경쟁적으로 확보하게 되는 기능을 하는 것으로 보아 시인할 수 있을 것이다.

바. 대법원과 헌법재판소의 충돌과 그 해결

우리 헌법재판소의 모델인 독일에서 남녀의 성별변경이나 수용유사의 침해 (지하철공사 중의 영업손실 등과 자갈채취사건에서 사유지 침해) 등의 사건에 대하여 연방헌법재판소와 연방대법원이 엇갈린 판결을 내는 등 충돌이 있었으나, 독일의 경우, 헌법재판소가 법원의 판결을 심사하는 상위 사법기관이다.

과거 제1공화국의 헌법위원회가 헌법합치적 법률해석을 한 경우, 당시의 헌법위원회는 한정합헌 등의 변형결정을 하지 아니하고 단순합헌결정을 하였다. 헌법위원회의 주된 구성원이 현직 대법관이었으므로 대법원의 법률해석과 모순·충돌될 위험은 거의 없었다. 그후 제3공화국 당시에는 일반법원에 의한 비집중형 위헌법률 심사제도가 시행되었고, 법원은 법률에 위헌의 소지가 있는 경우에는 해석에 의해 당해 법률의 의미를 한정·축소하거나 헌법합치적 해석에 의한 합헌판결을 선고하는 예가 많았다. 일반재판과 헌법재판 권한이 동일한 기관에 속함으로써 법령의 해석에 관한 갈등이 생길 여지가 없었다.

제5공화국에 헌법재판소 제도가 도입된 후, 대법원이 명령·규칙의 심사에 관하여 1990년대 초 헌법재판소와 최초의 충돌이 있은 이후, 세법상 명의신탁의 증여의제 조항의 해석에 관한 충돌 등의 갈등이 이어져 왔다. 최근 법인세법의 전면 개정에 따라 과세근거 규정이 없어졌다는 이유로 헌법재판소가 헌법소원 심판을 통하여 법인세 부과를 인용한 법원의 판결을 사실상 취소하였으나(헌법재판소 2022. 6. 30. 선고 2014헌마260 결정, 2022. 7. 21. 선고 2013헌마242, 496 결정), 법원은 재판소원이 금지된다는 이유로 재심을 허용하지 않아서 갈등이 극에 달하고 있다. 대법원과 헌법재판소 결정의 충돌도 일종의 '규범충돌'이고, 이를 해결할 수 있는 현행법상의 제도가 없으므로, 입법적 해결이 필요하다. 그런데 현행 헌법의 사법구조상 헌법재판소의 재판소원 제도를 법률로 도입하는 것은 위헌의 의심이 있고, 인정하더라도 −중대한 기본권 침해 등− 사유에 제한을 두고 헌법재판소의 위헌확인 결정을 당해 사건의 재심사유로 삼아야 할 것이다.

이와 같이 법원의 법률해석 권한과 헌법재판소의 헌법과 법률의 해석에 관한 변형결정의 효력을 둘러싸고 대법원과 헌법재판소 사이에 갈등은 뚜렷하고, 이른바 '사법농단' 사건에서도 문제가 되었다. 우리 헌법이 법률에 대한 위헌심사권과 명령·규칙에 대한 위헌심사권을 분리하여 규정하고 있으며, 법률의 해석·적용이 사법의 본질에 속하는 것이고 법원의 권한에 속하는 것이 원칙이지만, 헌법재판소로서도 법률의 위헌 여부를 심사하기 위한 전제로 법률의 해석이 필요하므로, 양 기관 사이에 헌법과 법률의 해석에 관하여 이견이 생길 수 있고, 이는 한정합헌이나 한정위헌 결정의 경우에 잘 드러난다.

물론 대법원과 헌법재판소가 충돌만 하는 것은 아니다. 헌법재판소가 야간 옥외집회 또는 시위에 관하여 한정위헌의 형태로, "구 '집회 및 시위에 관한 법률' 제10조 및 제20조 제3호 중 '제10조 본문'에 관한 부분은 각 '일몰시간 후부터 같은 날 24시까지의 옥외집회 또는 시위'에 적용하는 한 헌법에 위반된다"는 양적 일부 위헌결정을 하였고(헌법재판소 2014. 4. 24. 선고 2011헌가29 결정), 대법원은 위 헌법재판소 결정은 일부 위헌의 취지라고 보고 헌법재판소법 제47조에서 정한 위헌결정으로서의 효력을 인정하였다(대법원 2014. 7. 10. 선고 2008도4260 판결). 또한 대법원은 헌법재판소가 선고한 '구 민주화운동 관련자 명예회복 및 보상 등에 관한 법률 제18조 제2항의 민주화운동과 관련하여 입은 피해 중 불법행위로 인한 정신적 손해에 관한 부분은 헌법에 위반된다'는 결정이 양적 일부 위헌결정으로 법원에 대하여 기속력이 있다고 하였다. 그리고 일부 위헌결정이 선고된 사정은 그 결정 선고 전 헌법소원의 전제가 된 해당 소송사건에서 이미 확정된 판결에 대하여 헌법재판소법 제75조 제7항에서 정한 재심사유가 된다고 판단하였다(대법원 2020. 12. 10. 선고 2020다205455 판결).

어떻든 현행 헌법상 법원과 별개 기관인 헌법재판소가 그 존재근거를 확립하기 위하여 정책적 입법형성이나 법률의 해석에 개입하는 경향이 있고, 이는 과도한 헌법화 내지 헌법의 과잉을 결과할 수 있다. 사견으로는, 헌법의 과잉을 막고 두 개의 머리를 가진 최고법원 사이의 갈등을 해소하며, 헌법재판소가 고립된 섬이 되지 않기 위하여는 궁극적으로 대법원과 헌법재판소의 통합이 필요하다. 즉, 대법원에 부를 두어(헌법부, 민사부, 형사부, 행정부 등) 전문화하면서, '헌법부'가 대법원이 관장하는 선거소송을 포함하여 종래 헌법재판소의 관할 사항을 다루되, 헌법적 쟁점이 문제가 되는 사건이 전문부의 관할 사항으로 중복되는 경우나 국가적으로 매우 중요한 사안인 경우에는 대법원장(또는 통합기관의 장)이 관련되는 전문부와 헌법부를 공동부 내지 연합부로 구성해서 판결하도록 하는 제도를 두는 게 필요하다고 생각하지만, 물론 이는 개헌 사항이다.

6. 소결

법원(法源)의 다양성과 법규범의 상이한 목적과 성립시기 때문에 법질서는 개관이 어렵고, 규범들 사이에 모순과 충돌이 발생할 수 있다. 켈젠의 법질서의 단계구조 이론과 규범논리는 법원(法源)들 간에 서열을 정하고 모순과 충돌을 해소한다. 모든 법률과 개별 조항들은 전 법질서에 모순 없이 통합되는 체계의 한 부분으로 이해되고, 단일하고 통일적인 법체계에 편입되어 입법자의 규율의도에 따라 법률과 개별 조항이 해석, 적용되는 것이다. 따라서 개별규범이 아니라 평가단일체로서의 전 법질서가 개별사건에서 법적용의 기준이 된다. 그리고 법질서의 단일성이나 통일성은 이미 주어진 것이 아니라, 법률의 해석과 보충, 수정 등 법형성 및 경우에 따라서는 규범통제의 체계적이고 사고적인 과정을 통하여 비로소 이루어질 수 있는 것이고, 이는 법원의 이상적인 법 적용의 목표이다.

법원론(法源論)

1 법원 개념의 의의

법원(法源; Reschtsquellen, source of law)의 개념은 다양하다. 법원 개념은 기본적으로 법의 성립과 존재근거 내지 존재양식으로 파악되지만, 또한 법의 존재나 내용을 파악하기 위한 원천이자 근거 내지 자료라는 '법 인식원'(法 認識源)의 의미로도 사용된다. 한편 법원은 법의 산출근거나 법의 효력근거라는 의미로도 사용된다. 전자는 사회학적인 법 발생원이고, 후자는 윤리적, 가치적인 법 효력원의 개념이다.

덴마크의 알프 로스(Alf Ross)도 인과적, 윤리적, 인식론적 법원 개념을 구별하는데, 이는 법의 성립 원천, 효력 원천, 인식 원천으로 구분된다(법원론, 7면 이하). 그는 법 인식원(認識源)으로서의 법원 개념을 중요시하되, 법 인식원에는 널리 입법자료나 문헌 등 광범한 간접자료들도 포괄할 수 있지만, 이를 법 정보원(情報源)이라고 불러 구별하고 있다. 프랑스의 르네 다비드(Rene David)에 의하면, 법원의 개념은 나라마다 학자마다 다르게 사용되고 있지만, 통상 특정 시대에 특정 국가에서 효력 있는 법의 규율을 찾아볼 수 있는 수단 내지 전거를 의미한다.

법원의 실재론적 정의는 법의 본질에 관한 법이론마다 상위할 수 있지만, 다양한 법원 개념 중에서 법관이 법을 확인하고 선언하는 법의 원천으로서의 법원은 법의 인식원 내지 인식근거라는 것이 중요하다. 따라서 법원은 법이론적으로는 법에 대한 인식근거, 즉 형식적 의미에서 법이라는 것의 인식원천으로서 법관의 판단에 사실상 결정적으로 영향을 주는 관계로 파악한다.

따라서 법원의 유명론적 정의는 법이라고 하는 것의 인식근거를 의미한다.

▥ 법원의 종류

1. 다양한 법원

오늘날 가장 중요한 법원은 실정법이지만, 실정법의 규정이 명백하지 않거나 흠결이 있는 경우에는 바로 구체적인 법규범이 도출될 수 없다. 로스에 의하면, 제정법의 쓰여진 법명제들도 아직 법이 아니라 책 속의 법(law in books)일 뿐이고 법관이 해석을 통하여 법규범으로 선언한 것이 바로 살아 있는 법(law in action)이 된다.

그러면 법의 원천, 즉 법원으로는 실정법만이 아니라 다른 원천도 있는 것인가? 또한 법이념은 법 개념의 구성요소이므로, 법이념도 법원으로 볼 수 있는가? 일정한 법사실도 법원이 될 수 있는가? 이는 법원론의 핵심 문제이다.

우선 우리 헌법 제6조 제1항에 의하여 조약과 일반적으로 승인된 국제법규는 국내법과 같은 효력을 가지고, 헌법 이하의 의회 제정의 법률 등의 실정법이 국가적 법원이 됨은 분명하다. 나아가 정관이나 보통거래약관 등과 같은 사적 입법은 어떠한가? 우선 노동법상 단체협약이 집단적 계약으로서 노동법의 법원이라는 것이 노동법학의 통설이고, 이는 법 개념이 사적 입법에까지 확장되는 단초가 된다. 자율적인 사적 입법인 사적 단체의 정관이나 규약 등이 내부자들 사이에 재판의 기준이 되고 법원의 해석 대상이 되는 경우가 빈번하다. 또한 집단적 계약인 보통거래약관도 다수의 소비자들에 대하여 규범성과 실정성이 있고, 법원의 규범통제나 행정기관의 약관통제의 대상이 된다. 그렇다면 이러한 사적 입법이 해당 수범자들 사이에 행위규범이 되고, 따라서 넓은 의미에서의 법원이 될 수 있는지 문제도 제기된다.

2. 관습법과 판례법

제정법이 아닌 관습법을 법원으로 보기 위하여는, 이를 위임이나 승인에 의한 법원으로 보거나 관습 등 법외적 법원을 포괄하는 새로운 법 개념을 받아들이는 방법이 있다. 전자가 입법이나 판결에 의한 허용 내지 승인설이고, 후자는 사회학적, 자연법적 법 개념을 인정하는 것이 된다. 전자의 의미에서 관습법과 판례는 상호 밀접한 관계에 있다. 일찍이 독일의 법사회학자 막스 베버(M. Weber)는 관습법은 실은 법관법(판례법)이라고 하였다. 즉 관습법은 판례에 의하여 확인되고 승인되므로 판례가 관습법을 확정하고, 다른 한편 확립된 판례가 법적 확신의 지를 받아 관습법의 효력을 가진 법원이 되므로, 결국 관습법과 판례법은 동일한 법원이 된다는 것이다.

대륙법계 국가에서 판례는 기본적으로 법 인식원이고 구속력 있는 법원은 아니지만, 판례가 축적되고 확립되면 법적 확신에 뒷받침되어 관습법으로서의 지위에 서게 되고 구속력 있는 법원이 될 수 있다(독일의 통설: 뤼터스 법이론, 136면). 그리고 판례가 확립한 양도담보나 가등기담보에 관한 관습법의 법리가 입법화된 예와 같이, 판례에 의하여 확인된 관습법이 입법적 승인에 의하여 실정화되기도 한다(아래 제4의 2.항 참조).

대륙법계 국가에서도 최고법원의 판례는 아직 확립되지 않더라도 일단 새로운 법률 해석이나 법리를 선언하면 향후 법적 자문과 재판의 기준이 됨으로써 실질적인 구속력이 있고 살아 있는 법이 되고 있다. 이는 법적 안정성의 요청이나 신뢰보호라는 측면에서 판례의 법리가 일반성을 획득할 수 있는 것이고, 추상적이고 경직된 법률보다 구체적 사건에서 판결이 더 명확하게 행위 기준을 제시하고 변화하는 사회에 대처할 수 있기 때문이다. 소액사건의 경우, 대법원의 판례에 상반되는 판단을 한 때는 상고이유가 되고(소액사건심판법 제3조), 일반사건의 경우에도 판례위반은 법리오해의 상고이유로 인정되므로, 최고법원의 판례는 규범성을 부정하기 어렵다. 특히 대법원의 전원합의체가 종전 판례를 변경하는 경우, 이는 마치 법률을 개정하는 것과 같고, 이것이 구속력 있는 법원이 아니라고 할 수는 없다.

만일 법이론상 판례의 규범성이나 법원성이 인정된다면 피고인에게 불리한 판례 변경의 소급효가 인정될 것인가의 문제가 제기된다. 대법원 1999. 7. 15. 선고 95도2870 전원합의체 판결의 다수의견은 판례의 변경은 법률의 변경이 아니라 하여 소급효를 긍정하였으나, 이는 신뢰보호의 원칙상 문제가 있다. 판례뿐만 아니라 법원이나 법집행기관의 실무관행이나 행정규칙 등도 법관이나 관료들의 행위 표준이 되고, 시민들도 자신들의 행위를 이에 맞추기 때문에 사실상의 법원이 되고 있으며, 특히 확립된 실무관행은 구속력 있는 법원이 아니라고 할 수 없다.

그렇다면 선출되지 않은 권력인 사법부의 판례가 구속적인 법원성이나 규범성을 가진다고 하여 입법자의 우위가 훼손되고 사법국가로 가게 되는 것인가? 법관이 법률과 양심에 따라 재판을 하는 것이 헌법의 명령이고, 민주주의 원칙상 사법부가 국민의 대표자인 의회를 대신하거나 대체하지 못한다. 그러나 법원이 법률이 명확하지 않는 경우 입법자의 의도나 계획에 따라 구체화하고, 법률에 흠결 있는 경우 이를 보충하는 것은 필요하고 가능하다. 다만 뒤에서 보는 바와 같이 입법자의 계획을 넘어서는 법관의 법형성이나 법창조는 쉽게 정당화될 수 없다.

3. 비제정적 법원-알프 로스의 법원론

법이념이나 정의, 조리 내지 이성과 형평, 학설 등과 같은 비제정적인 원천들이 법 인식원으로서의 법원이 될 수 있는지 논의가 분분하다(아래 4의 3.항 참조). 알프 로스(Alf Ross)는 법관이 법을 창조하지 못한다는 법실증주의적인 도그마를 포기하면 관습법, 사물의 본성 내지 조리, 형평이나 자유법 등도 보충적 법원으로 포함시킬 수 있다고 한다. 이렇게 하여 법의 사회학적 결정요소나 윤리적, 정치적 이념이 법관의 법의 인식이나 창조에 대하여 작용할 수 있게 되는 것이다. 그래서 로스는 관습이나 자연법, 학설 등이 법관에 의하여 적용되는 범위 내에서 법이 된다고 하여 법 개념 자체를 수정한다. 그렇다면 법이 일관되지 못하고 법관의 주관에 의하여 결정되는 것이 아닌가 하는 의문이 제기될 수 있다.

앞에서 본 바와 같이 로스는 법을 국가의 전체 구조 내지 체계의 의사라 하고, 그에 따라 법의 궁극적 인식근거, 법이라고 하는 것의 원천은 상호적인 전체 질서로 이해되는 '체계'(system)에 있다고 한다. 로스가 말하는 체계는 선험적인 것이 아니라 구체적 법적 행위의 상호 작용의 전체 구조로서 현실적인 것을 상정하고 있다. 모든 규범은 체계내적으로 성립하고 체계와 모순되거나 체계외적으로 성립되는 법은 형용모순이지만, 체계는 스스로를 조정하거나 체계외적 법을 체계 안에 수용함으로써 외계의 변화에 대응한다. 그래서 그는 체계외적 법은 직접, 중간에 개재하는 하위의 법원이 없이도 체계와 관련되는 법이고, 그러한 의미에서 체제 전복적인 혁명과 다른 한편 무의식적이지만 계속적인 법적용을 통한 관습법의 형성은 근본적인 차이가 없다고 한다.

로스는 법적 진실 내지 법의 정당성은 '체계의 일관성'에서 찾아진다고 한다. 그 결과, 법적 인식은 법으로서 전제된 근본규범으로부터의 연역일뿐만 아니라 상대적으로 법관의 구체적인 적용으로부터의 귀납이기도 하다는 것이다. 이러한 체계의 개념은 서로 모순, 상충될 수도 있는 제정적, 비제정적 법원들을 전 법질서의 일원으로 통합하는 역할을 하는 것이다.

그에 따라 로스는 법의 실증성 내지 객관화를 기준으로 3가지 법원의 분류를 하고 있다. 1) 완전히 객관화된 유형의 원천−권위적 설정에 의한 광의의 입법, 2) 부분적으로 객관화된 유형의 원천−관습과 판례, 3) 객관화되지 않은 자유로운 형태의 법원−이성과 형평(민법 제1조의 조리).

성문법주의의 대륙법에서는 1)의 원천이, 영미법의 불문법주의에서는 2)의 판례와 관습이 중요하지만, 3)은 1), 2)에 흠결이 있는 경우, 양자 모두에게 중요하다. 그렇지만 오늘날 양자의 법계는 수렴, 접근하고 있다.

로스에 의하면, 법률과 판결의 관계에 관하여 "법률에 근거한 실무가 법인 것처럼 법률은 실무에 적용되기 때문에 법인 것이다."(법원론, 115면) 법관의 지위는 입법자의 위임에 의거하지만, 한편 입법자의 힘은 법관의 적용에 의하여 현실화된다. 따라서 법률과 판결의 관계는 상호 동등한 병렬관계이고, 양자는 그 안에서 병렬관계가 성립하는 체계의 하위에 있다. 로스는 법률의 범위 밖에서 이루어지는 법관의 법창조적인 판결을 인정하고, 이는 체계의 하위에서―법률이 아니라―직접 체계와 관련되는 "귀납적으로 성립되는 전제적(前提的)인 법"이라고 한다. 그에 따라 창조된 법도 결국 체계 내재적이 된다. 로스에 의하면, 법관의 법창조는 법이론적 관점에서 법이라고 하는 것의 인식근거를 새로 설정하는 것이고, 창조된 법에 비하여 기존의 법(해석)은 법이론적으로 이미 주어진 법원에 의하여 획득될 수 있다는 것을 의미한다. 그리고 그는 법률 흠결의 경우에 법관이 새로운 법의 인식근거를 설정하는 것이지만, 엄밀한 의미에서 흠결은 없다고 하며, 따라서 흠결 개념은 법적 개념이 아니라 정책적 개념이 되고, 그러한 의미에서 흠결보충이나 법정책적인 법률수정은 그 구별이 법이론적으로 의미가 없다고 한다. 다만 일반조항이나 개방적 구성요건의 경우인 입법자의 의식적 흠결은 예외이고, 이를 '진정흠결'이라고 하였다.

각국의 학자들도 로스와 같은 견해를 제시하고 있다. 프랑스의 제니(Geny)는 제정법의 우위를 인정하지만 관습법, 판례, 학설도 법원이 되고, 사물의 본성은 이성이 발굴한 법외적 자연법이자 실정법을 넘어서서 실정법을 완성시키는 규범이라고 한다. 그리고 미국의 그레이(J. Gray)는 법과 법원을 구별하여 법은 법원이 판결에서 권위적으로 설정하는 규범이고, 법원은 법관이 규범을 설정하는데 의거하는 법적, 비법적 소여라고 하며, 다섯 가지 법원(제정법, 관습, 선례, 학설, 도덕원리)을 제시한다. 마찬가지로 제롬 홀(Jerome Hall)의 통합법학에서도 이와 같은 점이 지적된다. 법은 형식, 가치, 사실의 특수한 복합체로서 법은 다차원성을 가지고, 그것은 법가치론, 법존재론, 법사회학, 법실증주의의 대상이 된다. 이러한 관점은 독일 레빈더(M. Rehbinder)가 법의 3차원성–이념성, 규범성, 사실성–을 지적한 것과 같은 취지이다(이영희 역, 레빈더 법사회학, 법문사).

루만(N. Luhmann)은 이러한 법원의 다양성 내지 다원성은 법적 판단에 있어서 선택 가능성을 넓히고 변경 가능성을 허용하는데 그 기능이 있다고 본다. 법관이 법적 결정을 함에 있어 그 중 어느 하나의 법원을 선택하여 그에 의거하여 결정을 할 수 있기 때문이다. 따라서 법원론은 법 방법론과 연결되고 있음을 알 수 있다.

▣3▣ 판결실증주의의 법원론

로스에 의하면, 발생적·사회학적 법원은 아직 효력 있는 법이 아니라 단지 효력 요구이거나 규범적 주장일 뿐이고, 권한 내지 관할권 있는 법관료(입법자, 법관, 행정관료)가 결정한 규범이 바로 규범적·지시적 법원이 된다. 전자는 루만이 말하는 규범 차원의 법원이고, 후자가 바로 효력 차원의 법원 내지 살아 있는 현행법(law in action)이 된다.

사법적 판단의 차원에서 보면, 제정법과 사회적으로 발생한 관습이나 법학설 등의 전법적 규범이 법관의 선별과 심사를 받고 법규범으로서의 효력이 승인되거나 부인될 수 있다. 여기서 다원적 법원들이 법질서의 단계구조에 따른 법관의 선별과 심사를 거치는 것은 일종의 '규범통제'와 같은 것이고, 규범통제 절차에서 제정법이나 관습, 조리 등의 다원적 법원이 효력 차원의 법이 될 기회는 확률과 정도의 문제이다. 일반적으로 형식적 법원인 법률은 효력 있는 법이 될 개연성이 높고, 비형식적 법원은 낮을 것이다. 물론 법률도 구체화가 필요하거나 경우에 따라 규범통제 등으로 회피될 수도 있으므로, 아직 100% 효력 있는 규범은 아니다(law in books).

법관의 규범통제와 해석으로 다원적 법원이 효력 차원의 법이 된다는 것은 바로 '판결실증주의'의 법원론이라고 할 수 있고(독일의 Klaus Roehl: 법원론, 114면), 이는 법관의 행동이나 그 예측을 법이라고 하는 미국의 법현실주의와 상통한다. 판결실증주의는 종래 법률실증주의에서 법률의 하위 단계인 판결의 차원으로 넘어가는 사회학적인 법개념과 법원론을 제시하였다는 점에서 신실증주의라고 부를 수 있다.

4 다원적 법원

법원의 분류로는 형식적·실질적 법원, 직접적·간접적 법원, 성문의 법원과 불문의 법원, 있는 법과 있어야 할 법의 법원 등 다양하다. 중요한 분류는 제정적 법원과 비제정적 법원이다. 제정적 법원이 있다고 하여도 규범의 해석이 명백하지 않고 불확정적인 경우에는 비제정적 법원이 개입할 여지가 있는 것이고, 특히 방법론상 흠결보충이나 법률회피와 같은 법형성(제8장 3, 4항)에는 비제정적 법원이 더 중요한 역할을 한다.

1. 제정적 법원

성문법인 헌법과 법률, 위임입법 내지 종속입법은 제정적 법원이다. 행정부 내부의 사무처리준칙인 '행정규칙'은 법령은 아니지만, 평등원칙을 매개로 하여 법규에 준하는 효력이 승인되는 경우에 간접적 법원이 되고, 또한 행정규칙이 법령보충적 기능을 수행하는 경우 법규성도 인정될 수 있다. 법령의 위임에 따라 수임 행정기관이 행정규칙이나 고시 등으로 법령 내용이 될 사항을 구체적으로 정할 수 있고, 이 경우 행정규칙 등은 당해 법령의 위임한계를 벗어나지 않는 한 대외적 구속력이 있는 법규명령으로서 효력을 가지게 되지만, 이는 행정규칙이 갖는 일반적 효력이 아니라 행정기관에 법령의 구체적 내용을 보충할 권한을 부여한 법령 규정의 효력에 근거하여 예외적으로 인정되는 것이다(대법원 2012. 7. 5. 선고 2010다72076 판결).

그리고 헌법에 의하여 국내법의 효력이 있는 국제법 중 조약이나 비준된 국제규약은 제정적 법원이지만, 국제관습법이나 일반적으로 승인된 국제법규는 비제정적 법원이다.

2. 비제정적 법원-특히 관습과 판례

관습이나 판례 등 비제정적 내지 제정외적 법원은 입법자의 채택과 규율 제정으로 그 내용이 법원이 될 수 있다. 이는 '입법적 선택'(T. Geiger)이고('가등기담보에 관한 법률'의 예), 입법자가 관습이나 사회적 규율 등을 법률의 내용으로 하는 것이다. 그리고 입법자가 특정 영역의 규율을 자생적인 관습이나 자치법규 등에 맡기는 경우도 있고, 이는 '입법적 수권'을 한 것이다.
관습법의 성립요건으로 법적 확신설 내지 법력 내재설이 통설이지만, 이는 법실증주의적이고 역사학파적인 이론이다. 법원이 비제정적 법원인 관습을 법창조의 자료나 근거로 삼아 왔고, 관습법의 성립은 결국 법원의 확인과 결정에 의한다는 것이 법사(法史)의 경험이다.

결국 관습의 존재와 내용은 관행과 법적 확신에 관한 법관의 심사를 통하여 확인되고, 이로써 구속력 있는 법원이 되는 것이다. 이를 '사법적 선택'이라고 할 수 있고, 그 선택과정은 일종의 '규범통제 절차'에 해당하는 것이다. 그렇다면 정의관념이나 사회규범, 관습 등의 비형식적, 전법적 법원들이 입법적 선택이나 수권, 나아가 법관의 사법적 선택에 의하여 제도적 뒷받침을 받음으로써 법으로 전화될 수 있다는 견해도 성립 가능하다. 이는 관습 등 비제정적 법원이 국가적 승인을 통하여 법원으로서의 존재와 내용이 확인될 수 있다는 것이다.

그리고 판례는 법해석과 법창조의 결과물이지만, 법의 존재형식으로서의 법원은 아니다. '선례구속의 원리'가 적용되는 영미법계와 달리 대륙법계에서 판례는 법적 구속력이 있는 법원은 아니지만, 사실상 구속력이 있고 실무상 가장 중요한 법 인식원이 되고 있어 법원으로서의 지위를 부정할 수 없고, 결국 양 법계가 상호 수렴, 접근하고 있다고 말 할 수 있는 것이다. 앞에서 본 바와 같이 판례가 확립되면 법조 집단—나아가 관계되는 일반 국민들—사이에 판례의 규범성에 대하여 법적 확신이 생기고, 이로써 판례는 관습법적 효력과 지위를 갖게 되어 효력 차원의 법원이 될 수 있는 것이다. 이렇게 보면 판례와 관습은 서로 보완적이고 밀접한 관계에 있는 것이다. 따라서 판례법과 관습법은 양면성이 있지만 통합될 수 있고, 따라서 관습법이 없고 판례법만 있어도 판례법의 법원성 내지 법규성은 관습법에 의거한다.

로스(Ross)에 의하면 관습법은 법이론적 의미에서 특정한 법단계에 속하지 아니하고 특정한 방식, 즉 귀납적으로 성립된 모든 법이다(법원론, 224면). 관습이 판례에 의하여 법적 확신이 승인됨으로써 관습법이 되고, 다른 한편 판례가 사후에 법적 확신에 의하여 지지받는 경우에는 관습법화된다고 한다. 따라서 확립된 판례는 관습법의 기초가 됨으로써 법률에 유사한 구속성을 획득한다.

독일의 에써(J. Esser)도 "다원사회에서 전체의 법의식을 책임지고 있는 법관의 관여 없이 법적 확신을 말하는 것은 생각하기 어렵다. 직접 당해 영역에 관계되는 자들 사이에서도 법적인 필연성에 관하여 다툼이 있을 수 있다 …… 최고법원의 판결이 나면 사태는 달라진다. 거래계에서는 이 법원의 실무로부터 어떠한 결론을 도출한다. 우리 시대에 법원의 입장 표명에 대한 기대가 매우 커서 법관의 법창조 이외에 거래관행을 통한 법적 확신을 말하기 어렵다"고 한다(법원론, 224면). 따라서 관습 내지 사회적 관행에 따라 행동하는 사람에게 그것이 법적으로 요구되어 있는지, 법적 확신은 있는지 묻는 것은 무의미하고, 오히려 그에 위배된 경우 법관이 정의 관념에 비춘 법적 확신에 따라 관습법으로 승인하여 강제할 수 있는지 문제가 되는 것이다. 실제로 재판절차에서 거래계의 관행이나 법적 확신이 존재하는지 사회학적 탐구나 증거 조사를 하지 않고–비용이나 시간 등의 이유로–할 수도 없기에 더욱 그러하다.

노동법의 영역에서도 관습이나 노동관행이 중요한데, 독일의 경우 좌우파의 대립으로 인하여 노동입법이 거의 이루어지지 않고, 노동관행을 고려한 판례 입법으로 대처하고 있다. 독일의 노동법학자인 아도마이트(K. Adomeit)는 노동관습법은 경험적 관찰에서 도출되는 것이 아니라 인간적인 목표와 정책적인 요구로부터 성립된다고 말한다.

물론 관습법은 법관의 승인과 창조에 의한 것이라는 위 이론에 대하여, 법률수정과 같은 것을 관습법으로 정당화하고 법관의 주관적인 법적 확신에 따른다면 혼란이 있을 수 있다는 비판이 있다. 그러나 실제로 법관의 확인과 승인 이전에 관습의 존재나 법적 확신이 없었거나 다투어지는 경우가 통상적이고, 법관이 새로운 법원을 창출하거나 기존의 법원을 변경하는 경우도 있다. 헌법재판소는 우리나라의 수도가 서울이라는 것이 관습헌법이라고 선언하였다(헌법재판소 2004. 10. 21. 선고 2004헌마554 결정). 수도가 서울이라는 헌법관행의 존재나 국민의 법적 확신은 다투어질 수 있고 증명도 없지만, 최고규범에 속하는 헌법의 관행이 헌법재판소의 승인에 의하여 새로운 관습헌법이 되고 정당화될 수 있다는 것이다.

또 여성의 종중원 자격에 관하여 대법원은, 관습법에 관한 종래의 통설을 확인하되, 법적 확신의 지지를 못받는–또는 위헌적인–종래의 관습법은 효력이 상실된다고 하며, 후손은 성별의 구분 없이 종원이 되는 것이 조리에 합당하다고 판결하였다(대법원 2005. 7. 21. 선고 2002다1178 전원합의체 판결). 대법원이 종래의 관습법은 헌법상 남녀평등과 변화된 우리의 전체 법질서에 부합하지 아니하여 정당성과 합리성이 있다고 할 수 없으므로 이제 더 이상 법적 효력을 가질 수 없게 되었다고 한 것이다. 법원의 규범통제에 의하여 성년 남성만 종원이라는 기존의 관습법이 변경된 것이고, 그것이 최고법원의 판결이기 때문에 규범적 효력을 가지게 되는 것이다.

한편 통상의 관습과 제정법의 관계도 밀접하고 복잡하다. 관습은 다음과 같은 것이 있다: 1) 법률해석을 위한 관습은 바로 우리의 언어관용의 문제이다. 그밖에 2) 법률보충을 위한 관습과 3) 법률을 수정하는 관습이 있다. 민법 제1조의 해석에 관하여 관습법이 법률 변경적 효력이 있는지 다투어지고 있다. 관습법은 원칙적으로 법률의 흠결이 있는 경우 보충적 법원이지만, 법률규정과 규범충돌이 있는 경우에 관습법이 법률과 동위의 효력이 있다면 관습법이 후법(後法)으로서 기존의 법률을 수정하거나 변경하는 효력을 가질 수 있는 것이고, 그러한 예도 많이 있다(양도담보나 관습법상 법정지상권). 그리고 법학설은 제정외적 법원이지만, 이성과 형평의 산물로서 조리의 한 적용례로 볼 수 있다. 고대 로마법대전과 같은 것은 법률가의 법 내지 학설법이고 '쓰여진 이성'으로 비제정적 법원이었다. 과거 유럽에는 영국 블랙스톤(Blackstone)의 주석서와 게르만 관습법의 사적 편찬인 '작센스피겔'에 법적 권위가 부여된 일도 있었다. 그러나 법학설에는 일국의 최고법원이 가지는 것과 같은 외적 권위를 가지는 기관이 없기 때문에 판례에 상응하는 지위는 가질 수 없다. 그러나 법해석학의 학설이나 개념도구가 판례에 사용되는 관계로 학설, 판례의 법원성은 상호 관련되어 있다. 법학설이 판례로 채택되면 효력 차원의 법원이 되고, 판례가 지배적 학설에 반하는 경우에는 법적 확신의 지지를 받기 어렵다. 특히 선례구속의 원리가 지배하는 미국의 경우, 학자들이 판례를 정리한 Restatement와 같은 것은 비제정적이지만 중요한 법원이 되고, 우리의 경우, 법관들이 판례나 학설, 실무관행을 공적으로 정리 편찬한 '실무제요'나 '실무편람'과 같은 것이 있으며, 이러한 공적 편찬은 학설과 판례, 실무가 결합하여 사실상 구속력이 있는 중요한 법 인식원이 된다.

3. 비제정적 법원으로서의 조리-이성과 형평, 법이념과 법원리

법의 3차원 중 비제정적인 법이념과 법현실의 법원성은 바로 조리나 사물의 본성과 관련되어 있다. 제정법이 완비된 오늘날에도 입법자는 법의 원리나 목적을 규정하거나 일반조항이나 불확정개념을 많이 사용하는데, 이는 입법자와 법관 양쪽을 다 만족시키는 해결책이고, 법이념과 하위의 법원리 및 구체적 사건의 법현실을 고려하여 법적용자가 합리적으로 해결하라는 입법자의 위임이라고 할 수 있다. 실정법이 명시적으로 승인하는 법원리는 제정적이지만, 실정법의 배후에 있는 법이념과 법원리는 법질서의 내적 체계를 구성하는 비제정적 법원이라고 할 수 있다. 법원리는 법해석뿐만 아니라 법흠결의 경우에 중요한 기능을 한다. 민법 제1조가 조리를 보충적 법원으로 들고 있는데, 조리는 통상 이성과 형평이라고 말해지고 있지만, 여기에는 법원리나 상식, 경험칙과 같은 것도 포괄되는 것이다.

형평은 법의 엄격성을 시정하는 정의의 원리이다. 영미의 형평법(Equity)은 엄격한 보통법(Comman law)의 한계를 보완하여 실질적 정의를 실현하기 위하여 발전되었고, 신탁·금지명령·특정이행 등의 구제를 통해 공평과 정의를 추구하는 법원리 중심의 독자적 법체계이다. 이는 법관이 개별 사안에서 제정법의 엄격성을 시정하여 구체적 타당성이 있는 권리구제를 하기 위하여 법원리를 동원하는 것에 비견될 수 있다. 물론 법관의 재량으로 이성과 형평에 호소하여 제정법에 반하는 결론을 도출하는 것은 자의(恣意)로 여겨질 수도 있다.

이성과 형평에 관하여 다음과 같은 문제가 제기될 수 있다.

1) 누구의 이성인가?
법은 상식이라고 할 때 상식은 바로 이성적 판단이고, 그중에 실천적 가치판단이 중요하다. 결국 판단을 하는 법관이 전문가로서 일반인의 이성과 상식을 대표한다. 법관 스스로의 질적인 노력과 외부의 지지나 비판을 통하여 정당성을 높일 수 있다. 따라서 법관에게는 엄격한 자격요건과 연수, 재교육 등이 필요하고, 그에 걸맞는 사회적 지위와 대우를 보장하는 것이 중요하다. 이성과 상식에 관하여, 비제도적으로는 법관에 대한 신뢰가 필요하고 제도적으로는 최고법원을 이성이나 사회 상식의 궁극적인 대표자로 인정하는 것이 중요하다.

2) 경험칙이나 전통과 법의식 등도 조리에 해당하는가?

우선 경험칙은 사회학적 사실의 법칙으로서 법률상 추정규정의 역할을 하는 것이다. 예컨대 처분문서의 진정 성립이나 그 기재의 증명력에 관한 경험칙이나 일용노동자의 가동연한과 생계비 등 판례가 승인하는 경험칙이 많이 있다. 경험칙은 법관의 사실인정을 돕는 역할을 하지만, 일종의 조리로서 법의 흠결을 메우는 규범적 역할을 하는 것이다. 따라서 재판에서 경험칙의 존부에 관한 증거는 필요 없으나, 사전 사후의 검증과 비판은 필요하고, 시대와 상황의 변동으로 인하여 그 변경도 가능하다(예; 일용노동자의 가동연한 연장). 그러나 사회의 전통이나 법의식 내지 시대정신과 같은 것은 해석과 법형성의 보충적 기준이 될 수는 있지만, 이러한 것들이 법원에 의하여 관습법으로 성립되는 경우를 제외하고 이를 바로 조리와 같은 흠결보충의 비제정적 법원으로 보기는 어렵다.

3) 이성과 형평은 자연법인가?

자연법론자들은 이성에 따른 법, 즉 자연법도 법원이라고 주장한다. 오늘날 자연법은 국제규약이나 헌법으로 실정화되고 규범화되었지만, 그 구체적 내용이 무엇이고 누가 확정할 수 있는지 문제가 된다. 법관이 판례로 자연법이나 이성적인 내용을 정하는 것이라면 초실정적 법이라는 깃발 하에 민주주의와 권력분립의 원리에 반하는 사법국가 내지 법관실증주의가 된다는 비판이 제기될 수 있다. 따라서 자연법이나 정의의 이름으로 법관의 주관적인 이성이나 결단이 법에 흘러들어 오는 것은 위험하고, 다만 실정법이 정의에 심각하게 어긋나는 경우에 실정화된 자연법 이념인 정의 등이 비판적 기준으로서 헌법재판이나 법관의 법형성에 작동할 수는 있다고 할 것이다. 바로 여기서 제정적 법원은 상위법이나 법원리의 이름을 가진 정의나 이성에 따른 규범통제의 대상이 되는 것이고, 이것이 바로 우리가 말하는 '비판적 법실증주의'의 관점이다.

4. 계약적 규율과 자치적 입법-국가의 법설정 독점 문제

계약적 규율이 법원이 될 수 있는지 문제가 된다. 통상 사인 간의 계약은 객관적 법이 아니라 주관적 권리 의무의 설정에 불과하지만, 계약의 해석문제는 법률문제로 법원에서 다루어지고 대법원의 상고이유로 인정된다. 이때 계약은 비록 당사자 사이에서만 구속력이 있지만, 제정적 법원과 마찬가지로 법원의 규범통제(예; 민법 제103조나 강행법규 위반의 심사)와 해석의 대상이 된다. 계약은 당사자 사이에서는 제한적인 구속력이 있어 그 한도 내에서는 객관적 법과 동시될 수 있다는 점에서 규범성이 있지만, 그 적용범위나 효력의 면에서 이를 법원이나 법규범으로까지 보기는 어려울 것이다.

그런데 사회 내에 각종 자치적 입법 내지 규율이 많이 있고, 그 법원성이 문제가 된다. 정관이나 협약 등의 해석이 문제가 되어 대표자나 회장의 선출이나 징계 등과 같이 그 내부자의 법적 지위에 관계되는 분쟁이 있는 경우가 있고, 이때 자치적 규율은 제한된 범위 내에서 법규범이 된다. 특히 회사관계나 노동조합의 경우에는 이해관계의 대립으로 인하여 입법을 통한 규범화에 한계가 있고, 많은 부분 정관이나 노사협의의 자율에 맡겨지고 있다. 노동법상의 자치법규인 단체협약, 취업규칙의 법규성을 인정하는 통설에 따르면 이를 법원으로 보지 않을 수 없다.

한편 집합적 계약조항인 보통거래약관이 경제의 자생적 법 내지 자치법규라는 이유로 법사회학적인 법원성을 긍정하는 견해가 있지만, 아직은 계약이라는 설이 지배적이다. 약관의 규제에 관한 법률의 규정을 근거로 무면허운전 면책조항을 수정해석한 대법원 판결(1991. 12. 24. 선고 90다카23899 전원합의체 판결)의 보충의견(대법관 이회창)에 의하면, "보통거래약관의 그 구속력의 근거는 계약당사자 사이의 합의, 즉 법률행위에 있으나, 보통거래약관이 정형적으로 행해지는 대량거래의 규율을 목적으로 하는 것임에 비추어 그 약관내용의 해석에 있어서는 법규적 해석, 객관적 해석의 원리가 적용된다"고 하였는데, 이는 보통거래약관이 계약과 법규범의 중간적 지위를

〔5〕 입법이론과 법정책

인정하는 것으로 보인다. 약관 구속력의 근거가 상관습에 의거한다는 백지 상관습의 이론도 유력하다.

이러한 계약적 규율이나 자치적 법규의 법원성을 인정하는 경우, 국가의 법 설정 독점이라는 도그마는 깨어지고, 그것이 국가적 입법이 아니라는 점에서 비제정적 법원의 하나로 볼 수 있으며, 제정적 법원과 마찬가지로 법원의 규범통제와 해석의 대상이 되는 것이다.

1. 입법이론의 대두

입법자의 입법은 종래 법학의 대상이 아니었고, 내용적인 면에서 법정책론, 절차적인 면에서 입법과정론, 내적인 절차로는 결정이론과 판단이론의 문제로 다루어졌다. 법제처나 국회의 입법실무에서는 입법기술론이 중시되었다. 입법기술론은 법제처가 발간하는 '법령입안심사기준'으로 상당히 구체화되어 있고, 입법기술론은 일종의 메타규범으로서 법언어학의 도움이 필요한 부분이다. 법정책론은 법학의 대상이 아니고, 대상영역에 관한 법사실 연구가 필요하고 중요한 것이다. 법사실 연구는 법적 규율의 대상이 되는 사회, 경제, 정치 등의 사실적 조건의 체계적 탐구와 제정될 법안의 효과에 관한 심사로 이해된다. 따라서 법정책과 법사실 연구는 법률가만의 작업이 아니고, 해당 영역의 전문가와의 협업이 필수적인 것이다.

오늘날 입법에 관한 법이론으로서 입법이론(Gesetzgebungslehre)이 대두되고 있다. 입법은 헌법의 하위 법단계에서의 법창조이자 법형성이고, 입법 역시 법원론의 적용영역으로서 있는 법(lege lata)이 아니라 있어야 할 법(lege fernda)의 원천이 문제가 되는 것이다. 입법이론은 법원론 내지 방법론의 연장선상에 있고, 해석론이 끝나는 곳에서 입법론이 시작된다. 현행법의 해석 결과가 문제 해결에 부적절하거나 부족한 경우, 자연스럽게 입법론이 제시될 수 있기 때문이다. 그러한 점에서 입법 단계에서의 법원론 내지 입법이론과 법해석 단계의 방법론 사이에는 그 형성자유의 범위나 불확정성의 정도 차이가 있을 뿐이다. 헌법재판에 의하여 입법은 절차뿐만 아니라 내용적으로도 제약되고, 규범통제의 대상이 되고 있다. 따라서 내용적인 면에서 입법이론은 헌법해석의 문제가 되고, 다른 한편 광범위한 입법 형성권이 부여된 범위 내에서는 법정책의 문제가 된다.

2. 입법의 성립

우선 입법의 성립에 관하여, 입법 활동의 계기는 주도면밀한 계획보다는 그때그때의 필요에 따른다. 특히 사건이 터지고 나서 문제를 사후에 해결하기 위한 입법 제안들이 많이 나온다. 소 잃고 외양간 고치는 입법으로서 사람 이름이 별칭으로 들어가는 법률의 대부분이 그러한 예이다(나영이법, 민식이법 등과 미국의 메간법 등). 그밖에도 국회의원이나 정부의 정치적 의지나 정책적 목표, 실적 등 입법의 동기나 단초는 다양하고, 심지어는 집단 청원이나 미디어 등 여론의 요구나 로비에 입법이 좌우되기도 한다. 또한 규범적인 입법의 계기로는 헌법재판소 등의 결정에 따라 개정입법을 하는 경우가 있고, 정부가 마음에 들지 않는 법원의 판결을 뒤집기 위한 입법도 많이 이루어진다. 후자는 특히 세법 등 행정법의 영역에서 법원의 판결에도 불구하고 행정청의 요구를 관철시켜 판결을 폐기하는 입법을 하는 경우 또는 법원의 양형이 낮다고 하여 법정형 인플레를 규정하는 각종 형사특별입법을 하는 경우가 그 예가 된다.

입법절차의 면에서는 내적인 입법절차와 외적(제도적)인 입법절차가 문제가 되는데, 내적인 입법절차는 입법에 관한 정치학적, 사회학적 탐구 대상이 되고, 외적인 입법절차는 헌법과 국회법의 해석 문제이다(힐, 입법이론, 53면 이하 참조). 과거에는 국회가 다수 여당의 지배 하에 행정부의 입법 제안에 대하여 '통법부'의 역할을 하였으나, 최근에는 정부 입법에는 법제처 심의나 재경부의 예산 심사 등 여러 가지 제약이 있고 국무회의 의결도 거쳐야 하므로, 이를 회피하기 위한 행정 각부나 공사단체의 요청에 따른 의원 입법, 이른바 '청부입법'이 늘어나고 있다.

제도적인 입법절차에서 국회의원의 심의, 표결권이 침해되었다거나 국회법을 위반하였다는 사유로 헌법재판소에 '권한쟁의'의 심판청구가 제기되는 경우가 있었고, 이는 우리 법이 인정하지 않는 추상적 규범통제에 갈음하는 것이다. 그러나 헌법재판소는 국회 내부의 의사절차에 관한 것이라는 사유로 권력분립의 원리상 국회의 정치적 자율을 존중하여 그 침해 여부를 판단하거나 그 절차에서 나온 법률의 효력을 판단하는 것에 대하여 사법적 개입을 최대한 자제하고 있다(이른바 '미디어법'의 강행 처리에 관한 헌법재판소 2009. 10. 29. 선고 2009헌라 8,9,10 결정 참조). 또한 이른바 '검수완박' 법안에 대한 권한쟁의 심판청구 사건에서도 국회 법제사법위원회 위원장이 법률안으로 가결 선포한 행위가 청구인인 국회의원들의 법률안 심의·표결권을 침해하였다고 하면서도 이는 무효가 아니라고 하였다(헌법재판소 2023. 3. 23. 선고 2022헌라2 결정).

3. 입법기술

입법기술은 국가기관의 법령 제정 시 필요한 것이고, 입안된 법령의 심사를 담당하는 법제처나 국회 법사위원회뿐만 아니라 법해석자도 유의하여야 한다. 법률이 제대로 기능을 하기 위하여는 법령의 인식 가능성과 이해도를 제고하는 것이 입법기술의 법치국가적인 목표라고 할 것이다(힐, 입법이론, 96면 이하). 입법기술의 기본 원칙으로서 경제원리, 상당성의 원리(이해가능성과 표현의 정확성), 체계적 일관성의 원리, 공포의 원리(공지 및 발간)가 중요하다.

행정부에서 입안된 법령을 심사하는 법제처는 자체적으로 법령입안심사기준을 만들어 법령을 입안하거나 심사할 때에는 원칙적으로 이 기준에 따르고 있다(법제처 홈페이지, 법령입안심사기준 참조). 이 심사기준은 행정규칙이나 내규로 인정되고, 구체적으로 입법기술의 기본 원칙을 구체화하고 있다. 법제처나 국회 법사위는 법령 심사 시 법령의 구성과 체계, 자구와 문언에 관한 입법기술뿐만 아니라 헌법 등 상위법의 저촉 여부도 심사하도록 요구하고 있다.

입법기술은 법률내용을 효율적이고 이해 가능하도록 구성하는 방법이지만, 입법으로 세세한 내용을 모두 규율하는 것은 불가능하다. 입법기술상 법률이 하위 법령에 규율을 위임하거나 일반, 추상적인 조항을 두어 법 적용단계에서 법외적 기준에 의거하도록 지시하는 등으로 법률에 의식적인 흠결로 남겨두어 판례에 그 판단을 위임하는 것은 경제원리에 부합하고, 탄력성도 기할 수 있다. 또 법률에 준용이나 추정이나 간주, 의제 등의 규정을 사용하는 입법기술도 경제원리에 따른 것이다. 그중에 입법기술로서의 '준용'(準用)은 유사한 규율대상에 유사한 규범을 적용하는 것으로 반복을 피하고 체계적 정합을 가져올 수 있다. 그런데 입법 자체의 내부적 준용은 문제없으나, 일부 준용이나 부분 준용은 어느 범위까지 준용되는 것인지 해석에 맡기는 것이 되어 문제이다. 특히 상위법이 하위법규에의 위임을 통하여 준용하는 것은 문제가 있고, 상위법규가 공적·사적단체의 규율을 준용하는 것은 금지된다. 정적인 준용, 즉 법외적 규율의 확정된 내용을 준용하는 것은 허용되지만, 동적인 준용, 즉 명시적 묵시적으로 그때그때 변하는 규율을 준용하는 것은 허용될 수 없다(제7장 2절 2.항 참조).

오늘날 입법은 가히 '법률의 홍수'라고 할 수 있다. 특히 행정법의 영역에서 각 부처는 소관사항에 관한 법률과 시행령을 쏟아내고 있으며, 의원들은 실적을 올리려고 가능한 한 각종 입법 제안을 숫자 위주로 경쟁적으로 하고 있다. 그러나 법률의 홍수는 국민들이 법률을 개관하고 파악하기 어렵게 하여 법치주의를 약화시키는 것이다. 또한 법률은 원칙적으로 규제이고 그 시행을 위하여 인력(공무원 수의 증원)과 예산이 필요하므로, 각종 법률들이 규제의 양산과 국가 재정의 낭비 및 그로 인한 국민 부담을 증가시킬 수밖에 없기 때문에 결코 바람직하지 않다. 일찍이 라드부르흐는 법률의 홍수(및 법률가의 과잉)를 지적하였고, "사법(私法)의 수는 가능한 한, 공법(公法)의 수는 필요한 한"으로 제한되어야 한다는 주장을 한 바 있다. 오늘날 법령 과잉의 사태 하에서는 낡은 입법을 폐지하고 불필요한 규제를 혁파하는 등으로 법령의 숫자를 줄이는 것이 입법기관의 진정한 역할이라고 볼 것이다.

또한 이와 관련하여 행정입법에서 정책수단으로 형벌을 동원하는 행정형벌이 무수히 늘어나고 있으며, 그에 따라 행정부가 특별사법경찰권을 부여받으려는 입법시도도 많아지고 있다. 그러나 형벌은 최후의 수단이고 기본권의 본질적 내용을 제약하는 규제이므로, 가능한 한 행정법규 위반을 비범죄화하고 과태료 등의 행정질서벌로 대체되어야 할 것이다.

그리고 법률로 모든 사항을 정할 수 없기 때문에 행정명령이나 행정규칙 등 하위 규범에 구체적 내용을 위임하고 있으므로, 국민들이 실제적인 행위규범을 파악하려면 법률뿐만 아니라 하위 규범이나 선례까지 살펴야 하고, 그에 대한 전문적인 식견 없이 결론을 도출하기도 어렵다. 물론 기업과 같은 경우에는 내부의 자문변호사나 외부자문을 통하여 기업활동의 규제나 허용 범위 및 행위 규준을 파악하고 있다. 그에 따라 이른바 '예방법학'의 영역, 특히 변호사의 법률자문은 법률의 홍수 현상으로 인하여 그 중요성이 더해 가고 있다. 나아가 공정거래나 대외무역의 영역에서는 대기업에 이른바 '자율준수 프로그램'을 두도록 법률로 의무화하고 있으며, 기업 내부에 준법감시위원회와 같은 기구를 두는 경우도 생겨나고 있다.

|6| 소결

사법과 행정은 법률과 법에 구속된다. 법원론은 어떠한 원천에서 어떠한 서열에 따라 법적용자가 법규범을 이끌어 내는가 하는 문제를 다루는 것이고, 이는 방법론의 문제와 밀접히 관련된다. 특히 법적용자가 제정적 법원에 구속되는 것이 원칙이고, 이를 벗어나는 경우에는 헌법 문제가 된다.

비제정적 법원인 관습법과 판례법에 관하여, 대륙법계에서는 판례가 구속적인 법원이 아니라고 하지만, 관습법과 판례법은 서로 긴밀한 관계에서 법원이 될 수 있다. 학설도 판례와 결합되면 마찬가지이다. 나아가 법적용자에 대하여 구속적인 국가적 법원인 제정법 이외에 초국가적, 국가외적 규범이 존재하는가 문제가 되고, 이는 자연법과 법이념, 국제법, 공, 사법인의 정관이나 노동법상 단체협약 및 집단적 계약관계의 규율의 법원성의 문제와 관련된다.

그리고 법관을 구속하는 초시간적인 자연법의 독자적 법원성은 부정되지만, 헌법 등 국가법이 자연법적 원리나 가치를 수용하여 실정화함으로써 직, 간접적인 규범성을 가진다. 또한 자연법을 지향하는 조리 내지 이성이 법률 흠결보충이나 법원리 형량의 근거가 되어 법관의 법발견과 법형성에 작용하고, 궁극적으로 법이념으로서의 정의는 실정법에 대한 직접적인 비판의 척도가 되어 규범통제나 해석에 중요한 역할을 할 수 있는 것이다.

법과 언어, 방법론

1 법과 언어

1. 의의 – 법언어의 모호성과 가변성

모든 법규범은 언어적 명제로 구성되어 있고, 언어를 매개로 법규범의 명령이 전달되고 언어로 해설이 된다. 개념법학은 언어의 논리적 적용으로 법체계가 완결적이라고 하였지만, 법률용어와 일상언어를 사용하는 실정법의 해석과 적용은 쉽지 않다. 법률이 사용하는 용어나 개념들 중 전문용어도 있으나 일상언어가 대부분이고, 일상언어는 매우 모호하여 그 적용범위를 확정하기 어렵다. 법언어의 모호성과 다양성, 가변성은 오히려 통상적이고, 하트는 이를 법의 개방적 구조(open texture of law: 하트, 법의 개념, 114면 이하)라 하며, 이는 언어 본질상의 한계라고 한다.

예컨대 '대머리는 입장 금지'라는 규범이 있다고 할 때 어느 정도에서 '대머리'의 개념에 해당하는가를 확정하는 것은 어렵다. 그리스의 소피스트는 그 경계를 확정할 수 없기 때문에 '대머리는 없다'는 궤변을 내놓았다(대머리 이론). 또 길 가에 모래더미를 쌓아놓으면 안된다는 규범이 있는 경우, 모래 몇 알이 모인 것부터 모래더미가 되는지 확정하는 것도 마찬가지이다(모래더미 이론). 그러한 의미에서 법률가를 '애정남'(애매한 것을 정하는 남자), '애정녀'라고 표현하는 패러디가 적절할 수 있다.

해석은 법언어 내지 법률문언의 '핵심적 의미', '통상적 의미', '가능한 의미'와 같은 의미 범주의 폭이나 정도를 정하는 것인데, 법언어의 모호성으로 경계 설정의 어려움이 있다. 여기서 문언의 핵심적 의미는 분석법학자인 하트(H. L. A. Hart)가 말하는 '개념의 핵'이고, 문언의 가능한 의미는 '개념의 주변'을 말하는 것이며, 확장해석의 한계가 된다. 개념의 핵은 유사한 맥락에서 항상 빈발하여 우리에게 친숙한 것이고 그 범주에 해당하는 사건은 해당 규범이 자동 적용될 수 있다. 하트가 제시한 예로는, 공원 내에 탈 것의 출입을 금지하는 경우 롤러스케이트는 개념의 주변에 해당되고, 공원에 전시된 차량은 개념의 핵에 해당하지만 그 규범 목적을 고려하여 텍스트를 해석하면 출입이 허용된다. 이와 같이 사용된 용어의 의미가 명확한 경우에도 그 문언의 의미 범위를 넘어서서 규범 목적에 따른 확장이나 유추가 허용되는가 논란이 될 수 있다. 로마시대에 '네발 달린 짐승'으로 인한 손해의 배상을 인정한 12표법의 법문에도 불구하고 두발 달린 타조로 인한 피해는 어떻게 볼 것인지 문제가 되기도 하였다(제9장 3절 2의 3)항 '목적론적 확장'의 예).

예를 들면 노동법상 '근로자'라는 개념은 대표적으로 모호한 법언어이다. 공장이나 사무실 근로자(블루 및 화이트 칼라)가 그 원형이고 핵심적 의미에 속하겠지만, 다종 다양한 산업계와 노동현실에서 전형적인 근로자 개념을 벗어나는 근로형태가 있고 새로 생겨나기도 한다. 캐디, 보험모집인, 수금원, 검침원, 학습지 교사, 지입차주, 교회 집사, 플랫폼 종사자, 내리기사 등 개념의 주변영역에 해당하는 각종 직군의 종사자들이 있는데, 그들에게 프로쿠르스테스의 침대와 같은 '근로자'라는 개념에 따른 노동법상의 법적 지위를 부여할 것인지에 관하여 해석상 많은 다툼이 있어 왔다. 또한 '통상임금'

이라는 개념도 고정급 이외에 지급단위가 1개월을 넘어서는 정기상여금이나 각종 수당들을 포함하는지에 관하여 판례의 해석론이 고정성에서 소정근로 대가성이라는 기준으로 변경되었지만(2024년 통상임금 전원합의체 판결 참조), 개별적 판단에 어려움은 여전히 남아 있다.

또한 법언어 의미는 가변적이다: "개념도 개인처럼 역사가 있다"(키에르케고르). 언어도 역사적 변화에 따르고 언어 사용은 지속적이고 열린 학습과정이다. 법개념이나 법률문언의 해석이 법현실의 변화에 따라 의미 변천이 일어나는 경우도 많이 있다. 과학이나 기술의 발전에 따라 형법상 '위험한 물건'의 개념이 확장되어 화학적 수단도 포함시키게 된 예를 들 수 있다. 대법원은 본래 살상용·파괴용으로 만들어진 것뿐만 아니라 가위, 유리병, 각종 공구 등 용도상의 '위험한 물건'을 인정하고, 나아가 자동차 등이나 화학약품 또는 사주된 동물 등도 그것이 사람의 생명·신체에 해를 가하는 데 사용되었다면 '위험한 물건'으로 본다. 또한 이러한 물건을 '휴대하여'라는 말은 '소지'뿐만 아니라 널리 이용한다는 뜻도 포함하고 있다고 판시하여, 자동차를 운전한 것도 '휴대'의 개념에 포함되는 것으로 개념의 주변에까지 확장하는 해석을 하고 있다(대법원 2002. 9. 6. 선고 2002도2812 판결).

그러나 과학기술의 발달 등으로 인하여 새로운 법현실이 나타나는 경우, 입법의 범위 내에 머물러야 하는 사법적 대처에는 한계가 있다, 예컨대 새로운 유형의 성범죄인 이른바 '디지털 성범죄'는 대면으로 이루어지는 전통적인 성범죄나 통상적인 음란물의 문언에 포섭되지 않는 것이어서 새로운 특별법의 입법으로 대처하고 있다.

그런데 의회의 입법이 태만이나 정쟁으로 이루어지지 않거나 이해집단의 개입 등으로 왜곡이나 오류가 있어서 시대상황과 현실의 변화에 잘 대처하지 못하는 경우가 있다. 그러한 경우에 법관이 사회 일반의 법적 요청과 법현실의 변화에 따라 일정한 범위 내에서 법률문언을 수정 또는 회피하거나 입법자의 목적을 넘어서서 새로운 법리를 창조하는 경우도 있고, 이는 현대의 기능적 삼권분립 하에서의 사법의 과제에 속하는지 문제가 되고 있다. 그러나 법관이 '법의 입'에 불과하고 법창조적 기능을 하여서는 아니 된다고 하는 입장은 구시대적인 삼권분립의 관념이고, 교조적인 법실증주의의 틀을 벗어나지 못하는 것임은 뒤에서 보는 바와 같다(제9장 3절 참조). 법률 문언의 해석은 엄밀하여야 하지만, 그 해석에는 그 시대의 언어관용이나 사전적 의미뿐만 아니라, 위로는 법의 이념이나 그 법률의 목적, 아래로는 그 시대의 요청이나 법현실이 반영되어야 한다(제9장 2절 참조).

결국 법은 언어로 시작되고 언어로 끝난다. 태초에 말씀이 있었고, 언어 없이 법과 법률가는 침묵한다! 법학과 실무의 질은 법언어의 정확성과 법률가의 언어능력에 의하여 결정된다. 법감정과 법의식과 같은 전(前) 언어적 법원도 그것을 표현하고 살아있게 만들려면 언어로 정리되고 구성되어야 한다.

법과 언어의 일정한 연결이 법언어의 질을 결정한다. 입법이나 법적용, 법상담, 법학연구, 교수, 시험 모두 언어로 이루어진다. 언어는 열린 학습과정에 의하여 습득되고, 언어공동체 내에서 사용되고 번역되어 소통에 기여한다.

2. 텍스트 이해의 어려움

법학뿐만 아니라 텍스트를 다루는 모든 학문은 텍스트를 정당하게 읽고 이해하는 문제를 다룬다.

가. 일반적 수용이론–헤르메노이틱(Hermeneutik)

성경이나 문헌, 법률에 주어진 텍스트(text)는 그 의미가 객관적이고 항상 고정적인 것은 아니다. 헤르메노이틱은 시대와 상황의 변화에 따른 텍스트의 이해와 해석을 다룬다. 해석은 텍스트 안에 없는 것을 이끌어 내는 것이다. 해석학으로서의 헤르메노이틱은 선이해와 해석의 개방성, 해석자의 주관의 개입을 인정하는데, 이는 법학의 영역에도 타당하다. 그러나 이로써 법의 지배가 추구하는 안정성이나 예측가능성은 약화될 수 있다. 일반적으로 문헌의 텍스트는 어느 시대에나 같은 의미가 부여되는 항상 고정된 대상이 아니다. 이는 텍스트가 불변인 성경의 경우도 마찬가지이다. 텍스트의 읽기와 이해는 저자의 의도를 읽어내는 재생산적인 행위일 뿐만 아니라 해석자의 생산적 행위로도 규정된다. 텍스트의 이해는 당해 문제 상황에 대한 그 시대의 선이해(先理解)를 전제로 한다. 그래서 해석에는 순수한-상황과 무관한-단어의 뜻과 텍스트의 맥락을 파악하는 것 뿐만 아니라 그 언어가 나오게 된 유래와 수용 및 그 이후 해석의 시점에서의 변화된 맥락(context)을 이해하는 것이 중요하다.

나. 이해와 소통의 수단인 법언어와 텍스트의 불명확성

일상언어는 불가피하게 애매모호하고 다의적이며, 부정확하다. 일견 명백하게 보이는 법문언의 의미 확정은 해석의 결과이고, 단지 그 결과에 다툼이 없다는 것일 뿐이다. 예컨대 살인죄의 객체인 '사람'의 정의도 그 시기와 종기를 따지면 모호하게 된다. 또한 일견 명백한 일상용어인 구 폭력행위등처벌에관한법률의 '야간'이 언제부터 언제까지인지, 머리카락을 자르는 행위가 같은 것이 형법상 '상해'에 포함될 것인지 확정하기 쉽지 않다. 선의, 악의, 하자와 같은 법적 전문용어도 그 모호함을 피할 수 없고, 결국 해석학과 판례가 그 유형화와 구체화의 과제를 떠맡을 수밖에 없다.

법언어의 개념 해석뿐만 아니라 법 텍스트의 문법적인 해석에도 불확정성이 있다. 예컨대 '흡연과 개 동반 금지', '흡연 또는 개 동반 금지'의 해석에 관하여 위 양자가 선택적인가 누적적인가의 문제가 제기될 수 있다. 일례로 변호사법 제89조의4 제4항은 "법조윤리협의회의 위원장은 공직퇴임변호사에게 제91조에 따른 징계사유나 위법의 혐의가 있는 것을 발견하였을 때에는 대한변호사협회의 장이나 관할 수사기관의 장에게 그 변호사에 대한 징계개시를 신청하거나 수사를 의뢰할 수 있다"고 규정하여 선택적 규정으로 되어 있으나, 실무에서는 양자를 누적적으로 해석하여 공직퇴임변호사가 2중으로 과태료의 제재를 받게 되는 결과가 발생하고 있다.

텍스트의 문법적 문제와 체계적 해석의 가능성과 관련하여 대법원의 이른바 '실화결정'을 둘러싼 방법론적 논쟁이 주목된다(신동운 외, 법률해석의 한계, 2000). 대법원은 "형법 제170조 제2항에서 말하는 '자기의 소유에 속하는 제166조 또는 제167조에 기재한 물건'이라 함은 '자기의 소유에 속하는 제166조에 기재한 물건 또는 자기의 소유에 속하든 타인의 소유에 속하든 불문하고 제167조에 기재한 물건'을 의미하는 것이라고 해석하여야 하며, 제170조 제1항과 제2항의 관계로 보아서도 제166조에 기재한 물건(일반건조물 등) 중 타인의 소유에 속하는 것에 관하여는 제1항에서 규정하고 있기 때문에 제2항에서는 그중 자기의 소유에 속하는 것에 관하여 규정하고, 제167조에 기재한 물건에 관하여는 소유의 귀속을 불문하고 그 대상으로 삼아 규정하고 있는 것이라고 봄이 관련조문을 전체적, 종합적으로 해석하는 방법일 것이고, 이렇게 해석한다고 하더라도 그것이 법규정의 가능한 의미를 벗어나 법형성이나 법창조행위에 이른 것이라고는 할 수 없어 죄형법정주의의 원칙상 금지되는 유추해석이나 확장해석에 해당한다고 볼 수 없다"고 한다(대법원 1994. 12. 20. 자 94모32 전원합의체 결정: 반대의견 있음). 다수의견의 해석은 평가모순의 금지를 피하기 위하여 체계적 해석의 방법으로 문법적 엄밀성을 다소 벗어난 것이지만, 이는 문언의 가능한 의미 범위 내에 있고, 유추나 수정은 아니라고 할 것이다.

또 예컨대 형법 제63조가 "집행유예의 선고를 받은 자가 유예기간 중 고의로 범한 죄로 금고 이상의 실형을 선고받아 그 판결이 확정된 때에는 집행유예의 선고는 효력을 잃는다"로 개정되었는데, 여기서 집행유예의 실효 사유로 범행시점이 유예기간 중이어야 하는가, 범행에 대한 판결 선고시점또는 판결 확정시점까지 유예기간 내라면 되는가는 문제는 문법적로 그 해석이 명확하지 않다. 물론 실무는 위 조항의 개정 이전의 해석을 유지하고 최후자의 견해를 취하여 피고인에게 가장 유리한 해석을 하고 있다.

다. 평가적, 규범적 법언어와 법원리적 일반조항

법률이 불확정개념이나 평가적, 규범적 개념을 사용하는 경우가 많다. '풍속'

이나 '음란', '공익', '공공의 안녕' 또는 '부당한', '현저한' 또는 '부정한' 등의 의미를 확정하는 것은 규범적이고 평가적인 행위이며, 그 의미도 시대에 따라 변한다. 이러한 가치평가적인 법률용어는 규범적 개념으로서 그 시대의 도덕적 판단이나 평균인의 법의식에 따른 법관의 평가와 해석에 의하여 의미가 확정된다. 이 경우, 입법기관이 의식적으로 광범하고 모호한 용어를 사용하여 묵시적 또는 명시적으로 구체적 법형성을 판례법에 맡겨놓는 것이고, 이른바 '계산된 불확정성'이 있는 것이다. 이때 법관은 그 범위 내에서 규범 창설적 기능을 수행하는데, 이는 행정부의 위임입법과 유사하다고 볼 것이다.

입법자가 상황 변화에 대처하여 현실에 즉응한 입법이나 개선을 즉시 할 수 없다면 불확정개념을 규정해 두고 해석자에게 그 의미 확정을 맡겨놓는 것이 효율적일 수 있고, 평가기준의 변천에 따른 해석의 변경도 가능하게 한다. 행정법, 경찰법의 영역에서는 입법의 기능적 한계로 인하여 권한 있는 기관에 포괄적 수권을 하여 구체적 사태와 그 변화에 대처하는 탄력성을 주는 경우도 있다. 예컨대 경찰관 직무집행법 제10조의 4는 "경찰관은 범인의 체포, 범인의 도주 방지, 자신이나 다른 사람의 생명·신체의 방어 및 보호, 공무집행에 대한 항거의 제지를 위하여 필요하다고 인정되는 상당한 이유가 있을 때에는 그 사태를 합리적으로 판단하여 필요한 한도에서 무기를 사용할 수 있다"는 모호한 개념들을 사용하고 있다. 이러한 불확정개념을 '수권적 일반조항'이라고 할 수 있는데. 여기서 사법은 사후에 경찰 등 행정청의 '재량권 남용이나 일탈'을 심사하여 통제할 수 있을 뿐이다.

그리고 선량한 풍속이나 사회질서와 같은 '일반조항' 내지 제왕조항은 법질서 내에서 창구기능(도덕의 창구), 적응기능(변화된 현실에 적응), 정의기능(헌법의 기본권이나 가치를 반영)을 한다. 하지만 그 적용에는 반드시 특정 세계관이나 정책적 판단이 개입될 위험성도 있다. 독일 민법 초안 심의 시 사회민주당(SPD)은 '공서양속'과 같은 개념은 법관집단으로 대표되는 지배계급의 평가의 진입로가 될 우려가 있다고 반대하였지만, 독일의 구 최고법원(RG)은 법관이 지배적 법의식, 즉 정의와 형평에 합치하는 윤리적 감각에서 도출하여야 한다고 판시하였다.

일반조항인 신의성실의 원칙이나 공서양속 또는 정당한 사유나 사회상규와 같은 개념은 성문의 법원리이고, 시대의 도덕이나 가치관념을 반영하여 법률의 엄격한 적용을 구제하고 완화하는 기능을 한다. 한편 신뢰보호의 원칙 혹은 비례의 원칙 등은 실정법에 쓰여지지 않고 있지만 헌법재판 등에서 원용되고 있는 헌법적 서열에 있는 불문의 법원리이다. 2021년 제정 시행된 행정기본법은 제2장에서 '행정의 법원칙'으로 평등원칙, 비례원칙, 신뢰보호의 원칙 등을 명문으로 규정하여 이 원칙들은 행정의 영역에서 실정적 법원리가 되었다. 법원리는 바로 적용되는 법규범이 아닐 뿐만 아니라 이미 승인된 법원리를 실정법에 명시하는 것이 적절하고 필요한지 의문이 있다.

법원리는 곧바로 사안에 적용되는 법규가 아니라 규범을 도출하는 법적 논증에서 논거로 사용되는 법언어이고, 그 논증에는 당연히 원리의 충돌과 같은 불확정성과 개방성이 있다. 물론 신의칙 등과 같은 법원리를 남용하여 법률을 회피하거나 법률행위를 무효화하는 것은 '일반조항으로의 도피'이고 경계되어야 한다. 대법원은 신의칙과 같은 법원리적인 일반조항을 적용하여 법이 두고 있는 구체적인 제도의 운용을 배제하는 것은 법 해석에 있어 또 하나의 대원칙인 법적 안정성을 해할 위험이 있으므로 그 적용에 있어서는 신중을 기하여야 한다고 판시해 왔다(대법원 2008. 5. 29. 선고 2004다33469 판결 등 참조). 따라서 신의칙 등 일반 원칙을 직접 적용하여 실정법을 사실상 수정하는 것은 개별적인 사안의 특수성 때문에 법률을 그대로 적용하면 도저히 참을 수 없는 부당한 결과가 야기되는 경우에 최후 수단으로, 그것도 법의 정신이나 입법자의 결단과 모순되지 않는 범위 안에서만 고려해 볼 수 있는 방안에 불과하다고 한다.

그런데 대법원은 형사사건에 관한 성공보수약정이 선량한 풍속 기타 사회질서에 위배된다고 하여 일반조항으로 도피하였고(대법원 2015. 7. 23. 선고 2015다200111 전원합의체 판결), 변호사 보수액의 감액 기준으로서 신의칙에 기하여 '적당하다고 인정되는 범위 내의 보수액'을 정하라고 하였다(대법원 2018. 5. 17. 선고 2016다35833 전원합의체 판결). 후자의 판결 다수의견은 구체적으로 여러 사정을 종합하여 적절한 변호사 보수액을 정한다고 하지만, 별개의견이 지적하는 바와 같이 이는 모호하고 불확정적인 기준이고, 그 적정성 여부는 전적으로 법원의 결정에 의존할 수밖에 없으며, 법관마다 적정하다고 생각하는 보수액의 범위가 같다고 할 수도 없다.

또한 대법원은 근로자가 정기상여금을 통상임금에서 제외하기로 하는 노사합의는 무효이지만, 신의칙을 우선하여 적용할 만한 특별한 사정이 있는 예외적인 경우에 그 노사합의의 무효를 주장할 수 없다고 하며, 나아가 그로 말미암아 사용자에게 예측하지 못한 새로운 재정적 부담을 지워 중대한 경영상의 어려움을 초래하거나 기업의 존립을 위태롭게 한다면, 정의와 형평관념에 비추어 근로자 측의 추가 법정수당 청구는 신의칙에 위배되어 받아들일 수 없다고 한다. 이에 대하여 반대의견은 신의칙의 적용을 통하여 임금청구권과 같은 법률상 강행규정으로 보장된 근로자의 기본적 권리를 제약하려 시도하는 것은 헌법적 가치나 근로기준법의 강행규정성에 정면으로 반한다고 비판한다(대법원 2013. 12. 18. 선고 2012다89399 전원합의체 판결).

라. 종합 판단과 동등성 이론

법해석의 논증이나 특히 불확정개념의 해석, 적용에는 '종합 판단'(Synthetik Urteil)을 수반하는 것이 통상적이다. 예컨대 대법원은 "어떠한 표현행위가 내란선동에 해당하는지를 가림에 있어서는 선동행위 당시의 객관적 상황, 발언 등의 장소와 기회, 표현 방식과 전체적인 맥락 등을 종합하여 신중하게 판단하여야 한다"고 하며(대법원 2015. 1. 22. 선고 2014도10978 전원합의체 판결), 종교적 신념에 따른 병역거부사건에 관하여 대법원의 다수의견은, 병역법상 '정당한 사유'를 구성요건 해당성을 조각하는 사유로 보고 구체적인 사안에서 법관이 병역법의 목적과 기능, 병역의무의 이행이 헌법을 비롯한 전체 법질서에서 가지는 위치, 사회적 현실과 시대적 상황의 변화 등은 물론 피고인이 처한 구체적이고 개별적인 사정도 고려하여 정당한 사유를 인정할 것이라는 종합 판단을 지시하고 있다(대법원 2018. 11. 1. 선고 2016도10912 전원합의체 판결).

그리고 법적용의 전단계인 사실 인정도 증거의 종합 판단이고, 특히 직접 증거가 없는 경우, 간접증거나 정황사실 등 제반 사정을 종합하여 판단할 수밖에 없다. 예컨대 대법원은 진료행위('연명치료')의 중단에 관한 법규가 없는 법의 흠결 상황에서, "회복 불가능한 사망의 단계에 이른 후에 환자가 인간으로서의 존엄과 가치 및 행복추구권에 기초하여 자기결정권을 행사하는 것으로 인정되는 경우에는 특별한 사정이 없는 한 연명치료의 중단이 허용될 수 있다"는 법리를 선언하였는데, 그 전제인 환자가 '회복 불가능한 사망의 단계'에 이르렀는지 여부는 주치의의 소견뿐 아니라 사실조회, 진료기록 감정 등에 나타난 다른 전문의사의 의학적 소견을 종합하여 신중하게 판단하여야 한다"고 하였다(대법원 2009. 5. 21. 선고 2009다17417 전원합의체 판결). 또 대법원은 소유자가 토지에 대한 독점적·배타적인 사용·수익권을 포기하였는지에 관한 판단에서 제반 사정을 종합적으로 고찰하고 이익형량의 결과와 예외적인 특별한 사정이 있는지까지 고려하라고 명한다(대법원 2019. 1. 24. 선고 2016다264556 전원합의체 판결).

그런데 이러한 '종합 판단'이라는 것은 아무 것도 확실하게 말해주지 못하고 단지 법관의 재량 판단을 뒷받침하기 위한 두리뭉실하고 모호한 근거 제시라는 비판을 받을 수 있다. 그럼에도 불구하고 세상에 나타나는 사건은 다양하고 복잡하기 때문에 법적 논증이나 불확정개념의 적용 또는 어려운 사실인정의 문제에 관하여 종합 판단은 불가피하고, 다만 종합적 고려의 대상이 되는 구체적 사정들에 관한 분석적 판단이 수반되어야 그 판단이 자의적이라는 비판에서 자유로울 것이다.

한편 법률언어에 '기타'나 '등'이라는 용어나 "이에 준하는"이라는 문언이 사용된 경우에 그 해석은 불명확하고 개방되어 있다. 그 예로 민법 제27조 제2항의 "전지에 임한 자, 침몰한 선박이나 추락한 항공기 중에 있던 자, 기타 사망의 원인이 될 위난을 당한 자” 중 ‘기타’의 해석에 관하여, 대법원은 “민법 제27조의 문언이나 규정의 체계 및 취지 등에 비추어 기타 이하는 화재, 홍수, 지진, 화산 폭발 등과 같이 일반적, 객관적으로 사람의 생명에 명백한 위험을 야기하여 사망의 결과를 발생시킬 가능성이 현저히 높은 외부적 사태 또는 상황을 가리킨다”고 하여, 잠수장비를 착용하고 바다에 들어가서 해산물을 채취하다가 행방불명이 된 경우는 기타 사망의 원인이 될 위난에 해당하지 않는다는 원심 판단을 지지하였다(대법원 2011. 1. 31.자 2010스165 결정). 여기서 ‘기타’는 법규에 예시된 경우와 동동하거나 같은 정도의 가치를 가진 사례를 포섭하는 것이라는 해석론을 지시하고 있으며, 이것을 ‘동등성 이론’ 내지 ‘동가치설’이라고 부를 수 있다.

헌법재판소는, “형법 제185조의 교통방해죄의 구성요건에서 ‘기타 방법’에 의한 교통방해에 관하여, 이러한 예시적 입법형식의 필요성을 인정하고, ‘기타의 방법’에 의한 교통방해는 육로 등을 손괴하거나 불통하게 하는 행위에 준하여 의도적으로, 또한 직접적으로 교통장해를 발생시키거나 교통의 안전을 위협하는 행위를 하여 교통을 방해하는 경우를 의미하는 것으로서 그 의미가 불명확하다고 볼 수 없다”고 하면서, “여기서 교통을 현저하게 곤란하게 하는 경우에 해당하는지 여부는 교통방해 행위가 이루어진 장소의 특수성과 본래적 용도, 일반적인 교통의 흐름과 왕래인의 수인가능성 등 제반 상황을 종합하여 합리적으로 판단될 수 있다”고 한다(헌법재판소 2013. 6. 27. 선고 2012헌바194 결정, 2010. 3. 25. 선고 2009헌가2 결정). 결국 동등성이나 동가치성의 판단에서도 종합 판단이 필요하게 된다.

3. 법률용어의 종류와 언어관용의 한계

법률용어는 일상언어와 전문용어로 구성되는데, 법률용어도 상당한 정도로 일상언어에 의지하고 부정확하며, 시대에 따라 의미도 변화함은 앞에서 본 바와 같다. 모든 법적 개념은 사회적이고 정치적인 개념이고, 텍스트가 언어적으로 불변이라 하더라도 텍스트는 그 주요 내용이 변화할 수 있는 역사적, 사회적, 정치적 요소를 가진다. 입법자는 전문용어를 창조하지만(물권, 물상대위, 선의, 악의 등), 전문용어의 사용과 그 번역 및 소통의 어려움이나 불투명성은 전문가 그룹에 한정된 법개념의 독점이라는 비판도 제기된다. 어떻든 법언어는 학설과 판례의 해석으로 정의되지만, 민법상 물건의 개념과 같이 법률 자체에 정의(定義)규정을 두기도 한다. 각종 행정법규의 서두에 입법목적과 정의규정을 두는 입법기술을 취하고 있는데, 이 경우 해석자는 그 제한 내에서 해석을 통하여 다시 구체화할 수밖에 없다.

법언어로 위법, 부당, 부정, 중대한 사유 등과 같이 해석자의 평가가 필요한 '규범적 개념' 이외에도 '서술적 개념' 내지 사실적 개념이 사용되고 있다. 사실적 개념은 다시 외부적(행위, 손해, 상해 등), 내부적(고의, 과실, 선의 등) 개념으로 나눌 수 있지만, 이 역시 불명확하기는 마찬가지이다. 그래서 법적 문제를 컴퓨터 인공언어의 사용에 의한 연산으로 해결하는 것은 어려움이 있지만, 오늘날 인공지능(AI)의 발전으로 수많은 데이터를 통한 법적 판단도 가능해지고 있다. 다만 아직 법적 문제를 적절하게 제시하고 AI의 답변을 검증하는 법률가의 역할은 필요한 상황이다.

나아가 법언어의 해석은 일반인의 이해에 비하여 넘어서는 안 될 언어관용이나 의미 한계는 벗어나지 않도록 하여야 한다. 이는 법문의 가능한 의미 범위라는 법률해석의 영역을 넘어서는 것이지만, 실제로 우리 언어관용의 한계를 벗어나는 해석이 이루어지고 있다. 예컨대 대법원은 후의 범죄가 먼저 발각되어 처벌받은 경우에 전에 범한 죄에 대한 사후적 경합범 처벌에 관하여, 후범죄에 대한 선처벌의 형이 형법 제59조 1항 단서 선고유예의 결격사유인 '자격정지 이상의 형을 받은 전과'에 해당한다고 해석하여 전범죄에 대하여 선고유예를 한 원심판결을 파기 하였다(대법원 2010. 7. 8. 선고 2010도931 판결). 그러나 이러한 해석은 '전과(前科)'라는 우리의 언어관용과 일상적 언어감각에 부합하지 않고, 동시적 경합범을 처벌하는 경우와의 형평을 고려하여 사후적 경합범에 대하여 형의 감경 면제까지 가능하도록 한 것(형법 제39조 제1항)과 평가모순을 발생시킨다.

다른 예로, 공무원과 비공무원의 뇌물죄의 공동정범의 성립 여부에 관하여, 대법원의 다수의견은 공무원이 아닌 사람이 공무원과 공동가공의 의사와 이를 기초로 한 기능적 행위지배를 통하여 공무원의 직무에 관하여 뇌물을 수수하는 범죄를 실행하였다면 공무원이 직접 뇌물을 받은 것과 동일하게 평가할 수 있으므로 공무원과 비공무원에게 형법 제129조 제1항에서 정한 뇌물수수죄의 공동정범이 성립한다고 하였다(대법원 2019. 8. 29. 선고 2018도13792 전원합의체 판결). 그러나 공무원과 비공무원이 금품 등의 뇌물을 받으면 이를 비공무원에게 귀속시키기로 미리 모의하거나 뇌물의 성질에 비추어 비공무원이 전적으로 사용하거나 소비할 것임이 명백한 경우에 공무원이 뇌물을 직접 수수하였다고 평가하는 것은 언어관용의 한계를 넘어선다, 이 경우는 형법 제130조의 제3자뇌물수수죄의 성립 여부가 문제될 뿐이라는 소수의견이 타당하고, 제3자뇌물수수죄의 성립에는 구성요건상 '부정한 청탁'을 요구하는 것으로 되어 있어 뇌물죄의 경우와는 가벌성에 관한 입법자의 평가를 달리하고 있다.

4. 법언어의 명확성과 그 심사 기준

죄형법정주의의 파생원칙으로서 명확성의 원칙은 형사 실체법의 범죄와 형벌의 내용이 성문법률에 '명확하게' 규정되어 있어야 한다는 것이다. 이 원칙은 기본적으로 입법자에 대한 지시이고, 헌법재판 등의 규범통제에서 문제가 된다. 미국의 형사법상 법언어가 '불명확하기 때문에 무효'(void for vagueness)라는 원칙이 판례에 의하여 형성되어 있다. 물론 형사법 이외의 영역에서도 가능한 한 명확한 법언어를 사용할 것이 요구된다.

그러나 명확성의 원칙의 적용에도 우리의 언어관용이나 입법기술상 한계가 있다. 형사입법에서 필연적으로 '개괄조항'이나 '가치개념' 내지 '규범적 구성요건 요소'가 사용될 수밖에 없고, 이 경우 법관의 해석에 의한 구체화가 필요하다. 형벌법규에 불확정개념이나 일반조항적 성격의 규정이 사용되는 경우, 헌법재판소나 법원의 명확성 심사 기준은 일관되거나 명확하지 않다. 헌법재판소는 그 법률이 제정된 목적, 각 구성요건의 특수성과 그러한 법적규제의 원인이 된 여건이나 처벌의 정도, 다른 법률조항과의 연관성을 고려하여 합리적인 해석이 가능한지 여부에 따라 결정할 수밖에 없다고 한다(헌법재판소 1997. 3. 27. 선고 95헌가17 결정; 대법원 2000. 10. 26. 선고 98도3665 판결). 예를 들면, 구 전기통신사업법 제53조 제1항의 '공공의 안녕질서 또는 미풍양속을 해하는'이라는 개념(헌법재판소 2002. 6. 27. 선고 99헌마480 결정)이나 이른바 '미네르바사건'에서 구 전기통신기본법 제47조 제1항의'공익을 해할 목적'이라는 개념(헌법재판소 2010. 12. 28. 선고 2008헌바157, 2009헌바88 결정)은 너무 추상적이어서 죄형법정주의의 명확성 원칙에 반한다고 한다. 반면에 헌법재판소는 '음란' 표현도 표현의 자유의 보호영역에 있지만, 이는 사회도덕에 의존하고 그 변화에 따른 탄력성이 요구되는 개념으로서 법률해석을 통하여 구체화될 수 있으면 명확성 원칙의 위배가 아니라고 한다. 즉 규범의 의미 내용으로부터 '통상의 판단능력을 가진 사람이 그 의미를 이해할 수 있는 것'이라면 '최소한의 명확성'을 갖추었다고 본다.

헌법재판소는 집단급식소에 근무하는 영양사의 직무를 규정한 조항인 식품위생법 제52조 제2항을 위반한 자를 처벌하는 식품위생법 제96조 중 '제52조 제2항을 위반한 자'에 관한 부분은, 그 판단기준에 관한 구체적이고 유용한 지침이 없다는 등의 이유로 죄형법정주의의 명확성 원칙에 위반된다고 하였다(헌법재판소 2023. 3. 23. 선고 2019헌바141 결정). 이는 2011년 식품위생법 개정 당시 영양사의 직무범위를 정하는 제52조 제2항을 추가하였는데, 제52조 위반의 처벌규정인 제96조를 그대로 두면서 생긴 입법상 오류로 보이고, 마찬가지 이유로 제51조 제2항의 조리사의 직무를 위반하는 자를 처벌하는 부분도 형평상 위헌이 되어야 할 것이다.

｜2｜ 법학방법론—법률해석의 방법

> "법률을 해석하는 것은 문언에 복종하는 것이 아니라
> 그 의미와 목적을 실현하는 것이다."
>
> – 셀수스, 학설휘찬(Celsus, Digesta) –

1. 의의와 기능

법률해석의 방법은 법학방법론의 주요 과제이다. 법률해석은 법학과 일상적인 법실무에서 다루어지지만, 특히 법체계가 변동 중이거나 변동이 종료된 후의 법률가의 경험은 법학과 법실무의 철학적, 방법적 자기반성을 요구한다. 예컨대 독일의 나치시대나 우리의 유신체제 하의 법의 남용이나 법 왜곡의 역사로부터 무엇을 배울 것인가? 그러나 체제 변동 후 법률가의 자기반성이 암묵적 합의에 의하여 배제되고 새로운 체제의 이념과 변동된 상황에 따라 법 적용이 방향 전환되었던 경험을 역사가 보여준다. 또한 정권 교체 후 새 정권의 방향이나 정책에 따라 법률가들이 순응하여 법률해석을 변경하는 예를 볼 수 있고, 이에 대하여는 '정치의 사법화'나 '사법의 정치화'라는 비판이 가해진다. 이러한 법의 왜곡이나 변용을 비판과 반성을 통하여 바로잡는 것은 방법론의 과제에 속한다.

법해석의 방법, 즉 법질서의 규범체계를 다루는 방법적 수단들은 하나의 정답을 제시하는 것이 아니라 법을 다양한 내용적인 세계관에 적응할 수 있는 가능성을 제시한다. 법이 곧 정치라고 하는 비판법학을 지지하지 않더라도 특히 정치의 문제를 법으로 돌려막기 하는 사건에서는 법의 정치적 성격은 부정할 수 없다. 그렇기에 완전히 비역사적이고 비정치적인 법의 방법론이 있는지 의문이 있다. 그럼에도 불구하고 법학방법론의 중요한 기능은 우

선적으로 법해석자의 법률에 대한 복종을 의식화하는 것이다. '법관의 법률에 의한 구속'은 권력분립의 원리, 동등취급과 법적 안정성의 이념에 부합한다. 따라서 방법론은 법치국가의 기능성과도 관련되고, 바로 이 문제가 방법론의 법치국가적인 과제이기도 하다. 또한 방법론은 법적 판단의 이유 제시 및 비판 가능성을 담보하고, 결국 해석자인 법관의 자기비판과 반성도 가능하게 하는 것이다.

어떻든 법률해석의 방법론은 다음과 같은 근본문제에 대한 대답을 모색해야 할 것이다.

1) 법률해석의 목표는 무엇인가? 2) 법률해석의 학문적인 방법론이 있는가 또는 현실적인 법실무의 방법이 있는가? 즉 해석자가 어떠한 기준으로 법률해석을 하고 어떠한 작업방식을 취하는가? 3) 법률해석이 개별법의 영역이나 법현실에 따라 달라질 수 있는가?

그런데 법학방법론은 법률해석을 통한 법적 결정의 정당화를 다루는 것이고, 그 이전의 사실인정의 문제 역시 정당성의 문제이지만, 이는 법관의 재량에 맡겨지는 것이라고 하여 지금까지 그 중요성이 무시되어 왔다.

2. 사실 인정의 문제

법규범의 해석론이 다양할 수 있고 변동될 수 있다는 점이 법현실주의자들에게 '규범회의주의'로 나타났다. 나아가 법현실주의는 규범 이전에 규범이 적용될 대상, 즉 소전제인 사실인정의 어려움에 직면하여 '사실회의주의'에까지 이른다.

법관의 사실인정에는 증거재판주의가 지배하지만, 자유심증주의의 원칙상 법관의 전적인 재량에 맡겨져 있다. 사실인정은 사실심의 전권에 속하고 법률심인 상고심은 다루지 않는 것이 원칙이었다. 다만 형사절차상 증거법칙이나 위법수집증거 배제와 같은 증거능력이 법률문제가 되고, 일반적인 사실

인정은 단지 명백한 채증법칙 위배나 경험칙과 논리칙에 부합하지 않는 경우에만 법률심이 개입하고 있을 뿐이다. 형사재판에서의 사실인정은 '합리적 의심을 배제할 정도'(beyond reasonable doubt)의 확실성을 요구하지만, 그밖의 일반적인 소송절차에서는 단지 '증거의 우세' 정도로 충분하다. 그래서 오판이 생길 수 있고, 특히 증거가 부족하거나 대립하는 상황에서의 사실인정은 매우 어렵다. 또 비록 훈련된 직업법관이라고 하더라도 사실인정의 독점은 위험하다는 이유로 배심원이 사실인정에 관여하는 배심재판 제도가 시행되기도 한다.

오늘날 소송상의 사실인정에 관한 연구도 이루어지고 있지만, 일반적인 사실인정의 방법론은 확립하기 어려운 것이다. 그러한 의미에서 오히려 법관의 사실인정의 잘못을 직시하고 반성하며, 그 원인을 탐구하는 것이 중요하다. 법관의 사실인정의 잘못 내지 오판은 인간의 한계와 증거의 제약으로 일어날 수밖에 없다. 특히 형사사건에서 심급 간에 유, 무죄의 판단이 달라진 경우도 종종 있어 왔다. 이는 사실인정의 어려움이나 편차를 드러내는 예가 될 것이다. 또한 후에 판결이 오판으로 밝혀진 사건들도 있었지만 많은 사건들은 오판인 채로 묻혀 버린 경우도 있을 것이다. 일반적으로 억울하게 유죄판결을 받은 경우의 오판이 많겠지만, 무죄판결을 받은 피고인이 진범으로 밝혀진 경우도 나오고 있다. 이는 법치국가적인 증거법칙이나 증거재판주의의 제약과 한계로 인한 것이다. 비록 사건이 증거 부족으로 무죄 판결이 확정되었다고 하더라도 이 역시 오판이라 할 것이다. 이 경우에 우리나라에서는 일사부재리 원칙에 따라 검사가 범인을 다시 기소하거나 재심청구를 할 수 없지만, 영국 등은 재심을 허용하고 있다.

실증적 연구에 의하면(김상준, 무죄판결과 법관의 사실인정, 2013), 법관들도 인간인 한 고정관념이나 편견(bias) 때문에 일반인들이 저지르기 쉬운 인지적 착각과 실수를 범하는 것으로 나타났다. 또 재판상황에서 착각과 터널비전(tunnel vision) 때문에 질 낮은 증거의 함정에 빠지게 되면 유죄 추정으로 편향되거나 판단을 그르칠 위험이 있다고 한다. 이때 작용하는 선입견은 법관의 직업적 경력뿐만 아니라 전 사회화 과정에서 형성된다. 법관들이 사회화 과정이나 관심 및 취향 등에 의하여 습득된 정치적, 사회적 관점에 따라 어떠한 편견을 가질 수 있고, 법관의 판단이 법관의 출신 배경이나 경험, 학습 등에 따라 다를 수 있으며, 심지어는 피고인의 미모나 인상, 태도 등에 좌우되기도 한다는 경험적 연구(법조사회학이나 행동주의 법학)도 이루어지고 있다.

결국 사실인정은 판단자의 경험과 논리에 따른 증거 판단이 문제가 되지만, 법관이 자신의 편견이나 입장에 '무지의 베일'을 가리는 것이 중요하고, 법관 스스로 진실하고 검증 가능한 사실관계의 재구성을 하려는 의식과 반성이 필요하며, 사실인정의 방법론에 관한 연구와 교육도 이루어져야 할 것이다.

3. 법적 결정의 정당화 문제

가. 법적 결정의 내적 정당화–법적 삼단논법의 추론 문제

법적 삼단논법은 일반 논리학의 적용이지만, 법률적 삼단논법 내지 실천적 삼단논법이 규범적 명제의 추론에 적용될 수 있는지 법논리학상 다툼이 있다(제7장 1절 3항 참조). 그러나 통상 법적 삼단논법은 보편화 가능성 내지 형식적 정의의 문제로서, 같은 것은 같게 취급하는 것으로 인정되어 왔다: 모든 X에 대하여 R이 당위되어 있고, T가 X라면 T에 R이 당위되어 있다.

법규범의 적용은 그리스 철학의 사고도식과 관련하여 오랫동안 선험적인 논리적 인식적 절차로 인식되고 있었다. 이른바 법적 삼단논법 내지 포섭추론은 이론상 〈대전제–소전제–결론〉의 순으로 구성되지만, 실제의 법적용에서는 소전제의 확정 내지 사실인정이 우선이고, 〈소전제–대전제–결론〉의 순으로 이루어진다고 한다(김정오 외, 법철학, 박영사, 2012, 114면 이하). 그 과정에서 대전제인 법규와 그 해석결과는 다시금 소전제인 사실관계의 구성과 확정에 영향을 미치게 된다. 즉, 판결에서의 사실인정이나 공소사실의 구성은 대전제인 규범에 비춘 사실관계의 재구성이라는 것이다. 그래서 사실에 대한 법적용의 작업 방식에는 엥기쉬(K. Engisch)가 말하는 법률과 사실 사이의 '시선의 왕래'(Hin und herwandern des Blicks)가 필요하고, 그 과정은 나선형의 추론 구조로 이루어지는 사실관계의 재구성이 된다고 한다. 실제로 법관이 사실인정을 하는 과정에서 적용될 규범과 그 해석결과에 따라 다시 인정사실을 조정하면서 양자의 접근을 시도하고 상응시키는 것을 통하여, 결과적으로 사실이 법률에 연역적으로 포섭되는 구조가 되는 것이다. 이때 추상적 규율과 구체적 사건의 필연적 관련이 문제되고, 사실관계를 법규범에 귀속시키는 포섭과정에는 평가적 행위와 판단이 개재되는 것이다.

나. 법적 결정의 외적 정당화-법규범 자체와 법률해석의 정당성 문제

외적 정당화는 대전제인 법규범을 설정하거나 발견하고 이를 근거지우는 문제이다. 외적 정당화는 헌법과 법률 등 제정법, 판례나 관습, 경험칙 등의 법의 원천으로부터 정당한 법을 도출하는 것이고, 이는 입법과 법적용에 모두 필요하다.

입법단계에서는 법률 그 자체의 정당화가 문제된다. 법률 자체의 정당성은 풀러(L. Fuller)가 말하는 이른바 '법의 내재적 도덕성', 즉 법규의 일반 추상성, 명확성, 가능성의 요구 등과 같은 법 자체의 존재론적 정당화의 문제뿐만 아니라 규범 자체의 내용적인 정당화로 나눌 수 있다. 규범의 내용적인 정당화는 법률 등 하위법이 효력근거를 두는 헌법 등 상위법에의 합치나 저촉 여부가 문제가 된다.

외적 정당화 중에서 오늘날 본래 의미에서의 방법론의 문제로 남는 것은 법률해석, 즉 법률로부터 추론하는 규범의 정당화이다. 여기서는 해석과 체계구성을 목표로 하는 법해석학과 권위적 법원인 판례가 법인식원(法認識源)으로서 중요하고, 여기서 방법론은 해석 결과에 이르는 유용한 수단이자 논거가 된다.

4. 해석방법론의 문제

가. 서론

법률 해석방법론에서 선구자인 사비니(F. C. von Savigny)의 기여는 현저하다. 사비니에 의하면, 해석은 법률에 내재된 사상의 재구성으로서, 입법자의 주관적 구체적 의사가 아니라 민족정신에 비추어 본 의사를 파악하는 것이고, 해석의 카논(Kanon)으로 문리, 논리, 체계, 역사적 해석방법을 제시하였다. 해석 카논으로서의 문리는 언어의 의미와 문법의 문제이고, 논리는 규범들 간의 논리적 관계와 무모순성이며, 역사는 규범의 연혁이나 입법자의 의도를 묻는 것이고, 체계의 카논은 법제도와 규율이 전체로서 통일적이 되는 내적 관련성을 파악하는 것이다. 사비니는 이 카논들은 해석자가 기호에 따라 임의로 선택할 수 있는 해석방법의 4가지 종류가 아니라 해석이 성공하려면 통합되어 작용하여야 할 다양한 작업방식들이라고 한다. 해석카논들은 그 합동작업에 있어서 어떤 경우에는 그 중 하나가, 다른 경우에 다른 것이 더 중요할 수 있고, 모든 측면으로부터 주의를 기울여야 할 방향으로 불가결하다는 것이다.

그러나 켈젠(H. Kelsen)은 전통적 해석방법에 대하여, 기존의 법으로부터 해석카논과 같은 모종의 인식에 의해서 유일하게 정당한 또는 더 나은 법을 획득할 수 있다는 관념은 잘못된 것이라고 한다. 그는 어떤 규범의 테두리 내에 존재하는 여러 가능성, 즉 가능한 해석 결과들 가운데 어느 것이 옳은가를 묻고 찾는 것은 실정법에 관한 법이론적 문제가 아니라 법정책적인 결정의 문제라고 한다. 따라서 법률로부터 옳은 판결이나 정당한 행정행위를 획득한다는 과제는 헌법의 테두리 내에서 옳은 법률을 창조하는 것과 본질적으로 다르지 않다는 것이고, 따라서 법관도 법창설자라고 한다(켈젠 법이론 선집, 102면). 이는 정당한 지적이기는 하지만, 해석의 문제를 선택이나 정책으로 돌리는 것은 '방법론적 허무주의'라고 할 수 있다.

오늘날 일반적인 해석방법론은 문리해석(법문언의 사전적 의미와 문법에 따른 해석)와 논리적, 체계적 해석(규범의 체계 관련성과 맥락에 따른 해석), 주관적, 역사적 해석(규범의 성립사와 입법자의 의도에 따른 해석), 객관적, 목적론적 해석(해석자의 내적 체계와 규범 목적론에 따른 해석)의 종합과 선택이라고 말해지고 있다. 그러나 해석방법의 종합과 선택에 관한 구체적인 법규나 법칙은 없다. 심지어 독일의 연방대법원(BGH)은 방법론에 관하여“우리는 각 사건마다 독자적 방법을 가지고 있다”고 한다. 또한 법률은 완벽할 수 없고 흠결은 필연적이다. 우리 민법이나 스위스 민법은 법률의 흠결이 있는 경우에 법 발견의 기준을 법규로 제시하고 있지만, 이는 선언적일 뿐이고 흠결을 없애는 방법론의 제시는 아니다.

그리고 법해석과 방법론의 문제는 헌법상의 권력분립과 민주주의(의회우위)의 원칙과 관련된다. 이는 바로 법관의 법률에 의한 구속의 문제이고, 법관의 법창조 내지 사법의 대체입법이 허용되고 심지어는 법률을 수정하는 것도 허용되는가의 문제가 제기된다. 이 문제는 주관적, 객관적 해석론의 대립에서 더 나아가 누가 법을 만드는가, 즉 법관이 법률의 입 내지 그 봉사자인가 아니면 법률의 주인인가 라는 논쟁에까지 이른다. 만일 법관이 법의 주인이라면 법관이 만드는 이른바 법관법 내지 판례법은 귀족주의적이고 과두주의적이며, 민주적 정당성이 없는 사법국가가 된다는 비판도 제기될 수 있다.

나. 해석의 목표로서의 규범 목적

해석방법 내지 카논과 해석의 목표는 일단 구분되어야 한다. 해석방법으로서의 문리(文理)는 규범적 명령의 전달 수단이고, 논리(論理)는 규범의 해석, 적용에 논리적 일관성과 모순이 없어야 한다는 이성의 요청에서 나오는 당연한 것이다. 이를 확장하면 해석이 전 법체계의 맥락에 합치하고 일관성이 있어야 한다는 체계적 해석의 요청에 이른다. 체계적 해석에서의 논리는 목적논리와 체계정합성이고, 법체계 내에서 목적에 관한 평가모순(評價矛盾), 즉 법질서의 목적이나 가치의 실현에 배치되는 규범의 설정이나 해석은 논리적 모순에 준하여 취급될 수 있다. 그런데 논리나 체계라는 것은 제시된 규범 목적을 전제로 한 체계적 일관성이나 무모순성이지, 규범 목적 자체가 무엇인지 말해주지 않는다. 따라서 해석의 목표는 규범 목적의 확정이 되어야 하고, 해석 카논은 해석의 목표 달성을 위한 수단이 된다.

입법자는 법규범에 의하여 일정한 목적이나 목표를 추구한다. 법규범은 목적적으로 사고된 주권자의 명령이고, 명령에 의하여 추구되는 목적이 그 중심적 방향이다. 예링(Jehring)에 의하면 "목적은 법의 창조자이다." 규범 목적의 배후에는 입법자의 이익형량이나 평가가 있고, 법 적용은 규범적 가치판단을 구체적 사례에 실현하는 것이다. 규범 목적은 입법의 이유(why, reason)이고 그에 의해 파악된 평가척도는 법규범의 해석과 적용의 핵심이 된다. 즉 규범 목적이 바로 입법 이유 내지 취지(ratio legis)이고, 그에 따른 해석결과가 바로 법리(法理)이다. 상고이유로 인정되는 법리오해라는 것은 결국 규범 목적의 파악 및 그에 따른 해석을 그르치는 것이다.

그런데 해석은 규범 목적에서 출발하지만, 그 목적이 입법자의 의사인가, 법적용자의 의사인가 라는 문제가 제기된다. 주관적, 객관적 해석론의 대립은 해석에서 입법자의 주관적 의도와 객관적 규범 목적 중 어느 것이 우선적이고 규준적으로 심사되어야 하는지에 관한 논쟁이다(아래 다.의 3), 4)항 참조).

해석의 목표는 어디까지나 그것이 주관적이든, 객관적이든 규범 목적(ratio legis)을 확정하는 것이고, 통상 입법 취지라고 불리우는 규범 목적에 따라 해석의 결과를 도출하는 것이다. 입법자의 의도라는 주관적 해석 카논이나 해석자에 의한 법률의 목적론이라는 객관적 해석 카논도 해석의 목표 확정을 위한 수단이다. 규범 목적은 규범이 보호하는 목적(Schutzzweck) 내지 법익(Rechtsgut)이고, 법률해석의 키가 된다. 규범 목적은 시대에 따라 변천할 수 있다. 예컨대 형법 제297조 강간죄의 보호법익은 형법 제정 시 입법자의 의도는 '부녀의 정조'였으나 시대와 의식의 변화에 따라 '성적 자기결정권'으로 해석이 변경되었고, 2012년 법개정으로 행위객체가 부녀에서 사람으로 확대되었으며, 2013년 전원합의체 판결로 부부강간도 인정되었다.

또한 규범 목적을 혼동하면 해석의 결과도 그르친다. 예컨대 검찰은 의료법

제4조 제2항에 위반하여 개설된 의료기관(이른바 사무장 병원)에서 실시한 의료에 대한 요양급여를 수령한 행위자를 국민건강보험공단을 피해자로 하는 사기죄로 기소하였지만, 의료법과 형법은 규범의 보호목적이 다르고 의료법에 위반한 의료도 정상적인 의료기관이 실시한 의료와의 사이에 본질적인 차이가 없으므로, 사기죄는 성립하지 않는다(대법원 2019. 5. 30. 선고 2019도1839 판결 참조). 다른 예를 들면, 지방세법이 종교시설(종교단체가 그 사업에 직접 사용하는 부동산)에 대하여 재산세를 비과세하고 있는데, 체육시설을 운영하면서 주말에 그 시설에서 예배나 종교행사를 하는 새로운 형태의 교회(레포츠 교회)가 나타났다. 교회 측은 비교인에 대하여는 체육시설을 유료(실비)로 개방하였지만 이는 선교 목적이라고 주장하였다. 이러한 새로운 법현실에 대하여, 서울고등법원은 체육시설은 일부 종교 목적으로 사용되더라도 종교시설에 해당하지 않는다고 판단하였다(필자가 직접 관여한 판결이고, 그 사건의 소송수행자는 '전철 안에서 선교행위를 하여도 전철이 종교시설이 된다고 할 수 없지 않은가?'라는 인상적인 변론을 하였다). 여기서 '종교시설'의 의미 확정은 문언의 통상적 의미 범위 내에서 재산세를 비과세하는 규범의 보호목적을 고려한 해석에 의거한 것이다.

나아가 해석에서 부가적으로 '결과 고려'가 필요한가? 사비니는 해석에 따른 결과의 고려는 해석의 한계를 벗어난 입법자의 영역이라고 하였다. 그러나 규범 목적을 효율적으로 실현하려면 특정한 해석의 사회, 경제적 결과와 관여 이익들의 고려가 필요하다. 그래야만 당해 규범이 사회적 통제나 조정의 작용을 제대로 할 수 있는 것이고, 만일 문언에 부합하는 어떠한 해석이 부정적 결과를 가져온다면 규범 목적에 따라 문언의 의미에 포함되는 다른 해석 결과가 지지될 수밖에 없는 것이다. 즉 문언에 따른 여러 해석 가능성 중에서 불합리하고 부정당한 결과에 이르게 되는 해석은 배제되는 것이고, 이는 귀류법의 논증(argumentum ad absurdum)에 해당한다. 물론 결과 고려는 불가피하게 정책적 성격을 가지는 것이고, 해석자가 문언의 한계를 넘어서서 규범 목적의 실현을 위한 결과 고려나 정책적 판단을 하는 것은 원칙적으로 사법의 한계를 벗어난다.

결국 해석의 목표는 규범 목적의 확정이고, 문언(전달수단)과 체계(system, kontext), 주관적, 역사적 탐구(기초자의 실제적인 목적 관념) 및 그 후의 법현실이나 법의식의 변화에 따른 객관적 목적의 추구는 해석의 수단이자 카논이다(슈박케 방법론, 88면). 다만 규범 목적에 따른 해석 결과가 문언의 가능한 의미를 벗어나는 경우에는 법해석의 한계를 넘어서는 법형성이 시작되지만, 법형성에 해당하는 흠결보충도 규범 목적에 따라서 이루어진다. 따라서 규범 목적은 좁은 의미의 법해석뿐만 아니라 흠결보충에서도 결정적인 준거가 된다.

다. 해석 카논 내지 기준

(1) 문리해석–문언에 따른 해석
모든 법규정은 해석이 필요하고, 해석의 출발점과 한계는 법률의 문언적 의미이다. 법률 문언에 대한 주의 깊은 분석과 인식은 적합한 해석의 제1보이다. 해석의 한계는 법률 문언의 가능한 의미이고, 이를 넘어서면 법형성이 시작된다. 법률 문언이 명백한 경우에는 해석의 여지가 없겠지만, 문언 자체가 일견 명백하게 보여도 해석상 다툼이 있을 수 있고, 그 가능한 의미 범위의 획정은 어렵다.

헌법적으로 명해진 법관의 법률에 의한 구속 때문에 문언 해석의 1차적 목표는 문제된 법률 개념의 성립 시의 의미와 전문용어의 의미 확정에 있는 것이다. 그러나 언어는 입법자가 의도한 명령 내용이나 규범 목적을 전달하기에는 다의적이고 불확실한 수단이고, 오류도 있을 수 있다. 법률 문언이 입법자의 의도를 구성하기 위한 인식수단이기는 하지만, 다른 해석 카논보다 문언에 우위를 두는 해석론이 오류에 빠지는 경우가 있다. 독일 연방법원(BGH)이 제시하는 암시이론(Die Andeutungstheorie)에 의하면, 규범 문언이 불명확하고 다의적인 경우에도 문언 내에서 하나의–불완전하지만–표현이 찾아질 수 있는, 따라서 암시되는 해석 결과만 허용된다는 것이다. 문언에 충실한 이러한 입장은 입법자의 편집오류나 평가모순이 있는 경우에는 문제가 다르다. '암시이론'은 유언이나 법률행위 해석에서 이른바 '오표시무해의 원칙'과 관련하여도 논의되고 있지만, 오늘날 거의 지지받지 못하고 수정된 형태로 유지되고 있다. 즉, 법적용자가 문언의 암시와 무관하게 입법자의 실제적 의사에 따라 법률 문언의 수정이 가능하다는 것이다. 이 경우, 문언의 한계는 필연적으로 보이지 아니하고 뒤에서 보는 '편집오류'의 수정이나 경우에 따라 '법률회피'도 가능한 것이 된다(3절 3항 참조).

법률 문언 자체로는 그 규정이 넓게 혹은 좁게 해석되어야 하는지 아무 말도 하지 않는다. 법률 문언은 규범 목적에 따라 해석되어야 하므로, 문리해석뿐만 아니라 다른 해석 수단도 동원되어야 한다. 법관은 원칙적으로 '가능한 문언의 의미'라는 한계 내에서 다른 해석 카논을 고려하여 규범 목적을 실현하는 해석 결과를 찾아야 한다. 즉, "법률을 해석할 때 입법 취지와 목적, 제·개정 연혁, 법질서 전체와의 조화, 다른 법령과의 관계 등을 고려하는 체계적·논리적 해석 방법을 사용할 수 있으나, 문언 자체가 비교적 명확한 개념으로 구성되어 있다면 원칙적으로 이러한 해석 방법은 활용할 필요가 없거나 제한될 수밖에 없다"(대법원 2017. 12. 21. 선고 2015도8335 전원합의체 판결). 그런데 문언 자체가 명확한 개념으로 구성되지 않고 문언의 가능한 의미 범위가 어디까지 미치는지는 명백하지 않은 경우가 많다.

예컨대 국민건강보험법 제100조 제1항에 정한 국민건강보험공단에 부당 청구한 요양기관에 대한 공표명령의 요건인 '관련 서류의 위조, 변조'의 개념에 좁은 의미의 '유형위조'뿐만 아니라 작성 권한이 있는 자가 허위의 서류를 작성하는 이른바 '무형위조'도 포함되는지 의문이 있다. 대법원은 무형위조도 '위조'라는 문언의 가능한 의미 범위 안에 들어가는 것으로 보았고(대법원 2019. 8. 30. 선고 2019두38342, 38366 판결), 규범의 보호목적에 비추어 타당한 해석이다.

그러나 죄형법정주의가 지배하는 형사법규의 해석은 문언의 가능한 의미를 벗어날 수 없고, 문언의 통상적 의미를 넘어서는 확장해석도 자제되어야 하지만(엄격해석의 원칙), 그 한계 설정도 반드시 뚜렷하지 아니하다. 또 항공보안법 제42조는 '위계 또는 위력으로써 운항 중인 항공기의 항로를 변경하게 하여 정상 운항을 방해한 자'를 처벌하고 있는데, 대법원의 다수의견은 처벌의 필요성만으로 죄형법정주의 원칙을 후퇴시켜서는 안 된다고 하여, 지상의 항공기가 이동할 때 '운항 중'이 된다는 이유만으로 그때 다니는 지상의 길까지 '항로'로 해석하는 것은 문언의 가능한 의미를 벗어난다고 한다. 이에 대하여 반대의견은 승객이 탑승한 후 항공기의 모든 문이 닫힌 때부터 내리기 위하여 문을 열 때까지 항공기가 지상에서 이동하는 경로는 항공보안법 제42조의 '항로'에 포함된다고 해석한다. 또 예컨대 동산(인쇄기)의 이중양도와 배임죄의 성부에 관하여, 대법원은 배임죄의 대상인 타인의 사무는 계약 상대방의 재산으로서 보호, 관리하여야 할 의무를 전형적, 본질적 내용으로 하는 신임관계의 형성이라고 제한해석하고 있다(대법원 2011. 1. 20. 선고 2008도10479 전원합의체판결). 그러나 반대의견은 부동산 이중양도의 경우에 배임죄 성립을 인정하고 있는 것과의 형평성의 문제와 비난가능성의 문제를 제기하고 배임죄의 성립을 인정하고 있다.

그러나 우리 대법원은 형사법의 해석에 관하여 문언에 따른 엄격해석을 고수하는 것으로 일관되거나 의견의 일치를 보이지는 않고 있다. 대법원은 특정범죄 가중처벌 등에 관한 법률 제5조의4 제6항(제1항 또는 제2항의 죄로 두 번 이상 실형을 선고받고 그 집행이 끝나거나 면제된 후 3년 이내에 다시 제1항 또는 제2항의 죄를 범한 경우에는 그 죄에 대하여 정한 형의 단기의 2배까지 가중한다)의 문언에 비추어, 형의 집행유예를 선고받은 후 집행유예가 실효되거나 취소된 경우가 특가법 제5조의4 제6항에서 정한 '실형을 선고받은 경우'에 포함된다고 볼 수 없다고 하여(대법원 2011. 5. 26. 선고 2011도2749 판결), 피고인에게 유리하게 문언에 따른 엄격해석을 하였다.

반면에 대법원의 다수의견은 공중송신권을 침해하는 게시물인 영상저작물에 연결되는 링크를 자신이 운영하는 사이트에 영리적·계속적으로 게시한 행위가 전송의 방법으로 공중송신권을 침해한 정범의 범죄를 방조한 행위에 해당한다고 하였다. 이는 링크행위만으로 공중송신권 침해 방조에 해당하지 않는다는 종전 판례를 변경한 것이다. 소수의견이 지적하는 바와 같이 다수의견은 규제와 처벌의 필요성을 내세워 저작권 침해물 링크 사이트에서 침해 게시물에 연결되는 링크를 제공하는 행위를 처벌하고자 형법 총칙상 개념인 방조에 대한 확장해석, 링크 행위 및 방조행위와 정범의 범죄 사이의 인과관계에 관한 확장해석을 통해 형사처벌의 범위를 확대하고 있는 것이다(대법원 2021. 9. 9. 선고 2017도19025 전원합의체 판결). 다른 예로는, 명예훼손과 모욕죄의 불확정개념인 '공연성'의 해석에 관하여, 대법원은 이른바 '전파가능성'의 이론을 채택, 유지하고 있으나(대법원 2020. 11. 19. 선고 2020도5813 전원합의체 판결), 이는 문언의 통상적 의미를 벗어나 피고인에게 불리한 확장해석으로 죄형법정주의에 반한다는 반대의견의 논거가 더 주목된다.

한편 조세법률주의의 원칙상 과세요건이나 비과세요건 또는 조세감면요건을 막론하고 조세법규의 해석은 특별한 사정이 없는 한 법문대로 엄격하게 해석할 것이고 합리적 이유 없이 확장해석하거나 유추해석하는 것은 허용되지 아니한다. 예컨대 대법원은 "구 법인세법 제52조 제1항은 납세의무자인 법인이 특수관계자와 한 거래 또는 그로 인한 소득금액의 계산을 부당행위계산부인 대상으로 규정하면서 특수관계자의 범위를 대통령령에 위임하고 있고, 그 위임에 따라 구 법인세법 시행령 제87조 제1항은 납세의무자인 법인과 같은 항 각호의 1의 관계에 있는 자를 특수관계자(대주주의 출자비율이 30% 이상인 회사)로 규정하고 있는 경우, 문언상 납세의무자인 법인을 기준으로 하여 그와 각호의 1의 관계에 있는 자만이 특수관계자에 해당한다고 보아야 한다"고 해석하였다(대법원 2011. 7. 21 선고 2008두150 전원합의체 판결). 다수의견(일방관계설)은 특수관계자의 범위를 어떻게 정할지는 입법정책의 문제이므로 위 시행령 조항을 문언과 달리 확장해석하거나 유추해석하는 방법으로 특수관계자의 범위를 넓혀야 할 이유가 없다는 것이다.

이에 대하여 법문의 가능한 의미 내에서 조세회피행위나 일감 몰아주기를 방지하기 위한 입법 취지 등을 고려한 합목적적으로 확장해석을 하는 것까지 조세법률주의에 위배되는 것은 아니라는 반대의견도 있다.

(2) 체계적 해석-체계정합성과 모순금지

법질서의 외적 체계는 법규범들의 집적이지만, 그 배후에 있는 평가적인 가치질서 내지 통일적인 내적 체계로도 구성된다. 각 개별규범은 그 지위나 기능으로부터 전체 법질서의 내적, 외적 체계에 정합되게 해석, 적용되어야 하고, 상호 논리적 모순이 있다면 체계의 통일성을 저해하는 것임은 명백하다. 개별규정은 해당 법률 및 법질서 전체의 맥락에서 존재하는 것이므로, 법률 전체를 개관하기 전에 개별 규정만으로써 판결하거나 해결 제안을 하는 것은 부적절하고, 체계적 해석은 불가결하다. 법원이 체계적 해석 수단을 사용하여 해석 결과를 도출한 예는 많이 있다. 구체적으로 체계적 해석의 3차원을 구분할 수 있다. 즉, 1) 개별규범은 각 법률의 맥락에 놓여있고, 이를 넘어서 2) 법질서의 다른 법률과의 관련성도 고려하여야 한다. 마지막으로 무엇보다도 3) 법질서의 상위에서 직접 또는 간접적으로 작용하는 헌법의 가치평가가 중요한 역할을 한다.

법질서의 외적 체계로부터의 해석은 문리나 논리해석의 연장이지만, 내적 체계로부터의 해석은 목적론적 해석의 연장이거나 이 해석의 고차단계라고 할 수 있다. 법질서의 내적 체계에 따른 해석은 법적용자가 전 법질서의 해당 부분의 가치 관련성을 들여다보는 것이 전제되어야 한다. 법질서의 내적 체계는 기본적으로 법원리들로 구성되어 있는데, 법원리는 헌법이나 법률로부터 직접 또는 간접적으로 승인되고 있는 것이다. 헌법이 명시적으로 선언하고 있는 가치적 법원리나 사법상 일반조항과 같은 직접적인 법원리도 있지만, 헌법이나 법률에 명시적으로 규정하고 있지 않는 법원리들, 예컨대 공평의 원칙이나 거래안전, 신뢰보호나 사법상 외관보호의 원리 등과 같은 불문의 법원리도 인정된다. 법원리들은 서로 경합하고 상충하는 것이 보통이고, 법원리들이 상충하는 경우 그 비중과 중요도가 체계정합적으로 형량되어야 한다.

개별규범이 다른 규범과 충돌하거나 법원리에 반하는 경우, 법질서의 평가 모순(評價矛盾)에 이르게 된다. 이 경우 법원리는 규범 충돌의 해소에 작용하고, 나아가 개별규범의 적용 시 수정, 제한, 보충을 하는 근거가 되기도 한다. 법원리에 기한 개별 법규 적용의 제한, 배제도 체계적 해석의 한 경우이고, 이 경우 법원리는 상위법의 역할로 규범통제의 기능을 하는 것으로 볼 수 있다. 예컨대 채권자가 시효를 원용하지 않을 것 같은 태도를 보여 신뢰하게 한 경우 소멸시효를 원용하는 것은 법원리인 신의칙에 반하여 권리남용이라고 하여 소멸시효 규정의 적용을 제한한 사례(대법원 2011. 6. 30. 선고 2009다71599 판결)는 법원리가 개별 법규정을 배제한 것이다.

나아가 최상위법인 헌법의 기본적 가치결정인 국가 목표와 기본권 규정은 전 법질서에 대한 반사나 형성의 효과를 가진다. 사법상으로는 기본권의 간접적인 제3자적 효력이 인정되어 일반조항의 해석에 헌법의 가치 결정이 영향을 주고, 법률에 흠결이 있는 경우에도 헌법의 법원리가 흠결 보충의 기능을 하는 경우가 있다. 법률에 명시적 규정이 없는 상황에서 성별 변경을 허용하고(대법원 2006. 6. 22. 자 2004스42 전원합의체 결정), 개명의 자유를 원칙적으로 인정한 판례(대법원 2005. 11. 16.자 2005스26 결정)는 헌법상 인간 존엄으로부터 나오는 '인격권'이 그 근거가 되었다.

헌법의 가치평가에 부합하는 법률해석의 방법으로 헌법합치적 해석이 문제가 된다. 헌법합치적 해석은 엄밀히 말하면 체계적 해석의 특수한 경우이고, 법질서의 통일성에 기여하는 것이다. 헌법합치적 해석은 다음과 같은 조건 하에서 허용된다(슈박케 방법론, 119면): 1) 당해 법률규정에 여러 해석 가능성이 열려 있고 해석의 필요성이 있어야 하며, 2) 일의적으로 표현된 입법자의 의사나 법률 문언은 존중되어야 하고, 3) 법관의 법률에 의한 구속의 관점에서 입법자의 의사를 감안하여 헌법합치적 해석으로 문제된 규범에 합리적인 의미가 부여되어야 한다.

어떤 법률조항에 대하여 여러 갈래의 해석이 가능한 경우에는 그중 헌법에 부합하는 의미를 채택함으로써 위헌성을 제거하는 헌법합치적 해석을 해야 하고(대법원 2009. 2. 12. 선고 2004두10289 판결 등 참조), 나아가 헌법에 부합하는 해석 중에서도 헌법의 원리와 가치를 가장 잘 실현할 수 있는 의미를 채택하는 경우도 합헌적 해석이지만, 이를 특히 헌법정향적 해석이라고 부르기도 한다.

어떤 법률조항을 그 문언, 체계와 입법 경위 등에 비추어 해석한 결과 불합리하거나 부당한 결론이 도출된다면 이와 같이 헌법을 고려하는 합헌적 해석을 통하여 교정할 수 있는 것이다(전교조에 대한 법외노조 통보처분의 적법성이 문제가 된 대법원 2020. 9. 3. 선고 2016두32992 전원합의체 판결 중 대법관 김재형의 별개의견 참조). 또한 대법원의 이른바 '세무조정반 사건'에서 김재형 대법관의 별개의견은 다수의견과 같이 법인세법 시행령 조항을 무효화하지 않고 그 문언보다 넓게 법무법인도 조정반 지정 대상으로 해석하는 것은 헌법합치적 해석을 통한 법규의 공백 보충이고, 행정입법권을 침해하거나 권력분립의 원칙에 반하지 않는다고 하였다(대법원 2021. 9. 9. 선고 2019두53464 전원합의체 판결). 그런데 대법원은 합헌적 법률해석을 포함하는 법령의 해석·적용 권한은 대법원을 최고법원으로 하는 법원에 전속한다고 하지만(대법원 2001. 4. 27. 선고 95재다14 판결 참조), 헌법재판소의 변형결정을 통한 합헌적 법률해석 권한과 충돌하고 있다.

어떻든 헌법합치적 해석의 가능성으로 인하여 법률의 합헌성 추정도 원칙적으로 승인될 수 있다. 이러한 헌법합치적 해석의 원칙은 국내법과 같은 효력이 있는 국제법이나 조약에 합치하는 법률 해석에도 적용되고, 이 역시 체계적 해석의 한 경우이다.

결국 체계적 해석의 목표는 법질서의 통일성, 정합성(Integrity : Konkordanz)을 이루는 것이고, 따라서 헌법을 정점으로 하는 법질서의 단일성, 통일성은 미리 주어진 것이 아니라–체계적–해석의 산물이고 결과라고 함은 이미 언급하였다(제7장 2의 3. 2)항 참조).

(3) 주관적, 역사적 해석

법규범은 우선적으로 입법자가 지향한 목적의 실현에 기여하는 것이기 때문에 규범 목적을 확정하기 위하여는 역사적으로 입증되는 입법자의 의도나 계획이 중요한 해석카논이 된다. 텍스트를 이해하려는 사람은 그 텍스트가 대답이었던 당시의 상황을 알아야 한다. 규범 텍스트에 관하여 법적용자가 입법자의 원천적인 규율 의사와 규범 목적을 인식하기 위하여는 그 규율의 사회적, 정신적 출발 상황과 그 성립사를 탐구하여야 한다. 법규범의 성립사 탐구는 따라서 법 해석의 제2보가 된다. 원천적인 규율 목적을 인식하기 위하여 법 적용자는 규범 설정자의 언어, 즉 규범 성립 당시의 언어와 그 맥락을 이해하려는 노력을 하여야 한다. 규율 대상에 관한 경험적 지식과 그 역사적, 사회적 맥락(인과적 이익요소), 정신사적, 해석사적 맥락(입법자의 언어, 자문과 토론 내용), 입법자의 규율 목적(법정책적 의도와 조정 목표) 등이 탐구 대상이다. 우리 대법원도 여러 판결에서 '법전편찬위원회의 형법기초자'나 '당시 그에 관한 정책적 고려나 충분한 토의'와 같은 입법자료를 해석에 고려하여야 한다는 점을 지적하고 있다.

그런데 헤르메노이틱(Hermeneutik)의 성과에 의하면, 해석은 저자의 의도를 파악하는 주관적 해석이 원칙이지만, 텍스트만으로는 저자의 의도가 밝혀지기 어려운 경우가 많으므로, 객관적 해석의 이름으로 해석자의 주관이 개입하거나 해석이 변화에 열려있음도 인정되고 있다. 주관적, 객관적 해석론의 대립에 관한 독일의 '방법 논쟁'은 역사가 오래되었다. 주관적 해석론에 의하면, 해석의 목표인 규범 목적의 확정에 역사적 입법자의 의사가 우선되어야 한다는 것이고, 객관적 해석론은 입법자의 의사보다 법률 자체의 의사, 정확히는 법률을 해석하는 법적용자의 의사를 우선하고 있다. 이는 해석에서 규범 공포 시 추구된 입법자의 규범 목적이 추급적으로 작용하는지, 그후 규율 소재와 가치 관념의 변동에 따른 규범 목적을 소급적으로 적용할 수 있는지의 문제로도 볼 수 있다. 이러한 논쟁은 실제 판결에서도 나타난다. 예컨대 항만시설사용규칙에 따른 화물입항료 징수 대상인 항만법의 수역시

설 중 '항로'의 뜻에 관한 항만법과 항만시설사용규칙 및 항만청고시의 해석에 관하여, 대법원의 다수의견은 위 법규의 제정 연혁 및 입법 목적을 살펴보고 입법자의 의사를 탐구하여 항만 내에서 화물을 양적하는 것은 항만시설, 즉 항만 내의 항로를 이용하여 양적하하는 것이므로 비록 사유시설을 통하여 화물을 양적하하였다고 하더라도 화물입항료를 징수할 수 있다고 하였으나, 소수의견은 객관적 목적론적 해석으로 이에 반대하였다(대법원 1980. 8. 26. 선고 78누407 전원합의체 판결).

이러한 방법논쟁은 영미에서는 의도중심주의 법해석론와 문언중심적 법해석론 및 합리적 법해석론의 대립과 비견될 수 있다(최봉철, 현대법철학, 261면 이하 참조). 영미의 해석방법론 중 주관적 해석론에 상응하는 의도중심주의에 비하여, 문언중심적 법해석론은 입법자의 의도보다 문언과 그 객관적 의미를 중시하는 점에서 널리 객관적 해석이론에 가깝다. 그리고 이른바 합리적 법해석론 내지 목적 중심적 법해석론은 해석자가 입법자의 위치에서 법의 문언에 반하여서라도 법의 목적에 따른 합리적 해석을 한다는 의미로 이해되고, 이는 방법론상 객관적 해석론을 넘어서 법관의 법형성까지 허용하는 것으로 보인다.

그러나 주관적 해석론은 실제로 엄밀한 객관적 해석은 없고, 법률 자체의 객관적 의사가 존재한다는 것은 환상이라고 비판한다. 주관적 해석론에 의하면, 해석에는 역사적 탐구과제로 규범의 성립사나 역사적 규범 목적의 확정이 우선되어야 하고, 입법자의 규범 목적 내지 계획이 법률해석과 법률회피의 구분 기준이 되며, 방법 순수성의 경험적 징표가 된다. 만일 법관이 입법자의 평가를 따라가지 않고 그 범위를 임의로 벗어난다면 입법자의 우위는 훼손되고 규범설정 재량의 확대가 될 뿐이다. 대표적인 이익법학자인 독일의 헥크(P. Heck)는 외견상 '객관적 해석'을 시대정신의 바람에 떠다니는 기구에 비유하였고, 뤼터스는 법원의 감추어진 규범 설정이라고 비판한다. 그는 객관적 해석은 법관의 법률에 의한 구속을 약화시키고, 따라서 민주주의나 권력분립의 헌법적 한계를 벗어나는 위헌적인 것이라고 주장한다(뤼터스 법이론, 520면 이하).

해석의 목표인 규범 목적의 확정에 주관적, 역사적 해석의 카논 내지 수단이 우선적이라는 점은 인정되지만, 주관적 해석이론은 절대주의적 사고 전통에 따른 것이고, 군주와 같은 개별화된 입법자는 없다는 비판이 제기될 수 있다. 그러나 정당제나 연립정부의 민주주의 하에서도 규범 설정 뒤에 구체적 규율 의도나 목표가 있고, 역사적 해석은 이것을 확정하고 규범의 의미와 목적 탐구로서의 해석을 성과 있게 만드는 것이라고 한다. 입법자의 사실적 의사가 확인되지 않더라도 그 성립사 내지 연혁으로부터 인식되는 역사적인 규율 목적을 탐구하는 것이 가능하다. 입법절차에서 나온 자료(제안이유서, 국회 심의록, 의사록 등)로 파악할 것이지만, 자료 부족 등의 이유로 규율 목적이나 의도가 명확하지 않은 경우에는 해석자는 입법의 동기나 역사적 뿌리, 사회적 정치적 맥락이나 이익관계의 파악 등에 의하여 추단할 수 있다는 것이다.

그런데 법률 문언은 공포 시와 적용 시 사이에 그 텍스트 의미에 변동이 있을 수 있고, 이때 방법적 지평의 확장이 필요하다. 특히 입법자의 의사를 탐구하는 노력이 성과가 없고 입법 목적 자체가 불분명하거나 입법 이후 상황 변동에 따라 규율의 필요성이 현저히 달라진 경우에 해석자는 입법자의 입장에서 가장 합당한 규범 목적을 찾아서 문언 범위 내에서 합리적인 해석 결과를 도출할 수밖에 없을 것이다. 바로 이러한 계기가 '객관적, 목적론적 해석'을 포기할 수 없는 이유이다.

(4) 객관적 목적론적 해석-합일이론

해석 카논으로서 역사적 입법자의 의사도 중요하지만, 법적용자가 의거해야 하는 별도의 해석 카논으로서 역사적 입법자가 아니라 법체계 하에서 법률 자체의 객관적 목적론이 있다고 인정되고 있다. 이것이 객관적, 목적론적 해석 카논이고, 여기에 우위를 두는 이론이 객관적 해석론이다. 해석이란 입법자가 만든 법률이라는 차량의 방향성을 확보하려는 노력이고(P. Heck), 해석의 방법론은 각 국가의 역사적, 정치적, 사회적 차원의 법문화적인 논쟁이므로, 그 나라 법원이 선택할 문제라고 할 수 있다(뤼터스 법이론, 493). 독일에서 주관적 해석론은 사비니, 빈트샤이드, 헥크 등 오래된 학자들에 의하여 지지되었고, 객관적 해석론은 빈딩, 콜러, 라렌쯔 등 비교적 최근의 학자들이 지지하고 있다. 특히 최근 독일의 대표적인 주관적 해석론자인 뤼터스는 라렌쯔를 과거 나치에 협력한 전력까지 언급하면서 비판하고 있다.

독일의 빈트샤이드(B. Windscheid)에 의하면 "해석은 입법자가 문언에 결부시킨 법률의 의미를 확정하는 과제를 지니는 것이다." 헥크(P. Heck)도 법해석의 방법은 역사적 이익탐구이고, "법률을 인과한 정당한 실제적 이익을 역사적으로 정당하게 인식하고 인식된 이익을 사실 판단에 고려하는 것"이라고 하였다. 뤼터스에 의하면, 객관적 해석론자들은 입법자가 만든 법률이 입법자를 떠나서 독자적인 법률의 의사를 가질 수 있다고 하지만, 이는 법률의 의인화를 전제로 하는 것이고, 텍스트는 자신의 고유의 의사를 가질 수 없다. 또한 "법관이 입법자보다 현명하다"는 것이 객관적 해석의 근거 내지 구호이지만(라드부르흐, 법철학, 210), 이는 법관이 사후에 법률을 변화된 사태에 즉응하여 적용한다는 말 이상의 것은 아니라고 한다. 뤼터스는 객관적 해석론이 법관이 법률의 주인이 되어 민주주의와 권력분립에 반하고, 시대정신에 기대어 사법독재를 정당화할 수 있다는 이유로 주관적 해석론을 지지하고 있다. 즉, 입법자의 의사가 아니라 법률의 의사를 밝힌다는 것은 없는 것을 쫓는 것이고, 객관적 해석론은 마치 유령을 쫓는 것과 같다(뤼터스 법이론, 494면 이하). 외견상 객관적 해석은 법관의 주관적인 규범 설정이라는 것이고, 법적용자가 입법자의 원천적인 규범 목적을 벗어나는 것은 법률의 해석이 아니라 자신의 평가로 입법자의 평가를 대체하는 것이다. 따라서 주관적 해석이 더 객관적이고, 객관적 해석이 더 주관적이라고 할 수 있는 것은 아이러니가 아닐 수 없다는 것이다.

독일의 판례가 객관적 목적론적 해석의 우위를 인정하여 왔다고 주장하는 객관적 해석이론의 유력한 견해(K. Larenz)가 있다. 그러나 주관적 해석론자들은 판례가 실제로 역사적 논거를 중시하고 있으며, 객관적 해석이란 판례법을 승인하고 법관에게 해석 재량이 있다는 것 이상을 의미하지 않는 것이라고 한다. 즉 객관적 해석론은 객관성의 깃발 아래 법관의 법정책적 행위나 법설정을 해석으로 포장하는 것이고, 결국 정의나 법이념, 윤리적 기준 등의 법외적 기준을 원용하게 되지만, 그 객관성은 담보할 수 없는 것이다. 엥기쉬(K. Engisch)는 법적용에 있어 법이념이란 요술 빗자루와 같은 마법의 힘을 가진다고 말한다. 따라서 객관적 해석은 의회우위의 훼손, 법률구속의 완화, 방법 순수성의 결여로 통제 불능이 될 수 있고, 특히 해석이 그 시대정신, 즉 국민의 법의식이나 여론과 같은 것에 동요될 수 있는데, 특히 여론은 조종 가능하고 쉽게 변할 수 있는 것이기 때문에 더 위험하다는 것이다.

생각건대, 해석방법의 문제는 주관적, 객관적 해석론의 양자택일이 아니라 양자 모두 적절한 부분이 있다. 그래서 오늘날의 대세는 '합일이론'이다(슈박케 방법론, 87; 독일의 판례와 지배설). 즉 원칙적으로 주관적 해석론에 의거하지만, 입법자의 규율 의도가 명확하게 확인되지 않는 경우나 입법자가 미처 예상하지 못한 규율 소재나 가치 관념에 현저한 변화가 있는 경우에는 가능한 문언의 범위 내에서 법해석자는 객관적 목적론적 해석을 할 수 있다는 것이다.

법률은 그 시대의 소산이고 입법 당시 입법자의 의사에 따른 규범의 의미, 목적이 우선적인 해석의 기준이 되는 것이고, 따라서 주관적 해석론의 우위는 인정되어야 하지만, 결국 입법자의 의사를 확인하는 것도 법적용자의 몫이다. 법률의 성립사나 입법 이유 및 개별 규범의 하위 목적이 부실한 입법자료로 잘 파악되지 않는 경우가 많고, 이때 법적용자인 법관이 입법자의 의사를 추정 내지 추단할 수밖에 없다는 점이 객관적 해석론이 들어올 수 있는 계기가 되는 것이다. 특히 행정법역에서 쏟아지는 법률의 홍수 속에 개개의 법률에는 일반 추상적인 목적 규정만 있고 제안이유서나 국회 심의록에 구체적인 규범 목적이 나와 있지 않은 경우는 흔하다. 법률 자체와 입법자료에서 파악되는 추상적 목적으로부터 구체적인 하위 목적을 도출하고 이를 실현하는 것은 법적용자의 일이고, 특히 법률에 일반조항이나 불확정개념이 사용된 경우는 객관적 목적론적 해석에 관한 입법자의 위임이 있다고 볼 수 있다.

또한 법률이 입법 이후 시간의 경과에 따라 입법자가 미처 예상하지 못한 현저한 사정이나 관념의 변화로 법적용 당시에 새로운 규율 요구나 법의식이 생겨날 수 있다. 이 경우에도 해석자는 당초 입법자를 존중하는 관점에서 정당하고 모순이 없는, 합리적인 규범 목적을 재설정하여 해석 결과에 이르러야 하며, 역사적 입법자의 원천적인 의사를 부당하게 무시하는 것은 허용되지 않는다(슈박케 방법론, 102면). 이때 주관적 역사적 해석 기준의 우위를 인정하는 전제 위에서 보충적으로 객관적 목적론적 해석은 불가피한 것이고, 해석자는 입법자의 원천적 의사를 벗어나지 않는 범위 내에서 입법자의 의사를 추단하여 규범 목적을 확인하여야 할 것이며, 이를 벗어나면 '해석'이 아니라 '법형성'이 된다.

예컨대 대법원은, 법원의 재판 또는 국회의 심의를 방해 또는 위협할 목적으로 법정이나 국회 회의장 또는 그 부근에서 모욕 또는 소동한 자를 처벌하는 형법 제138조의 규정은, 본조의 적용대상에서 헌법재판을 제외하는 해석이 입법의 의도라고는 보기 어렵고 본조 제정 당시 헌법재판소가 설치되어 있지 않았던 점 등을 고려하여 본조의 적용대상으로 규정한 '법원'의 재판에 '헌법재판소'의 심판이 포함되고, 헌법재판소의 '심판정'도 '법정'으로 해석하는 것은 문언이 가지는 가능한 의미의 범위 안에서 그 입법 취지와 목적 등을 고려하여 문언의 논리적 의미를 분명히 밝히는 체계적 해석에 해당할 뿐, 피고인에게 불리한 확장해석이나 유추해석이 아니라고 한다(대법원 2021. 8. 26. 선고 2020도12017 판결). 이는 법 제정 이후 규율사태의 변화에 따른 객관적 목적론적 해석의 예이고, 합일이론의 근거가 된다고 할 것이다. 다른 예로 국토이용관리법상 토지거래허가 없는 매매계약의 효력은 무효라고 법률에 명시되어 있지만, 대법원은 이른바 '유동적 무효'라는 법리를 형성하였다(대법원 1999. 6. 17. 선고 98다40459 전원합의체판결). 판결에 그 명확한 근거는 나타나 있지 않지만, 입법자가 예정하지 않은 새로운 사태에 즉응하여 무효의 구체적 의미에 관하여 해석자가 법원리와 법현실에 의하여 객관적 해석을 한 것으로 생각된다.

결국 합일이론의 이러한 관점은, 라드부르흐가 "해석은 이전에 생각된 것을 후에 단순히 따라서 사고하는 것이 아니라, 한번 생각된 것을 끝까지 사고하는 것"이라고 말한 것에 부합한다(라드부르흐, 법철학, 211면). 이는 법적용자의 입법자에 대한 '사고적 복종'(denkende Gehorsam)이란 말과 같은 의미라고 생각된다.

라. 소결-해석 규율 내지 해석 기준들의 상호 관계

이와 같이 해석 카논 내지 기준으로는 '문리'와 '체계', '입법자의 의사'와 '객관적 목적론'을 들 수 있다. 주관적 해석론자인 사비니는 논리와 체계를 구별하고 객관적 목적을 별도의 해석 기준으로 삼지 않았지만, 논리는 체계나 맥락에 부합하는 체계 정합성과 무모순성(법질서의 단일성과 통일성)이라는 관점에서 체계적 해석 기준에 포함시킬 수 있다.

그런데 해석의 각 기준들 사이에 상호 관계나 서열이 있는 것인가? 주관적 해석론에 의하면 해석의 목표인 입법자의 의사가 확인되는 한 우위에 있지만, 주관적인 입법자 의사의 확정도 결국은 해석자의 사항으로 해석자가 규범 목적 내지 입법 취지를 파악하여 그 해석 결과인 법리를 확정하여야 한다. 그리고 입법 이후 법현실이나 법의식 내지 정의관념의 변동 혹은 입법자가 예상하지 못한 상황이 발생하는 경우에는 해석자가 입법자의 위치에서 객관적인 규범 목적을 다시 확정할 수 있다(합일이론).

결국 해석은 해당 법률의 문리(文理)에서 출발하여 입법 취지-합일이론에 따르면 주관적 입법자의 의사나 목적이 우선이지만, 경우에 따라 보충적으로 객관적 규범 목적도-및 외적, 내적인 체계 정합성이 해석 기준이 되어 문언의 한계를 벗어나지 않는 범위 내에서 해석 결과를 도출하는 것이고, 이로써 법리(法理)가 확정된다. 여기서 해석 기준들 사이에 서열관계를 정하는 것은 의미가 없고, 하나의 정답, 즉 정당한 해석을 위하여는 해석 기준들의 합동작업,

즉 해석 카논들에 의한 합리적 논증과 분석적 종합 판단이 필요한 것이다.

마. 우리 대법원의 해석방법론

우선 대법원이 문리해석을 우선하되, 함께 다른 해석방법의 사용을 시사하고 있는데, 이는 위 해석방법론에서 본 바와 같다. "법률에 사용된 문언의 의미는 해당 법률에 정의규정이 있다면 그에 따를 것이나, 그렇지 않은 경우라도 문언의 통상적인 의미를 살피는 외에 그것이 해당 법률에서 어떠한 의미로 어떻게 사용되고 있는지 체계적, 논리적으로 파악하여야 한다"(대법원 2016. 8. 24. 선고 2013도841 판결; 대법원 2018. 6. 15. 선고 2018도2615 판결 등).

그러나 문언의 통상적 의미와 가능한 의미 범위는 어디까지인지 반드시 분명하지 않고, 법률 문언의 통상적 의미뿐만 아니라 문언의 가능한 의미까지 벗어났는지 의심이 있는 경우는 많이 있다. 이와 관련하여 대법원 2006. 11. 16. 선고 2006도4549 전원합의체 판결이 주목된다. 이 판결에서 다수의견은 정부투자기관의 임원인 한국수자원공사 사장이 변호사법 제111조 알선수재죄에서 규정하는 '법령에 의하여 공무원으로 보는 자'에 해당하지 않는다고 하였다. 하지만 소수의견은 정부투자기관관리기본법 제18조의 입법 취지, 변호사법 제111조의 입법 목적 및 형법 제129조 내지 제132조와의 관련성 등에 비추어 정부투자기관의 임·직원이 변호사법 제111조에서 정한 알선수재죄에서 알선행위의 상대방이 되는 경우에도 이를 공무원으로 보는 것이 옳다고 하였다. 소수의견은 문언의 가능한 의미 범위 내에서 의도중심의 주관적 해석론에 의거한 것으로 보이는데 비하여, 다수의견은 문언 중심의 객관적 해석론을 제시하고 있다. 특히 보충의견(대법관 김지형)은 확인되는 입법 취지와 목적은 존중되어야 하지만 '문언의 통상적 의미'를 벗어나지 않는 구체적, 합리적 해석이 중요하다는 점을 강조하고 있다. 여기서 문언의 통상적 의미가 무엇을 의미하는지 불분명하지만, 보충의견은 문언의 가능한 의미가 아니라 일상적, 표준적 의미를 해석의 한계로 좁히는 엄격해석의 원칙을 지지하는 것으로 보인다.

그런데 형법상 임의적 감경사유의 존재가 인정되고 법관이 그에 따라 징역형에 대해 법률상 감경을 하는 경우, 형법 제55조 제1항 제3호에 따라 상한과 하한을 모두 2분의 1로 감경하여야 하는 현재 판례와 실무의 해석에 대하여, 대법원 2021. 1. 21. 선고 2018도5475 전원합의체 판결의 별개의견(대법관 이기택)은 여러 논거를 들어서 법정형의 하한만 2분의 1로 감경하는 새로운 해석론을 제시하지만, 이는 문언의 가능한 의미를 넘어선다는 의문이 있다.

이와 같이 대법원은 "문언의 통상적인 의미를 벗어나지 않는 한 그 입법 취지와 목적 등을 고려한 목적론적 해석은 허용된다"(대법원 2018. 11. 29. 선고 2018두48601 판결 등 참조)는 일반론을 제시하고 있다. 여기서 대법원이 '입법 취지와 목적'을 말하고 있지만, 그것이 주관적, 객관적 해석 기준인지는 명확하지 아니하다. 그러면 대법원이 주관적, 객관적 해석론 중 어느 것을 채택하고 있는 것인가? 대법원이 전원합의체 판결에서 입법 자료를 찾아보고 입법자의 의사를 탐구한 예는 많이 있다(대법원 2017. 12. 21. 선고 2015도8335 전원합의체 판결; 대법원 2019. 6. 20. 선고 2013다218156 전원합의체 판결; 대법원 2018. 10. 18. 선고 2016다220143 전원합의체 판결; 대법원 2018. 5. 17. 선고 2017도14749 전원합의체 판결; 대법원 2017. 12. 21. 선고 2012다74076 전원합의체 판결 등). 그렇다면 대법원이 기본적으로 입법자의 우위를 인정하고 입법절차에서 나온 자료(제안이유, 심의록, 의사록 등)를 중시한다는 점에서 주관적 해석론을 무시하는 것은 아니라고 본다.

그런데 문언이나 체계적 해석으로 입법자의 의사를 파악할 수 없거나 구체적인 입법자료를 찾을 수 없는 경우가 보통이고, 그러한 때에 우리 대법원은 입법의 동기나 사회적 정치적 맥락 등의 파악으로 의하여 입법자의 의사를 추단하고 있다. 그 추단도 어려운 경우에는 결국 해석자인 법원이 입법자의 위치에서 법률 자체나 체계적 관련 등에 의하여 입법 취지를 파악하고 있는 것으로 보인다. 대법원은 "법해석의 목표는 어디까지나 법적 안정성을 저해하지 않는 범위 내에서 구체적 타당성을 찾는 데 두어야 한다"고 하면서, 해석방법으로는 "법률에 사용된 문언을 바탕으로 법률의 입법 취지와 목적, 제·개정 연혁 등을 고려하는 체계적·논리적 해석을 할 필요가 있고, 입법 목적을 실현하기 위하여 법문에 명시되어 있지 않더라도 그 취지나 성격에 비추어 해당 규정의 적용 범위를 필요한 한도에서 합리적으로 축소·제한하거나 확대하여 해석할 수 있다"고 한다(대법원 2023. 5. 11. 선고 2017다35588, 35595 전원합의체 판결의 별개의견). 그렇다면 우리 법원이 주관적 해석의 우위를 무시하지 않지만, 이를 넘어서는 객관적, 목적론적 해석의 계기를 받아들이고 있다고 생각된다(합일이론).

그런데 주관적, 객관적 해석론의 대립과 관련하여, 대법원이 입법자의 의사를 중시할 것인지, 이를 벗어난 사법적 결단이 가능한지 정면에서 다툰 사례가 있다. 대법원의 다수의견에 의하면, 부동산 실권리자명의 등기에 관한 법률 규정의 문언, 내용, 체계와 입법 목적 등을 종합하면, 우리 사회의 일반적 법의식을 바탕으로 형성된 오랜 관행과 거래 실무를 존중할 필요가 있다고 보았기 때문에 부동산실명법을 제정한 입법자의 의사는 명의신탁부동산의 소유권을 실권리자에게 귀속시키는 것을 전제로 하고 있고, 따라서 부동산실명법을 위반하여 무효인 명의신탁약정에 따라 명의수탁자 명의로 등기를 하였다는 이유만으로 그것이 당연히 불법원인급여에 해당한다고 단정할 수는 없다고 하였다. 그러나 소수의견에 의하면, 부동산 거래의 정상화와 부동산실명제의 정착을 바라는 시대 상황의 변화, 투명한 재산거래의 중요성과 부동산등기제도를 악용하는 반사회적 행위인 명의신탁을 방지할 필요성에 대하여 현재 형성되어 있는 사회 일반인의 인식 등에 비추어 보면, 이제는 무효인 명의신탁약정에 따라 명의수탁자에게 마친 등기가 불법원인급여에 해당한다고 판단하기에 충분한 법적 근거가 있다고 한다. 이에 대하여 다수의견의 보충의견(대법관 김재형)은 "법률을 해석하고 적용하는 사법부로서는 이와 같은 입법자의 근본적 결단을 존중하는 것이 마땅하다… 대법원이 사법적 결단이라는 명목으로 갑자기 태도를 바꾸어 지금까지 명의신탁자를 제재한 공무원이 법률을 잘못 적용한 것이라고 할 수 있는 권한은 그 어디에서 도출할 수 있는 것인지 알 수 없다"고 하여 입법적 결단을 벗어나는 객관적 해석론을 비판하고 있다(대법원 2019. 6. 20. 선고 2013다218156 전원합의체 판결). 이는 주관적 해석론의 우위를 무시하여서는 안 된다는 기본 입장을 천명한 것이다.

한편 입법 당시와 법적용 당시의 법적용 대상이 되는 사실적 상황이 변동된 경우의 문언 해석에 관하여 대법원 2019. 9. 10. 선고 2019마5464 결정이 흥미롭다. 대법원은 오픈마켓 운영자로서 이 사건 사이트에서 간행물의 통신판매 중개를 업으로 하고 있는 자(이베이코리아)가 출판문화산업진흥법 제22조 제5항에 의하여 '도서정가의 15%를 초과하는 가격 할인과 경제상 이익의 제공'이 금지되는 의무자에 해당하는지에 관하여, 간행물 통신판매의 중개업자도 위 법률의 '간행물 판매자'에 해당된다고 판단하였다. 이 사건의 경우, 2002년 출판법 제정 당시나 2014년 개정 당시 도서나 간행물에 관하여 통신판매 중개업자가 나타나지 않았고 전자상거래도 활성화되지 않고 있어서 이 사건과 같은 경우에는 입법 이후 사정이나 시장 상황에 변동이 있었다고 할 것이다. 위 법률상 '판매자'의 개념에 관한 입법자료는 찾을 수 없어서 입법자의 의사가 명백히 확인되지 않는 경우임을 전제로, 대법원은 도서정가제 관련 규정의 내용을 살펴서 출판법의 입법 취지 내지 규범 목적을 확정하고, 관련 법령(전자상거래법)과의 조화적 내지 체계적 해석을 하여, 통신판매의 중개자라고 하더라도 도서의 최종 판매가격을 결정할 수 있고 그에 따른 경제적 이익을 얻는다는 이유로 '간행물 판매자'에 해당한다고 현재의 상황에 맞도록 해석한 것이다.

이 판결에서 입법 이후 상황 변동에 따라 규율의 필요성이 달라진 경우에 해석자가 입법자의 위치에서 가장 합당한 규범 목적을 찾아서 문언 범위 내에서 해석 결과를 도출하였다는 점에서 대법원이 객관적, 목적론적 해석에 의거한 것이라 할 수 있고, 이는 위 '합일이론'과 부합하는 것이라고 본다. 아울러 대법원은 해석에 있어서 결과 고려의 정책적 판단 내지 귀류법의 추론도 사용하고 있다. 즉, '간행물 판매자'를 좁은 의미의 '매도인'으로 한정하여 해석할 경우에는 간행물 유통 관련자들이 법형식을 남용하여 도서정가제가 형해화될 우려가 있다는 현실적 필요성까지 고려한 해석을 하고 있는 것이다.

비록 대법원이 명시하지는 않았지만, '간행물 판매자'의 가능한 문언의 의미에 통신판매 중개업자도 들어갈 수 있음을 전제한 것으로 보이는데, 만일 그 반대의 경우라면 더 이상 해석이 아니라 법문언을 떠난 법형성이 시작되는 것이다. 물론 통신판매중개업자가 '판매자'의 가능한 문언의 의미에 들어간다고 하더라도 이는 문언의 통상적 의미에는 포함된다고 보기 어려운데, 과태료는 침익적인 행정상 제재로서 이를 과하는 근거가 되는 행정법규를 넓게 해석하는 것이 엄격해석이나 확장해석 금지의 원칙과 조화되는가의 문제가 제기될 수 있다. 대법원은 이 점을 명시하지는 않았지만 위 원칙과 배치되지 않는 것으로 본 듯하다.

또한 '제3자 인공수정' 자녀와 친생추정에 관한 판결(대법원 2019. 10. 23. 선고 2016므2510 전원합의체 판결)도 같은 맥락에서 객관적 목적론적 해석을 중시하였다. A와 B는 혼인신고를 마친 부부였다. 남편 A는 결혼 후에 무정자증 진단을 받았다. 이에 아내 B는 남편 A의 동의를 얻어 제3자로부터 정자를 제공받아 시험관시술을 통한 인공수정 방법으로 임신한 다음 C를 출산하였다. 이후 남편 A는 아내와의 이혼 과정에서 아내 B와 C를 상대로 친생자관계부존재확인을 구하는 이 사건 소를 제기하였다. 대법원은 "아내가 혼인 중 남편이 아닌 제3자의 정자를 제공받아 인공수정으로 자녀를 출산한 경우에도 친생추정 규정(민법 제844조)을 적용하여 인공수정으로 출생한 자녀가 남편의 자녀로 추정된다고 보는 것이 타당하다"고 하였다.

민법 제정 당시에는 입법자가 인공수정이라는 과학의 발전을 예상하지 못했을 것이고, 따라서 위 규정은 연혁상 남편 A와 C 사이에 혈연적으로는 친생자관계는 성립되지 않는 경우에 친생추정을 배제한다는 확정적인 의미를 가진 것으로 보인다. 그러나 대법원은 혼인 중 출생한 자녀의 부자관계는 민법 규정에 따라 일률적으로 정해지는 것이고 혈연관계를 개별적·구체적으로 심사하여 정해지는 것이라는 법적 안정성의 이념에 기초하고 '자녀의 복리'와

'사회적 타당성'이라는 객관적, 목적론을 고려하여, 친생추정 규정은 혼인 중 출생한 자녀에 대해서 적용되는데, 혼인 중 출생한 인공수정 자녀도 혼인 중 출생한 자녀에 포함된다고 해석한 것이다. 따라서 정상적인 혼인생활 과정에서 남편이 인공수정에 동의하였다가 나중에 이를 번복하고 친생부인의 소를 제기하는 것은 허용되지 않고, 나아가 이러한 동의가 명백히 밝혀지지 않았던 사정이 있다고 해서 곧바로 친자관계가 부정된다거나 친생부인의 소를 제기할 수 있다고 볼 것도 아니라고 하는 것이 대법원의 부가적인 판단이다.

바. 법률행위의 해석

법률과 법률행위는 그 대상 수범자의 범위에 차이가 있을 뿐이고, 그 텍스트의 해석이 필요하고 그 해석방법도 다르지 아니하다. 물론 법률행위 중 유언과 같은 단독행위는 신뢰보호가 중요하지 않고 개인의 진정한 의사가 중요하지만, 계약은 표의자와 상대방이 합치한 진정한 의사가 문제된다. 법률행위의 해석은 기본적으로 당사자가 그 표시행위에 부여한 의미를 명백하게 확정하는 것이고, 표의자가 의욕한 것을 확정하기 위하여는 그 텍스트의 성립 과정과 전 체계의 맥락을 보고, 만일 흠결이나 오류가 있으면 객관적 해석으로 보충하거나 시정할 수 있다는 것이 인정된다.

따라서 법률행위의 해석에도 법률의 해석과 같은 원리가 적용되고 그 해석의 잘못은 법률문제로 상고이유가 된다. 법률행위의 해석에 관하여, 대법원은 "문언의 내용에 따라 당사자의 의사표시가 있었던 것으로 객관적으로 해석하여야 하고, 그 문언의 객관적인 의미가 명확하게 드러나지 아니하거나 당사자의 일치하는 의사가 없어 당사자의 의사해석이 문제 되는 경우에는 문언의 내용, 그와 같은 약정이 이루어진 동기와 경위, 약정에 의하여 달성하려는 목적, 당사자의 진정한 의사 등을 종합적으로 고찰하여 논리와 경험칙에 따라 합리적으로 해석하여야 한다"는 원칙을 제시한다(대법원 2008. 5. 23. 선고 2006다36981 전원합의체 판결: 대법원 2020. 5. 14. 선고 2016다12175 판결 등). 이 원칙은 일반적인 법률의 해석방법과 별 차이가 없는 것이다.

특히 계약과 법규범의 중간적 지위가 인정되는 보통거래약관의 해석에는 법규범의 해석과 동일한 방법이 적용되고, 예컨대 법원은 많이 다투어지는 자동차보험약관의 해석에 관하여 객관적, 목적론적 해석방법을 사용하고 있다. 나아가 대법원 1991. 12. 24. 선고 90다카23899 전원합의체 판결에 의하면, 보통거래약관의 작성이 아무리 사적자치의 영역에 속하는 것이라고 하여도 약관규제법상 통제원리로 작용하는 신의성실의 원칙에 반하는 약관조항은 사적자치의 한계를 벗어나는 것으로서 법원에 의한 내용 통제, 즉 수정해석의 대상이 되는 것은 당연하며, 이러한 수정해석은 조항 전체가 무효사유에 해당하는 경우뿐만 아니라 조항 일부가 무효사유에 해당하고 그 무효부분을 추출 배제하여 잔존부분만으로 유효하게 존속시킬 수 있는 경우에도 가능하다고 한다. 위 판결에서 약관 소정의 무면허운전면책조항을 무면허운전이 보험계약자나 피보험자의 지배 또는 관리 가능한 상황에서 이루어진 경우에 한하여 적용되는 것으로 수정해석을 하였는데, 이는 바로 약관에 대한 규범통제인 것이다.

3 법학방법론 – 법형성의 허용 여부와 방법

1. 법형성의 의의와 유형

법규범의 '문언의 한계' 내지 '문언의 가능한 의미'를 벗어나면 더 이상 법해석(Auslegung)이 아니라 법형성(Rechtsfortbildung)이 시작된다. 그런데 '문언의 가능한 의미'라는 구분 기준은 유동적이고 모호하며, 도대체 문언의 한계를 벗어나는 법관의 법형성 자체가 허용되는 것인지 문제가 된다.

법형성에 대비한 법해석은 좁은 의미의 해석이지만, 불확정개념이나 일반조항 등의 경우와 같이 시대와 상황에 따라 법언어의 개념 변천이 있는 경우에는 해석도 법의 계속 형성이라고 볼 수 있는 점이 있다. 따라서 해석도 널리 법형성에 해당될 수 있고, 이를 넘어선 법관의 법형성이 이루어지는 경우도 널리 법관의 법적용이 되는 것이다. 법관의 권한에 속하는 법적용을 총칭하여 '해석'이라고 말한다면, 법관의 법형성도 넓은 의미에서의 법해석에 포함시킬 수 있고, 이로써 권한 유월 내지 위헌의 의심을 피할 수 있다. 우리 판례뿐만 아니라 독일의 법원도 흠결보충이나 법률회피적인 규범설정도 '법발견'이나 '해석'이라고 부르고 있는데, 뤼터스는 좁은 의미의 해석을 '법발견'이라 하고 법설정에 해당하는 법형성과 엄격히 구분을 하면서 이는 잘못이라고 비판한다(법이론, 495면). 법형성은 다시 법률내재적 법형성(흠결보충)과 법률초월적 법형성(법률회피 내지 법률수정)으로 나누어지고, 그 허용 여부나 방법적 기준은 달라진다.

앞에서 본 바와 같이 해석(협의)은 규범 문언의 한계 내에서 규범 목적을 실현하는 것이므로, 규범 목적과 규범 문언의 범위 내에 있는 것이다. 이에 대하여 흠결보충은 규범의 문언을 벗어나지만 규범 목적에 포섭되는 경우이고, 여기에는 기본적으로 규범 목적에 부합하지만 규범 문언이 포섭하지 못하는 경우의 흠결보충인 '유추'와 규범 목적을 벗어나는 규범 문언을 축소하는 흠결보충인 '목적론적 축소'를 포괄한다. 규율 흠결이 있는 비법인사단에 대하여 민법상 사단법인의 규정을 적용하는 것은 유추의 예이고, 민법 제200조 점유의 권리추정력 규정이 부동산물권에는 적용되지 아니한다는 판례, 통설은 목적론적 축소의 좋은 예이다.

더 나아가 규범 목적과 규범 문언을 모두 벗어나는 법률회피나 수정이 허용되는지 다투어지나, 예외적으로 허용된다는 것이 우리나라와 독일 판례의 입장이다. 예컨대 남의 토지에 대하여 이것을 사용, 수익할 만한 권한이 없이 함부로 농작물을 경작한 경우라 할지라도 원고가 심은 소자(약초), 양파, 마늘, 고추 따위의 소유권은 여전히 원고에게 귀속되는 것이고, 따라서 그 수확도 원고만이 할 수 있으며, 이것들이 그 기지의 소유자에게 귀속되는 것은 아니라는 판례(대법원 1967. 7. 11. 선고 67다893 판결; 대법원 1968. 6. 4. 선고 68다613, 68다614 판결 등으로 확립되었지만, 그 근거를 설시한 판례는 없다)는 민법의 부합에 관한 규범 목적과 문언을 모두 벗어나는 법률회피라고 할 것이다.

흠결보충은 규범 목적의 범위 내에 있으므로 법률내재적 법형성이 되고, 당연히 전 법체계의 구성부분이 되는 것이다. 그러나 법률수정이나 회피는 이를 벗어나는 것이므로 법률초월적 법형성이 되는 것이고, 법률의 범위 밖에 있기는 하지만 전체 법질서에 간극이나 모순 없이 포섭되는 것이어야 하므로, 이 역시 전 법체계 내에 있다고 할 수 있다. 권원 없이 타인 토지에 경작한 농작물의 소유권에 관한 위 판례는 1년생 농작물에 한하여 경작자의 노력에 대한 대가를 인정한 것으로 민법상 부합에 관한 규정을 수정한 것이지만, 이 법리는 별 반대없이 받아들여졌고, 따라서 법적 확신의 지지를 받아서 일종의 관습법이 되었다는 점에서 위 법률회피는 우리 법질서에 간극 없이 수용되고 있다.

여기서 광의의 해석 내지 법획득의 3단계 내지 작업영역이 일응 구분되지만, 그 실제 구분은 모호한 경우가 많다.

1) 기존 법규범의 해석과 적용–해석(좁은 의미)
2) 흠결의 확정과 보충–흠결보충(법률내재적 법형성)
3) 기존 법규범의 전부 또는 일부의 폐기와 법관의 고유평가에 의한 대체입법의 단계–법률수정 또는 회피(법률초월적 법형성)

해석과 흠결보충 및 법률회피 내지 수정의 관계를 집합의 연산기호로 표시하면, 해석(좁은 의미)은 A ∩ B, 흠결보충 중 유추 내지 목적론적 확장은 A−(A ∩ B), 목적론적 축소는 B−(A ∩ B)이며, 법률수정 내지 회피는 U−(A ∪ B)가 된다. 여기서 U 원(圓)은 전 법체계이고, A 원은 규범 목적의 포섭 범위이며, B 원은 규범 문언에 속하는 의미이고 문언의 가능한 의미 범위의 한계 내이다.

이를 벤 다이어그램으로 나타내면 다음과 같다.

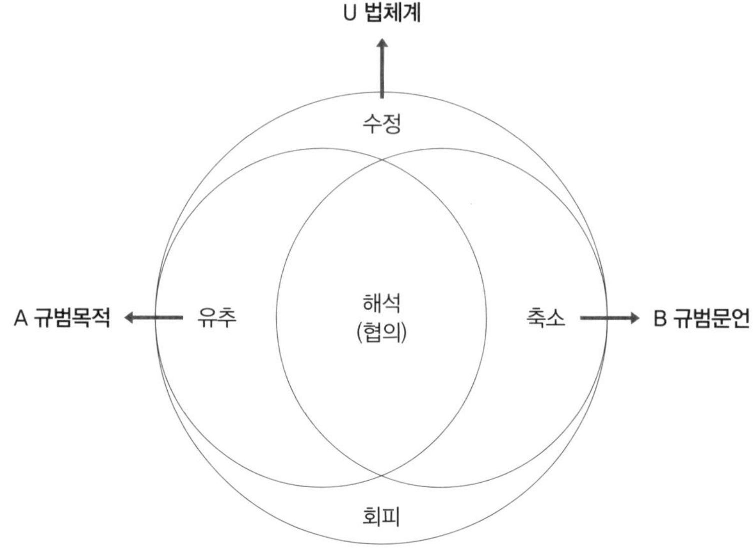

2. 흠결과 그 보충–법률내재적(intra legem) 법형성

가. 흠결의 개념

과거 법률실증주의자들은 법률의 흠결을 부인하였다. 독일의 개념법학자인 베르크봄(K. Bergbohm)은 실정법 체계에 흠결은 없고, 단지 법적용자의 사고 흠결이 있을 뿐이며, 따라서 "흠결은 실정법에 있는 것이 아니라 법 추구자에게 있는 것이며, 거기서는 규범이 아니라 지식의 보충이 필요한 것"이라고 하였다. 그러나 법률의 흠결은 법실무에서 예외가 아니라 원칙이다. 흠결 문제는 법관의 업무에 대한 자기 이해와 반성을 위하여 매우 중요한 직업윤리적 과제이다. 흠결 개념은 법원에 의한 법정책적 규범설정의 정당화 수단이고 사법입법(司法立法)의 입구가 되기 때문이다. 우리의 역사적 경험은 이 수단이 그 시대의 다양한 법철학과 세계관적인 관점으로부터 다기한 방향으로 사용되고 조정된다는 점을 가르쳐주고 있다. 여기서 방법론이 그 시대의 정신이나 이데올로기의 거울이 될 수도 있다는 점이 지적되고 있다(뤼터스 법이론, 514면 이하).

법률에 흠결이 있는 어떤 경우에도 법관은 법을 찾아야 하고 판결을 내려야 하며, 그 판결 결과는—특히 최종심의—법설정적 기능을 한다. 여기서 법관의 법형성이 시작되고, 이는 법치국가적인 '재판거부금지'에서 근거 지워진다. 이 경우, 법관의 규 범설정의 요건은 기본적으로 법률 흠결의 존재이다. 흠결보충은 예외적으로만 허용되는 법률수정 또는 회피와 구별된다.

흠결은 전통적인 방법론상 '법률의 계획(규율의도) 위반적인 불완전성'으로 정의된다(K. Larenz). 법률의 계획은 바로 규범 목적 내지 입법 취지이고, 원칙적으로 입법자의 계획이다. 입법자의 계획된 불완전성인 명시적 흠결(진정 또는 개방적 흠결)은 계획 위반성이 없기 때문에 법률의 흠결이 아니다. 민법 제103조의 '선량한 풍속'이나 형법 제20조의 위법성조각사유인 '사회상규' 등과 같은 일반조항이나 불확정개념의 경우와 같은 개방적 흠결은 고유의 흠결이 아니라 일종의 법내재적 흠결로 볼 수 있고, 이 규정들의 해석은 법관에 의한 보충입법이라고 할 수 있다. 그래서 법치국가에서 입법자가 일반조항을 두는 것을 뻐꾸기가 남의 둥지에 알을 낳는 것에 비유하는 이도 있다(뤼터스 법이론, 525면). 그러나 법률이 명시적으로 침묵하는 영역(소극적 허용)은 의식적 흠결로서 법관은 입법자의 의사에 따라 이 흠결은 보충해서는 아니되고, '반대해석'이 이루어져야 한다. 거기에는 법률이 완전하기 때문에 흠결이 없는 것이다.

나. 흠결의 유형

이른바 '목적의 흠결' 내지 목적론적 흠결은 입법자가 당초 무엇을 실제로 의욕하였는지 규범 목적의 내용이 명백하지 않은 경우이고, 이때 주관적 해석은 한계에 봉착하지만 고유의 의미의 흠결이 존재하는 것은 아니다. 이 경우 법관의 평가적 행위에 의한 규범 목적의 확정이 필요할 뿐이고, 흠결보충이 아니라 객관적 목적론적 해석이 이루어지는 것이다. 또한 '법정책적 흠결'도 법의 흠결이 아니다. 예컨대 주택임대차보호법 제정 이전의 주택임차인의 보호 필요성은 고유의 흠결이 아니라 법정책적 흠결이었다. 그 후에도 상가임대차나 권리금의 보호 필요성이 정책적 흠결로 남아있었는데, 그러한 법정책적 요구는 상가임대차보호법의 후속 입법에 의하여 상당한 정도로 해결되고 있다.

입법자의 평가계획의 기준에 따른 흠결의 유형은 다음과 같이 들 수 있다.

(1) 규범 흠결과 규율 흠결

개별규범의 흠결인가, 어떤 영역에 대한 규율 자체가 없는 것인가에 따른 구별이다. 민법상 법인 아닌 사단에 관한 법적 규율이 없어 규율 흠결이 있지만, 비법인사단에 대하여 사단법인에 관한 규정 중 법인격과 관계없는 규정을 유추 적용하는 것에 아무 이견이 없다. 또 주주총회결의부존재확인소송은 상법에 없던 것을 실무에서 인정한 규율 흠결의 보충이었으나, 상법의 개정으로 입법화되었다. 또 민사집행법 제정 이전의 자동차경매에 관하여 자동차가 등록재산이라는 점에서 실무상 부동산경매의 규정을 전체 유추하였으나, 민사집행법의 제정으로 흠결이 제거되었다. 최근에 생긴 가상자산에 대한 강제집행에 관하여 후발적인 규율 흠결이 있는데, 입법이 이루어지기 전이라도 법원으로서는 주식이나 채권과 같이 가장 유사한 권리에 대한 집행방법을 유추할 수밖에 없을 것이다.

독일의 경우, 노동법은 개별 입법 이외에 특히 근로조건이나 노동쟁의에 관한 법률이 없어서(좌우파 정당의 대립으로 입법이 불가능하였다) 전체적인 규율 흠결이 발생하였고, 법원의 규율 권한에 맡겨져서 독일 노동법은 헌법의 해석과 노동의 현실에 의거한 판례법으로 형성되었다.

(2) 원시적 흠결과 후발적 흠결

입법 당시부터 존재한 흠결인가, 그 후의 사정 변경으로 문언에 해당하지 않는 사태가 생겨서 흠결이 발생한 것인가에 따른 구별이다. 후발적 흠결은 대부분 규율 흠결이고, 법률의 성립시점에 문제된 사태가 존재하지 않았거나(전자상거래의 예) 그때는 규율이 필요 없었거나 입법자가 규율이 된 것으로 잘못 알았던 법적 문제('직관흠결')에 대하여 발생한다. 후발적 흠결의 보충 기준으로는 법률의 성립 시점과 적용 시점의 목적론적 고려가 필요하다. 이 경우 흠결의 확정 자체가 이미 평가적인 행위이고, 흠결의 보충 역시 그 적용 시점에서의 법관 평가의 지평에 따라 이루어진다. 이를 통하여 흠결 논의는 법관의 법률에 의한 구속을 완화하고 입법자의 평가기준 대신에 법관의 고유평가 내지 법정책적 행위를 내세우는 계기가 된다.

(3) 열린 흠결과 닫힌 흠결

입법자가 규범의 구성을 하면서 실제 의도와 달리 미리 예견하지 못한 유사한 사태에 대한 규율을 빠뜨리거나(열린 흠결) 규범이 예정한 경우와 다른 예외적 사례를 규범의 문언에서 제외시키지 않은 경우(닫힌 흠결)에 각 흠결이 발생한다. 위 양자는 입법 당시의 원시적 흠결이나 후발적 흠결의 경우에도 공히 생길 수 있다.

다. 흠결보충의 방법

(1) 유추와 목적론적 축소

흠결보충에서도 법관은 기존의 법률적 평가나 법리에 구속되고, 그 중요한 방법은 유추(기타 대소추론, 목적론적 확장), 목적론적 축소(예외 흠결의 경우) 및 반대추론(유추의 반대: argumentum e contrario) 등이 있다. 다만 반대추론은 엄밀히 흠결의 보충이 아니라 규범의 반대해석의 경우로 볼 수 있다. 완결적인 법률규정은 흠결 확정의 장애요소이기 때문이다. 다만 어떠한 경우에 유추에 의할 것인지, 반대해석을 할 것인지를 결정하는 기준은 선험적으로 정해지는 것이 아니라 규범 목적에 관한 해석자의 평가적 행위에 의거한다.

흠결보충의 대표적인 방법인 유추와 다른 한편 목적론적 축소는 모두 "같은 것은 같게, 다른 것은 다르게" 취급하는 정의의 요청에 기초하고 있다. 유추는 어느 사태에 대한 규율이 규범 문언이 포섭하지 않는 동등한(또는 유사한) 다른 사태에 적용되는 것이고, 목적론적 축소는 규범 문언에 포함되는 사태가 규범 목적에 맞지 않고 다르기 때문에 이를 적용 제외하는 것이다. 따라서 유추는 열린 흠결에 대한 보충방법이고, 목적론적 축소는 닫힌 흠결 내지 예외규정의 흠결에 대한 보충방법이다. 양자 모두 입법자가 예상하지 못하거나 간과하여 규범 문언에 포섭시키지 못한 사태에 대하여 해석자가 법체계 내에서 규범 목적에 따라 문언을 넘어서는 법적용을 하는 것이다. 보충의 기준은 기존 법규의 규범 목적 내지 법리이고, 따라서 그 보충은 입법자의 의사나 계획에 포함되는 것이다. 유추나 목적론적 축소의 차이는 기존 법규에 포섭되는 사례와 이익 상황의 비교를 통하여 문제된 사례를 동등하거나 유사하다고 볼 수 있는지, 혹은 달리 보아야 하는지의 평가에 달려 있다. 유추는 특수에서 특수를 추론하는 논증방식이지만, 대상인 사람이나 사태는 똑같지 않기 때문에 동등하다거나 유사하다는 것은 미리 주어진 것이 아니라 항상 존재하는 부동등성을 일정한 관점 하에 추상(외면)하는 것이다. 따라서 유추와 축소의 추론 방법에는 해석자의 관점에 따른 주관적이고 평가적인 요소가 개재될 수밖에 없다.

예컨대 대법원은, “법률의 유추적용은 법률의 흠결을 보충하는 것으로 법적 규율이 없는 사안에 대하여 그와 유사한 사안에 관한 법규범을 적용하는 것이다. 이러한 유추를 위해서는 법적 규율이 없는 사안과 법적 규율이 있는 사안 사이에 공통점 또는 유사점이 있어야 하지만, 이것만으로 유추적용을 긍정할 수는 없다. 법규범의 체계, 입법 의도와 목적 등에 비추어 유추적용이 정당하다고 평가되는 경우에 비로소 유추적용을 인정할 수 있다”(대법원 2020. 4. 29. 선고 2019다226135 판결 참조)고 하면서, 민법 제398조 제2항은 손해배상액의 예정 외에 그와 구별되는 다른 위약금 약정이 존재함을 전제로 하면서도 손해배상액의 예정에 대해서만 법관의 재량에 의한 감액을 인정하고 있는바, 이는 입법자의 결단으로 볼 수 있으므로 위약벌에 대하여 법률의 흠결이 있다고 할 수 없다고 하여 반대해석을 하였다. 반대의견이 법규범의 체계, 입법 의도와 목적 등에 비추어 유추를 긍정한 것을 보면 해석자들 사이에 동등성 평가를 달리한 것이다(대법원 2022. 7. 21. 선고 2018다248855, 248862 전원합의체 판결).

한편 유추와 목적론적 축소는 문언의 가능한 의미를 벗어난다는 점에서 그 의미 범위 내에서 개념의 주변영역에 속하는 확장해석, 개념의 핵에 국한하는 축소해석과 구분된다. 그러나 그 한계와 구분은 반드시 명백하지 않고, 따라서 유추와 확장해석, 목적론적 축소와 축소해석의 한계 설정은 어렵다. 이와 같이 유추나 목적론적 축소는 문언을 벗어나지만 법률의 이념과 목적에 따라 적용되는 흠결보충이라는 점에서 법관의 법률에 의한 구속의 원칙에 부합하고, 그러한 한 이것들은 법관의 권한에 속하는 법적용이고 광의의 법해석이라고 할 수 있다. 반면에 반복을 피하기 위한 입법기술인 '준용'(準用)은 입법자가 어떠한 사항에 관하여 유사한 제도에 관한 규율을 유추 적용하라고 법률로 명하는 것이다. 예컨대 임대차는 유상인 점을 제외하고는 사용대차와 유사하기 때문에 사용대차에 관한 일부 규정을 준용하고 있다(민법 제654조).

우리 대법원도, "민사법의 실정법 조항의 문리해석 또는 논리해석만으로는 현실적인 법적 분쟁을 해결할 수 없거나 사회적 정의관념에 현저히 반하게 되는 결과가 초래되는 경우에는 법원이 실정법의 입법정신을 살려 법적 분쟁을 합리적으로 해결하고 정의관념에 적합한 결과를 도출할 수 있도록 유추적용을 할 수 있다. 법률의 유추적용은 법률의 흠결을 보충하는 것으로 법적 규율이 없는 사안에 대하여 그와 유사한 사안에 관한 법규범을 적용하는 것이다. 이러한 유추를 위해서는 법적 규율이 없는 사안과 법적 규율이 있는 사안 사이에 공통점 또는 유사점이 있어야 한다. 그러나 이것만으로 유추적용을 긍정할 수는 없다. 법규범의 체계, 입법 의도와 목적 등에 비추어 유추적용이 정당하다고 평가되는 경우에 비로소 유추적용을 인정할 수 있다"고 하여 유추의 법이론적 가능성과 한계를 설정하고 있다. 다만 위 판례는 채권자가 지역신용보증재단인 경우, 보증채무의 부종성에 대한 예외조항인 채무자 회생 및 파산에 관한 법률 제250조 제2항 제1호의 적용을 배제하는 기술보증기금법 제37조의3과 신용보증기금법 제30조의3을 유추적용하지 않고 반대해석을 하였다(대법원 2020. 4. 29. 선고 2019다226135 판결). 이는 예외규정의 엄격해석의 원칙에 의하더라도 타당한 결론이다.

오래된 판례이지만, 대법원은 구 이식제한령에서 금전대차에 관한 규정을 쌀(正租)의 대차에 유추를 부정하고 반대해석을 하였다(대법원 1965. 11. 25. 선고 65다1422 전원합의체 판결). 그러나 사법상 유추는 허용되고 쌀의 대차에도 금전대차와 동일한 법정신과 법리가 적용될 수 있다는 반대의견이 더 주목되고, 이 사건에서도 법적용자의 규범 목적에 관한 평가적 행위가 개입될 수밖에 없음을 보여준다.

그러나 형사법의 영역에서는 죄형법정주의 원칙상 유추가 엄격히 금지된다. 대법원은 이른바 '염소판결'에서 축산물가공처리법상 '수축' 중의 하나인 양의 도축을 금지한 규정을 같은 양(羊)과에 속하는 염소에의 유추적용을 부정하였고(대법원 1977. 9. 28. 선고 77도405 판결), 문서위조죄에서 복사문서의 문서성을 부정하였다(대법원 1978. 4. 11. 선고 77도4058 판결). 이 판결들은 유추 금지에 따른 것으로 보이지만, 후에 개정 입법과 판례 변경으로 모두 처벌 대상이 되었다. 또한 구 유사수신행위의 규제에 관한 법률상 조달 대상인 '자금'에 가상자산의 해당 여부에 관하여, 금지되는 유추인가, 허용되는 확장해석인지 하급심 법원의 판단이 엇갈리고 있었는데, 이 역시 법 개정으로 해결되었다.

이에 반해 행위자에게 유리한 형사법규에 대하여는 유추가 금지되지 아니하고, 오히려 가벌성 범위를 확장하는 목적론적 축소가 금지되어야 한다. 대법원은 자수에 대한 필요적 형 면제를 규정한 공직선거및선거부정방지법 제262조의 해석에 관하여 그 입법 목적과 다른 규정들(형법 제52조나 국가보안법 제16조 제1호)과의 비교 등을 통하여, '자수'라는 단어가 통상 관용적으로 사용되는 용례에서 갖는 개념 외에 '범행 발각 전'이라는 또다른 개념을 추가하는 것은 '언어의 가능한 의미'를 넘어 공직선거법 제262조의 '자수'의 범위를 그 문언보다 제한함으로써 공직선거법 제230조 제1항 등의 처벌 범위를 실정법 이상으로 확대한 것이 되고, 따라서 이는 단순한 목적론적 축소해석에 그치는 것이 아니라, 형면제 사유에 대한 제한적 유추를 통하여 처벌범위를 실정법 이상으로 확대한 것으로서 죄형법정주의의 파생원칙인 유추해석금지의 원칙에 위반된다"고 하였다(대법원 1997. 3. 20. 선고 96도1167 전원합의체 판결). 여기서 대법원이 말하는 '목적론적 축소해석'은 객관적 목적론을 고려한 단순 축소해석이고, 바로 '제한적 유추'라고 하는 것이 방법론상 '목적론적 축소'에 해당한다. 그러나 반대의견은 차별적 특혜인 필요적 형면제를 규정한 입법 취지와 법감정 및 평등위반이라는 위헌의 소지가 있는 점 및 다른 처벌규정과의 체계적 관련성에 의하여 내재적으로 한계 지워져 있다는 논거를 들어서, 위 규정의 자수를 '범행발각 전의 자진 출두'로 제한하였고, 이는 허용되는 축소해석에 불과하다고 한다. 또한 대법원 2022. 4. 21. 선고 2019도3047 전원합의체판결의 다수의견은 군형법 제92조의6의 동성애 처벌규정을 사적 공간에서 자발적 의사 합치에 따라 이루어지는 경우에 처벌을 하지 않는 예외를 설정한 것이므로, 이는 가벌성의 범위를 제한하는 목적론적 축소에 해당한다.

반면에 형법 제1조 제2항과 형사소송법 제326조 제4호는 형벌법규 제정의 이유가 된 법률이념의 변경에 따라 종래의 처벌 자체가 부당하였다거나 또는 과형이 과중하였다는 반성적 고려에서 법령을 변경하였을 경우에만 적용된다고 하는 것이 확립된 판례였다. 이른바 판례의 '동기설'은 형법 제1조 제2항의 문언 범위를 넘어서서 처벌범위를 확장하는 목적론적 축소에 해당한다는 비판을 받았다. 이에 대법원은 판례 변경을 하였지만, 해당 형벌법규 자체 또는 그로부터 수권 내지 위임을 받은 법령이 아닌 다른 법령이 변경된 경우 위 조항을 적용하려면, 해당 형벌법규에 따른 범죄의 성립 및 처벌과 직접적으로 관련된 형사법적 관점의 변화를 주된 근거로 하는 법령의 변경에 해당하여야 하므로, 이와 관련이 없는 법령의 변경으로 인하여 해당 형벌법규의 가벌성에 영향을 미치게 되는 경우에는 형법 제1조 제2항과 형사소송법 제326조 제4호가 적용되지 않는다는 예외를 설정하였다(대법원 2022. 12. 22. 선고 2020도16420 전원합의체 판결의 다수의견; 단 별개의견 있음).

(2) 물론해석과 목적론적 확장

유추의 특수한 경우로서 '물론해석'(勿論解釋)은 법문에 일정한 사항이 규정되어 있는 경우에 법문으로써 명기되어 있지 않은 사항이라 할지라도 사물의 성질상 또는 입법정신에 비추어 보아 그 사항이 당연히 그 규정에 포섭되는 것이라는 논증방법이다(argumentum a fortiori). 예컨대 '과실책임'이라고 할 때는 과실보다 중한 고의는 더 강한 이유로 물론 포함되는 것이다.

한편 Paulus 12표법의 '네발 달린 짐승'의 문제는 유추의 일종인 '목적론적 확장'의 예로 제시된다. 로마에서 네발 달린 짐승으로 인하여 발생한 손해를 주인이 배상하도록 하였는데, 두발 달린 타조가 포함되는가? 포함되는 것으로 해석한다면, 이는 널리 유추의 한 경우인 목적론적 확장에 의한 흠결보충의 예가 된다. 네발 달린 포유류가 두발 달린 조류인 타조와 다르기 때문에 단순한 유추가 아니라 목적론적 확장이라고 하는 것이지만, 이들 모두 사람의 신체와 재산에 대한 가해가 가능하다는 점에서는 유사한 것이다. 또한 법문에 선의의 제3자를 보호한다고 규정된 경우(상법 제11조 3항 등), 판례, 학설은 중과실을 악의와 동시할 수 있다는 이유로 중과실의 경우에도 보호받지 못한다는 해석을 하는 것이 통상적이다(대법원 1997. 8. 26. 선고 96다36753 판결 등). 중과실도 개념상 선의에 포함되는 것이지만 내심의 악의 입증이 어려우므로 악의와 중과실을 동시하는 해석을 통하여 '목적론적 확장'을 하였다고 볼 것이다.

(3) 흠결보충 방법의 상호관계

흠결보충의 방법인 유추와 목적론적 축소, 목적론적 확장 및 좁은 의미의 해석에 포함되는 반대해석의 관계를 도식으로 표시하면 다음과 같다.

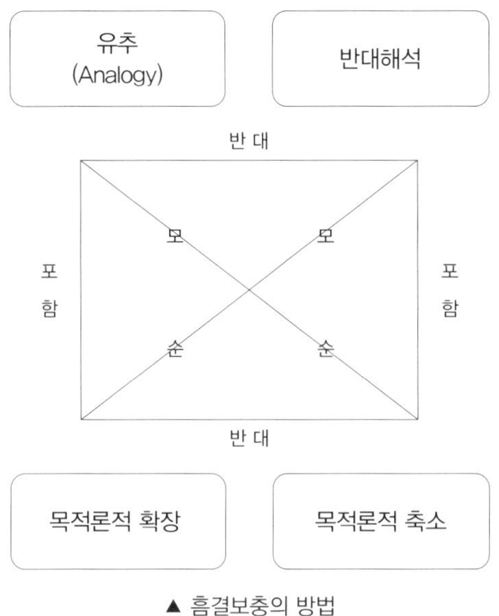

▲ 흠결보충의 방법

(4) 조리나 법원리에 의한 흠결보충

통상 규율 흠결 내지 법 흠결은 입법자가 예상하지 못한 사태가 발생하거나 입법자의 태만이나 정쟁 등으로 어떠한 영역에 대하여 제도나 규정을 마련하지 못한 경우에 발생할 수 있다. 그 영역에 대한 법적 해결이 필요한 경우 관습법이 없다면 법 공백이 있는 것이고, 이때 유추 적용할 비교의 대상도 없다면 그 흠결의 보충방법이 문제가 된다. 우리 민법 제1조는 제정법에 흠결이 있고 관습법도 없는 경우, 조리에 의하도록 되어 있으며, 스위스 민법 제1조는 법관이 입법자라면 의거하였을 규범에 의하도록 되어 있다. 이는 법 흠결이 있는 경우, 법관의 대체입법을 승인하는 것이다. 여기서 흠결보충의 근거가 되는 조리는 전체 법질서의 내적 체계에 속하는 법원리와 같은 것이고, 이러한 법형성은 널리 '목적론적 확장'의 경우라고 볼 수도 있다.

여기서 흠결 개념은 법관의 판례입법의 창구가 되고, 따라서 흠결의 확정과 보충은 법관의 법 적용에서부터 사법적 입법으로의 기능 변화를 나타낸다. 법관은 이러한 경우에 입법의 보조자가 아니라 고유의 규범 설정을 통한 법질서의 주인이 되는 것이다(뤼터스 법이론, 525면). 여기서 법관 개인이 법정책적으로 적극적인가에 따라 그 결과에 차이가 날 가능성이 있고, 결국 최종심에서 종국적으로 결정되어야 한다. 이 경우에도 대법관들 사이에 의견이 갈리는 것이 보통이다. 예컨대 사법적극주의적인 법관은 그의 흠결 확정과 보충의 권한을 부담으로 생각하지 않고 기꺼이 할 것이며, 법 변동(개혁 또는 현대화)에 관한 법정책적인 힘을 스스로 느낄 것이다. 물론 이 경우에 법치국가적인 의회 우위와 충돌할 가능성이 있다(뤼터스, 535면).

라. 흠결보충의 예

(1) 유추

유추는 준용규정의 흠결이고, 개별유추와 전체유추가 있다. 개별유추의 예로는, 부부의 일상가사대리권을 사실혼 부부에게도 유추를 한 것(대법원 1980. 12. 23. 선고 80다2077 판결)이나 민법 제320조 제2항이 규정하는 불법행위로 인한 점유 이외에 그 점유가 악의, 중과실에 의한 경우에도 유치권의 성립이 배제된다는 확립된 판례 등 많이 찾아 볼 수 있다. 또 예컨대 임시이사 선임에 관한 민법 제63조의 규정을 법인 아닌 사단 또는 재단에도 유추 적용할 수 있다는 판례(대법원 2009. 11. 19.자 2008마699 전원합의체 결정)를 비롯하여 비법인사단의 경우에 민법상 사단법인에 관한 규정을 유추 적용하는 것은 '전체유추'를 통한 규율 흠결보충의 좋은 예라고 할 수 있다.

일반적 '인격권'에 관하여 실정법에는 직접 규정이 없어 헌법재판소는 인격권을 열거되지 아니한 독자적 기본권으로 보고 있다. 판례와 학설도 헌법에 근거하여 불법행위법 등의 영역에서 인격권의 법리를 확인하고 발전시켜 왔다. 민법 제750조의 불확정개념을 사용하는 이러한 법리의 전개를 해석이라고도 볼 여지가 있지만, 불법행위의 피침해권리의 확장에 따른 법형성이라고 볼 수도 있다. 인격권은 배타성을 가지는 권리로서 물권에 준하는 권리로 그 침해행위의 배제나 예방적 조치를 구할 수 있는 것으로 법리가 확대되었고, 여기서 일종의 '전체유추'가 이루어진 것으로 볼 수 있다. 즉, 대법원은, "명예는 생명, 신체와 함께 매우 중대한 보호법익이고 인격권으로서의 명예권은 물권의 경우와 마찬가지로 배타성을 가지는 권리라고 할 것이므로, 사람의 품성, 덕행, 명성, 신용 등의 인격적 가치에 관하여 사회로부터 받는 객관적인 평가인 명예를 위법하게 침해당한 자는 손해배상(민법 제751조) 또는 명예회복을 위한 처분(민법 제764조)을 구할 수 있는 이외에 인격권으로서 명예권에 기초하여 가해자에 대하여 현재 이루어지고 있는 침해행위를 배제하거나 장래에 생길 침해를 예방하기 위하여 침해행위의 금지를 구할 수도 있다"고 한다(대법원 2013. 3. 28. 선고 2010다60950 판결). 오늘날 인격권의 법리는 초상권, 성명권, 퍼블리시티권 등 다양한 내용으로 확장, 전개되어 가고 있다.

더 나아가 대법원은 일반적 인격권에 관한 헌법 제10조와 사생활의 비밀에 관한 제17조로부터 소극적인 프라이버시 보호의 권리뿐만 아니라 오늘날 고도로 정보화된 현대사회에서 자신에 대한 정보를 자율적으로 통제할 수 있는 적극적인 권리를 인정하고, 국가의 민간인 사찰은 불법행위를 구성한다고 하였다(대법원 1998. 7. 24. 선고 96다42789 판결). 헌법재판소는 그 적극적 권리를 '개인정보자기결정권'이라 하되, 주민등록법상 지문날인, 특히 수사목적 사용이 개인정보자기결정권을 과잉 제한하는 것은 아니라고 하였다(헌법재판소 2005. 5. 26. 99헌마513, 2004헌마190(병합) 결정: 반대의견 있음). 국가나 은행 등이 수집 관리하는 범죄나 재산정보, 건강정보, 신용정보는 공익에 관한 것이지만 공개나 누설은 특별한 필요가 없는 한 엄격히 차단되어야 하고, 이는 인격권의 요구이다. 오늘날 개별법에서 위 정보들의 공개금지와 공개요건을 규정하고 있으며, 일반적으로 개인정보보호에 관한 법률이 제정되어 있다. 이러한 입법과 판례의 발전은 가히 헌법과 민법의 법형성(흠결보충)이라고 할 수 있다.

(2) 목적론적 축소

사법(私法) 규정의 '목적론적 축소'의 예는 많이 있고, 이는 예외규정의 흠결인 경우이다. 입법 목적에 비추어 예외규정이 흠결된 것이 확정되는 경우이고, 그렇지 않으면 당연히 문언에 따른 해석이 이루어져야 한다. 부동산의 권리는 형식주의 내지 등기주의에 의한다는 입법자의 계획 내지 입법 목적에 따라 부동산에 대한 권리는 점유가 아니라 등기에 권리 추정력이 있고, 확립된 판례에 의하면, 민법 제200조 점유의 권리추정력 규정은 부동산 물권에는 적용되지 않는다. 물건의 개념에서 부동산을 제외하는 것은 위 규정의 문언 범위를 벗어나는 것이므로, 위 해석은 목적론적 축소의 예가 된다. 또 예컨대 대법원은 부동산을 매수한 자가 인도받아 점유하고 있는 경우 매수인의 등기청구권은 소멸시효에 걸리지 않는다고 하는바(대법원 1976. 11. 6. 선고 76다148 전원합의체 판결), 이 역시 목적론적 축소의 예라고 볼 것이다. 다만 별개의견 중에는 등기청구권이 물권적 합의에 그 발생근거가 있다고 본다면 적어도 시효제도에 관한 한 등기청구권은 그 자체가 독립하여 소멸시효의 대상이 될 수 없다고 하는 견해가 있는데, 이는 다수의견이 법률 문언에 반하는 법률회피라는 전제에 입각하여 해석론으로 다수의견의 결론에 찬성한 것이다.

또한 감시, 단속적 근로에 대한 포괄임금제의 유효성에 관한 확립된 판례(대법원 2007. 6. 29. 선고 2004다48836 판결 등)는 근로기준법상 근로시간제 임금규정의 경직성을 목적론적으로 완화하는 축소로 볼 것이다. 다른 예로는, 주택공급에 관한 규칙 제2조 제9호의 '무주택세대주'의 해석에 관하여, 세대원에 포함되는 배우자가 형식적으로만 임차인의 법률상 배우자로 남아 있을 뿐 가출 후 오랫동안 별거하고 제3자와 사실혼관계에 있는 경우에는 그 배우자가 임대차기간 중 다른 주택을 소유하게 되어도 그 임차인은 무주택세대주에 해당한다는 것이 대법원의 해석이다(대법원 2011. 6. 30. 선고 2011다10013 판결). 이 역시 닫혀진 흠결의 보충으로서 목적론적 축소의 경우라고 볼 수 있다.

그런데 당해 법규에 흠결이 있어서 목적론적 축소를 할 것인지, 완결적 규정이므로 일반원칙으로 돌아가거나 문언에 따른 반대해석을 할 것인지 종종 문제가 된다. 이 때 흠결 존재의 확정에 관하여는 규범의 목적과 '다른 것을 다르게 취급한다'는 정의의 요청이 기준이 되지만, 다툼의 소지가 많다.

예컨대 한정승인자가 상속재산에 대하여 자신의 고유채무 담보를 위하여 근저당권을 설정한 경우에 담보채권자와 상속채권자의 권리 순위에 관하여 규범의 흠결이 있는데, 민법의 일반원칙에 따라 담보권자가 우선하는지, 상속채권자가 우선하는지 문제가 되었다. 대법원의 다수의견은 한정승인자로부터 상속재산에 관하여 저당권 등의 담보권을 취득한 사람과 상속채권자 사이의 우열관계는 민법상의 일반원칙에 따라야 하고, 상속채권자가 한정승인의 사유만으로 우선적 지위를 주장할 수는 없다고 한다(대법원 2010. 3. 18. 선고 2007다77781 전원합의체 판결). 그러나 반대의견은 한정승인 제도의 목적과 취지에 따라 달리 취급하여 일반 원칙에 대한 예외규정의 흠결이 있음을 확정하고, 상속채권자가 상속재산에 대하여 우선적 권리를 가진다고 해석하여 민법상 물적담보 우선의 일반규정에 대한 목적론적 축소를 하고 있다.

한편 대법원은 '상지학원' 사건에서, 구 사립학교법 제25조 제1항에 의하여 교육인적자원부장관이 선임한 임시이사는 정식이사를 선임할 권한이 없다고 하였는데(대법원 2007. 5. 17. 선고 2006다19054 전원합의체 판결), 다수의견은 학교법인의 기본권과 구 사립학교법의 입법 목적과 다른 규정들과의 체계적 관계 등에 비추어 임시이사는 이사의 결원 시의 민법 제63조의 임시이사와는 달리 일반적인 학교법인의 운영에 관한 행위에 한하여 정식이사와 동일한 권한을 가지는 것으로 제한해석한다는 논거를 들고 있다. 이에 대하여 반대의견은 학교법인은 기본적으로 민법상 재단법인에 해당하는 것이므로 민법의 일반원칙으로 돌아가야 하고, 임시이사의 권한을 제한하는 것은 교육의 자주성·전문성·정치적 중립성 등 학교법인에게 보장된 헌법상의 기본권 침해 또는 헌법상 기본원칙 위반 등을 이유로 합헌적 법률해석의 범위를 벗어나는 무리한 해석이라고 비판한다.

방법론의 관점에서 보면, 전자의 판결 다수의견은 예외규정의 흠결을 인정하지 않은 것이고, 후자의 판결 다수의견은 학교법인의 입법 목적 등에 비추어 법원이 선임한 임시이사는 일반이사와 동일한 결의권이 있다는 민법 제63조의 준용 규정에 대한 예외규정의 흠결을 확인하고 목적론적 축소를 한 것이라고 볼 수 있다.

(3) 조리나 법원리 등에 의한 흠결보충

법률에 공백이 있지만 법적 해결이 필요한 경우에 법질서의 내적 체계, 즉 법원리나 조리에 기한 법형성이 시도된다. 예를 들면, 법률이 금지만 규정하고 그 법률효과를 말해주고 있지 않는 경우에 '효과 흠결'이 있는 것이다. 법률상 금지규정이 단순한 단속규정인지 효력규정인지에 관하여는 결국 법원이 입법 취지 등을 고려한 종합 판단으로 흠결을 보충할 수밖에 없다. 다른 예로 채권은 당사자가 반대의 의사를 표시한 경우에는 양도하지 못한다는 민법 제449조 제2항의 금지규정의 문언은 명백해 보이지만, 그 법률효과는 침묵하고 있다. 통설과 대법원 2019. 12. 19. 선고 2016다24284 전원합의체 판결의 다수의견은 양도금지특약이 있는 채권양도는 무효이되(물권적 효과설) 채권양수인이 양도금지특약이 있음을 알았거나 중대한 과실로 알지 못하였다면 채무자가 이를 입증하여 채무이행을 거절할 수 있다고 한다. 이에 대하여 반대의견은 위 규정 본문의 '양도금지'라는 명백한 문언에도 불구하고 계약자유의 원칙상 양도금지특약은 당사자 사이에서만 채권적 효과만 있을 뿐이고 그에 위반한 채권양도도 유효하다고 한다. 판결에 그 근거가 제시되지 않았지만, 판례로 효과흠결이 보충된 것이다.

또 예컨대 피고인이 제1심판결 선고 시 소년에 해당하여 부정기형을 선고받은 후, 피고인만이 항소한 항소심에서 피고인이 성년에 이르러 항소심이 제1심의 부정기형을 정기형으로 변경해야 할 경우는 불이익변경금지 원칙 위반 여부를 판단하는 법적 기준은 없다. 대법원의 다수의견은 소년법의 목적과 책임주의 원칙 등을 고려하여 부정기형의 장기와 단기의 중간형으로 흠결을 보충하였다(대법원 2020. 10. 22. 선고 2020도4140 전원합의체 판결, 반대의견 있음).

일반적인 가족관계등록부 정정은 원시적 오류를 고치는 것인데, 성전환자의 가족관계등록부상 후발적인 성별의 정정에 관한 실정법적 규율은 없었다. 대법원은 법원에 성전환자의 등록부 정정에 관한 규율 권한이 있다고 판결하였고(대법원 2006. 6. 22.자 2004스42 전원합의체결정), 이는 '규율 흠결'과 그 보충의 좋은 예가 된다. 그에 따라 대법원은 예규로 성전환자의 성별 정정에 관한 요건과 절차를 규율하고 있다. 다만 그 후 위 대법원 판결과 예규의 규율 내용은 현재 혼인 중에 있거나 미성년자인 자녀를 둔 성전환자의 성별정정은 허용되지 않는다는 것으로 축소되었다가(대법원 2011. 9. 2. 자 2009스117 전원합의체 결정), 이는 국제인권규범에 부합하지 않는다는 이유에서 전원합의체 결정으로 허용되게 되었다(대법원 2022. 11. 24. 자 2020스616 전원합의체 결정). 그러나 성전환자의 성별변경에 관하여 규율의 흠결이 있지만, 그 중대성에 비추어 대법원의 판례나 예규로 정할 것이 아니라 의회의 법률사항이 되는 것이 타당하므로, 위 판례는 결국 사법입법 내지 대체입법이 되는 것이다. 독일에서는 성별변경을 허용한 연방법원의 판결을 헌법재판소가 위헌으로 취소하였고, 그에 따라 연방의회의 입법이 이루어졌다.

그리고 법원이 법률의 규율 흠결을 관습 및 조리 등에 의거하여 보충하는 경우도 있다. 대법원은 법률에 직접 보호규정을 두지 않은 한 사자(死者)의 인격권을 부정하고 유체·유골의 관리 등에 관한 유족의 인격권만 인정하며(대법원 2008. 11. 20. 선고 2007다27670 전원합의체판결: 사자의 인격권을 긍정하는 소수의견 있음), 피상속인의 유체·유골 역시 제사용 재산에 준하여 그 제사 주재자에게 승계된다고 하였는데, 이 역시 규율 흠결의 경우이다. 또한 누가 제사 주재자가 되는지에 관하여는 법률에 아무런 규정이 없어 흠결이 있는데, 대법원의 다수의견은 제사 주재자에 관한 종래의 관습 내지 판례법은 제사에 대한 우리 사회 구성원들의 인식 및 전체 법질서가 변화되었기 때문에 더 이상 그 효력을 유지할 수 없게 되었다고 하면서, 제사 주재자의 결정방법은 민법 제1조의 조리에 의해 공동상속인들 사이의 협의에 의하되, 협의가 이루어지지 않는 경우에는 제사 주재자의 지위를 유지할 수 없는 특별한 사정이 있지 않은 한 망인의 장남(장남이 이미 사망한 경우에는 장남의 아들, 즉 장손자)이 제사주재자가 되고, 공동상속인들 중 아들이 없는 경우에는 망인의 장녀가 제사주재자가 된다고 선언하였다. 반대의견은 협의가 이루어지지 않는 경우에는 다수결에 의해 정하는 것이 타당하다거나 개별사건에서 당사자들의 주장의 당부를 심리·판단하여 결정하여야 한다고 하였다. 그러나 이러한 관습과 조리에 따른 법형성도 시대의 흐름이나 법의식의 변천에 따라 변경될 수 있다. 최근 대법원이 "공동상속인들 사이에 협의가 이루어지지 않는 경우에는 제사주재자의 지위를 인정할 수 없는 특별한 사정이 없는 한 피상속인의 직계비속 중 남녀, 적서를 불문하고 최근친의 연장자가 제사주재자로 우선한다고 보는 것이 가장 조리에 부합한다"고 하여 종전 판례를 변경하였다(대법원 2023. 5. 11. 선고 2018다248626 전원합의체 판결).

반면 민법에 단 한 개의 조문(제999조)만 있는 상속회복청구와 같은 법제도는 많은 부분에 관하여 법관에 의한 규율 흠결의 보충을 요구한다. 그런데 우리 법원이 상속재산의 대체물에 대한 상속회복청구의 추급권을 인정하는 법률규정이 없다는 이유로 반대해석을 한 선례가 있다('이맹희' 사건의 경우). 그러나 이는 '교조적 법실증주의'의 태도이고, 법관이 입법 내지 제도의 흠결을 판례법의 정립으로 보충해 나갈 수 있는데도 이를 포기한 것이다. 참고로 독일의 경우에는 상속재산의 대체물에 대하여 상속회복청구의 추급권을 인정하는 명문 규정이 있지만, 스위스나 프랑스는 민법 규정이 없음에도 로마법의 전통에 따라 판례법으로 이를 인정하고 있다. 예를 들면, 이른바 '테세우스의 배'와 같이 불 타버린 남대문을 똑같이 지었다면 그 새로운 대체물도 여전히 남대문이라고 할 수 있지 않을까?

3. 법관의 법률회피–법률초월적(extra legem) 법형성

가. 개념과 허용 여부

우선 입법자가 잘못된 법률언어를 구성한 이른바 '편집오류' 내지 '입법과오'
는 명백하게 보이는 문언이 입법 목적에 맞지 않게 구성되어 있는 경우가 있
다. 법관이 규범 목적의 범위 내에서 입법자의 표현의 잘못이나 편집의 착오
를 수정하는 것은 입법자의 목표 실현에 기여하는 것으로 법관의 권한 범위
에 속하고 이를 법률회피라고 할 수 없다. 예컨대 공작물 등의 점유자, 소유
자의 책임에 관한 민법 제758조 제3항은 "제2항의 경우에 점유자 또는 소유
자는 그 손해의 원인에 대한 책임있는 자에 대하여 구상권을 행사할 수 있
다"고 되어 있었다. 여기서 제2항은 '전2항'의 오류였고. 2022. 12. 13. 개정
으로 시정되었다.

그러나 죄형법정주의가 지배하는 형사법이나 침익적 행정의 영역에서는 입
법과오라도 잘못된 문언을 수정하는 것은 원칙적으로 허용되지 않는다. 예
컨대 화물자동차인 콜밴으로 승객을 유상운송한 행위에 관하여, 대법원의
다수의견은 입법과오라고 하더라도 문언의 가능한 의미를 넘어설 수 없다고
하였다(콜밴사건: 대법원 2004. 11. 18. 선고 2004도1228 전원합의체 판
결)."여객자동차운수사업법 제81조 제1호에서 면허를 받지 아니하거나 등록
을 하지 아니하고 경영하였을 때 처벌하는 '여객자동차운송사업'이라 함은
자동차관리법 제3조의 규정에 의한 승용자동차 및 승합자동차를 사용하여
유상으로 여객을 운송하는 사업을 말하고, 여객자동차에 해당하지 않는 자
동차인 화물자동차, 특수자동차 또는 이륜자동차 등을 사용하여 유상으로
여객을 운송하는 행위는 위 여객자동차운수사업법 관련 규정의 문언상 여
객자동차운송사업에 포함되지 않는다"는 것이다(반대의견 있으며, 후에 '사
업용 자동차가 아닌 자동차'로 개정되었다).

그리고 법적용자가 입법자의 목적을 좇아서 예외규정을 두어 원칙규정을 수
정하는 것은 흠결보충인 목적론적 축소의 경우이다. 이는 모두 입법 목적

내지 취지에 근거를 두는 수정이고, 규범 텍스트인 문언과 기존 규정의 규범 목적에 따른 법리를 모두 벗어나야만 전정한 법률회피가 된다. 그런데 주관적 해석론에 따르면 규범 문언의 범위 내라도 법관이 확인되거나 알려진 입법자의 의도나 목적을 수정하려고 하는 것은 기존 법률의 적용을 거부하는 것이고, 법률회피가 될 것이다. 그러나 합일이론에 따르면 입법 이후 입법자가 예상하지 못한 사태의 발생이나 변동이 있는 경우, 법관이 역사적 입법자의 의사를 벗어나더라도 법관이 규범 목적으로 수정, 보완할 수 있고, 그것이 규범 문언의 범위 내라면 객관적 목적론적 해석에 해당하고, 법률회피가 아니다(위 '간행물 판매자' 사건의 경우). 이 경우에도 법적용자의 입법자에 대한 '사고적 복종'(denkende Gehorsam)은 중요하다. 만일 해석자가 알려진 입법자의 원천적 규범 목적 자체를 완전하게 벗어나거나 변경하는 것은 해석의 영역을 벗어나고 원칙적으로 금지되는 법률회피가 되는 것이다. 결국 진정한 법률회피는 입법자의 규범 목적과 문언을 모두 벗어나는 것인데, 그 허용 여부와 기준에는 다툼이 있다.

법률의 공포 이후에 규율대상인 사실적 기초가 결정적으로 변하였거나 입법자의 당초 규율 목표가 사라지거나 또는 통용되던 가치관념이 현저히 달라진 경우에 현행 법률규정을 적용하면 심각한 '평가모순'에 빠지거나 현저히 부당 또는 부정의한 결과에 이르지만, 개정 입법을 기다릴 수 없는 상황에서 법적용자가 판단을 해야만 하는 경우가 있다. 이 경우에 법률회피가 허용된다면, 이는 법률의 공포와 적용 시점 사이에 규범현실이나 사회관념의 현저한 변화가 일어난 경우에 낡은 법률을 새로운 현실에 적응시키는 갑문 역할을 할 수 있다. 이러한 법적 사태의 현저한 변화로 인하여 절실한 법적 요구가 있다고 평가될 때 예외적으로 법관의 법률회피가 허용된다는 것이 독일의 지배설이다. 라렌쯔(K. Larenz)는 '진정하고 절실한 법적 요청'(법적 긴급피난)이 있는 경우, '법질서의 내적, 평가합치적 통일성과 일관성의 요청'을 법률초월적 법형성의 요건으로 들고 있다(법발견, 110면 이하).

물론 규범 목적과 문언의 수정이 이루어지는 법률회피는 입법자의 명시적 의사에 벗어날 수 있어 권력분립이나 입법자의 우위를 훼손할 수 있다. 그러므로 법률회피는 긴급하고도 절실한 법적 필요가 있는 경우에 극히 예외적으로 인정되어야 하고, 필요한 논증이 뒷받침되어야 한다. 법률회피가 허용되는 경우에도 입법자가 제정한 법률의 바깥에 있는 법이념에 근거한 법원리에 지향하는 통일적인 전체 법질서 내에 있는 것이어야 하고, 따라서 이는 결과적으로는 입법자의 전체적, 추정적 의도에 벗어나는 것이라고는 할 수 없다.

벨기에 대법원은 1919. 2. 11. 제 1차 세계대전 중 알베르트(Albert) 국왕이 의회의 동의를 얻지 아니하고 내린 행정명령은 입법부와 국왕에게 입법권을 부여한 벨기에 헌법 제26조에 위반된 것임은 의심할 여지가 없음에도 불구하고, 합헌이라는 결정을 내렸다고 한다. 동 헌법 제 130조는 명백히 "헌법은 그 일부 또는 전부가 정지되어서는 아니된다"라고 규정하고 있었다. 법무장관 테르린덴(Terlinden)은 법원의 결정을 다음과 같이 정당화하였다고 한다: "인간의 지혜로서는 결코 예상할 수 없는 사실이 있으며…… 가능한 한 법규정에서 최소한도로 일탈해서라도 당시의 야만적 상황을 방어하고 불가항력의 사태를 어떤 수단으로든 대처해야 할 상황이 있는 것이다."(카임 페를만, 법과 정의의 철학, 223면) 이는 법적 긴급피난으로 헌법의 문언에 반하는 긴급권을 인정한 예가 될 것이다.

독일 학자들은 민법전에 없는 행위기초론이나 법인격 없는 사단, 인격권의 확립과 그 침해에 대한 보호, 계약체결상의 과실, 법인격 남용 부인 등은 모두 규율사태나 관념의 현저한 변화에 의거한 법률회피의 예로 들고 있다. 예를 들어 독일 민법이 비법인사단에 대하여 조합의 규정을 준용하므로, 비법인사단의 형식으로 조직된 노동조합에 대하여 적극적 당사자능력을 인정한 판례를 법률에 반하는 법형성으로 보고 있다. 하지만 우리 민법상 비법인사단에 대하여 사단법인에 관한 규정을 유추 적용(준용)하는 것은 일종의 전체유추로 볼 것임은 앞에서 언급하였다.

결국 해석자가 입법자의 규범 목적이나 문언을 수정하기 위하여는 법현실이나 규율 사태에 대한 엄밀한 분석과 긴급하고도 절실한 법적 요구가 필요하다. 이 경우에도 해석자는 권력분립의 원리와 의회우위의 원칙을 완전히 무시해서는 안 된다. 법률회피가 예외적으로 허용되는 경우에도 해석자는 당사자의 법적 안정성과 법적 거래의 요구, 합목적성, 정의관념 등 서로 대립하는 가치나 이익들을 서로 비교 및 형량하여야 하고, 전 법질서 내에서 평가모순이 발생하는지도 검토하는 등 엄밀한 논증을 거쳐야 한다.

나. 법률회피의 예

1) 입법 당시 입법자의 법현실에 대한 견해에 흠결이 있거나 예상하지 못한 사태나 관념의 변화가 있는 경우가 있다.

주관적 해석론에 따르면, 해석자는 입법자의 견해 흠결이나 예상하지 못한 상황에도 입법자의 한계에 머물러야 하는 것이 되지만, 법률회피는 입법자의 주관적, 규범적 평가뿐만 아니라 법률 문언도 벗어나는 경우이다. 예컨대 타인의 토지에 무단으로 심은 농작물의 소유권에 관한 확립된 판례는 부합에 관한 민법 제256조의 규범 문언과 입법 의도를 완전하게 회피한 것이고, 수표법상 이득상환청구권의 양도에 관한 대법원 1976. 1. 13. 선고 70다2462 전원합의체 판결은 민법상 지명채권 양도에 관한 규정을 회피한 것이다. 다만 그 판결 이유에 법률회피가 선언되거나 그 논거가 제시되지 않았고, 이와 같이 법관이 은밀하게 법률회피를 하는 것이 보통이다. 다른 예로는, 민법 제197조 제2항에 의하면, "선의의 점유자라도 본권에 관한 소에 패소한 때에는 그 소가 제기된 때로부터 악의의 점유자로 본다"고 되어 있는데, 이 간주규정이 부당이득이나 취득시효뿐만 아니라 불법행위에 대하여도 적용된다는 오래된 대법원 판결과 하급심 판결이 있다(서울중앙지방법원 2020. 7. 8. 선고 2019나63104 판결: 아무 판단 없이 상고가 기각됨). 그러나 부당이득과 불법행위는 입법자의 규범 목적이 다르고, 부당이득이나 취득시효의 '악의'와 불법행위의 주관적 요건인 '고의, 과실'은 그 용어와 의미가 상이하며, 입법자의 견해에 현저한 흠결도 찾을 수 없다. 따라서 위 판결은 아무 근거도 없이 규범 문언과 입법목적을 벗어난 법률수정(악의=고의)을 한 것이다.

독일에서는 민법상 불법행위의 피침해권리가 제한되어 있어 인격권 침해에 대한 손해배상을 인정하는 경우를 법적 관념의 변화로 인한 법률수정의 예로 들고 있다(뤼터스 583면). 우리의 경우, 예컨대 페미니즘과 평등사고의 진전으로 인하여 성범죄에 관한 해석이 달라졌고(강간죄의 보호법익이나 폭행, 협박의 정도 등), 심지어 성범죄에 쓰여지지 않은 구성요건으로 '성인지 감수성'을 요구하는 것은 단순한 해석의 변천이라기보다는 법의식의 변화로 인한 기존의 법률회피라고 볼 수도 있다.

또 예컨대 형사소송법 제373조는 "제1심판결에 대한 상고는 그 사건에 대한 항소가 제기된 때에는 그 효력을 잃는다"고 규정할 뿐 항소로서의 효력 여부에 관하여는 아무런 규정이 없다. 대법원 2022. 5. 19. 선고 2021도17131, 2021전도170 전원합의체 판결의 다수의견은, 피고인이 비약적 상고를 제기하고 검사가 항소한 때에는 피고인의 비약적 상고는 항소로서의 효력이 인정되어야 한다는 해석을 하고 있으며, 이는 헌법합치적 해석에 의한 것이라고 한다. 그러나 반대의견은, 다수의견이 법해석의 첫 단계로서 성문법규 해석의 기본인 문언해석을 벗어난 것으로 법형성에 해당하고 그 정당한 사유를 찾기도 어렵다고 한다. 다수의견의 해석이 입법자가 예상하지 못한 사태에 대하여 흠결을 보충한 것인지, 반대의견이 지적하는 바와 같이 명문의 법률 규정을 수정한 것인지 논란이 있을 수 있다.

2) 입법 이후 절실한 법적 요구의 변화가 있는 경우가 있다.

예컨대 수표면의 기재 자체로 보아 국내수표로 인정되는 경우에 발행지의 기재가 없는 수표도 완전한 수표와 마찬가지로 유통·결제되고 있는 거래의 실정 등에 비추어, 그 수표면상 발행지의 기재가 없는 수표를 유효로 본 판례(대법원 1999. 8. 19. 선고 99다23383 전원합의체 판결의 다수의견)는 수표법 제1조 제5호 및 제2조의 적용을 회피한 것이고, 반대의견은 다수의견이 명문의 규정에 반하는 법형성 내지 법률수정을 도모하는 것으로서 법원의 법률해석권의 범위를 명백하게 일탈한 것이라는 취지로 비판한다.

반면에 주권 발행 전의 주식의 양도에 관한 대법원 1980. 3. 11. 선고 78다1793 전원합의체 판결의 다수의견은 구 상법 제335조 제2항의 규정의 문언을 고수하지만, 소수의견은 주식양도자유의 원칙이나 강한 사회적 요청 등을 들어서 회사가 주식을 발행할 충분하고도 합리적인 시기를 도과한 후에 주식양도가 이루어졌다면 유효하다는 취지로 법률회피를 시도하였다. 그 후에 소수의견에 따라 1984년 상법 개정이 이루어져서 문제가 해결되었다.

3) 당초 입법자가 예상한 입법 상황이나 목표에 후발적으로 좌절이 생기거나 심각한 평가모순이 나오는 경우가 있는데, 이 경우의 법률수정에는 권력분립의 문제와 법적 안정성의 요구와의 조화가 중요하다.

이른바 '금액판결'(대법원 1978. 4. 25. 선고 78도246 전원합의체 판결)의 다수의견은 형법 제55조 제1항 제6호에 의하여 벌금을 감경하는 경우 그 상한만이 아니라 하한도 내려간다고 해석하였는데, 이를 입법자의 '편집 오류'로 보는 견해도 있다(다수의견에도 입법자가 '금액'을 '다액'이라고 부주의하게 표현하였다는 취지의 설시가 있다). 당초 벌금의 상한만을 규정하였던 형사법의 영역에서 후발적인 법률(벌금의 정액형이나 하한만 규정된 형벌법규의 제정)로 인하여 새로운 법적 요구가 생겼다거나 당초의 입법 목적이 좌절된 경우라는 이유에서 법률회피 내지 수정이 이루어진 것으로 볼 수 있다. 그러나 소수의견은 법률의 형식적 연원의 하나인 '판례입법'은 인정하면서도 법률에 명문규정이 있어 그 의미내용이 명확할 경우에는 법관이 사회적 실정에 맞게 하기 위한다 하여 또는 피고인에게 유리하게 해준다고 하여 명문규정을 억지로 고쳐서 적용하여서는 안 된다고 하면서, 다수의견과 같이 '다액'이라는 명문을 '금액'으로 고쳐서 해석한다는 것은 법관의 법률해석권의 범위를 일탈하여 국회의 입법권을 침해하는 것이라고 비판하고 있다.

4) 끝으로 실정법의 형식적 적용이 현저히 부정의한 결과를 가져오는 경우에 신의칙 등 법질서에 현존하는 법윤리적 원리에 의하여 법률회피를 하는 경우가 예외적으로 있을 수 있다(슈박케 방법론, 145면).

앞에서 본 이른바 '금괴폭탄거래' 사건의 대법원 판결이나 '법인격 부인'의 판례 법리'가 뚜렷한 예이고, 드워킨이 든 사례(Riggs v. Palmer)도 이에 해당할 것이다. 이는 법원리에 의거하여 법문 그대로 적용하는 경우에 발생하는 심각하게 부당한 결과를 피하는 것이고, 비판적 법실증주의의 관점에 부합하는 것이다.

다. 법률회피의 방법과 한계

위에서 본 바와 같이 입법자가 이익 상황을 잘못 알거나 미처 생각하지 못한 위 1)항의 경우나 입법자가 의도한 규율 대상의 발전과 변화를 예상하지 못했고 그 평가가 미흡하였거나 평가모순이 일어나는 위 2), 3)의 경우 법률회피가 예외적으로 허용되지만, 해석자는 항상 역사적 입법 근거를 의식화하고 그 변경이나 수정을 정당화하는 명확한 근거와 이유 제시를 하여야 한다. 특히 실정법의 형식적 적용이 현저히 부정의한 결과를 가져오는 위 4)항의 경우에 해석자가 법윤리적 원리에 의하여 법률회피를 하는 것은 신중하여야 하고, 만약 그것이 남용되는 경우에는 민주주의나 법치주의(법적 안정성)를 흔드는 것이 될 것이므로, 설득이 가능한 합리적 논증이 반드시 필요하다. 법률수정이나 회피는 법률초월적 법형성으로서 법률 문언의 범위 밖에 있기는 하지만, 법적용자는 합리적인 근거 제시와 논증을 통하여 전체 법질서에 부합하여 간극이나 모순 없이 전 법체계 내에 포섭될 수 있음을 보여주어야 할 것이다.

그러나 법관이 변화된 상황에 법률을 적응시키는 것이 아니라 확인되는 명시적인 입법자의 의사에 대하여 저항하는 경우에는 헌법 문제가 발생한다(독일 제국법원의 '평가절상 판결'의 예). 물론 헌법은 그 시대의 정의의 본질적 기준을 대부분 직접, 간접으로 포함하고 있기 때문에 법관이 법률을 부정당하다고 생각하는 경우에는 헌법재판소에 위헌제청을 신청할 수 있다. 하지만 위헌으로 선언되지 아니한 법률이 법관 자신의 양심에 반한다고 하여 함부로 법률을 회피할 수는 없다. 예컨대 낙태나 난민 문제, 원전이나 유전자 연구 등 문제가 되는 민감한 법역에서 법관 개인의 세계관이나 법정책적인 목표가 다르다고 하여 법률에의 복종을 거부할 수 없는 것이다. 다만 심각하고 참을 수 없는 부정이나 법률적 불법에 대한 법관의 저항은 물론 그의 의지에 달려 있지만, 이미 성립한 전체주의나 독재체제 하에서 법관(및 검사 등 법관료)의 저항은 실제로 실현 가능성이 적고, 이로써 체제 변환을 가져올 수도 없을 것이다. 법을 지배의 도구로, 법관 등을 심부름꾼으로 생각하는 전체주의 권력자는 저항하는 법관 등을 갖은 방법으로 그 직에서 쫓아낼 것이고, 법관 스스로도 현실적으로 사직(辭職)이라는 수단에 머물고 있을 뿐임은 역사적 경험이 가르치고 있다(뤼터스 법이론, 594면).

⌂ 4 ⌂ 해석의 특수 문제

1. 사이비 근거론과 법적 논증

법관의 규범 설정은 외견상 순수 학문적이고 논증적인 법적용이라는 포장 아래 수행된다. 그런데 판결에서 거대담론이 근거로 동원되는 경우가 많이 있다. 예컨대 정의나 법윤리적 원칙의 원용 또는 조리나 사물의 본성(사건의 실체나 구체적 타당성) 등과 같은 것으로 결론을 뒷받침하는 것이다. 판결 이유에 직접 나타나는 거대담론은 사이비 근거가 되고, 이는 위장된 규범 설정, 즉 법정책을 위한 포장이 될 수 있다. 실제 판결에서 법해석의 결론에 이르는 이유가 제시되지 않는 경우도 많은데, 이는 이유불비가 된다. 그 숨은 근거는 법 적용자의 법감정 내지 실무감각이라고 하겠지만, 이 역시 사이비 근거가 된다.

법인식원으로 인정되는 조리(條理)나 사물의 본성(Nature der Sache)은 규율대상의 내적 질서, 사물논리적 구조라고 말할 수 있다. 이를 파악하기 위하여는 규율 대상인 법현실에 대한 경험적 지식과 그 의미나 목적에 대한 성찰이 전제가 되는데, 그로부터 내적 질서인 규범이 추론될 수 있는가? 즉 법현실의 내적 구조, 예컨대 교육이나 가족제도의 본질이나 목적을 합의할 수 있는지, 또한 거기서 바로 법규범을 도출할 수 있는지 문제가 제기된다.

그러나 법현실에 내재한 사물의 본성은 단지 존재적 소여로서 마법의 공식이 아니고, 사물의 본성으로부터 규범을 도출하는 것은 존재에서 당위를 추론한다는 법이론적인 문제를 안고 있다. 이와 같은 거대담론은 불충분한 논거이므로, 그에 따른 법관의 임의적인 규범 설정은 합리적인 규범 추론이 아니라 대체로 사이비 논거에 의거한 것이라고 볼 여지가 많다(뤼터스 법이론, 560면 이하). 예컨대 공정거래 사건에서 '관련시장'이나 '시장지배적 지위' 등과 같은 법적 개념은 경제체계 내에 주어진 사실적인 소여이다. 시장경제 원칙이라는 막연한 법이념이나 시장이라는 법현실부터 법적 결론이 바로 도출될 수는 없다. 이러한 법적 개념의 해석과 적용에는 법현실의 분석과 그 영역에 대한 경제학적 고찰이 전제되어야 하고, 이는 사물의 본성의 구체적인 탐구에 해당한다. 실제로 공정거래위원회나 법원의 절차에서 경제 전문가에 의한 경험적, 과학적 분석이 이루어지고 있다.

또한 현대 다원사회에서 법현실에 대한 인식 관점뿐만 아니라 정의 내지 가치 관념의 다양성이나 대립으로 인하여 실제로 합의(Konsens) 내지 합의 가능성은 현실적으로 성립하기 어렵다. 대법원이나 헌법재판소에서 민감한 정치적, 사회적 논쟁 사안에 대하여 견해가 갈리는 경우는 흔하고, 결국 지배적인 정의관념이나 법감정을 반영하는 관여 법관의 다수의견에 의해 결정될 수밖에 없다. 그렇다고 하더라도 법적 추론이 사이비 근거에 의하거나 논거조차 없는 것은 불충분하고, 합리적인 논증을 통하여 합의 가능한 결론에 이르러야 한다. 실제로 어려운 사건(hard case)에 관한 대법원의 전원합의체 판결에서는 다양한 논증 도구가 등장한다(김범진, 대법원 판례로 읽는 법적 논증 참조). 법적 논증은 단순한 논리나 감각에 의한 추론이 아니라 승인된 법원리나 해석 기준에 의하여 합리적이고 실질적인 근거가 제시되어야 하고 투명해야 한다. 그러한 한 그 결정이 검증되고 비판받을 수 있는 것이며, 추후 변화에도 열려있게 되는 것이다.

2. 예외규정의 엄격해석 원칙과 본문 단서의 규정

법규범 중에 원칙과 예외규정을 두는 경우가 많이 있다. 또 판례가 어떠한 법리를 정립할 때 자주 사용하는 '특별한 사정이 없는 한'이라는 판시는 예외적 사태의 존재를 유보하는 조심스러운 태도이다(원칙과 예외 도식). 특수하고 개별적인 사례에 대하여 원칙규정을 적용하는 것이 부적절하고 비합리적인 결과에 이르는 경우에 원칙규정에 나타난 입법자의 의도에 반하지 않는 한, 예외가 인정된다. 이 경우, 입법자가 좁은 한계 내에서 원칙으로부터 벗어나는 것을 의도했을 것이라면 예외규정은 좁게 해석되어야 한다는 '예외규정의 엄격해석'의 원칙이 일반적으로 승인된다. 판례가 많은 경우에 이 원칙을 인정하고 있다. 그러나 법규범이 아닌 법원리는 충돌이나 예외가 통상적이므로, 이 원칙이 적용될 수 없다.

예컨대 대법원은 전문법칙에 관한 형사소송법 제310조의2에서 정한 예외 규정인 제312조와 제313조가 엄격하게 해석·적용되어야 하고, 따라서 공판 중 에 작성된 검사의 증인에 대한 진술조서는 형사소송법 제312조나 제313조가 규정하는 조서나 서류에 해당한다고 볼 수 없다고 한다(대법원 2000. 6. 15. 선고 99도1108 전원합의체 판결: 반대의견 있음). 반면 대법원은 파산선고 전의 원인으로 생긴 근로자의 임금 등에 대하여 파산선고 후에 발생하고 있는 지연손해금도 채무자회생법 제473조 제4호에 정한 재단채권이라고 하였는데(대법원 2014. 11. 20. 선고 2013다64908 전원합의체 판결: 채무자회생법 제446조 제1항 제2호에 정한 후순위파산채권이라고 해석하는 반대의견 있음), 반대의견에 대한 보충의견(대법관 조희대)은 다수의견이 '예외규정의 엄격해석'의 원칙에 반하는 것이라고 비판하였다. 즉, 채무자회생법은 채무자에 대한 채권을 파산채권과 후순위파산채권으로 분류하고, 특별히 보호하여야 할 채권을 예외적으로 재단채권으로 규정하여 파산절차에서 정책적 이유로 채권자 평등에 대한 중대한 예외를 인정하여 파산절차에서 여타 파산채권에 우선시키는 체계를 취하고 있는데, 법률해석의 원칙에 비추거나 채무자회생법의 입법 취지로 보나 이와 같은 예외는 엄격하게 해석하여야 한다는 것이고, 목적론적 해석의 관점에서도 다수의견은 전체 파산 채권자들의 이익을 지나치게 가벼이 여기는 것으로서 형평을 잃은 것이라고 한다.

한편 법문의 예외규정이나 단서규정은 소송상 입증책임의 분배규정으로서 예외규정이나 단서규정의 요건에 관한 입증책임을 상대방에게 전환하여 사실상 그 규정들이 엄격하게 적용되고 있는 결과가 된다. 입증책임의 분배는 본문과 단서 또는 예외규정의 설정 등 법의 규정형식에 따라 달라지므로, 입법기술의 측면에서도 규범 문장의 구성은 중요하다. 예컨대 민법 제125조와 제126조 및 제129조의 표현대리는 각 규정 형식이 다르고, 그에 따라 입증책임의 분배가 달라진다. 즉, 제125조의 경우는 대리권수여의 표시를 한 본인이 책임을 면하려면 단서의 제3자의 악의나 과실을 입증해야 하고, 제126조는 제3자가 정당한 이유를 입증하여 본인에게 책임을 물어야 하지만, 제129조의 경우, 제3자가 선의의 입증책임을, 본인은 제3자의 과실에 대한 입증책임을 부담하게 된다.

그런데 산업재해보상보험법상 보험급여의 지급요건에 관하여 2007년 개정으로 신설된 법 제37조 제1항의 해석상 대법원의 다수의견은 '업무상의 재해'를 인정하기 위한 업무와 재해 사이의 상당인과관계에 관한 증명책임을 근로복지공단에 분배하거나 전환하는 규정으로 볼 수 없다고 하여 개정 전의 법에 관한 해석을 유지하였다(대법원 2021. 9. 9. 선고 2017두45933 전원합의체 판결). 그러나 그 개정에 대한 입법자의 의사는 분명하게 나타나지는 않고 있지만, 법 제37조 제1항에 따르면, '업무상의 재해'의 인정 요건 가운데 본문 각호 각 목에서 정한 업무관련성이나 인과관계에 대해서는 이를 주장하는 자가 증명하고 단서에서 정한 '상당인과관계의 부존재'에 대해서는 상대방이 증명해야 한다고 보는 반대의견이 타당하다. 이것이 법률해석에 관한 일반 원칙에 부합하고, 본문 단서의 입법기술을 사용한 입법자의 의사에 부합한다고 추정되기 때문이다.

3. 일반조항, 불확정개념 및 법원리적 규정의 해석

법문에 '신의성실의 원칙' 등과 같은 법원리적 규정을 둔 경우나 '선량한 풍속'이나 '사회상규'와 같이 일반적이고 추상적인 개념을 사용하는 경우에 이를 '일반조항'이라 하며, 이는 포괄적이고 규범적인 개념으로 실정법상의 법률효과에 변동을 가져올 수 있는 '제왕조항'이라고 할 수 있다.

그리고 '불확정개념'이란 공공복리, 공익, 위험 등의 용어와 같이 그 의미가 일의적인 것이 아니라 다의적인 것이어서 진정한 의미 내용이 구체적 상황에 따라 판단되는 개념을 말한다. 또한 '부당한', '부정한' 혹은 '중대한 사유', '음란물' 등 추상적이고 모호한 평가적 언어를 사용한 것도 널리 불확정개념이라고 할 수 있다. 법률이 요건에 해당하는 모든 경우를 구체적으로 나열하는 것은 불가능하므로, 추상적으로 규정할 수밖에 없고, 사회의 변화에 불구하고 법은 일정한 영속성을 가져야 하므로 불확정개념은 도입될 수밖에 없다.

이러한 일반조항이나 불확정개념이 사용된 경우에 전통적인 문언이나 체계 또는 그 성립사 등의 카논에 의한 해석으로는 불충분하다. 이 경우에는 입법자의 계획에 따른 모호성이나 개방성이 있고 사태의 변동에 대비하는 가변성을 부여한 것이므로, 입법자에 의해 의도된 개방적 흠결이라고 할 수 있다. 이는 입법자 스스로 구체적인 기준을 설정할 의사와 능력이 없는 경우이고 법적용자에게 구체화를 광범하게 위임한 것으로, 그 적용은 해석의 형식을 취하지만 실질적으로는 법형성(법의 '계속 형성')이라고 할 수 있다.

여기서 해석자는 현실에서 다양하게 발생하고 변전하는 사례의 의미를 파악하여 비교사례에 대한 평가기준을 구성하고 제시하는 방법이 유용하다. 이것은 바로 '유형화'나 '유추'의 방법을 적용하는 것이고, 그 방법이 어려운 경우 그 시대의 도덕관념이나 사회통념 또는 헌법원리가 평가기준으로 간접 적용될 수 있으며, 이때 원리형량이나 이익교량의 방법도 중요하다. 물론 형량이라는 것은 하나의 공허한 공식에 불과하고, 대립하는 이익을 상호 비교하고 그 충돌을 해결할 수 있는 객관적 기준은 없다는 점이 지적될 수 있다.

그래서 켈젠은 제 이익의 순위결정과 같은 이익형량은 판결 등과 같은 규범 창설의 행위에 맡겨져 있다고 한다(심헌섭 편역. 켈젠 법이론선집, 102면).

예를 들면 연예인의 전속계약은 성질상 계약 목적의 달성을 위하여 당사자 사이에 고도의 신뢰관계를 유지하는 것이 필수적이고, 그 계약에 따라 연예인인 갑이 부담하는 전속활동의무는 다른 사람이 대신할 수 없다. 대법원은 당사자 사이의 신뢰관계가 깨어졌는데도 계약의 존속을 기대할 수 없는 중대한 사유가 있는 경우가 아니라는 이유로 연예인에게 자유의사에 반하는 전속활동의무를 강제하는 것은 연예인의 인격권을 지나치게 침해하는 결과가 되므로, 계약당사자 상호 간의 신뢰관계가 깨어지면 연예인이 전속계약을 해지할 수 있다고 하였다(대법원 2019. 9. 10. 선고 2017다258237 판결). 이는 법원리인 신의칙의 형량과 헌법상 기본권의 간접 적용의 예라고 할 수 있다. 그러나 판례나 실무의 경향은 법관의 재량권 남용이나 판단의 불확정성을 우려하여 신의칙과 같은 법원리적 규정의 적용에 신중을 기하고 있으며, 특히 민법 제2조 제2항의 '권리남용 금지'에 쓰여지지 않는 주관적 요건(오로지 타인을 해할 목적)을 요구하여 엄격하게 적용하고 있다.

또 다른 예로 배임수증죄의 '부정한' 청탁이란 사회상규 또는 신의성실의 원칙에 반하는 것을 내용으로 하는 청탁이라는 확립된 판례를 들 수 있다(대법원 1988. 3. 8. 선고 87도1445 판결). 하지만 그 판단기준인 사회상규나 신의칙 역시 불확정개념이고, 이로써 충분한 대답이 되지 못한다. 마찬가지로 대법원은 부진정 부작위범에서 작위의무는 신의성실의 원칙이나 사회상규 혹은 조리상 작위의무가 기대되는 경우에도 인정된다고 하였으나(대법원 2015. 11. 12. 선고 2015도6809 전원합의체 판결; 이른바 세월호 사건), 이 역시 마찬가지 문제가 있을 뿐만 아니라 형벌구성적인 요건을 법원리적인 근거에 의거하는 불명확성의 문제도 제기된다.

또 형법 제355조 제1항이 정한 횡령죄의 위탁관계는 불확정개념이라고 할 수 있고, 법률행위에 의한 위탁만 해당하는지 문제가 된다. 대법원은 위탁관계는 사실상의 관계에 있으면 충분하고 피고인이 반드시 민사상 계약의 당사자일 필요는 없으며, 사무관리와 같은 법률의 규정, 관습이나 조리 또는 신의성실의 원칙에 의해서도 발생할 수 있다고 하면서, 어떤 예금계좌에 돈이 착오로 잘못 송금되어 입금된 경우에는 그 예금주와 송금인 사이에 신의칙상 보관관계가 성립한다고 할 것이므로, 피고인이 송금 절차의 착오로 인하여 피고인 명의의 은행 계좌에 입금된 돈을 임의로 인출하여 소비한 행위는 횡령죄에 해당한다고 하였다(대법원 2011. 12. 9. 선고 2010도891 판결 등 확립된 판례). 더 나아가 대법원은 계좌명의인이 개설한 예금계좌가 전기통신금융사기 범행에 이용되어 그 계좌에 피해자가 사기피해금을 송금·이체한 경우에 사기 범행을 알지 못하는 계좌명의인이 그 계좌에 송금·이체된 돈을 인출한 행위는 접근매체 양수인에 대한 횡령죄가 성립한다고 하였다(대법원 2018. 7. 19. 선고 2017도17494 전원합의체 판결의 다수의견).

그러나 반대의견(대법관 조희대)은, ① 계좌명의인과 접근매체 양수인 사이의 위탁관계는 형법상 보호할 만한 가치 있는 신임에 의한 것이 아니므로 접근매체 양수인에 대한 횡령죄가 성립하지 않는다. ② 계좌명의인과 송금인 사이에는 아무런 위탁관계가 없으므로 송금인에 대한 횡령죄도 성립하지 않는다고 한다, 다수의견이 형벌 구성적인 횡령죄의 보관관계를 신의칙과 같은 법원리에 의하여 인정하는 것은 죄형법정주의에 반한다는 비판이 있고, 반대의견이 말하는 '형법상 보호할 만한 가치 있는 신임'이 없는 경우에는 원심의 판단과 같이 점유이탈물횡령죄가 성립될 것이다.

그런데 대법원은 "원인불명으로 재산상 이익인 가상자산을 이체받은 자가 가상자산을 사용·처분한 경우 이를 형사처벌하는 명문의 규정이 없는 현재의 상황에서 착오송금 시 횡령죄 성립을 긍정한 판례를 유추하여 신의칙을 근거로 피고인을 배임죄로 처벌하는 것은 죄형법정주의에 반한다"고 하는데(대법원 2021. 12. 16. 선고 2020도9789 판결), 이러한 해석은 정당하지만 예금의 착오송금에 관한 위 판례와 모순되므로, 일관성이 있는 통일적 해석이 이루어져야 할 것이다. 같은 맥락에서 대법원 2022. 6. 23. 선고 2017도

3829 전원합의체 판결의 별개의견(대법관 김선수)은 형법 제347조의 사기죄에 이어 제347조의2로 '컴퓨터 등 사용사기죄'를 신설한 것을 참고로 하여, 형법 제360조의 점유이탈물횡령죄에 이어 제360조의2로 가칭'이체자산 횡령죄'를 신설하여 금융자산·가상자산의 착오이체 문제를 통일적으로 규율하는 입법론을 제시하고 있다.

한편 형법 제20조의 위법성조각사유인 '사회상규'은 일반조항에 해당하는데, 구체적 내용은 법원이 정하고 유형화할 수밖에 없다. 대법원은 "형법 제20조는 사회상규 개념을 가장 기본적인 위법성 판단의 기준으로 삼아 이를 명문화한 것으로서 그에 따르면 행위가 법규정의 문언상 일응 범죄 구성요건에 해당된다고 보이는 경우에도 그것이 극히 정상적인 생활형태의 하나로서 역사적으로 생성된 사회생활질서의 범위 안에 있는 것이라고 생각되는 경우에 한하여 그 위법성이 조각되어 처벌할 수 없게 되는 것이며, 어떤 법규정이 처벌대상으로 하는 행위가 사회발전에 따라 전혀 위법하지 않다고 인식되고 그 처벌이 무가치할뿐 아니라 사회정의에 배반된다고 생각될 정도에 이를 경우나 자유민주주의 사회의 목적 가치에 비추어 이를 실현하기 위해 사회적 상당성이 있는 수단으로 행하여졌다는 평가가 가능한 경우에 한하여 이를 사회상규에 위배되지 아니한다고 할 것"이라고 한다(대법원 1983. 2. 8. 선고 82도357 판결 등). 공직선거 후보자 등의 기부행위에 관하여 대법원은 '사회상규'로 허용되는 범위를 좁게 파악한다. 예컨대 "적법한 선거운동에 필요한 경비의 명목으로 지출하였다고 하더라도 그것이 명목에 불과할 뿐 실제로는 금품 등을 무상으로 제공한 데 불과한 경우에는 기부행위에 해당한다"고 한다(대법원 1996. 12. 10. 선고 96도1768 판결).

4. 헌법의 해석-기본권 충돌과 법원리, 비교형량

가. 헌법의 추상성과 개방성

헌법은 그 규범의 특성상 추상적이고 개방적인 구조를 가지고, 그 내용에 원리나 가치의 표현이나 프로그램적 선언이 널리 쓰이고 있다. 헌법은 원칙적으로 입법자에 대한 지시나 위탁이고, 구체적 사항을 해결하는 재판규범이 아니며, 법률 등 하위법에 대한 헌법재판소의 규범통제의 근거나 법원의 합헌적 해석의 기준이 될 뿐이다. 예컨대 헌법상 사회적 기본권인 교육을 받을 권리에 근거하여 학생들의 책가방을 사달라는 직접적인 소송상 청구를 할 수는 없는 것이다.

헌법의 해석에 법률해석의 카논 내지 기준이 적용되는 것인지 다툼이 있다. 헌법의 기본 가치나 원리에 해당하는 규정은 매우 추상적이고 불확정적이며, 서로 대립 충돌되는 경우도 많아서 해석 카논인 헌법 규정의 문언과 체계, 성립사 모두 해석기준으로서는 제한적으로만 의미가 있다. 따라서 헌법의 기본 가치를 구체화하는 것은 광범한 입법자의 형성재량(입법형성권)이나 헌법재판소의 결정에 맡겨진다. 그리고 헌법의 추상성, 개방성은 사회현실의 변동이나 가치관념의 변화에 열려있고, 시대에 따라 변동되는 내용은 의회의 법률 개정이나 헌법재판소의 선례 변경에 반영될 수 있다. 독일에서는 연방헌법재판소의 선례 변경이 헌법의 절차에 의하지 아니한 헌법 개정이라는 비판이 있었지만, 이는 헌법적 한계 내에서 허용되는 '헌법의 변천'이라고 할 것이다.

나. 헌법의 해석방법으로서 원리형량 또는 비교형량–실천적 정합성

실정법이 승인하는 법원리들은 추상적이고 상호 충돌하며(예: 사법상 신뢰보호의 외관법리나 거래안전과 권리보호의 정적 안전의 원리), '비중과 중요도의 차원'을 가지므로 개별 법규와 같이 '전부 아니면 전무'(all or nothing)의 방식으로 적용될 수 없고, 따라서 법원리 충돌의 해결에서는 비교형량의 방법이 중요하다. 헌법이 보장하는 기본권들도 상호 충돌하고 경합하는 것이 통상적이므로 헌법의 서열에 있는 법원리적인 논증이 필요하다. 기본권의 제한이나 상호 충돌의 해결방법으로 동등취급이나 신뢰보호, 비례의 원칙, 과잉금지의 원칙과 같은 법원리에 따른 비교형량의 방법론이 문제가 된다. 이는 넓은 의미의 체계적 해석 카논에 해당하는 논증의 과제라고 볼 수 있으며,

여기서는 헌법과 전체 법질서의 통일성에 기여하는 '실천적 정합성의 원리'(praktische Konkordanz: 독일의 Hesse)가 중요하다.

헌법의 해석상 통상적으로 일어나는 기본권 충돌의 해결방법으로 '입법의 자유영역이론', '기본권 서열이론', '법익형량', '규범조화적 해석의 원리' 등 여러 견해가 제시되고 있다. 우리 헌법재판소는 기본권 충돌의 해결에 관하여 구체적 사례에서 여러 관점의 종합과 선택에 의하여 기본권의 비중과 중요도를 논증하는 비교형량 내지 원리형량의 방법론을 취하고 있다.

헌법상의 기본권 상호간, 또는 기본권과 국민의 의무 등 헌법적 가치나 법익이 상호 충돌하고 대립하는 경우에 모든 기본권의 가치적인 핵심을 존중하고 이를 보장하여야 할 헌법적 책무를 지고 있는 국가로서는 성급한 법익교량이나 추상적인 가치형량에 의하여 양자택일 식으로 어느 하나의 가치만을 쉽게 선택하고 나머지의 가치를 버리거나 희생시켜서는 아니 된다. 따라서 "충돌하는 가치나 법익이 모두 최대한 실현될 수 있는 조화점이나 경계를 찾도록 노력하여야 하며, 이러한 조화점이나 경계는 구체적 사건에서 개별적, 비례적으로 모색되어야 한다"(대법원 2004. 7. 15. 선고 2004도2965 전원합의체 판결: 이른바 양심적 병역거부사건의 반대의견의 설시이고, 반대의견이 2018년 다수의견이 되었다)는 것이 바로 원리형량 내지 실천적 정합성의 방법론이라고 할 것이다.

예를 들면, 헌법재판소는 공공사업용 토지에 대한 양도세 감면규정의 개정으로 세액 감면을 배제, 제한(감면 한도액을 3억 원으로 개정함)하는 경우에 세법은 경제적 정책적 여건에 따라 신축적 변경이 가능하고, 특히 감면 특혜의 배제는 입법형성권의 범위 내에 있다고 판시하였는데(헌법재판소 1995. 6. 29. 선고 94헌바39 결정), 이는 법치국가원칙에서 나오는 신뢰보호와 새로운 입법으로 추구하는 공익적 목적과의 형량에 기한 것이다. 또 헌법재판소는 헌법상 재산권 보장과 공익상 납세의무와의 형량으로 구 국세기본법 제35조 제1항의 조세가 납부기한으로부터 1년 전에 설정된 사법상

저당권에 우선하는 규정에 대하여 위헌결정을 하였다(헌법재판소 1990. 9. 3. 선고 89헌가95 결정). 다수의견은 기본권 제한과 법치국가적 원리로서의 과잉금지 내지 비례원칙에 위배된다고 하였으나, 소수의견은 조세와 저당권 사이의 우선순위를 결정하는 것은 입법재량에 속하는 문제이고 위헌이라는 명백한 논증이 미흡하다고 하였다.

사형제도의 위헌성에 관한 논증도 기본권의 본질적 내용 침해인가, 생명의 박탈이 과연 정의의 실현인가 라는 문제의식에서 출발하였고(헌법재판소 2010. 2. 25. 선고 2008헌가23 결정), 헌법재판소는 동성동본 금혼을 규정한 구 민법 제809조 제1항에 대하여 종래의 법윤리적 원칙이 인간 존엄과 양성평등의 원리에 배치되는 것인지 논쟁을 하였다(헌법재판소 1997. 7. 16. 선고 95헌가6 등 결정: 헌법불합치). 그리고 노동단체의 정치자금 기부를 금지하는 구 정치자금에 관한 법률 제12조가 정치적 표현의 자유와 평등원칙에 반하는 것인지 논증을 하고 있다(헌법재판소 1999. 11. 25. 선고 95헌마154 결정; 위헌). 다른 예로 헌법재판소는 청소년 성매수자 신상공개 규정에 대하여 이중처벌이나 인격권 침해, 사생활 비밀 보호의 과잉제한은 아니라고 하여 이른바 '가까스로 합헌결정'(4:5)을 하였고(헌법재판소 2003. 6. 26. 2002헌가14 결정), 그후 법 개정을 통하여 신상공개는 의무등록제로 전환되었다(미국의 매간법과 영국의 사라법의 예와 같다). 또 '대체의학' 사건에서 헌법재판소는 국민의 생명, 건강권 보호와 직업선택과 수행의 자유 및 진료방법 선택의 자기결정권과 명확성의 원칙 등의 쟁점을 형량하여 대체의학을 금지한 의료법에 대한 합헌결정을 하였다(헌법재판소 2010. 7. 29. 선고 2008헌가19 결정).

다. 개별 기본권의 제한과 충돌

헌법재판소는 기본권의 종류와 성격에 따라 기본권의 재한에 대하여 다른 심사기준을 적용하고 있는데, 민주국가에서 특히 중요한 표현의 자유의 경우, 그 제한에 관한 다른 가치와의 형량에 있어서 상대적으로 엄격한 심사기준이 적용된다. 특히 개인의 명예와 인격권, 프라이버시, 종교의 자유 등은 종종 표현의 자유와 충돌한다. 개인의 법익과 표현의 자유가 충돌하는 경우에 대법원은 표현의 진실성과 상당성, 공익의 법리는 형법(제311조)뿐만 아니라 민사법의 영역에도 적용되고, 그 표현이 허위인 경우에도 진실이라고 믿을만한 상당한 이유가 있으면 금지되지 아니한다는 법리를 확립하였다. 참고로 여기서 상당한 이유 내지 상당성의 형법적 위치에 관하여, 사회상규에 의한 위법성조각이나 고의조각(위법성조각사유의 전제사실에 관한 착오를 순수한 사실의 착오로 보는 엄격책임설, 제한적책임설)으로 보는 이론들이 있으나, 금지착오와 마찬가지로 책임조각으로 볼 것이다. 따라서 허위 표현은 여전히 위법하고 단지 책임만 조각되는 것이므로, 형사상 불벌이라고 하더라도 위법한 이상 사법상 금지청구는 허용되어야 할 것이다.

한편 프라이버시와 표현의 자유가 충돌하는 경우에 대법원은 사생활과 관련하여 공표된 사항이 일반인의 감수성을 기준으로 하여 그 개인의 입장에 섰을 때 공개되기를 바라지 않을 것에 해당하고 아울러 일반인에게 아직 알려지지 않은 것으로서 그것이 공개됨으로써 그 개인이 불쾌감이나 불안감을 가질 사항 등에 해당하여야 공개가 금지된다는 기준을 제시한다(대법원 2006. 12. 22. 선고 2006다15922 판결). 반면에 대법원은 공적 인물이나 공적인 사안에 관한 명예훼손은 악의적이거나 현저히 상당성을 잃은 공격이 아닌 한 위법성이 조각된다고 하며, 특히 정치적 이념이나 공공적인 이슈에 대한 의견 표명인 경우, 표현의 자유 내지 사상의 자유시장의 보호가 더 요구된다고 한다(대법원 2002. 1. 22. 선고 2000다37524 판결: PD수첩 사건). 언론사 상호 간의 명예훼손의 경우도 언론사가 자신의 반박매체를 가지고 있으므로, 표현의 자유가 확대된다는 법리도 같은 맥락에 있다. 방송사가 언론사의 주식투자 문제를 다루면서 특정 신문사가 언론사로서의 힘을 이용하여 싼 이자로 돈을 대출받은 의혹이 있고 이 돈을 주식에 투자하여 막대한 평가이익을 거두었다고 보도한 사건에 대하여, 대법원은 위 방송보도가 공공의 이해에 관한 사항으로서 사익적 동기가 다소 내포되어 있지만 그 주요 목적과 동기가 공공의 이익을 위한 것이고 취득한 주식 수를 사실과 달리 보도하는 등 사소한 부분에 오류 내지 과장이 있으나 주요 부분에 허위사실의 적시가 있었다고 할 수 없으므로 위법성이 조각된다고 하였다(대법원 2006. 3. 23. 선고 2003다52142 판결). 대법원은 비교형량에 의하여 제3자 게시물에 관한 포털사업자의 책임 범위에 관하여 대법원은 '현존하는 위험' 요건을 요구하였고(대법원 2009. 4. 16. 선고 2008다53812 판결), 실명의 범죄보도와 명예훼손 및 피의사실공표의 위법성 조각도 법익의 비교형량의 대상이 되는 민감한 문제이다(대법원 2009. 9. 10. 선고 2007다71 판결 등 참조).

또한 표현의 자유와 종교자유가 충돌하는 경우에도 공익 내지 공적 영역이 문제가 되는 원리형량의 대상이 된다. 판례에 의하면 헌법상 종교의 자유가 보장되는 점에 비추어 다른 종교 또는 종교집단을 비판할 자유 역시 최대한 보장되어야 하며(대법원 2007. 10. 26. 선고 2006도5924 판결), 사실의 적시와 의견, 평가의 진술은 구분되고 의견의 진술은 보장되어야 한다(단 그 구분은 어렵다). 단 언론매체가 종교비판을 하는 경우, 종교 자유의 확대된 자유영역이 아닌 일반적 표현의 자유 법리에 따른다고 한다(대법원 2006. 3. 23. 선고 2003다52142 판결 및 대법원 2008. 2. 28. 선고 2005다28365 판결 등).

사립학교의 채플수업에 관하여 종교의 자유와 교육의 자유 내지 자율성이 충돌한다. 대법원은 학교 선택권이 인정되는 경우는 합헌이라고 하였지만(대법원 1998. 11. 10. 선고 96다37268 판결), 학생들의 종교 자유와 양심의 자유, 교육 선택권을 침해하지 않는 범위 내에서 과잉금지 원칙이 적용되어야 하고, 용인될 수 있는 한계를 벗어났다는 비판이 우세하다. 그후 대법원은 고등학교의 예배를 거부한 학생에 대한 징계 퇴학처분의 불법행위 성부에 관하여, 종립학교가 특정 종교의 교리를 전파하는 종파적인 종교행사와 종교과목 수업을 실시하면서 참가 거부가 사실상 불가능한 분위기를 조성하는 등 신앙을 갖지 않거나 학교와 다른 신앙을 가진 학생들의 기본권을 고려하지 않은 것은 학생의 종교에 관한 인격적 법익을 침해하는 위법한 행위라고 하였다. 즉, 대법원은 학교 측이 예배의 강제로 인하여 인격적 법익을 침해받는 학생이 있을 것임이 충분히 예견가능하고 그 침해가 회피 가능하므로 과실이 인정되고, 사회공동체의 건정한 상식과 법감정에 비추어 볼 때 용인될 수 있는 한계를 초과한 종교 교육이라고 판단하였다(대법원 2010. 4. 22. 선고 2008다38288 전원합의체 판결).

신체 및 집회, 시위 자유와 질서유지를 위한 기본권 제한과 관련하여, 경찰관직무집행법에 의한 행정상 즉시강제로 범죄의 예방과 제지를 위한 원천봉쇄가 가능한지 문제가 되었고, 대법원은 그러한 조치가 불가피한 최소한도 내에서만 행사되도록 그 발동·행사의 요건을 신중하고 엄격하게 해석·적용을 하는 범위 내에서만 우리 헌법상 신체의 자유 등 기본권 보장 조항과 그 정신 및 해석 원칙에 합치될 수 있다고 하였다(대법원 2008. 11. 13. 선고 2007도9794 판결).

한편 재산권에 대한 규제는 종종 문제가 되고, 여기서도 과잉금지와 같은 비교형량의 방법이 사용된다. 예컨대 헌법재판소는 근로자의 퇴직금 전부에 대한 우선변제권 인정과 담보물권 제한은 재산권인 담보권의 본질적 내용을 침해하고 과잉금지에 해당되어 헌법불합치결정을 하면서(헌법재판소 1997. 8. 21. 선고 94헌바19 결정), 이익형량에 의하여 입법자가 보호의 적정 범위를 확정하도록 하고 그때까지 적용 중지를 선언하였다(그후 제한입법이 이루어졌다). 또 헌법재판소는 개발제한구역과 토지재산권의 사회적 제약에 관하여도 헌법불합치결정을 하였는데(헌법재판소 1998. 12. 24. 선고 89헌마214 결정), '분리이론'에 따라 개발제한구역 자체는 합헌이지만, 재산권의 침해와 공익간의 비례성을 회복하기 위하여 입법자는 다양한 방법을 강구하여야 한다는 것이다.

그밖에 헌법재판소는 공무원의 직무상 범죄 이외의 경우에도 퇴직금을 반액으로 제한하는 규정에 대하여 재산권 침해와 평등원칙의 형량으로 헌법불합치결정을 하였다(헌법재판소 2007. 3. 29. 선고 2005헌바33 결정: 선례 변경). 반면에 헌법재판소는 비교형량의 방법을 통하여 사립학교에도 학교운영위원회를 의무적으로 설치하도록 한 초·중등교육법 제31조 등이 사학 설립자 및 재단의 재산권을 과잉 제한한 것이 아니라고 하며(헌법재판소 2001. 11. 29. 선고 2000헌마278 결정), 또 이른바 유니언 샵(Union Shop) 협정의 체결을 용인하고 있는 노동조합 및 노동관계조정법 제81조 제2호 단서가 근로자의 단결권을 보장한 헌법 제33조 제1항 등에 위반되지 않고 평등의 원칙에도 위배되지 않는다고 한다(헌법재판소 2005. 11. 24. 선고 2002헌바95·96 등 결정).

그리고 헌법재판소는 청원경찰이 금고 이상의 형의 선고유예를 받게 되면 당연히 퇴직되도록 규정한 것은 청원경찰의 직업의 자유를 과도하게 제한하고 있어 법익의 균형성 원칙이나 과잉금지원칙에 반하는 것이라고 하였다(위헌결정: 헌법재판소 2018. 1. 25. 선고 2017헌가26 결정). 더 나아가 헌법재판소는 재외국민의 선거권과 피선거권, 국민투표권을 제한하는 것은 참정권, 평등권을 침해하고 보통선거 원칙을 위반하여 위헌이라고 선례를 변경하면서 그 파장을 고려하여 헌법불합치결정을 하되 계속 적용을 명하였다(헌법재판소 2007. 6. 28. 선고 2004헌마644, 2005헌마360(병합) 결정).

그런데 사회적 기본권은 그 내용과 실현에 국가의 재정이나 감당능력이 문제가 되고, 그 제한의 판단에는 역시 원리형량이 중요하다. 과거 헌법재판소의 과외금지의 위헌결정은 교육의 권리를 우선시하면서 반사회성이 있는 경우 예외적 금지이어야 한다는 것이고, 기본권 제한의 한계로서의 비례의 원칙, 입법목적의 정당성과 수단의 적합성, 수단의 최소침해성, 법익의 균형성이라는 기준으로 원리형량을 하였다(헌법재판소 2000. 4. 27. 선고 98헌가16 등 결정).

대법원은 학원비리 척결을 이유로 한 전국교직원노동조합 소속 교사의 수업거부 및 수업방해 행위로 인하여 학생들의 학습권과 학부모의 교육권이 침해되었다고 보아 손해배상책임을 인정하였다(대법원 2007. 9. 20. 선고 2005다25298 판결). 이 판결은 민법 제750조의 법형성을 통하여 위 교사들의 단체행동권을 제한하는 기본권 형량을 하고 학생과 학부모의 헌법상 권리의 침해를 불법행위로 인정함으로써 기본권의 대사인적 효력을 정면으로 승인한 것이라고 볼 수 있다. 그리고 쟁의행위의 정당성에 관한 일련의 대법원 판례도 노동쟁의권 보장과 사용자의 재산권이나 경영권의 충돌에 관한 헌법 문제라고 할 것이다. 예컨대 집단적 노무제공의 거부로 열차운행이 중단되게 한 전국철도노조위원장의 행위에 대하여, 다수의견은 사용자의 의사를 제압할 정도로 평가할 수 있는 경우에는 노무제공 거부가 업무방해의 위력에 해당된다고 하였다. 반면에 소수의견은 근로제공 거부(부작위범)가 적극적인 방해행위로 인한 법익침해와 동등한 형법적 평가를 할 수 없다고 하여 헌법상 단체행동권의 범위를 확장시키고 있다(대법원 2011. 3. 17. 선고 2007도482 전원합의체 판결).

라. 헌법의 과잉 문제

이와 같이 헌법재판소는 다양한 개별 기본권들의 충돌과 제한에 관하여 비례원칙이나 과잉금지 등의 원리적 형량으로 많은 사회적 영역에 대한 관여를 하고 있으며, 나아가 헌법 해석의 이름으로 새로운 구체적 기본권을 산출하고 있다. 헌법은 국가의 기본법이고, 헌법에 열거되지 아니한 국민의 자유와 권리가 경시되어서는 아니 되지만(헌법 제37조 제1항), 헌법의 이름으로 헌법상 권리로 볼 수 없는 것들을 국민생활의 구체적 영역에까지 널리 확장하는 경우에는 '헌법의 과잉' 내지 '과도한 헌법화'가 문제가 된다.

예를 들면 헌법재판소는 의료인의 직업 수행의 자유 이외에 부모의 태아의 '성별 정보 접근권'을 기본권으로 인정하고 임신의 전 기간에 걸친 태아성별고지 금지규정은 기본권 제한의 법익 균형성 요건을 갖추지 못하였다고 하였고(헌법재판소 2008. 7. 31. 선고 2004헌마1010 결정; 헌법불합치 결정), 구 국민의료보험법상의 의료보험수급권이 재산권이고 경과실에 의한 범죄행위에 기인하는 보험사고에 대하여 의료보험급여를 제한하는 것이 사회적 기본권으로서의 '의료보험수급권'의 본질을 침해한다고 하였다(헌법재판소

2003. 12. 18. 선고 2002헌바1 결정). 그러나 의료보험수급권은 하위 법률에 기한 공법상 청구권이고 이를 헌법상 재산권이라고 하는 것은 '헌법의 과잉'이라고 비판받을 수 있다. 반면에 헌법재판소는 한국보건산업진흥원법 부칙 2조의 기관 통폐합 후 정원 감축규정에 대한 합헌결정에서 '근로관계존속 보호청구권'은 헌법상 권리가 아니라고 하였다(헌법재판소 2002. 11. 28. 선고 2001헌바50 결정).

이른바 '양심적 병역거부'에 관하여 헌법 제19조의 양심의 자유 등 기본권과 헌법 제39조의 국방의 의무 사이의 충돌·조정 문제와 병역법 제88조 제1항에서 정한 '정당한 사유'라는 문언의 해석이 문제가 되었다. 대법원의 다수의견은 진정한 양심적 병역거부자에게 집총과 군사훈련을 수반하는 병역의무의 이행을 강제하고 그 불이행을 처벌하는 것은 양심의 자유에 대한 과도한 제한이 되거나 본질적 내용에 대한 위협이 된다고 하였다(대법원 2018. 11. 1. 선고 2016도10912 전원합의체 판결: 반대의견 있음). 그러나 다수의견은 헌법상 양심의 자유의 과잉보호로 인하여 국방의 의무의 본질과 평등원칙을 침해할 수 있다는 점에서 비판받을 여지가 있다. 헌법재판소도 경쟁적으로 병역의 종류로 '대체복무제'를 규정하지 아니한 병역법 제5조 제1항에 대하여 양심의 자유의 본질적 내용을 침해한다고 헌법불합치결정을 하고 국회에 2019. 12. 31.까지 대체복무제를 도입할 것을 촉구하였다(헌법재판소 2018. 6. 28. 선고 2011헌바379·383 등 결정). 헌법재판소가 대체복무제의 도입이 국가의 헌법상 의무라고 본 것이지만, 이는 그 근거를 헌법 어디에서도 찾을 수 없는 '헌법의 과잉'이다. 변경된 종전 대법원 판례(대법원 2004. 7. 15. 선고 2004도2965 전원합의체 판결)의 다수의견에 대한 보충의견이 지적한 바와 같이 대체복무제 도입은 입법정책상 바람직한 것이기는 하지만, 이를 국가의 헌법적 의무라고 보는 것은 헌법 해석으로 도출되는 것은 아니라고 할 것이다.

|5| 소결 – 방법론의 한계와 과제

법학방법론은 법률과 판결의 관계에 대한 법이론적 논의라고 할 수 있다. 드워킨은 어려운 법적 문제(hard case)에 대하여 하나의 정답이 있다고 하였지만, 법학방법론은 법 문제에 대한 하나의 정답을 주는 열쇠가 되지는 못한다. 법적 결정이 오로지 법률과 방법론만으로 결정될 수는 없고, 다양한 결론이 나올 수 있다. 법률문제에 관하여 학설이 갈리거나 법원 내에서 서로 다른 판결이나 의견이 나오는 경우는 흔하다. 출신이나 경력이 비슷한 대법관들 사이에도 상이한 견해가 나오는 것은 방법론의 차이가 아니라 그들의 법철학과 세계관의 차이에 기인하는 것이다.

그렇다면 법이론으로서의 방법론은 측정과 계산을 할 수 있는 내비게이터로서 단지 가는 길만 알려 줄 수 있을 뿐이고, 나가야 할 방향이나 목표를 정해주는 것은 아니다. 그 방향이나 목표는 법철학적인 성찰과 민주적 절차에 따른 입법적 논의와 결정으로 정해지는 것이고, 법관은 정해진 가치나 법정책적인 목표의 풍향계에 따라 이를 실현하는 위치에 있는 것이다. 물론 헌법이 승인하는 기본가치는 입법자도 훼손할 수 없지만, 위헌적 법률이 사법심사 내지 규범통제의 대상이 되는 한, 입법자의 우위는 제한되고 권력의 견제와 균형이 이루어지는 것이다.

한편 법적 결정에 결정자의 개인적 성향이나 출신, 입장 등 주관적 요인이 암암리에 작용할 여지가 있다는 것이 인정되고, 이는 미국의 비판법학이나 행동주의 법학, 독일의 법조(法曹)사회학의 관심 사항이다. 미국 연방대법원 판결이 법관의 정치적 성향이나 임명 배경 등 개인적 요인에 의하여 결정된다는 분석이 있고, 법관의 출신이나 개인적 경험이 법적 결정에 영향을 미칠 수 있다는 조사도 나와 있다. 독일의 경우에도 각 정당이 추천한 헌법재판관들이 정치적 사건에서 그 정당의 색깔을 반영하는 헌법 해석이나 의견을 내고 있으며, 독일 법관들에 대한 한 의식 조사에 따르면 그 출신과 경험에 따라 양형이 달라질 수 있다고 한다. 예컨대 법관이 부유층 출신일수록, 또

본인이 절도를 당한 경험이 있는 경우에 절도죄에 대하여 엄하고, 법관이 어릴 적에 구멍가게에서 사탕이라도 훔쳐본 경험이 있는 경우에는 그 형이 낮아진다는 것이다.

이러한 법적 결정자의 사회적 과정에서 습득한 경험이나 학습 및 현실 인식이나 가치관이 해석학(Hermeneutik)에서 말하는 '선이해'(先理解)가 되지만, 그 선이해는 판단과정에서 수정되고 다듬어져야 한다. 만일 개인적 선호나 편견에 따른 판단자의 선이해로 인하여 편향된 결론에 이른다면 문제가 있고, 특히 청탁이나 뇌물에 의하여 법적 결정이 좌우되는 것은 오염이나 부패가 된다. 그렇게 되면 법관의 사법재량은 통제 불능이 되고 '튀는 판결'이 나올 수밖에 없으며, 사법 신뢰는 추락할 것이다.

이와 같이 법적 결정에 판단자의 주관적 요소가 작용하는 것은 불가피하므로, 궁극적으로 '주관적 정의론'이 말하는 법관의 양심(헌법 제103조)이 중요하다. 그것은 법 해석권자에게 윤리적이고 지적인 책임을 부과하는 것이고, 그 책임은 공정한 태도 및 판단 절차뿐만 아니라 실천적 합리성에 의거한 논증에까지 미친다. 그 책임의 이행으로써 판단자의 주관성은 간주관성을 통하여 객관화될 수 있는데, 이는 당해 법관이 아니라 임의의 제3자가 하더라도 같은 결정이 나올 수 있도록 보편타당성을 가져야 한다는 것이다. 이러한 객관의무 내지 이른바 '객관적 양심'에의 지향은 결국 법관의 직업윤리의 문제이다. 즉, 법관은 롤스가 말하는 '무지의 베일'(veil of ignorance)이라는 공정성과 중립성의 기초 위에서 재판절차를 진행하고 판결에 합리적 이유를 제시하는 것으로 당사자 및 상급심, 나아가 일반 국민을 설득할 직업적 의무를 지는 것이다.

법치국가는 법적 결정을 산출하는 관할과 판단 절차를 제공하고 그 오류나 남용을 통제하는 구조를 설정한다. 결국 형식적 정의에 따른 법치국가의 중요한 판단 원칙은 "모든 판단은 개별사건만이 아니라 다른 사건의 선례가 될 수 있도록 하라."는 것이고(K. Roehl: 법원론, 124면), 이는 칸트의 정언명령을 법관의 판단 준칙으로 전화시킨 것으로 보편화가능성의 원리나 자의금지 원칙과도 연결된다.

법이론으로서의 방법론은 주관의 객관화 내지 보편화 과정인 법관의 작업을 돕고, 그에 대한 검증과 반성, 비판의 수단이 되며, 이를 통하여 법 발전과 변화의 계기를 제공하는 기능을 할 수 있다. 나아가 방법론이 법 왜곡이나 변용에 대한 방비책으로서 법적용자의 방법적 의식을 각성시켜 주는 것도 그 중요한 기능이다.

결국 법관의 법적 결정이 적법하고 공정한 절차와 합리적 논증을 통하여 다듬어지고 시대상황과 법의식의 변화에 맞게 법의 진화(evolution)도 이루어 질 수 있도록 돕는 것이 법철학과 법이론의 과제이다. 법관이 비판적, 반성적 법률가로서 법이념을 지향하고 실정법에 근거한 방법론적 성찰을 통하여 판단하며, 비판과 변화에 열려 있는 경우에만 시민들의 법적 결정에 대한 신뢰가 얻어질 수 있고, 우리나라의 공기는 더 맑아 질 것이다. 이러한 법적 결정은 사회 내에서 열린 학습과정에 의하여 습득되고 소통되어 법적 공동체 내에서 시민들의 행위 기초가 될 수 있는 것이다. 더 나아가 이로써 국가와 사회의 유지, 존속이 보장되고, 법질서와 법조(法曹) 직역의 존립이 가능하게 되는 것이다.

제10장

법과 힘, 권력, 혁명

> "법과 힘의 관계는 주인과 하인의 관계가 아니라 남편과 아내의 관계이다.
> 조화롭게 살기 위하여 그들은 서로 관심을 가져야 하는 것이다."
>
> – 예링, 권리를 위한 투쟁 –

1 힘 내지 권력의 개념과 법

힘 내지 권력이란 그 언어관용 상 인간이나 그들의 의사에 대한 지배력이고, 법적 개념이 아니라 정치학적 개념이다. 독일의 사회학자 막스 베버(Max Weber)에 따르면 권력은 "사회관계 내에서 자기 의사를 대립적 의사에 대하여 관철시키는 모든 가능성"이라고 하였다. 권력은 사람이 타인을 그 뜻에 반하여 행동하게 할 수 있는 특별한 '힘'이고, 힘은 그것이 물리적인 것이든 심리적인 것이든 대체적으로는 권력과 동의어(power)이다. 권력 중에서 가장 강력한 것은 국가권력이고, 일정한 세력이 폭력이나 혁명으로 국가권력을 획득할 수 있지만, 그 국가권력의 유지를 위하여는 단순한 물리적 강제력만으로는 부족하고 합법성의 기초 위에 세워야 한다. 이는 군주제의 세습이나 민주제의 선거와 같은 제도적이고 평화적인 권력 획득의 경우에도 같다. 국가 체제의 존속을 유지하고 법 복종자들에 대한 명령을 관철하기 위하여 군대나 경찰, 관료집단과 같은 조직적인 힘이 필요하지만, 무엇보다도 권력의 정당성과 안정성의 근거가 되고 국민의 동의나 복종을 제도화하는 법이 중요한 것이다.

법은 주권자의 명령이자 실천적 행위규범으로서 이를 실현할 힘이 필요하다(법과 힘에 관한 일치명제). 즉 힘은 법의 본질적 징표이고, 힘에 기초하고 있지 않는 법은 공허하다. 켈젠(Kelsen)이 '합법성의 원리는 실효성의 원리에 의하여 제약되고, 최소한의 실효성이 법 효력 내지 타당성의 조건'이라고 한 것도 같은 맥락이다. 그러나 힘에만 의지하는 법은 단순한 폭력이나 압제이고, 힘이나 권력은 필연적으로 남용의 위험이 있다. "절제를 모르는 검(劍)은 폭력이고, 검을 갖지 못한 절제는 무력(無力)을 뜻한다"(예링, 권리를 위한 투쟁 15면). 따라서 법을 세우고 실현하는 힘은 다시금 법의 근거 하에서 법의 통제를 받을 필요가 있다. 법과 힘, "두 개념은 상호 의존관계에 있다. 국가의 강제력은 법을 필요로 하며, 법은 국가권력을 필요로 한다."(231면) 결국 법과 힘의 관계는 예링의 말처럼 남편과 아내의 관계와 같이 함께 있어야 하고 조화롭게 살기 위하여 그들이 서로 관심을 가져야 하지만, 상호 견제와 균형의 관계에도 있으며, 만일 결별하는 경우에는 양자 모두 불행해질 수 있는 것이다.

여기서 힘은 강제규범의 강제와 동의어가 아니고, 강제는 힘의 행사방법 중 하나이다. 법은 단순한 강제가 아니라 자발적 준수에 의하여도 유지되는 것이고, 의무나 강제를 수반하지 않는 불완전 법규도 있다. 법의 준수는 내적인 승인에 따른 임의 이행도 있지만, 강제기구, 특히 사법조직에 의한 강제 가능성에 의하여 자발적 준수가 담보되는 것이다. 국가 내에서 국민들의 법에 대한 자발적 복종이 최선이고, 불복에 따른 강제를 두려워하거나 피하기 위하여 굴복하는 것은 비자발적 복종이지만 질서에 합치된다.

법적 강제 중 가장 강력한 것이 형사상 형벌과 민사상 강제집행과 같은 것이고, 그밖에 질서벌 등 다양한 제재방법이 있다. 하트(Hart)는 법률행위의 요건을 갖추지 못하거나 하자가 있는 경우에 무효나 취소가 되는 것도 일종의 제재라고 한다(하트, 법의 개념, 38면 이하). 국가가 어느 경우에 어떠한 강제방법을 사용할 것인가는 법정책의 문제이다. 다만 법제도로서의 국가적 강제 내지 사실력의 행사는 법 집행에 있어 최후의 수단이 되어야 한다. 이러한 강제는 필연적으로 국민의 인격성과 자유의 제한, 즉 기본권과의 충돌을 일으킨다. 법적 강제는 현실화되면 폭력적일 수밖에 없으므로, 법은 이러한 국가적 강제력에 기초한 잠재적 폭력을 객관적으로 제도화하는 체계라고 할 수 있다.

그러나 현실적으로 국가적 강제나 사실력에는 한계가 있다. 예를 들면 종교적 박해의 순교자, 정치범 또는 확신범에 대하여는 인간의 내면이나 의지 깊숙한 곳까지 강제할 수는 없고, 오히려 그들은 법적 제재를 감수하기 때문에 도덕적으로 숭고하다. "죽음이 우리 편에 있다면 두려움이 없고, 누구의 강제 하에 있는 것이 아니다." 헤겔도 "인간은 현존재로서 강제될 수 있지만, 자유의지는 강제될 수 없다. 스스로 강제되기를 의욕하는 자만이 강제될 수 있다." 힘으로는 인간의 내면이나 의지까지 강제할 수는 없고, 강제기구에 의한 강제가 실효적이지 못하거나 저항을 많이 받을수록 국가권력의 기반은 흔들린다. 강제나 힘에 의거한 권력은 그 힘이 유지되는 한 존속할 뿐이고, 그 힘이나 강제는 오래갈 수 없기 때문에 힘의 지배가 아니라 법의 지배가 중요하다.

다른 한편 법과 힘은 긴장관계에 있다. 법의 도덕적 기반이 필요하기 때문에 반도덕적인 법이나 악법에 의한 강제는 강한 저항을 불러일으키며, 이 경우 국가는 강도집단과 다를 것이 없다. 불법국가나 독재적 권력의 법은 힘에만 의지할 수밖에 없고, 이는 단순한 폭력이나 압제이다. 진시황이나 나치의 히틀러, 우리의 유신시대 등 과거의 예를 보면 독재자나 전제군주의 공포정치나 폭압에는 한계가 있고, 오래 가지 못하였다. 역사상 독재자와 비인간적 군주들이 먼저 등장하고 나서 이를 전복시키는 새로운 세력이 현명한 입법자로 나타나게 되는 것이므로, 힘이 법에 앞서는 것이다. 이렇게 새롭게 등장하는 질서는 강제력 대신에 법을 택하게 되고 그 법은 다시 강제력의 뒷받침을 받는데, 그 지배가 지속 가능하기 위하여는 국가사상의 도덕적 힘이 요구된다(예링, 권리를 위한 투쟁 외, 217면 이하). 그래야만 법 복종자의 자발적이고 일반적인 승인이나 복종이 가능하게 되는 것이다. 따라서 법은 제도화된 강제력 내지 폭력이지만, 정의와 같은 법이념에 지향되어야만 정당화되고 국민의 다수의 승인을 받을 수 있다. 칸트는 일찍이 힘이나 정치가 단순히 권력의 행사나 현실적 타협이 아니라 이성법을 현실에 구현하는 활동이 되어야 하고, 법의 규범적 명령에서 자유로울 수 없다고 보았다. 이는 법의 타당성은 단순한 물리적 강제력이 아니라 이성적 정당성에 기반해야 한다는 것이다.

나아가 정의에 반하는 권력이나 법질서에 대하여는 저항권 내지 혁명의 문제가 제기될 수 있다. 그러나 단지 정치이념이나 가치에 관한 입장 차이에 따른 정치세력들의 실력 행사는 그 정당성이 없으면 내란에 해당되고, 실정법에 의한 처단이 기다린다.

2 혁명과 반란, 쿠데타

아리스토텔레스는 "약자는 평등하기 위하여 혁명적이 되고, 평등한 자들은 강자가 되기 위하여 혁명적이 된다."(W. von Leyden, Aristotle on Equality and Justice, 1985, 63면)고 했다. 역사상 혁명은 그것이 아래로부터의 저항권 행사이든 위로부터 권력 획득을 위한 것이든 빈번하게 나타났고, 성공과 실패를 거듭하였다. 혁명을 꿈꾸는 세력은 언제든지 있어 왔고, 혁명은 현재 진행형이다. 그러나 혁명은 이를 실현할 힘이 없으면 실패하게 되고, 이는 내란에 해당되어 법에 따라 처단된다.

라드부르흐는 "혁명은 승리하지 못하면 반란이고, 승리하면 새로운 법의 토대가 된다"고 하였다. 이는 실력설의 가치철학적 기초가 되는 것인데, 그는 후기에 이 견해를 포기하였다. 혁명은 대체로 기성 권력의 부정이나 폭력에 대한 항의와 비판에서 시작되어 일단 정당성을 획득할 수는 있지만, 혁명이 일단 힘으로 성공하는 경우에도 단순한 구 체제에 대한 비판과 전복을 넘어서 새로운 가치질서의 수립이라는 정당화의 기초 위에서만 새로운 법의 토대가 될 수 있다. 혁명이 그 정당성이나 도덕성의 기초가 부족하면 새로운 법질서를 창출하지 못하고 결국 실패하게 되는 것은 역사가 보여주고 있다. 그러한 점에서 혁명은 실력설의 사실적 부분과 법이념의 가치적 효력의 결합에 의하여 그 시작과 존속의 근거를 찾을 수 있다. 법과 이를 지지하는 힘에는 최소한도의 윤리성을 갖추어야 하기 때문에 혁명의 경우에도 명분, 즉 윤리 내지 법이념으로 정당화된 힘의 실효성이 반드시 필요한 것이고, 이로써 근본규범의 변경이 일어날 수 있다.

국민의 저항권 행사에 의한 혁명(4. 19 혁명 등)과 다른 한편 쿠데타나 반란(12. 12 쿠데타)은 구별되어야 한다. 쿠데타는 무력에 의해 정권을 빼앗는 일이고, 지배 계급 내부의 권력 이동으로 체제 변혁을 목적으로 하는 아래로부터의 혁명과는 구별되고 반란이 되지만, 성공하는 경우에는 일단 새로운 체제가 형성될 수 있다. 그러면 반란이나 쿠데타는 성공하여 권력을 획득하기만 하면 정당화되는가? 전두환 등의 반란사건에서 당초 검찰이 내린 '공소권 없음' 결정과 그 이론적 근거인 옐리네크(Jellinek)의 '사실적인 것의 규범력'이 문제가 되었다. 관습법의 경우에는 사실의 규범 형성력도 어느 정도 인정되고 법과 도덕의 분리도 가능한 것이지만, 쿠데타나 반란은 그 명분이나 방법상 정당성이나 도덕성이 없으면 규범 형성력은 단지 사실적인 것으로만 남게 된다.

쿠데타나 반란은 특정 소수집단의 소행이라고 하더라도 그들이 힘으로 권력을 장악하여 사실상의 법질서를 이룰 수는 있다. 그러나 그들이 사용한 불법과 폭력의 방법은 결코 정당화될 수 없고, 일단 성공하더라도 언젠가는 처단되어야 하므로, 검찰의 위 결정은 많은 비판을 받았다. 단 5. 16 쿠데타는 비폭력적인 무혈혁명의 성격이 있었고 산업화라는 명분으로 권력이 상당기간 유지되었으나, 결국 10. 26 내부 쿠데타로 종말을 맞이하였다. 10. 26 암살사건으로 후일 반란세력의 쿠데타와 내란의 단초를 제공한 김재규는 자신의 쿠데타를 완수하지 못하여 처단되었는데, 그는 최후 진술에서 자신의 대통령 살해행위를 저항권의 행사라고 주장하기도 하였다.

과거 전두환 등 반란세력들은 특정 소수집단인 군부가 정당한 명분이 없이 힘으로 권력을 장악하여 사실상의 법질서를 이룬 것이고, 민주화를 탄압하고 지체시켰다. 특히 그들이 권력의 획득과정에서 행한 12. 12와 5. 18이라는 잔혹하고 폭력적인 수단은 내란에 해당되는 불법이었지만, 힘을 가지고 집권하여 권력을 가지고 있을 때에는 그들에 대한 소추는 현실적으로 불가능하였다. 그러나 그들이 권력을 내놓은 다음에는 소추 불능은 해소되는 것이고, 실제로 그들은 권좌에서 내려온 후에 내란죄 등으로 기소되어 처벌받았다. 물론 그들에 대한 처벌은 법리상 쉽지 않았다. 공소시효와 소급처벌금지의 원칙이 문제되었지만, 헌법재판소 1996. 2. 16. 96헌가2 결정으로 해결되었다. 헌법재판소는 5.18 민주화운동 등에 관한 특별법 제2조의 공소시효 정지규정 제2조가 개별사건법률이고 소급입법에 해당하지 않는다는 취지의 합헌결정을 하였다. 위 법률조항이 부진정소급효를 갖는 경우에 법적 안정성과 신뢰보호의 원칙을 포함하는 법치주의 정신에 위반되지 않고, 만일 위 법률조항이 진정소급효를 갖는 경우에도 특별한 공익 목적상 법적 안정성과 신뢰보호의 원칙을 포함하는 법치주의에 위반되지 않는다고 하였다(재판관 4인 합헌, 5인 위헌). 이는 결과적으로 '공소시효는 유효하게 소추될 수 없는 사람에게는 진행되지 아니한다'는 프랑스의 법언에 부합하는 것이다.

그런데 대통령이 헌법에 근거하여 계엄을 선포하고 집행하는 행위가 위헌적인 경우에 내란에 해당할 수 있는지 문제가 되고 있다. 대통령이 그 권한에 속하는 계엄 발동의 헌법상 요건이나 법률인 계엄법을 위반한 경우, 직권남용으로 정치적, 법적 책임을 지는 것은 당연하다. 그러나 대통령은 국민의 직접선거에 의하여 선출된 현 정권의 최고 권력자이므로, 무력에 의해 권력을 찬탈하거나 체제를 전복하는 전형적 내란죄의 주체가 되지는 않을 것이다. 다만 기존 권력의 내부(최고 권력자나 권력 핵심 인물, 군부나 정보기관 등)가 자기 편의 정권 유지 또는 권력 재편을 위해 폭력적이고 위헌적인 권력 행사를 하는 것이라면 비전형적인 내란인 이른바 '친위쿠데타'에 해당할 수 있다. 이때 대통령이 헌법상 계엄이라는 수단을 사용하는 경우, 그것이 단순한 헌법이나 법률 위반에 그치는지, 나아가 헌법의 기본질서를 파괴하는 불법인 내란이 되는지의 문제는 신중하게 판단되어야 할 것이다. 과거 대법원은 신군부에서 대통령을 강압하여 실시한 비상계엄의 전국 확대 조치 및 그후 5. 18 사건의 무력 행사를 내란죄의 국헌문란과 폭동에 해당하는 것으로 보았다(대법원 1997. 4. 17. 선고 96도3376 전원합의체 판결). 이 경우는 신군부의 권력 찬탈이 있었기 때문에 전형적인 내란에 해당할 것이다.

3 저항권과 시민의 불복종

혁명이나 저항권의 문제는 법철학의 딜레마이다. 독일의 경우와 같이 헌법에 저항권을 명문화한 나라도 있지만, 혁명은 실정법의 지반을 떠난 정치와 역사의 영역에 속한다. 따라서 만일 저항권이 법에 명시되어 있어도 이는 선언적 효력만 있는 것이고 현 체제에 대한 경고일 뿐이다. 따라서 혁명이나 자항권의 행사는 법의 영역이 아니다. "오늘날의 민주주의는 그 자체를 제거하는 요건을 합법화시킬 준비가 되어 있지 않다."(Radburch-Zweigert Formel) "쿠데타도 혁명도 더 이상 법의 기반에 영향을 받지 않는 것이다. 그러한 것들을 인정하는 것은 법의 자기모순이다."(예링, 권리를 위한 투쟁, 214면)

우리 대법원도 인혁당 재건단체 및 민청학련 사건의 판결(대법원 1975. 4. 8. 선고 74도3323 판결)에서 저항권을 부정하였다. "실존하는 헌법적 질서를 전제로 한 실정법의 범위 내에서 국가의 법적 질서의 유지를 사명으로 하는 사법기능을 담당하는 재판권 행사에 대하여 실존하는 헌법적 질서를 무시하고 초법규적인 권리 개념을 주장하는 것은 받아들이기 어렵다." 헌법외적 저항은 법적 영역을 떠난 곳에서 시작되기 때문에 그 행사는 법적으로 통제가 불가능하고 그 조직화와 규범화에는 한계가 있다.

독일 기본법이 규정하는 저항권도 국가 긴급권의 일종으로서 시민의 권리인 헌법내적 저항이고 의무는 아니라고 해석하고 있다. 다만 우리 헌법 전문에 4. 19 이념을 표방하고 있어 이러한 차원에서의 저항권 개념을 인정하는 것이 헌법학계의 다수의견으로 보인다.

한편 전체 법질서나 국가 자체에 대한 저항이 아니라 개별적인 규범이나 사안에 대하여는 '시민의 불복종'(civil disobedience)이 문제가 되고, 이는 헌법 내의 작은 저항권이다. 시민의 불복종은 심각한 부정의에 대한 항의이고, 가능한 법적 수단을 강구한 이후에 하되, 그 행위가 헌법질서를 위태롭게 해서는 안 된다(J. Rawls). 시민의 불복종은 실정법을 어기는 행위이고 불법이지만, 예외적으로 형법 제20조의 사회상규에 반하지 않는 것으로 판단되는 경우에 위법성이 조각될 여지는 있을 것이다.

|4| 소결

민주적 법률도 시민의 적극적 저항을 통하여 문제시되는 경우에 혁명적 상황의 배아가 자라난다. 기능적인 민주적 공동체의 존속 요건은 헌법이 정초한 기본가치에 대한 충분한 합의이다. 물론 이 필요한 합의는 민주주의가 기능하는 필요조건이고 충분조건은 아니다. 다원주의적이고 민주적인 국가형태도 그 체제가 공격당하는 경우에 헌법 수호적이어야 한다. 이 국가형태는 시민, 특히 공직자와 법률가들의 승인과 법 집행에 의한 실효성이 필요하고, 이 때 법은 자신의 법질서를 수호하는 방어적 힘을 가질 수 있다.

지금도 우리나라에는 여전히 좌우 이념 대립에 따라 국가 존립과 민주적 기본질서까지 부정하는 세력도 존재한다. 민주주의와 상대주의를 지지하는 국가형태라도 혁명이나 체제전복을 기도하는 반민주적인 움직임이나 폭력, 법 파괴에 대한 방어태세와 이를 뒷받침할 힘이 중요하다. 이 국가형태에는 소수가 다수를 테러하는 것을 막기 위하여 경찰, 범죄수사국, 정보원, 방망이,

최루탄, 물대포 등도 필요하다. 법치주의도 단순한 법의 지배가 아니라 이를 지키는 힘과 실천이 중요하기 때문이다.

결국 그 힘은 헌법과 법률 및 국가에 대한 국민의 지지와 신뢰에 의거하고, 이를 위한 법 승인의 조건은 법이념과의 합치라고 할 것이다. 심헌섭 교수는 법 효력의 근거로서 법사회학적인 승인설과 법철학적인 법이념설의 결합을 주장하였는데(심헌섭, 법철학 1, 95면), 이들은 그 차원이 다를 뿐 같이 가야 함은 이미 언급하였다.

법이론의 제문제

실정법학에서 공통적이고 중요한 법적 개념과 법이론의 문제를 간략히 다룰 것이고, 이는 종래 일반법학의 대상이었다. 필자의 관심에 따라 논점을 임의적으로 정하였고, 논의의 범위는 필요한 최소한으로 하였으며, 더 깊은 논의는 전문 영역에서 다루어진다.

1 법률행위론

법률행위는 법학의 기본개념이고, 법은 주로 인간행위를 대상으로 하고 그에 어떠한 법적 효과를 부여하는 체계로 구성되어 있다. 가장 중요한 사법(私法)상 법률행위는 '의사표시를 요소로 하는 법률요건'이다. 영리를 추구하는 상인의 법률행위는 상법상 상행위이고, 이 역시 사법상 법률행위이다. 사법상 법률행위는 자유주의 시장경제의 근간을 이루는 사적 자치의 법률적 수단이다. 자유주의 경제체계는 사인 간의 재산상, 신분상 행위와 그 효과를 당사자의 의사에 맡겨두는 것이 원칙이다. 사법상 법률행위에 포함된 당사자의 의사에 따라 법률효과가 발생하지만, 법률행위의 내용에 다툼이 있을 때 법률행위의 해석이 필요하다. 법률행위의 해석은 법률의 해석과 같은 원리에 따르는 법률문제이다.

사법상 법률행위는 법률의 규정(예; 민법 제750조)과 함께 중요한 법률요건이고, 그에 따라 법률관계(권리·의무관계)의 변동(발생, 변경, 소멸)이라는 법률효과가 발생한다. 법률효과를 발생시키는 법률행위에는 계약과 단독행위가 있는데, 법인 설립의 경우와 같은 합동행위는 특수한 계약이라는 것이 지배적 견해이다.

사법상 법률행위는 정상적으로 성립되고 이행되는 경우에는 법의 영역에서 문제가 되지 아니한다. 법률행위 자체의 하자나 그 이행상의 문제가 있어서 당사자 사이에 분쟁이 발생하여야 비로소 법절차에서 다루어진다. 즉 법률행위는 하자 등의 문제가 있는 경우, 무효나 취소, 해제, 해지 등의 방법으로 종국적으로 법률효과가 무효화되고 원상회복이나 손해배상 등의 청산의 법률관계가 발생하게 되는 것이다.

사법상 법률행위의 무효는 그 효과에 따라 세분되고, 절대적 무효(반사회질서의 법률행위의 경우)와 상대적 무효(선의의 제3자에게 대항하지 못하는 경우)와 유동적 무효(토지거래허가 없는 거래행위 등의 경우)가 있다. 한편 법률행위의 취소나 해제로 인한 소급적 무효나 철회나 해지로 인한 장래 무효의 경우도 있다. 그밖에 무효도 조건부 무효 또는 일부 무효의 경우나 무효행위의 전환, 추인의 문제가 있는데, 민법총칙의 영역에서 다루어진다.

그러나 공법상 법률행위에는 원칙적으로 당사자가 표시한 의사에 따른 효력이 부여되지 아니하고, 당해 법률이 예정하고 승인하는 법률효과가 발생한다. 공법상 법률행위는 법률에 정한 요건에 어긋나는 경우에 바로 무효나 취소가 되는 것이 아니라 법률이 정한 불복 방법에 의하여 효과가 번복되는 것이 원칙이다.

우선 행정법상의 법률행위는 행정행위로서 법치행정의 원칙에 따라 법률상 근거를 요구하고 그에 따른 법률효과를 발생시키되, 그 내용은 행정청의 광범한 형성재량에 맡겨져 있다. 행정청의 행정행위인 행정처분은 법률에 따른 단독행위이고, 그에 대한 쟁송은 행정심판과 항고소송 등의 방법에 의한다. 공법상 계약도 널리 행정행위에 포함되지만, 공권력 주체의 단독행위인 행정처분의 효력은 인정되지 않고 그에 관한 쟁송은 별도의 공법상 당사자소송에 의한다.

소송법상의 법률행위인 소송행위는 당사자의 소 제기 등 각종의 신청과 그에 대한 법원의 재판과 같은 경우에는 의사표시를 요소로 하지만, 그 의사표시 내용대로 법적 효과가 발생하는 것은 아니다. 특히 소송절차는 분쟁의 실체에 관한 당사자의 소송행위인 변론(주장과 입증)과 종국적으로는 법원의 중요한 소송행위인 판결을 향해가는 동적 과정으로서, 소송법은 그 내용이 아니라 형식적이고 절차적인 효력만 규율하고 소송행위의 하자와 무효도 소송법에 따른 절차에서 가려지는 것이 원칙이다.

한편 형법상 행위는 사건인 범죄행위가 법률규정(범죄구성요건)에 포섭되는 경우에 그 법률규정에 따른 법률효과(형벌)를 발생시키는 것이다. 국가적 형벌이라는 법률효과는 구성요건적 행위로 인하여 당연히 발생하는 것이 아니라 사실조사(수사)와 확정(재판)을 거쳐야 하고, 그 절차에 이르지 아니한 암수(暗數)도 많이 있다. 그런데 형법상 행위가 의사적 행위인가, 목적적 행위인가, 사회적 행위인가의 다툼(행위론)이 있지만, 이는 범죄자의 범죄의사가 필요한지의 문제이고 형법상 행위가 형벌이라는 효과의사가 포함된 법률행위는 아니다.

〔2〕 법률상 이익의 보호라는 소송요건 – 법의 개입 범위

법이 보호하는 것이 권리와 법적 이익이다. 법의 목적은 국민의 권리·의무관계와 법적 이익을 보호하는 것이다. 권리나 법적 이익의 보호를 위하여 소송절차가 개시되는데, 여기서 법적 이익이란 법질서가 보호할 만한 가치가 있는 이익이다. 행정소송법 제12조는 원고적격이라는 제목 하에 취소소송은 처분 등의 취소를 구할 법률상 이익이 있는 자가 제기할 수 있다고 명시하여 법이론적 명제를 입법화하였다.

그런데 과연 법률상 이익 내지 소의 이익이란 선험적·전법적으로 정해져 있는 것인가? 법적 이익을 개인적이고 직접적인 이익이라고 하거나(프랑스), sufficient interest(영국)라고 하지만, 법이 보호하는 직접적이고 충분한 이익은 결국 입법자나 법원이 어느 정도 개인의 이익을 법의 영역에서 승인하는가의 문제라고 생각된다. 즉, 이익과 같은 법개념은 존재하는 대상을 선험적으로 기술하는 것이 아니라 일정한 결과를 가져오기 위한 수단적인 논거라고 볼 것이다. 예컨대 형법상 책임이나 인과관계와 같은 법개념도 일정한 결과에 대한 책임을 행위자에게 귀속시키기 위한 판단자의 해석의 틀이다. 즉 행위자의 책임이 존재하기 때문에 처벌되는 것이 아니라 그를 처벌하기 위하여 책임을 귀속시킨다는 것이다(한국법철학회 편 현대법철학의 흐름, 150면: 로딩겐의 실용론 부분).

인과관계나 객관적 귀속의 개념(아래 4의 3.항)과 마찬가지로 법률상 이익이라는 것 역시 존재론적 논증구조가 아니라 법률이나 법원이 재판을 통하여 어떠한 이익을 보호해주는 것으로 허용할 것인가의 문제로서 실증적인 개념이라고 할 것이다. 결국 법질서가 보호하는 이익이라는 것은 '법적'이란 무엇인가 라는 법 개념의 문제와도 관련이 있는 것이다. 이 역시 선험적인 것이 아니라 경험적 개념이고 입법이나 법원(法院)의 결정에 따르는 법의 보호영역의 문제이고, 그러한 한 법정책의 문제라고도 할 수 있다.

종전에 판례가 반사적 이익이라고 하여 법적 보호에서 제외하였던 영역이 법적 이익으로 인정되어 법원의 문 안으로 들어와서 실체 재판을 하는 사례는 많이 있다. 특히 주민의 환경적 이익과 같은 경우, 법적 이익의 보호영역 의 확대는 현저하고, 법적 이익의 판단에 헌법의 관점이 동원되고 있다. 물론 '법적 이익'이 무한정 확대되어서는 안 된다. 대법원은 '새만금' 사건에서, "행정처분의 직접 상대방이 아닌 제3자라 하더라도 당해 행정처분으로 인하여 법률상 보호되는 이익을 침해당한 경우에는 그 처분의 무효확인을 구하는 행정소송을 제기하여 그 당부의 판단을 받을 자격이 있다 할 것이며, 여기에서 말하는 법률상 보호되는 이익이라 함은 당해 처분의 근거 법규 및 관련 법규에 의하여 보호되는 개별적·직접적·구체적 이익이 있는 경우를 말하고,

공익보호의 결과로 국민 일반이 공통적으로 가지는 일반적·간접적·추상적 이익이 생기는 경우에는 법률상 보호되는 이익이 있다고 할 수 없다."고 하되, "헌법 제35조 제1항에서 정하고 있는 환경권에 관한 규정만으로는 그 권리의 주체·대상·내용·행사방법 등이 구체적으로 정립되어 있다고 볼 수 없고, 환경정책기본법 제6조도 그 규정 내용 등에 비추어 국민에게 구체적인 권리를 부여한 것으로 볼 수 없으므로, 환경영향평가 대상지역 밖에 거주하는 주민에게 헌법상의 환경권 또는 환경정책기본법에 근거하여 공유수면매립 면허처분과 농지개량사업 시행인가처분의 무효확인을 구할 원고적격이 없다"고 하였다(대법원 2006. 3. 16. 선고 2006두330 전원합의체 판결).

한편 행정처분에 효력기간이 정하여져 있는 경우, 그 처분의 효력 또는 집행이 정지된 바 없다면 위 기간의 경과로 그 행정처분의 효력은 상실되므로 원칙적으로 그 처분의 취소를 구할 법률상의 이익이 없지만(대법원 1995. 10. 17. 선고 94누14148 전원합의체 판결), 예외적으로 행정처분의 전력이 장래에 불이익하게 취급되는 것으로 법정의 가중요건으로 되어 있고 이후 그 가중요건에 따라 새로운 제재적인 행정처분이 가해지고 있다면, 선행 행정처분의 효력기간이 경과하였다 하더라도 선행 행정처분의 잔존으로 인하여 법률상의 이익이 침해되고 있다고 볼만한 특별한 사정이 있는 경우로 인정하여(대법원 2005. 3. 25. 선고 2004두14106 판결), 법률상 이익이 확장되고 있다. 헌법재판소도 헌법소원의 대상이 된 침해행위가 종료되었어도 같은 유형의 침해행위가 반복될 위험성 및 헌법적 해명이나 헌법 수호를 위하여 필요성이 있는 경우 심판청구의 이익을 긍정하고 있다(헌법재판소 2001. 8. 30. 선고 99헌마496 결정 등). 나아가 헌법소원의 심판대상 조항에 재판의 전제성이 없어 주관적 권리보호의 이익이 없더라도 헌법적 해명의 필요성이 인정되는 경우 심판청구의 이익이 있다고 하였는데(헌법재판소 2004. 3. 25. 선고 2002헌바464 결정), 이 경우는 법률상 이익의 확장으로 법률에 대한 헌법소원의 경우에는 일종의 추상적 규범통제가 인정되는 셈이 된다.
그리고 행정입법이나 법률 자체에 대하여 비로 행정소송이나 헌법소원을 제기할 직접적인 법률상 이익이 있는지 자주 문제가 되고, 이는 행정입법이나 법률의 일반 추상성에도 불구하고 개인의 구체적, 개별적 권리나 이익을 직접 침해하는 것인지의 판단에 달려있는 것이다. 그런데 이러한 '직접성'이라는 개념 역시 경험적인 개념으로서 점차 확대되는 경향에 있다. 이와 같이 법원(헌법재판소 포함)이 판례로 법률상 이익의 개념을 확장하여 소를 허용하는 경우가 보통이지만, 법률 자체가 법률상 이익 내지 소의 이익을 법정책적으로 확장하여 당해 영역의 분쟁을 법의 보호 대상으로 삼아서 법원이 재판을 하도록 명하는 경우도 있다. 또한 개인의 권리나 법적 이익의 보호와 관계 없이 객관적 법질서를 수호하기 위하여 법률로 소송이 제도화되어 있는 경우에는 구체적인 법률상 이익은 따지지 아니한다.

공익소송으로서 기관소송(機關訴訟)과 민중소송(民衆訴訟)의 예가 있고, 행정기관을 상대로 하는 정보공개청구소송도 마찬가지이다. 기관소송은 행정소송법 제3조 제4호에 의하여 국가 또는 공공단체의 기관 상호간에 있어서의 권한의 존부 또는 그 행사에 관한 다툼이 있을 때에 이에 대하여 제기하는 소송이고, 다만 헌법재판소법 제2조의 규정에 의하여 헌법기관 간이나 지자체와의 권한쟁의의 심판은 헌법재판소의 관할이다. 그리고 지방자치법 제17조의 주민소송은 감사청구한 주민이 해당 지방자치단체의 장을 상대로 제기하는 민중소송이고, 그밖에 투표무효소송과 같은 것도 유권자의 법률상 이익을 필요로 하지 아니한다.

한편 법적 소송으로 보호받을 수 있는 법률상 이익 이외에 법이 개입할 수 있는 영역이나 범위를 획정하는 것도 선험적으로 정해지지 않고 입법이나 사법정책의 문제임은 마찬가지이다. 개인의 사적 영역이나 인간적인 정의(情誼)관계는 원칙적으로 법이 개입할 수 없는 도덕의 문제이고 '법으로부터 자유로운 영역'이다. 법으로부터 자유로운 영역의 보호나 법의 개입 범위 및 정도는 입법자의 형성재량과 법원의 판단에 맡겨져 있다. 예컨대 혼인 이전의 약혼의 보호는 민법 규정으로 법이 개입하고 있지만, 그 전 단계에서 연인 사이의 혼인 약속 파기와 같은 것은 법의 보호영역 밖이다. 다만 혼인빙자간음의 형벌규정은 폐지되었지만, 그것이 민사상 불법행위가 성립되는지는 민법 제750조의 해석에 관한 법원의 판단사항에 속한다. 또 배우자 있는 자가 간통을 한 경우에 형사처벌은 받지 않지만, 상간자는 배우자에 대한 불법행위로 손해배상책임이 있다는 것은 확립된 실무인데, 간통 당시 상대방에게 배우자가 있는지 몰랐을 경우에 과실의 불법행위 책임을 지는지는 법원의 판단 사항이다. 단 대법원은 상간자에게 이를 확인하여야 할 주의의무는 없다고 하였다(대법원 1987. 8. 18. 선고 87므19 판결).

3 행정법의 이론

1. 행정의 개념과 행정법의 문제

기본적으로 행정(行政)이란 무엇인가? 행정의 개념과 범주에 관하여도 다툼이 있다. 학설로는 소극설 내지 공제설, 목적 실현설, 공익을 실현하는 모습을 기준으로 하는 태양설 등이 있다. 켈젠은 행정과 사법(司法)이 법률 적용이라는 점에서 실질적으로 동일하다고 한다. 그에 의하면, 건설이나 서비스 제공 등과 같은 사실상의 국가 활동은 직접적 행정으로서 전형적인 행정작용이지만, 간접적 행정은 법률 적용으로서 사법과 다르지 아니하고, 단지 담당 기관과 조직이 다를 뿐이다. 일정한 영역에 대한 권한을 상명하복, 전문성, 신속성, 책임성, 탄력성을 가진 행정조직에 맡길 것인가, 독립성과 신중한 절차를 가진 사법기관이 담당하게 할 것인가는 선험적으로 정해지지 않고, 이 역시 입법재량에 속한다고 한다.

군주제에서 입법과 사법작용이 분리되어 나온 유럽에서는 법원은 독립되어 있지만, 사법행정은 법무부 소관이고, 행정작용에 대한 통제는 행정소송에 의하지만, 프랑스의 행정법원은 사법부가 아니라 조직상으로도 행정부 소속이다. 이와는 달리 미국은 당초부터 3권분립이 제도화되었지만, 연혁상으로 당초 법적용의 행정작용인 허가 및 취소의 권한이 법원에 귀속되어 있었고, 사법에 속하였던 행정상의 재결작용도 행정부의 권한으로 부여되었으나, 소송절차에 준하는 행정상의 청문절차가 행하여져서 사법과 행정 양자의 절차는 수렴, 접근하고 있다.

그래서 행정과 사법은 형식적 구분에 불과하고, 사법기관의 권한에 속하는 작용이 사법작용이라고 하는 유명론적 견해가 제시되고 있다. 법원의 권한에 속하는 비송사건이나 등기사무, 가족관계등록사무는 후견적 지위에서 시민의 복리를 우선한다는 점에서 전형적인 행정적 작용에 속한다. 행정과 사법의 권한 분배는 입법정책의 문제이지만, 그에 관한 입법재량의 한계로는 장래 지향성과 의지 작용성이 큰 것은 행정에, 과거 지향성과 인식 작용성이 큰 것은 사법에 맡기라는 헌법적 한계만이 존재한다는 견해(박정훈)가 지지받을 만하다.

행정법은 행정을 담당하는 기관에 권한을 부여하고 권한 발동의 요건과 효과 및 그 제한을 규정하는 실정법의 총체이다. 행정법의 영역에서 행정과 사법, 공법과 사법의 구별, 행정법상의 권리와 법의 개념, 행정행위의 유형(허가, 특허 등), 재량행위와 기속행위의 개념과 효과재량설(법률요건이 불확정개념을 사용해도 법률효과의 선택에만 재량이 있고 요건은 판단 여지만 있다는 이론) 등의 법이론적 문제가 있지만, 중요한 것은 행정행위의 하지와 그 효과인 행정행위의 부존재, 무효와 취소의 구별 등은 행정법과 행정소송의 기본 문제이다(박정훈, 순수법학과 행정법 참조).

2. 행정행위의 하자와 그 효과, 법률상 이익

행정행위의 발령요건이 충족되지 않으면 하자가 있는 것이고, 그 효과는 법적인 무(無)가 되는 것이 법논리상 당연하다. 실정법상 행정행위 하자의 효과로 취소, 무효, 부존재를 다투는 법적 쟁송수단이 인정되고 있다. 행정행위에 대한 취소소송은 형성의 소가 아니라 위법성 확인의 소로 인정되고,

행정행위에 절차적 효력을 부여할 수 없을 정도로 하자가 중대·명백한 경우에는 행정행위가 무효나 부존재라고 하는 것이 확립된 판례이다. 그러나 하자의 중대·명백성이라는 기준은 자의적이고 정도의 차이에 불과하며, 똑같이 무(無)인 무효와 부존재의 구분도 의문이 있다.

행정행위에 하자가 있는 경우에 잠정적 효력이나 집행력에 관하여는 실정법상 하자를 다루는 별도 규정을 두는 경우에 그에 따라야 할 것이다. 그것은 우리 행정법상 제소기간과 불가쟁력, 집행정지 및 자력집행력에 관한 제 규정이고, 이른바 행정행위의 공정력(公定力)을 직접 인정하는 법규정은 없었다. 다만 처분의 효력정지 가처분을 인정하는 행정소송법 규정의 반대해석을 통하여 행정행위의 공정력은 잠정적인 절차적 효력이라고 간접적으로 인정되었는데, 2021년 제정 시행된 행정기본법 제15조가 행정처분의 공정력을 명문으로 인정하고 있다. 프랑스 행정법의 '예선적 특권'도 단지 행정처분의 유효성 추정이고 절차적인 효력만 있는 것으로 이해되고 있다.

그런데 행정행위의 하자의 효과로 인정되고 있는 '공정력'도 선험적인 법개념이 아니다. 운전면허의 취소가 위법하게 이루어진 경우에 무면허운전죄가 성립되는가, 형사재판에서 면허취소의 위법성을 다툴 수 있는가, 그렇지 않으면 사후에 위법을 이유로 면허취소가 취소된 경우에 재심에 의하여 형사상 무죄판결을 받을 수 있는가의 문제도 행정행위의 공정력과 관계된다. 그러나 한번 표출된 행위자의 반사회성, 법적대성은 소급효라는 법적 의제에 의하여 소멸되지 않는다는 것이 독일 판례이지만. 독일의 다수설과 우리 판례는 반대이다.

행정처분이 취소된 경우에 그 취소된 행정처분에 관련된 의무를 위반한 행위가 형사처벌될 수 있는지 문제된 사안에서, 대법원은 이를 부정하였다. 피고인이 행정청으로부터 자동차 운전면허취소처분을 받았으나 나중에 그 행정처분 자체가 행정쟁송절차에 의하여 취소된 사안에서, 대법원은 그 운전면허취소처분은 처분 시에 소급하여 효력을 잃게 되어 그 운전면허취소처분에 복종할 의무가 원래부터 없었음이 확정되었다고 봄이 타당하므로, 행정행위에 공정력의 효력이 인정된다고 하여 행정소송에 의하여 적법하게 취소된 운전면허취소처분이 단지 장래에 향하여서만 효력을 잃게 된다고 볼 수는 없으며, 따라서 운전면허취소처분을 취소하는 판결이 확정되기 전의 운전행위가 무면허운전에 해당하지 아니한다는 취지로 판단하였다(대법원 1999. 2. 5. 선고 98도4239 판결 참조). 또한 대법원은 영업의 금지를 명한 영업허가취소처분 자체가 나중에 행정쟁송절차에 의하여 취소되었다면, 그 영업허가취소처분은 처분시에 소급하여 효력을 잃게 되어 그 영업허가취소처분에 복종할 의무가 원래부터 없었음이 확정되었다고 봄이 타당하므로 그 영업허가취소처분 이후의 영업행위를 무허가영업이라고 볼 수는 없다고 판단하였다(대법원 1993. 6. 25. 선고 93도277 판결).

같은 맥락에서 대법원은 조합설립인가처분이 유효함을 전제로 하여 정비사업을 추진하는 행정주체로서의 공법인인 조합 및 그 조합임원의 지위가 인정되고 그에 따른 일정한 행정법적인 의무가 부과되었다고 하더라도, 조합설립인가처분의 취소에 의하여 그 처분 당시로 소급하여 조합설립인가처분이 효력을 잃게 되면 당해 조합 역시 그 처분 당시로 소급하여 도시정비법상 주택재건축사업을 시행할 수 있는 행정주체인 공법인으로서의 지위를 상실하므로(대법원 2012. 11. 29. 선고 2011두518 판결 등 참조), 그 조합임원의 지위를 전제로 하는 행정법적인 의무 내지 이에 복종할 의무가 원래부터 없게 되었음이 확정되었다고 할 수 있어 그 행정법적인 의무위반으로 처벌할 수 없다고 한다(대법원 2014. 5. 22. 선고 2012도7190 전원합의체 판결). 위 판결의 다수의견에 대한 보충의견(대법관 이인복 등)은 "형벌법규가 명령이나 금지를 담은 행위규범으로서 기능하는 면이 있다고 하더라도 형사처벌 여부는 형사재판을 통하여 최종적으로 확정되는 것이고, 형사재판에서는 공판절차에서 최종적으로 드러난 법률관계 및 사실관계에 의하여 유죄 여부를 가려야 함은 부정할 수 없을 것"이라는 전제 하에서, 비록 행위 당시에는 행정처분에 의하여 위법성 내지는 가벌성을 가지더라도 그 후 행정처분이 취소되어 최종적으로 위법성 내지는 가벌성이 없는 것으로 확정된 경우에, 과거에 존재하였던 행정법적 의무를 위반한 행위를 처벌할 수 있는 규정이나 근거가 명확하지 아니한 상태에서 이를 처벌하는 것은 죄형법정주의의 원칙 및 무죄추정의 원칙에 비추어 타당하지 않다는 취지의 법이론적 근거를 명시하였다. 그러나 반대의견은 범죄행위가 기수에 이른 시점 이후에 생겨난 조합설립인가처분 무효 또는 취소라는 사정을 반영하여 이미 성립된 범죄를 그에 관한 재판의 시점에서 달리 평가할 수 있느냐 하는 문제는 죄형법정주의와는 차원을 달리하는 별개의 문제라고 한다.

그런데 행정쟁송절차에서 위법한 행정행위가 취소, 확정되기 이전에 별도의 재판절차에서 그 위법성이나 무효를 다툴 수 있는지의 문제는 아직 미결이다. 그리고 행정소송법 제12조 후문은 처분 등의 효과가 기간의 경과, 처분 등의 집행 그 밖의 사유로 인하여 소멸된 뒤에도 그 처분 등의 취소로 인하여 회복되는 법률상 이익이 있다고 규정하고 있는데, 이는 과거에 판례로 승인된 법리를 입법화한 것이다. 독일의 경우에도 확인의 정당한 이익이 있으면 과거 처분의 위법확인 판결을 구할 수 있다고 한다.

오늘날 법원에서 다툴 수 있는 대상인 처분 개념이 확대되고 있다. 권력적 사실행위도 위법성 확인이라는 점에서 취소소송이 인정되지만, 이미 사실행위가 종료된 이상, 공정력이나 집행정지는 의미가 없다. 종래 대법원은 단순한 사실행위는 행정소송의 대상이 아니고, 그 대상이 되는 경우에도 예컨대 계고처분에 기한 대집행의 실행이 이미 사실행위로서 완료되었다면, 계고처분이나 대집행의 실행행위 자체의 무효확인 또는 취소를 구할 법률상 이익은 없다고 하였다(대법원 1995. 7. 28. 선고 95누2623 판결). 그러나 행정소송법 제2조 제1항 제1호의 규정에 의거하여 권력적 사실행위도 처분성이 인정되는 경우에 행정소송의 취소 대상이 된다는 것이 행정법학계의 다수설로 보인다. 다만 법집행에 부과된 수인 하명은 단지 부수적인 것이고 사실행위가 취소소송의 대상이라면 도대체 무엇을 취소하는 것인지, 또 이른바 행정행0위의 공정력에 의하여 처분의 집행은 계속되고 그 집행이 완료되면 어떻게 할 것인지 법이론상 문제가 된다.

3. 행정상 제재

실정법상의 행정상 제재인 행정상 과징금과 행정질서벌은 행정형벌과 구분되고, 행정질서벌은 위반행위로 인한 이득액의 환수라는 기본성격이지만, 이를 넘어선 금전적 제재로서 벌금의 성격을 가지고 있어 행정형벌과는 단지 그 정도의 차이만 있는 것이 사실이다. 또한 세무관서의 세무조사에 의한 세금 추징도 행정제재의 성격이 강하고, 거기에 붙는 가산금은 벌금에 준하는 것이다. 조세의 신고나 납부를 해태하거나 지연한 경우의 가산금의 비율은 상당히 높고, 종래 조세당국이 부당하게 징수한 조세 환급금에 대한 이자율과 현저히 차이가 나서 평등원칙 위반이라는 비판이 있었는데, 2017년 국세기본법 제52조(국세환급가산금)의 개정으로 상당부분 시정되었다..

특히 행정상의 변형과징금, 예컨대 영업정지에 갈음하는 과징금이나 공정거래위원회가 불공정거래에 대하여 과하는 과징금은 매출액을 기준으로 하여 매우 과다한 경우가 많고, 형사처벌까지 하는 경우가 있어 문제가 된다. 그러나 헌법재판소는 행정상 과징금과 형벌의 이중처벌은 헌법상 이중위험금지의 원칙에 반하지 않는다고 하였다. 즉 공정거래위원회로 하여금 부당내부거래를 한 사업자에 대하여 그 매출액의 2% 범위 내에서 과징금을 부과할 수 있도록 한 것이 부당이득환수적 요소도 부가되어 있는 것이라는 등의 이유로 추가적인 형사처벌이 이중처벌금지 원칙, 적법절차 원칙, 비례성 원칙 등에 위반되지 않는다는 것이다(헌법재판소 2003. 7. 24. 선고 2001헌가25 결정: 반대의견 있음). 또한 헌법재판소는 명의신탁의 사법적 효력에 관한 부동산실권리자명의등기에관한법률 조항들이 헌법상 소급입법에 의한 재산권 박탈 또는 이로 인한 재산권보장 원칙의 침해에 해당하거나 과잉금지의 원칙 및 평등의 원칙에 위배되지 않는다고 하였다(헌법재판소 2001. 5. 31. 선고 99헌가18 등 결정: 단 과도한 일부 과징금에 대하여 헌법불합치 결정을 함). 그러나 청소년보호법 등 각종 행정법규의 과징금과 형벌은 이중처벌이라는 비판이 있고, 행정기관에 과징금에 대한 자력집행력의 부여는 무죄추정에 반하는 위헌이라는 반대의견도 경청할 만하다.

〔4〕 중요한 법적 기본개념들

1. 합법과 위법, 탈법 및 불법과 부당

루만(N. Luhmann)에 의하면, 사회의 부분체계는 이원적 코드에 의하여 움직인다. 법체계에서는 당연히 합법과 위법이라는 이원적 코드가 핵심이고, 법은 모든 행위나 사태를 이원적 코드로 표시한다. 단 법으로부터 자유로운 영역이나 법이 관여할 수 없는 영역은 제외된다.

'합법'과 '위법'은 법질서와 행위의 관계, 법질서가 당해 행위를 시인하거나 부인하는 관계적 개념이다. 그러한 위법행위에 대하여 어떠한 제재의 법률효과를 부여하는 경우에 이를 법이론상 '불법'이라고 말한다. 이는 형법상 불법구성요건이나 민법상 불법행위와 같이 위법행위에 대하여 형벌이나 손해배상과 같은 제재의 법률효과가 부여되는 경우이다. 반면에 위법사유가 있더라도 어떠한 제재의 법률효과가 규정되지 않거나 중대성 또는 법익 침해가 없는 등으로 법률효과가 부여되지 않는 경우에는 단순 위법이 된다. 한편 사법상 법률행위의 성립요건이 결여되는 경우나 무효나 취소 등의 사유가 발생하는 경우는 법적 요건의 불비나 그 사유의 존재로 인하여 법이 예정한 법률효과가 부여되지 않는 것이고, 따라서 이는 법질서가 시인하지 않는다는 의미에서 위법이라고는 할 수 있지만, 그 위반에 대한 제재를 동반하는 불법은 아니다. 민법상 부당이득의 경우, 이익 조정을 위한 반환의무의 법률효과는 제재가 아니므로, 이를 불법이라고 할 수 없다. 다만 그 무효나 취소의 사유 또는 부당이득의 원인이 별도로 불법을 구성하는 경우에는 그에 따른 손해배상의 법률효과가 경합적으로 발생할 수 있을 것이다.

'탈법'은 강행규정에 직접 위반하지 않는 방식으로 간접적, 우회적으로 규범이 금지하는 결과를 실현하는 것인데, 이 역시 위법이고 원칙적으로 무효이지만, 그 규범의 보호목적에 따라 유효성이 인정되는 경우도 있다는 것이 일반적 견해이다. 노동쟁의 행위 중에서 이른바 '준법투쟁'이 탈법행위의 예라고 할 것인데, 우리 판례는 다수의 근로자가 집단적으로 일시에 월차유급휴가를 신청하여 일제히 결근함으로써 회사 업무의 정상적인 운영을 저해한 경우나 시간외근로의 거부, 정시출퇴근 등 법규정을 준수하는 적법한 권리행사를 쟁의행위의 수단으로 삼는 이른바 준법투쟁에 대해서도 그것이 쟁의행위로서의 정당성이 인정되지 않는다는 이유로 위력에 의한 업무방해죄의 성립을 인정하는 태도를 취하고 있다(대법원 1991. 1. 29. 선고 90도2852 판결, 2004. 8. 30. 선고 2003도2146 판결 등 참조). 물론 일면 정당한 권리행사로서의 성격을 갖는 행위에 대하여 형사처벌의 범위를 확대하여 근로자들로 하여금 형사처벌의 위협 아래 근로에 임하게 하는 위헌적 요소가 있다는 비판이 있다(헌법재판소 1998. 7. 16. 선고 97헌바23 전원재판부 결정 참조). 그밖에 비합법, 반(半)합법 등과 같은 개념도 있으나, 주로 시민의 불복종이나 어떠한 정치투쟁에 사용되고 있으며, 비합법은 위법이고, 반합법은 탈법행위에 준하는 것이다.

형사법의 영역에서 어떠한 행위가 형법상 불법구성요건에 해당하는 경우에 통상 그 행위의 위법성은 추정되고, 특별히 위법성조각사유가 없는 한 범죄가 성립되며, 더 나아가 행위자 개인의 책임이나 양형의 문제로 이행하게 된다. 그래서 형법이론상 범죄의 3요소 중 구성요건과 위법성을 구분하지 않고 '불법구성요건'이라는 일체로 보아 불법구성요건과 책임으로 2원적 구성을 하는 이론이 주목된다. 이에 의하면, 위법성조각사유가 있는 경우에 그 행위는 위법이 아니므로 불법구성요건 해당성 자체가 조각되는 것이다. 예컨대 의사가 수술을 하는 경우는 전통적 형법이론에 따르면 상해죄의 구성요건에 해당하지만 업무나 승낙에 의한 행위로 위법성이 조각되는 것이다. 그러나 범죄 구성의 이원론 내지 소극적 구성요건론에 의하면 그 행위는 위법하지 않으므로 불법구성요건 자체에 해당하지 않는 것이고, 이 이론이 더 상식에 부합한다. 의사의 수술과 같은 것은 상해죄 자체가 성립되지 않는 것으로 보아야 하기 때문이다.

한편 '불법'과 '불행'은 구별되어야 한다. 벼락을 맞거나 질병으로 사망한 경우는 불행이지 불법이 아니다. 그러나 홍수나 지진 등과 같은 자연재해의 경우는 천재(天災)로서 불행이지만, 만일 그 인과적 과정에서 인재(人災)의 요소가 있는 때에는 객관적인 책임 귀속의 소재를 가려서 인적 불법성이 조사 판단되어지면 그 책임이 물어질 수 있다. 또 예컨대 일반적으로 상병으로 인한 사망의 결과가 발생하면 불행이지만, 공무원이나 근로자의 경우, 그 원인이 직무상 발생한 경우에는 보상의 귀속이 문제되고, 혹 사망의 과정에 의료과오가 개입되는 경우는 의료행위의 불법과 책임 귀속이 물어져야 한다.

여기서 중요한 것은 '불법'과 '부당'의 구별이다. 불법은 법적 요건에 해당되어 규범적으로 부인당하는 것이지만, 부당은 법적 요건에 해당하지 않는 한 도덕적이고 관념적인 개념이다. 예컨대 부당한 행정행위가 재량권 일탈 남용이 아니라면 위법이 아니라고 판단되는 경우가 있고, 공권력의 부적절한 권한 행사가 있어도 형사상 직권남용죄가 성립되지 않는 경우가 있으며(징계는 가능할 것임), 사법(私法)의 영역에서도 법인 이사의 부당한 권한 행사가 있다고 하더라도 형사상 배임죄나 민사상 업무상 주의의무위반까지는 되지 않는 경우가 있는 것이다.

그러나 법률 자체가 '부당성'을 위법성의 요건으로 삼는 경우에는 원칙적으로 불법과 부당은 구별이 없다. 예컨대 공정거래법상 부당공동행위 등의 경우와 같이 부당성이 불법행위의 요건이 되어 제재 등의 법적 효과가 발생하는 것으로 되어 있는데, 이 경우의 '부당성'은 단지 추상적이고 도덕적 기준이 아니라 불법의 성부를 가르는 기준이 되는 것이다. 이에 관하여 공정거래위원회의 심사규칙이나 판례의 형성으로 부당성의 요건과 구체적 기준이 상당 부분 설정되어 있으며, 그래야만 '자의(恣意)금지의 원칙'에 부합한다. 한편 민법상 부당이득의 경우, 부당성은 '법률상 원인 없음'이고, 불법행위가 동시에 성립하지 않는 경우에는 단순 위법으로 반환의무의 법률효과만 발생시키는 것이다.

2. 고의, 과실

가. 고의, 과실의 개념과 구별

형법상 행위의 주관적 측면은 고의, 과실과 책임인데, 책임은 규범 준수의 능력이나 의지적 요소와 관련된다. 형사상 고의범의 '고의' 내지 '범의'의 인식적 요소는 구성요건 해당성의 영역인데, 고의의 인식적 요소는 바로 사실적 정보의 인식이다. 실천적으로는 결과 발생에 대한 의지적 요소도 고의의 범주에 포함되고, 이는 책임의 영역에 해당한다. '과실'은 주의의무 위반으로 평가되는 규범적 개념인데, 주의의무는 예견가능성과 회피가능성이 문제가 되고 그 위반 자체의 판단은 구성요건의 영역에 해당한다. 다만 그 주의의무 위반의 정도는 행위자의 규범 준수 태도나 의지의 문제가 되고, 따라서 책임의 경중을 판단하는 척도가 된다. 다만 형법 제268조와 제364조와 같은 경우에 주의의무 위반의 정도가 심한 중과실은 바로 가중적 구성요건 요소가 되는 것이다.

민법상의 불법행위는 고의, 과실을 구별하지 않고 동일한 손해배상책임을 귀속시키지만, 형사상 과실범은 그 처벌규정이 있는 경우에만 처단되기 때문에 고의와 과실의 구분은 중요하다. 그런데 고의와 과실은 개념상 구별되지만, 그 구별은 미필적 고의와 인식있는 과실의 중간 영역이 있기 때문에 매우 어려워진다. 우선 고의는 행위자의 내심의 의사이기 때문에 직접증거로 입증을 요구할 수 없고, 정황이나 간접증거로 판단할 수밖에 없다. 고의는 행위에서 파악된 행위자의 악성(dolus malus)이라고도 할 수 있는데, 그 행위에서 나타난 행위자의 법 맹목성이나 법 적대 또는 무시의 태도가 인정되는 경우에는 행위자의 미필적 인식이나 결과 발생의 용인을 추단할 수밖에 없을 것이고, 그러한 한 미필적 고의는 의지적 요소인 책임의 영역과 관계되는 규범적 개념이 된다. 반면에 인식있는 과실은 사실적 정보의 인식에도 불구하고 의지적 요소가 없다고 인정되는 평가적인 개념이지만, 그 구별은 매우 모호할 수밖에 없다.

과실은 일반적으로 객관적 주의의무 위반이라고 인정된다. 따라서 의사가 주관적으로는 최선을 다하였지만 객관적으로 일반적인 의사에게 요구되는 수준의 의학지식이 결여되어 잘못된 처치로 환자를 사망에 이르게 한 경우, 업무상 과실은 인정된다. 그러나 특별한 지식과 능력이 있는 간호사가 의사의 처방이 잘못된 것을 알고도 그대로 따라서 환자를 사망에 이르게 한 경우에는 간호사로서의 객관적 주의의무 위반은 없지만 주관적 주의의무위반으로서의 과실이 있는지 문제가 된다. 의료과실에 관하여 대법원은 "인간의 생명과 건강을 담당하는 의사에게는 그 업무의 성질에 비추어 보아 위험방지를 위하여 필요한 최선의 주의의무가 요구된다. 그 주의의무의 기준은 진료 당시 임상의학의 실천에 따른 의료수준에 의하여 결정되어야 하고, 그 의료수준은 규범적으로 요구되는 수준으로 파악되어야 하며, 당해 의사나 의료기관의 구체적 상황에 따라 고려되어서는 아니 된다"고 하였다(대법원 2010. 10. 28. 선고 2008도8606 판결). 이 판결에서 대법원은 1시간 단위로 4회 활력징후를 측정하라는 의사의 지시를 따르지 아니한 간호사의 주의의무 위반을 인정하고 인과관계를 부정한 원심을 파기환송하였다. 이 경우, 과실에 관한 민법상 불법행위와 형사상 범죄의 성립 여부에 관한 판단은 다를 수 있다.

나. 과실상계와 과실의 조각

과실상계는 사법상의 개념으로서, 과실의 불법행위에 대하여 쌍방 과실의 경중을 따져서 과실상계로 인한 감액을 하는 방식으로 손해배상의 범위를 정하는 것이다. 그러나 형법상으로는 피해자 측의 과실이 더 중하다고 하여 원칙적으로 행위자의 과실 구성요건 자체를 조각하거나 상계시키는 것이 아니고, 그 다음의 책임과 양형 단계에서 고려된다. 다만 피해자 측의 과실이 압도적으로 더 중한 경우, 예컨대 피해자가 음주, 과속으로 오토바이를 운행하다가 스스로 주차위반의 차량에 부딪쳐서 사망한 경우에 피해자의 과실은 가해자의 주차위반 과실을 압도한다. 이 경우 가해자의 민사책임은 과실상계로 조정될 수 있지만 형사상 과실책임이 어느 정도부터 조각되는지 문제가 제기된다. 이러한 문제는 형법이론상 상당인과관계 내지는 객관적 귀속으로 해결할 수밖에 없다. 예컨대 자동차 전용도로의 차선 내에 주차해 있거나 가로등도 없는 국도의 주차위반 구역에 경고등 없이 야간 주차해놓은 경우와 같이 오토바이 운전자가 주차위반 차량을 보지 못하고 충돌할 개연성이 높은 경우에는 주차위반의 행위와 사고 사이에 상당인과관계나 객관적 귀속의 관계가 있다고 할 것이다. 그렇지 않고 가해자의 과실이 매우 경미하고 피해자의 잘못이 압도적인 경우에는 이른바 '가벌적 위법성'이 없고, 따라서 형사상 과실이 조각될 수 있다고 할 것이다. 이러한 과실과 책임 귀속의 구체적인 문제 해결은 쉽지 않고 심도 있는 법이론적인 검토와 논의가 필요하다.

3. 인과관계와 귀속

가. 개념

법이론상 '인과관계'는 법적인 책임 귀속의 여부와 범위를 결정하는 중요한 개념이다. 인간의 행위와 그 결과는 인과관계의 연쇄에 엮여 있고, 법적인 귀책은 그 연쇄된 인과적 관련 중에서 중요하고 의미 있는 요소에 주목하여 책임 귀속의 주체와 한계를 정하는 것이다. 그것을 '상당인과관계'라 하는데, 최근 형법이론에서 말하는 '객관적 귀속'도 같은 개념이다. 객관적 귀속에 대하여, 앞에서 본 고의, 과실 및 책임의 판단은 '주관적 귀속', 즉 행위의 주관적 측면에서의 책임 귀속의 문제이다.

인과관계는 본래 자연법칙의 연쇄(예: 열과 팽창)로서 원인과 결과의 관계이다. 그러나 인간의 사회적 행위를 규율하고 불법과 불법의 효과 사이의 연결을 하는 법의 영역에서는 원인-결과라는 인과관계는 부적절하고 귀속(Zurechnung)의 원리가 적용되어야 한다(켈젠 법이론 선집, 143면 이하). 법에서 범죄에 대한 처벌이나 공적에 대한 보상은 단순한 인과적 연쇄가 아니라 질문에 대한 대답과 같이 귀속, 즉 인간의 행위에 대한 책임이나 보상의 귀속 문제가 되고, 그 판단은 규범적이 될 수밖에 없다.

여기서 인간이 인과법칙에 복종하고 있지 않고 자유롭기 때문에 귀속 내지 귀책이 이루어진다는 이른바 '자유의지'의 도그마는 부적절하다. 경험과학의 연구에 의하더라도 인간의 자유의지는 자연적 사실이 아니라 증명될 수 없는 가설이고, 단지 사회적 요청이다. 켈젠에 따르면, 인간의 행위는 '결정론'이 말하는 바와 같이 인과적으로 결정되어 있어도 자유로운 것이고, 인간의 행위가 귀속 내지 귀책의 종점이기 때문에 자유로운 것이다(155면). 따라서 결정론과 비결정론은 상호 모순되는 것이 아니라 인간행위에 대한 두 개의 상이한 해석 방법의 병행이고, 귀속의 원리와 인과관계의 원리는 상호 배척하는 것이 아니라 그 하나는 다른 하나를 전제하는 것이다.

나. 형사상 인과관계

인간의 행위와 일어난 결과에 대한 범죄 성립의 인과적 관련의 경우도 마찬가지이다. 사실적인 경과에 연쇄되어 있는 인과적 관련을 어느 범위에서 제한하고 한계를 설정할 것인지가 법의 과제이다. 사회적으로 의미가 있는 결정적 원인을 인간의 행위에서 찾는 것이 귀속의 규범적 판단이다. 그러한 점에서 인과관계 내지 귀속을 모든 조건관계로 확장하는 경우(조건설)에는 심지어 살인자의 부모도 인과적 관련 속에서 살인자를 낳았고 잘못 교육했기 때문에 처벌받아야 한다.

형사상으로 조건관계에 있는 모든 인과적 관련 중에서 사회적으로 상당한 것만이 그 원인으로 귀속되어야 한다는 것이 '상당인과관계론'이다. 이것이 이른바 형법이론상 '객관적 귀속' 이론으로 이름만 바뀌었다. 그러나 이 역시 귀속의 객관성의 기준이 무엇인지는 상당인과관계론의 상당성이 무엇인지의 문제와 마찬가지로 모호한 것이다. 결국 인과관계의 상당성 내지 객관적인 책임 귀속의 범위는 어디까지 제한되어야 하는가 하는 어려운 문제가 제기되고, 특히 부작위의 책임 귀속은 더 어렵다.

부작위의 인과관계는 규범적 판단으로서 법이론상 난제를 제기한다(송문호, 독일형법상 부작위의 인과관계, 형사법연구 16호 참조). 형법이론상 부작위의 보증인적 지위가 인정되는 경우에 보증인으로서 필요한 조치를 취하지 아니하여 결과가 발생하였다면 상당인과관계가 인정된다고 한다. 예를 들어 필요한 조치를 취할 의무가 있는 의사가 적절한 조치를 취하지 아니하여 환자의 건강을 해친 경우에 대한 의사의 형사책임이나 하자있는 제조물을 생산 판매하고 반품받지 아니하여 집단적 피해를 입힌 사건에서 생산자의 형사책임이 문제되는 경우이다. 전자의 경우, 의사가 적절한 조치를 취했다면 건강이 개선될 수 있었는가의 문제가 제기되고, 후자의 경우는 독일의 Lederspray 사건이나 우리나라의 가습기살균제 사건에서 법적인 문제가 되었다.

이 문제에 관하여 규범적 인과관계의 인식론적 입장은 인간의 사고 안에서 두 개의 사태를 서로 연결할 수 있는 판단을 문제 삼고, 통상 부작위는 어떤 기대된 행위가 특정한 결과를 저지하였을 것이라고 하는 판단이 나올 때 그 결과에 대하여 인과관계가 있다고 한다(독일 Metzger의 '기대된 행위이론'). 한편 엥기쉬(K. Engisch)의 '합법칙적 조건설'은 무한한 인과적 조건에 경험법칙의 한계를 설정하는 것인데, 부작위의 경우에는 부정적 조건, 즉 부정을 내포하는 명제의 현실성이 문제가 된다. 아픈 아이를 의사에게 데려가지 아니한 아버지는 의사에게 데려갔어도 목숨을 구할 수 있을지 불확실한 경우에도 아이의 죽음에 대하여 충분한 합법칙적인 부정적 조건이 된다고 한다.

독일의 판례와 통설은 요구된 행위를 하였다면 결과가 발생하지 않았을 것인지를 묻는 '가설적 인과관계론'이고, 우리 판례도 대체로 같은 취지이다. 이는 존재론적으로 행위자가 하지 않은 행위를 하는 것이 결과를 저지하였을 것인가를 묻는 것이다. 그러나 실제로 요구된 행위는 이루어지지 않았고 무(無)에서는 아무 것도 생겨날 수 없기 때문에 잠재적, 가설적 인과관계는 허깨비이고, 실제로 하지 않은 행위를 하였다면 결과를 저지하였을 것인가의 문제는 대부분 판단 불능이라는 비판이 있다.

부작위를 통한 결과 야기의 전제조건은 필연적인 자연법칙이 아니라 법적인 당위로 확정된 규칙, '작위의무'로 구성되어 있다. 행위자가 작위의무를 위반하여 피해자가 무사할 수 있는 현실적 기회를 박탈한 것, 즉 위험 감소를 하지 않았다는 것만으로 인과적 관련이 충분하다. 부작위에서는 요구된 행위가 위험을 감소시키는 행위로서 작위의무자가 인과과정에 개입하지 않은 것이 결과 발생의 위험을 증가시켰다는 것이 사후적으로 확정되면 인과관계의 증명이 있다는 것이다. 이러한 입장은 객관적 귀속의 '위험증가' 이론과 유사하고, 부작위에서는 '위험감소' 이론이 된다. 이러한 '결과의 회피가능성'이라는 기준은 작위범뿐만 아니라 부작위범의 경우에도 특별히 책임있는 자가 자신의 행위로 회피할 수 있는 결과를 회피하지 않았다는 점에서 직접적인 결과를 회피할 수 있다고 하여 인과관계가 결정된다는 것이다. 결국 부작위의 인과관계 역시 책임 귀속에 대하여 사회통념에 따른 한계를 설정하는 기능이 있는 '객관적 귀속'의 판단 문제이다.

이른바 '세월호' 사건에서 부작위의 인과관계가 문제되었다. 대법원은 선장이나 승무원이 선박 위험 시 조난된 승객이나 다른 승무원을 적극적으로 구조할 의무가 있음을 전제로, 조난사고로 승객이나 다른 승무원들이 스스로 생명에 대한 위협에 대처할 수 없는 급박한 상황에서 선장이나 선원들의 부작위가 작위에 의한 살인행위와 동등한 형법적 가치를 가진다고 판단하여, 부작위와 사망의 결과 사이에 인과관계를 인정하였다(대법원 2015. 11. 12. 선고 2015도6809 전원합의체 판결). 이 사건에서 대법원은 선장 등이 "승객 등에 대한 구호조치를 하였다면 사망에 이르지는 않았을 것으로 보인다"고 하여 부작위에 관하여 가설적 인과관계를 인정한 것인데, 선장 등의 조기 탈출이 사회적 비난과 처벌 요구라는 관점에서 작위범의 경우와 동등한 가치를 가지는 것으로 객관적 귀속을 인정한 것이라고 할 것이다.

또한 대법원은 "형법이 금지하고 있는 법익침해의 결과발생을 방지할 법적인 작위의무를 지고 있는 자가 그 의무를 이행함으로써 결과발생을 쉽게 방지할 수 있는데도 결과발생을 용인하고 방관한 채 의무를 이행하지 아니한 것이 범죄의 실행행위로 평가될 만한 것이라면 부작위범으로 처벌할 수 있다"고 하였는데(대법원 2023. 3. 9. 선고 2022도16120 판결), 이 사건은 피고인들이 각자 분리수거장 방향으로 담배꽁초를 던져 버리고 아무런 조치 없이 현장을 떠난 후 화재가 발생하여 각 실화죄로 기소된 사안이다. 대법원은 피고인들의 공동 과실이 경합되어 화재가 발생한 경우 적어도 각 과실이 화재의 발생에 대하여 하나의 조건이 된 이상 그 공동적 원인을 제공한 사람들은 각자 실화죄의 책임을 면할 수 없다고 한 것인데(형법 제19조의 독립행위의 경합에 관한 규정은 미수범이 처벌되지 않는 과실범에는 적용되지 않다는 전제 위에 서 있다), 이는 '합법칙적 조건설'이 말하는 부정적 조건을 언급한 것으로 볼 수 있다.

결국 인과관계라는 법적 개념은 일정한 결과에 대한 책임을 행위자에게 귀속시키기 위한 판단자의 해석의 틀이다. 존재론적으로 인과관계가 있어서 행위자에게 책임을 귀속시키는 것이 아니라 사회통념에 따라 행위자를 처벌하기 위하여 인과관계의 상당성을 인정한다고 보아야 한다. 따라서 인과관계와 같은 법적 개념의 판단은 선험적이고 존재론적 논증이 아니라 그 시대의 상황이나 필요에 따라 입법이나 법원(法院)이 결정하는 경험적인 문제라고 함은 위에서 본 논의와 일맥상통한다.

다. 민사상 인과관계

민사상 채무불이행이나 불법행위와 손해의 인과관계에 관하여도 이른바 '상당인과관계론'이 지배적 견해이고, 이는 책임 귀속의 확대를 방지하고 한계를 짓는 근거가 된다. 그런데 인과관계는 원칙적으로 재판에서 이를 주장하는 자에게 입증책임이 있지만, 실제로 그 입증은 매우 어렵다. 특히 환경피해나 의료과오, 제조물책임 등의 영역에서는 피고 측이 전문적인 지식과 자료를 가지고 있어 문외한인 일반인은 그 접근이 어렵다. 그리하여 판례와 학설상 인과관계의 입증책임을 사실상 전환하는 이른바 '개연성 이론'이 등장하여 입증책임을 완화하고 있으며, 소송절차상 영미의 증거개시(discovery)를 도입하자는 논의도 있다.

대법원은 "공해소송에서 피해자에게 사실적인 인과관계의 존재에 관하여 과학적으로 엄밀한 증명을 요구한다는 것은 공해로 인한 사법적 구제를 사실상 거부하는 결과가 될 수 있는 반면에, 가해기업은 기술적·경제적으로 피해자보다 훨씬 원인조사가 용이한 경우가 많을 뿐만 아니라 원인을 은폐할 염려가 있기 때문에, 가해기업이 어떠한 유해한 원인물질을 배출하고 그것이 피해물건에 도달하여 손해가 발생하였다면 가해자 측에서 그것이 무해하다는 것을 증명하지 못하는 한 책임을 면할 수 없다고 보는 것이 사회형평의 관념에 적합하다"고 하였다(대법원 2012. 1. 12. 선고 2009다84608 등 판결; 김포시 및 강화군 부근의 침출처리수 어장 피해 사건). 이 판결은 인과관계 증명책임을 완화 내지 전환을 하는 개연성이론을 승인한 것이다.

이 이론은 의료과오 사건에도 확대 적용되고 있다. 대법원은 "의료과오로 인한 손해배상청구 사건에서 일반인의 상식에 비추어 의료행위 과정에서 저질러진 과실 있는 행위를 증명하고 그 행위와 결과 사이에 의료행위 외에 다른 원인이 개재될 수 없다는 점을 증명한 경우에는 의료상 과실과 결과 사이의 인과관계를 추정하여 손해배상책임을 지울 수 있도록 증명책임이 완화된다"고 하였다(대법원 2019. 2. 14. 선고 2017다203763 판결). 다만 이 사건에서 의사의 과실로 인한 결과 발생을 추정할 정도의 개연성이 담보되지 않는 사정을 가지고 막연하게 중대한 결과에서 의사의 과실과 인과관계를 추정함으로써 결과적으로 의사에게 무과실의 증명책임을 지우는 것까지 허용되지는 않는다고 제한하고 있다.

예방접종과 피해 사이의 인과관계에 관한 대법원 2019. 4. 3. 선고 2017두52764 판결도 주목된다. A는 보건소에서 폐렴구균 예방접종을 맞았는데 같은 날 저녁부터 발열증상을 느끼고 숙면을 취하지 못하였고 좌측 안면에 마비증상이 나타났다. A는 위 예방접종을 받기 나흘 전에 양측 귀 이명 및 안면부 벌레 기어 다니는 느낌으로 다른 병원에서 진료를 받았으나 당시 안면마비 증상은 없었다. A는 질병관리본부장인 B에게 예방접종 피해보상을 청구하고 B는 예방접종과 증상 사이에 인과관계가 불분명하다는 이유로 예방접종 피해보상 거부처분을 하자 A는 그 취소를 구하는 이 사건 소를 제기하였다. 대법원은 "감염병의 예방 및 관리에 관한 법률'상의 예방접종 피해에 대한 국가의 보상책임은 무과실책임이지만 질병·장애 또는 사망이 그 예방접종으로 인하여 발생하였다는 점이 인정되어야 한다. 인과관계는 반드시 의학적·자연과학적으로 명백히 증명되어야 하는 것은 아니고 간접적 사실관계 등 제반 사정을 고려할 때 인과관계가 있다고 추단되는 경우에는 그 증명이 있다고 보아야 한다"고 하였다. 그러나 대법원은 "이러한 정도에 이르지 못한 채 예방접종 후 면역력이 약해질 수 있다는 막연한 추측을 근거로 현대의학상 예방접종에 내재하는 위험이 현실화된 것으로 볼 수 없는 경우까지 곧바로 인과관계를 추단할 수는 없다. 특히 피해자가 해당 장애 등과 관련한 다른 위험인자를 보유하고 있다거나 해당 예방접종이 오랜 기간 널리 시행되었음에도 해당 장애 등에 대한 보고 내지 신고 또는 그 인과관계에 관한 조사·연구 등이 없다면 인과관계 여부를 판단할 때 이를 고려할 수 있다"고 하여 예방접종과 A의 안면마비 증상 사이에 인과관계가 인정된다고 판단한 원심판결을 파기하였다. 판례가 의료과오의 인과관계의 인정과 증명책임을 완화하였다고 하더라도 의료과오의 책임을 묻기는 쉽지 않는 것이 현실이다.

4. 손해의 개념

가. 손해(損害)의 의미

사법상 손해는 어떠한 위법행위(불법행위나 채무불이행 등)로 인하여 발생한 사람의 권리나 법적 이익에 대한 침해이고, 크게 재산적 손해와 비재산적 손해로 구분된다.

재산적 손해란 위법행위로 인하여 발생한 재산의 감소이고, 통설, 판례는 그 위법행위가 없었더라면 존재했을 가상의 재산상태의 차액을 손해액으로 보는데(차액설 : Differenzhypothese), 법은 그 배상(賠償)을 인정한다. 반면에 적법행위(예: 토지의 수용, 사용 등)로 인하여 재산의 감소를 가져오는 경우에는 손실(損失)이 발생하고, 법은 그 보상(補償)을 규정한다(헌법 제23

조 제3항의 '정당한 보상'). 형사법상 손해의 개념은 사법상 손해와 달리 그 구성요건과 보호법익의 맥락에서 해석되어야 한다. 예컨대 판례는 형법상 배임죄의 손해는 현실적인 손해를 가한 경우뿐만 아니라 재산상 실해 발생의 위험을 초래한 경우도 포함된다고 한다(대법원 2012. 5. 24. 선고 2012도2142 판결 등).

한편 비재산적 손해는 재산적 손해와 별개로 불법행위나 채무불이행으로 인해 입은 정신적 고통(예: 교통사고 피해자의 정신적 고통, 명예훼손에 따른 정신적 손상)에 따른 손해이다.

나. 손해 3분설

현재의 법이론은 재산적 손해를 다시 적극적 손해(積極的 損害)와 소극적 손해(消極的 損害)로 나누고, 정신적 손해(精神的 損害)와 함께 손해의 3가지 범주를 나누어 파악하고 있으며, 각 손해의 배상청구권은 그 소송물을 달리한다.

1) 적극적 손해는 불법행위나 채무불이행으로 인해 현재 가진 재산이 현실로 줄어든 손해(예: 치료비, 수리비, 이미 지출한 비용)이고, 그 비용 지출의 필요성과 상당성이 문제가 된다.
2) 소극적 손해는 불법행위나 채무불이행이 없었다면 얻었을 장래의 이익을 얻지 못한 일실수입의 손해(예: 노동능력 상실로 인한 장래 수입의 상실, 영업 이익의 상실)이다. 소극적 손해인 얻지 못한 장래 이익(일실수입)의 산정방법은 법적 공백 상태이고, 판례가 인정하는 다양한 경험칙이 산정 규범을 형성하고 있다(예: 가동연한, 생활비 등).
3) 비재산적 손해는 정신적 손해이고, 그에 대한 전보는 어쩔 수 없이 금전배상인 위자료로 이루어질 수밖에 없다(민법 제764조 명예훼손에 대한 적당한 처분은 가능함. 단 사죄광고는 제외). 위자료의 산정 기준 역시 법적 공백 상태이고, 손해의 정도와 화폐가치 및 관련 보험제도 등 여러 사정을 종합하여 법원이 국민의 법의식에 비추어 재량으로 정하고 있다.

민법 제751조 제1항은 "타인의 신체, 자유 또는 명예를 해하거나 기타 정신적 고통을 가한 자는 재산 이외의 손해에 대하여도 배상할 책임이 있다"라고 규정한다. 사람의 인격적 법익 침해로 인한 정신적 고통에 대한 배상은 인정되고, 이는 법이론상 헌법상 기본권의 침해의 대사인적 효력으로 볼 수 있다. 자연인이 아닌 법인도 명예나 신용과 같은 법익은 법적 보호 대상이 된다.

그런데 '기타 정신적 고통'과 관련하여 모든 위법행위로 인한 사람의 정신적 고통에 대하여 위자료가 인정될 수 있는가? 법이론상 어떠한 위법행위가 있더라도 법률상 보호되는 '구체적이고 직접적 법익 침해'가 있고 그로 인하여 사회통념상 용인할 수 없는 정신적 고통이 발생한 경우에만 위자료가 인정된다. 재산권 침해로 인한 정신적 손해는 그 재산적 침해가 중대하고 특별한 사정이 있는 경우(예: 주택 불법 철거, 생활근거 상실 등)에 예외적인 특별손해로 인정된다. 그러나 추상적·일반적 법질서 침해, 예컨대 공무원이 헌법과 법률을 위반해서 사회정의가 무너졌다는 정도의 좌절감이나 불쾌감 또는 타인의 피해를 보고 제3자가 느낀 분노·우울감과 같은 간접적·파생적 손해에 대하여 직접 피해자가 아닌 개인의 정신적 손해를 인정할 수 없다.

예컨대 불법 건축허가로 인근 주민들이 "법질서가 문란해졌다, 불쾌하다"는 이유로 손해배상을 청구한 사안에서, 대법원은 "어떤 행정처분이 위법하다고 하더라도 그로 인하여 원고의 개별적이고 구체적인 권리·이익이 침해된 것이 아니라 단지 일반적·추상적 이익만이 침해된 데 그친 경우에는 손해배상을 청구할 수 없다"고 한다(대법원 1992. 12. 22. 선고 92다18003 판결). 또한 국회가 민생법률안 처리의 입법 지연이나 태만으로 정신적 손해를 입었다고 하여 가두서명을 한 시민들이 집단적으로 국회의원 전원을 상대로 위자료를 청구한 사례가 있었고, 이 역시 같은 이유로 청구가 기각되었다.

다. 이행이익과 신뢰이익, 통상손해와 특별손해 및 징벌적 손해배상
채무불이행에서 손해배상 범위를 논할 때, 계약법상 신뢰이익(信賴利益, reliance interest)과 이행이익(履行利益, expectation interest)의 구분이 문제가 된다. 1) 이행이익이란 채무가 제대로 이행되었더라면 채권자가 얻었을 이익, 즉 계약이 정상적으로 이행되어 계약 목적이 달성되었을 경우 기대할 수 있었던 경제적 상태와 실제 상태 사이의 차액(차액설의 期待利益)을 보전하는 것이다. 예컨대 매매계약에서 매수인이 물건을 정상적으로 받았다면 얻을 수 있었던 시가 차액을 채무불이행으로 상실한 경우나 건축업자가 건물을 완공하여 얻을 수 있었던 임대수익을 불이행으로 얻지 못한 경우에 그 차액의 손해이다. 2) 신뢰이익이란 계약이 유효하고 이행될 것이라고 믿고 지출하거나 준비한 비용 등의 손해, 즉 채무불이행이 없었더라면 쓰지 않았을 비용을 보전하는 것이다. 예컨대 매매계약 체결을 믿고 계약 준비, 인허가 비용, 조사비용, 계약금, 운송 준비비용 등을 쓴 경우나 공연계약을 믿고 홍보비·장소 임대료 등을 지출했는데 계약 불성립이나 불이행으로 공연이 무산된 경우에 들인 비용의 손해를 말한다.

우리 민법 제393조는 채무불이행으로 인한 손해배상의 범위를 이행이익을 기준으로 하고, 신뢰이익의 배상은 계약체결상의 과실이나 원시적 불능을 목적으로 한 무효의 계약 등에서 문제가 된다는 것이 전통적 견해이다. 그런데 채무불이행에서도 이행이익의 배상이 원칙이지만, 경우에 따라 채권자가 선택적으로 신뢰이익의 손해만을 청구할 수 있다는 것이 학설, 판례로 인정되고 있다. 대법원은, 채무불이행을 이유로 계약해제와 아울러 손해배상을 청구하는 경우에 그 계약이행으로 인하여 채권자가 얻을 이익, 즉 이행이익의 배상을 구하는 것이 원칙이지만, 그에 갈음하여 그 계약이 이행되리라고 믿고 채권자가 지출한 비용, 즉 신뢰이익의 배상을 구할 수도 있다고 할 것이고, 그 신뢰이익 중 계약의 체결과 이행을 위하여 통상적으로 지출되는 비용은 통상의 손해로서 상대방이 알았거나 알 수 있었는지의 여부와는 관계없이 그 배상을 구할 수 있다고 한다(대법원 2003. 10. 23. 선고 2001다75295 판결 등). 다만 이행이익의 배상에 갈음하여 신뢰이익의 배상을 구하는 경우에 이행이익을 한도로 하는 제한이 있다.

일반적으로 손해배상(compensatory damages)은 피해자가 실제 입은 손해를 전보하는 것을 목적으로 하는 전보적 배상이고, 우리 민법 제393조는 '통상손해'와 '특별손해'의 배상만 인정한다. 통상손해를 초과하는 특별손해란 특별한 사정으로 인한 손해로서 상대방이 이를 알았거나 알 수 있었던 경우에 한하여 그 배상을 구할 수 있다. 특히 물적 손해의 경우에 재산적 손해를 넘어서는 정신적 손해는 특별한 사정으로 인한 손해가 된다.

나아가 영미법이 인정하는 징벌적 손해배상(punitive damages)은 단순한 전보를 넘어서 가해자의 고의적·악의적 불법행위에 대해 처벌적 의미를 가지고 동종 행위의 예방 내지 억제를 목적으로 하는 제재이다. 따라서 피해자가 입은 실제 손해액을 초과하는 금액까지 배상하게 할 수 있어서 원칙적으로 징벌적 손해배상은 허용되지 않지만, 특별법의 입법을 통해 예외적으로 도입된 사례가 늘어나고 있다. 하도급거래 공정화에 관한 법률(제35조의2: 고의·중대한 위반시 손해액의 3배 이내 배상), 가맹사업거래의 공정화에 관한 법률, 대리점거래의 공정화에 관한 법률, 하청근로자 보호법, 개인정보 보호법, 제조물책임법, 특허법 등 지식재산권 관련 법률에서 고의적 침해에 대하여 실손해액을 넘어서는 징벌적 배상을 규정하고 있으나, 이를 일반적으로 확장하는 것은 경계되어야 할 것이다.

라. 귀책사유

불법행위나 채무불이행으로 인한 손해배상책임이 인정되려면 근대 민법의 3대원리 중 하나인 '과실책임의 원칙'에 따라 채무자의 귀책사유, 즉 고의 또는 과실의 요건이 필요하다. 채무불이행의 경우, 채무자가 무과실을 입증해야 면책이 되는 것에 비하여 불법행위의 경우에는 채권자가 채무자의 귀책사유를 입증해야 손해배상 청구권이 인정되는 것이 원칙이다. 그러나 귀책사유의 입증 부담이나 피해자 과실의 문제로 배상이 이루어지지 않거나 제한되는 공백이 생기기 때문에 오늘날 불법행위법에서 '위험책임의 원리'에 따라 귀책사유의 요건이 완화되거나 입증책임이 전환되고 있으며, 각종 공, 사보험 제도(손해보험, 산재보험 등)에 의하여 귀책사유의 존부에도 불구하고 사회 내에서 발생하는 각종 손해나 손실에 대한 완전 배상이나 보상이라는 이상에 다가가고 있다.

5. 형사상 구속의 문제

형사상 구속의 법적 개념은 피의자나 피고인의 신체의 자유를 제한하는 대인적 강제처분으로 정의된다. 사법기관의 입장에서는 수사와 재판을 위하여 필요한 것이지만, 구속은 헌법상 기본권을 심각하게 제약하는 강제조치로서 이에 대한 심사와 구제는 인신 보호의 출발점이다. 영국의 최초 헌법인 '마그나카르타'도 시민의 재산권과 인신 보호의 이념에서 나오게 된 것이다.

물론 수사기관의 인신구속은 국가 형벌권 실현을 위하여 정당화될 수 있지만, 무기대등의 원칙이나 절차적 정의에 반할 우려가 있다. 구속 피고인이 후에 무죄가 되는 경우에 형사보상만으로 손해가 전보될 수 없다. 특히 현재 법원에서 자주 이루어지는 이른바 '법정구속'은 절차적 보장이나 통제 방법이 없어서 문제이다. 피고인의 유죄가 인정되어 증거인멸의 우려도 없게 된 상황에서 실형을 선고받은 피고인이 형 집행을 면하기 위하여 '도주 우려'가 있다는 추정만으로 법원이 법정구속을 한다. 또 피고인이 부인하거나 방어권을 행사하는 것이 '증거인멸의 우려'라고 오해되는 경우가 있는 것 같고, 피고인이 무죄를 다투는 것을 반성이 없다고 하여 형이 가중되거나 법정구속이 이루어지고 있다. 이는 '무죄추정'이나 '피고인의 방어권'과는 거리가 있는 것이다. 무엇보다도 법원의 실형 판결이 최종 확정된 후 그 형의 집행은 검찰의 직무이다.

구속은 생활이나 사회관계의 파괴와 단절을 초래하고 신체의 자유에 대한 중대한 제한이 되는데, 법정구속은 수사기관에서의 구속과 달리 아무런 사전 심문절차나 예고가 없으며(이를 '不意打'라고 한다), 그후 구속의 적부를 심사하는 제도도 없다(법정구속 이후 법원은 원칙적으로 보석을 해주지도 않는다). 무죄를 다투는 피고인을 하급심이 법정구속하는 것은 법관의 자기 판단에 대한 자신감의 표현일 수 있지만, 이는 상급심의 판단을 선취하거나 제약하는 것이 된다. 법원이 사법의 권위를 세우기 위해 법정구속을 하는 것 같지만, 거기에는 암묵적으로 법관의 도덕적 판단이나 주관적 감정이 작용하는 것으로 보인다. 그러나 법관은 '도덕교사'가 아니다! 만일 법원이 부인하는 피고인을 이른바 '괘씸죄'를 적용해서 법정구속하는 경우라면 간접적으로 자백을 강요하는 것이 되고 피고인의 권리를 해치기 때문에 절차적 정의에 현저히 반하며, 만일 상급심에서 반대 결론이 나오는 경우에는 절차적 정의뿐만 아니라 사법의 신뢰까지 훼손되는 것이다.

⌐5⌐ 새로운 법문제와 법이론

1. 생명윤리와 의료법학

가. 생명윤리의 문제

의료윤리, 생명윤리와 법은 새로운 영역이 되고 있다. 의료윤리는 인간의 질병과 치료, 연구에 관련된 규범적 문제이고, 의사윤리보다 범위가 넓다. 임상시험, 장기이식, 낙태, 배아세포, 유전자 편집 등은 생명윤리의 문제이고, 생명의 시작과 끝을 다루며, 의학의 발전을 위하고 동시에 현존재의 미래가치 문제이기도 하다. 우리나라에서는 의료윤리와 생명윤리에 관하여 사안별로 '생명윤리에 관한 법률'과 '장기이식 등에 관한 법률' 등이 제정 시행되고 있다.

생명의 시작에서는 태아와 그 이전의 배아 보호의 문제가 제기된다. 태아에 대하여는 낙태죄를 처벌하는 형사적 보호와 태아에게 일부 권리 주체성을 인정하는 민사적 보호가 있다. 그러나 낙태죄에 대한 헌법재판소의 헌법불합치결정(헌법재판소 2019. 4. 11. 선고 2017헌바127 결정)으로 장차 임신일정 기간 이내인 태아의 생명은 헌법적 보호 밖으로 밀려나게 되었다. 자유낙태의 기한 설정에 관한 개정입법이 국회에서 통과되지 아니하여 헌법재판소가 정한 개정 시한을 넘기는 바람에 낙태죄 규정이 무효화되어 입법공백 상태가 오래 가고 있다.

그리고 생명윤리의 관점에서 태아 이전의 형성 중인 생명인 배아는 생명인가, 세포덩어리인가의 문제가 제기되고, 인간이 생명을 조작할 권리가 있는지 다투어지고 있다. 샌델(Sandel)은 생명은 선물로 주어진 것이라는 논거로 인간복제는 반대하지만 배아복제는 찬성하고 있다. 배아의 보호에 관하여, 헌법재판소는 초기배아의 기본권 주체성을 부정하고 배아생성자가 배아의 관리 또는 처분에 대해 갖는 기본권을 헌법 제10조로부터 도출되는 일반적 인격권의 한 유형으로서의 헌법상 권리로 인정하되, 배아의 경우 형성 중에 있는 생명이라는 독특한 지위로 인해 국가에 의한 적극적인 보호가 요구된다는 점, 배아의 관리·처분에는 공공복리 및 사회 윤리적 차원의 평가가 필연적으로 수반되지 않을 수 없다는 점에서 그 제한의 필요성은 크다고 하면서도, 잔여배아를 5년간 보존하고 이후 폐기하도록 한 생명윤리법 제16조 제1항, 제2항이 배아생성자의 배아에 대한 결정권을 침해하지 않는다고 하였다(헌법재판소 2010. 5. 27. 선고 2005헌마346 결정)

생명의 끝에서는 '안락사'(Euthanasia)가 문제가 되는데, 의도적인 치료 중단과 그로 인한 환자의 사망이 의사의 살인죄가 된다는 보라매병원 사건과 무의미한 연명치료 중단에 관한 세브란스병원 사건이 주목되고 있다. 안락사는 불치의 질병으로 고통받는 환자를 편안하게 임종을 맞이하게 돕는 것이고, 미국 등 세계 각국이 입법과 판례로 대처하고 있다(김학태, 안락사 허용 여부에 관한 법철학적 연구, 외법논집 29집 참조).

이에 관하여 미국과 영국의 두 사례가 이 문제의 해결이 어렵다는 것을 보여준다(왁스 법철학, 223면 이하). 영국의 사건은 1989년 축구경기장에서 발생한 사고로 두뇌손상을 입고 영구적 식물인간 상태에 빠진 블랜드(A. Bland)의 경우이다. 그는 의식을 담당하는 대뇌피질이 저산소증으로 파괴되어 법적으로는 사망상태였다. 영국의 판사는 그의 처절한 상태를 다음과 같이 표현하였다; "그는 병원에 누워 튜브를 통하여 코에서 목구멍을 거쳐 위로 흘려 보내는 유동식으로 연명한다. 그의 방광은 음경에 꽂은 도뇨관을 통해 비워지고 때때로 감염되어 소독과 항생제 처방을 받아야 한다. 그의 경직된 관절은 팔다리를 위축시켜서 그의 팔이 구부려져서 가슴에 교차되고 다리는 부자연스럽게 비틀려 있다. 목구멍 안의 반사작용으로 토하거나 질질 흘리게 된다. 그중에서 최악은, 순차적으로 그를 방문하는 가족들 앞에서 그는 전혀 의식이 없다는 것이다. 어두움과 망각은 절대 떠나지 않는다……."

그의 예후는 이런 끔찍한 상황이 계속되고 회복이 불가능하다는 것이었다. 주치의는 법원에 산소호흡기 부착과 항생제 처방, 유동식 흡입 등을 중지하여 그가 고통 없이 존엄하게 죽는 것을 허가해달라는 청구를 하였고, 환자를 위한 국선변호사는 이는 의사의 의무 위반이고 범죄라고 반박하였다. 이에 대하여 영국 법원은 환자의 생명권과 자기결정권을 모두 인정하였고 결론적으로 그 생명의 종말을 허용했지만, 본인의 명시적 의사가 없는 경우에 어떻게 조화되어야 하는지에 관하여 5명의 법관은 해석을 달리 하였다.

유사한 사건이 미국에서도 일어났다. 미국 대법원의 크루잔(Cruzan) 사건에서, 크루잔의 부모가 항구적 식물인간 상태(PVS)에 있는 그녀가 생전에 의사표시는 하지 않았지만, 본인이 지속적인 삶을 원하지 않았을 것이라는 이유로 법원에 생명 유지를 중단해달라는 청구를 하였다. 그러나 미국 법원은 국가는 생명의 유지, 즉 인간 존엄을 중시한다는 판단을 하였다. 다만 재심에서 낸시의 가족이 제출한 새로운 증거에 의해 미주리주 법원은 생명 유지의 중단을 결정하였고, 크루잔은 그후 사망하였다.

위 예에서 보는 바와 같이 안락사의 문제는 인간의 생명과 자기결정권의 충돌이 문제가 된다. 인간의 존엄과 가치를 해치는 고통을 끊고 무의미한 생명 연장을 포기하는 자기결정권으로서의 죽을 권리가 있는지, 명시적인 자기결정이 없는 경우에는 어떻게 할 것인지가 가장 문제가 된다. 우리나라에서도 소극적 안락사, 즉 생명연장 치료의 중단은 본인의 동의가 있는 경우에 허용된다. 소극적 안락사는 치료방법이 없는 환자에게 무의미한 연명치료를 중단하여 자연스럽게 죽을 수 있는 것이 인간의 존엄과 가치에 합당하다는 것이다. 그러나 본인 자신의 의사가 있어도 비자발적이고 비정상적인 의사이므로, 자율적인 결정이 아니고 남용의 위험이 있다는 이유로 부정설도 있다.

소극적 안락사 중 본인의 동의가 없는 '비자의적 안락사'가 허용되는가? 불허된다는 견해로부터 추정적 동의 내지 본인이 동의하였으리라는 객관적 상황이 있는 경우에 허용하자는 주장(위 판례의 견해)과 전문가로 구성된 윤리위원회의 결정으로 하자는 주장 등이 있었다. 우리 판례는 비자의적 소극적 안락사는 자기결정권과 설명의무라는 관점에서 엄격한 요건 하에 허용하였다(대법원 2009. 5. 21. 선고 2009다17417 판결; 세브란스병원 사건).

위 판결을 계기로 2016년 '호스피스·완화의료 및 임종과정에 있는 환자의 연명의료결정에 관한 법률'이 제정되었고, 사전에 본인이 위 예와 같은 경우에 무의미한 생명 연장을 위한 인위적인 치료를 받지 않겠다는 동의서(제12조의 사전연명의료의향서)를 작성, 제출하는 제도가 마련되었다. 법 제18조에는 환자의 의사를 확인할 수 없고 환자가 의사표현을 할 수 없는 의학적 상태인 경우에 제2호가 정한 환자의 성년 가족들이 전원의 합의로 의사표시를 하고 담당의사와 해당 분야 전문의 1명이 확인한 경우에는 연명의료중단 등 결정을 할 수 있도록 되었다.

그러나 적극적 안락사는 환자가 불치이고 고통이 극심한 경우와 같이 제한적 상황 하에서 의사의 염화칼륨의 주사와 같은 적극적 행위로 인간의 생명을 앞당기는 것이다. 우리나라나 대부분의 국가는 현행법상 허용하지 않고 있으며, 이는―촉탁에 의한―살인 또는 경우에 따라 자살방조가 될 수 있다. 물론 소극적, 적극적 안락사의 구분은 모호하고, 목적과 결과는 동일하다는 주장도 있다. 그러나 소극적, 적극적 행위의 윤리적 평가가 다르고, 의사의 오진이나 환자의 판단이 잘못된 경우에 적극적 안락사가 허용되면 구제의 방법이 없기 때문에 구별되어야 한다. 현재는 스위스 등 일부 국가에서만 '의사조력자살'과 같은 적극적 안락사가 허용되고 있다.

나. 의료법학

의료법학은 보건, 의료에 관계된 법역을 통칭하는 것이지만, 통일된 정의는 없다. 의료법, 약사법, 건강보험 등 의료관계 법규가 그 대상이지만, 무엇보다도 의료분쟁에 관한 법적 문제를 다루는 것이 중요하다. 의료분쟁은 대부분 의료과오의 문제이고, '의료과오'에 관한 판례는 많이 있지만, 앞에서 본 바와 같이 의료과오는 그 입증이 매우 어렵다.

판례는 의사의 과실을 추단할 수 있는 개연성을 갖춘 사정들이 있어야 인과관계가 추정되고 의사에게 무과실의 증명책임이 전환된다고 하지만, 비전문가이고 정보에 접근이 어려운 환자 측의 입증은 쉽지 않고 받아들여진 예도 적다. 예를 들면 의사 A가 B에게 전방경유요천추추간판수술을 하였으나 대표적인 합병증(역행성사정)이 발생한 사건에서, 대법원은 "의료행위는 고도의 전문적 지식을 필요로 하는 분야로서 전문가가 아닌 일반인으로서는 의사의 의료행위 과정에 주의의무 위반이 있는지나 주의의무 위반과 손해 발생 사이에 인과관계가 있는지를 밝혀내기가 매우 어렵다. 따라서 문제된 증상 발생에 관하여 의료 과실 이외의 다른 원인이 있다고 보기 어려운 간접사실들을 증명함으로써 그와 같은 증상이 의료 과실에 기한 것이라고 추정할 수도 있다. 그러나 그 경우에도 의사의 과실로 인한 결과 발생을 추정할 정도의 개연성이 담보되지 않는 사정을 가지고 막연하게 중대한 결과에서 의사의 과실과 인과관계를 추정함으로써 결과적으로 의사에게 무과실의 증명책임을 지우는 것까지 허용되지는 않는다"(대법원 2019. 2. 14. 선고 2017다203763 판결)고 하여 의료과오에 대한 책임 확장을 제한하고 있다.

그래서 의료과오가 인정되지 않거나 입증하기 어려운 경우에 의사의 설명의무나 고지의무 위반은 의사의 책임을 물을 수 있는 중요한 법적 근거가 된다. 몇 가지 중요한 예만 들어보면, 쌍꺼풀 재수술 후 후유증으로 유착, 토안(눈이 감기지 않는 상태)이 나타난 경우 눈둘레근의 섬유조직화는 수차례에 걸친 수술의 결과일 뿐 의사의 수술상 과실로 볼 수 없고 눈둘레근을 지나치게 올려 결찰하였다는 점에 관한 간접사실들도 쌍꺼풀 재수술과 토안 발생 사이의 인과관계를 추정할 수 있는 사정은 될지언정 토안이 의사의 과실에 기한 것이라고 추정할 수 있을 정도의 개연성을 갖춘 사정들이라고 보기 어렵다고 하여 의사의 과실은 부정하고, 단지 설명의무위반의 책임만 인정하였다(대법원 2010. 8. 19. 선고 2007다41904 판결).

또 대법원은 식품의약품안전청장(현 식약처장)의 승인을 얻지 않고 중간엽 줄기세포를 간경화증 환자에게 이식하는 행위는 구 약사법에 위배된다고 하되(대법원 2010. 10. 14. 선고 2007다3162 판결), 다만 감독관청의 승인 없이 임상시험에 해당하는 의료행위를 하였더라도 그 자체가 의료상의 주의의무 위반행위는 아니므로 당해 의료행위에 있어 구체적인 의료상의 주의의무 위반이 인정되지 아니한다면 그것만으로 불법행위책임을 지지는 않는다고 하였다. 다만 그러한 의료행위가 임상시험의 단계에서 이루어지는 것이라면 해당 의료행위의 안전성 및 유효성(치료효과)에 관하여 그 시행 당시 임상에서 실천되는 일반적·표준적 의료행위와 비교하여 설명할 의무가 있고, 또한 의약품 공급자는 임상시험 단계에 있는 의약품을 공급함에 있어 해당 의약품의 안전성 및 유효성(치료효과) 등 그 구입 여부의 의사결정에 영향을 줄 수 있는 중요한 사정을 수요자에게 고지할 신의칙상의 의무가 있다고 하여 그 위반의 불법행위 책임은 있다고 하였다.

다른 예로 기계판막을 사용한 승모판막치환술을 받은 환자의 기계판막에 혈전이 형성되어 갑작스런 판막의 기능부전으로 심한 협착이나 폐쇄부전이 발생하였을 때 그 발생 초기에 호흡곤란·쇼크의 증상이 나타났는데, 망인이 그러한 증상과 그로 인한 통증을 느끼고도 적시에 응급처치를 받지 못하여 사망한 사건에 대하여, 법원은 환자의 상황과 의료수준, 그리고 진료방법의 선택 재량 등을 종합하여 의료과실은 부정하였으나, 의사는 구체적인 정보의 제공과 함께 설명·지도할 의무가 있으며, 이러한 '지도설명의무'는 그 목적 및 내용상 진료행위의 본질적 구성부분이므로, 지도설명의무 위반과 상당인과관계가 있는 생명·신체상의 손해에 대하여 배상할 책임을 면할 수 없다고 하였다(대법원 2010. 7. 22. 선고 2007다70445 판결). 다만 의사의 설명의무나 고지의무 위반에 대한 책임은 단지 위자료에 그치므로, 보호는 불충분하다.

한편 건강보험과 관련해서는 요양기관의 불필요한 척추수술 등과 같은 과다 진료에 대하여 건강보험심사평가원의 보험급여비용삭감처분이 자주 문제가 되고, 그 입증책임의 소재나 행정규칙의 법규성이 쟁점이 되고 있다. 대법원은 요양기관이 국민건강보험공단(보험자)에 대하여 요양급여비용을 청구하기 위하여 심사평가원에 심사청구를 함에 있어 그 요양급여가 법령과 고시 등 법규에서 규정한 요양급여의 기준에 합치한다는 점은 이를 청구하는 요양기관이 증명할 책임을 진다고 하며, 행정규칙인 내부 심사기준도 재판절차에서 요양급여의 적정성 여부를 판단하는 세부기준으로 참작할 수 있다고 한다(대법원 2012. 11. 29. 선고 2008두21669 판결).

또한 요양기관이 임의로 비급여 진료행위를 하고 가입자와 요양 비급여로 하기로 합의하여 진료비용 등을 가입자 등으로부터 지급받은 경우에 구 국민건강보험법상 '사위 기타 부당한 방법으로 가입자 등으로부터 요양급여비용을 받거나 가입자 등에게 이를 부담하게 한 때'에 해당하는지 문제가 되었다. 대법원의 다수의견은 행정규칙인 구 요양급여기준규칙의 법규성을 인정하고 제9조 [별표 2]의 비급여 사항을 한정적 열거로 제한해석하여 비급여 사항이 아닌 것을 가입자에게 부담하게 한 요양기관의 부당이득에 대한 환수 처분이 원칙적으로 정당하다고 하였으나, 법령의 근거 없이 국민의 권리를 제한하는 것이라는 반대의견이 있다. 이 판결에서는 또 '사위 기타 부당한 방법'에 해당하지 않는 사정에 관한 입증책임의 소재에 대하여 의견이 나뉘었는데, 다수의견은 그에 해당하지 않음을 요양기관이 증명해야 한다고 하였으나, 처분사유는 일반적인 경우와 마찬가지로 법정외 진료행위의 경우에도 여전히 처분청이 증명책임을 부담한다고 보아야 한다는 반대의견이 위 법률 문언과 체계적 해석상 타당하다고 여겨진다(대법원 2012. 6. 18. 선고 2010두27639,27646 전원합의체 판결).

2. 지식재산권법

전 세계적으로 보호되어야 하는 지식재산권의 문제는 헌법의 위임에 따라 경제와 문화적 환경 및 그에 따른 의식의 변화에 좇은 새로운 법 영역이 되고 있다. 특히 재산권의 법리를 재구성하는 지식재산권 제도는 기존의 재산권 개념의 내부적 모순을 가중시키고 있다. 지식재산권의 인정 근거는 창조에 대한 혜택이나 포상, 창의적 활동의 장려이고 공익의 증진수단이라는 것이며, 소유권과 같은 최대한 보장을 하면서도 전유적인 사용이 아니라 공중 일반의 최대한 사용과 재산권자의 최소한 보호를 목표로 하고 있는 것이다(김재원, 지적재산권에 관한 법철학적 재검토, 경남법학 제15집 참조).

과거에 우리는 다른 사람의 정신적 산물을 널리 이용하는 것을 용인하였고, 후발국가들은 선진국가들의 지식재산권 보호 요구를 강대국의 횡포라고 생각했었다. 그 후 지적재산권의 원조인 저작권(copyright)의 예를 들면, 산업의 발전과 대중의 법의식의 계몽으로 저작물의 복제(copy) 금지와 같은 것은 자연스럽게 받아들이게 되었다. 지식재산권은 역사적으로는 자연법적 권리로 인정되었으나, 국가가 실정법으로 허용한 독점으로 전개되고 있다. 과거 영국에서 저작권은 출판조합에 허여된 특권이었는데, 그 보호가 약화되자 저자의 권리를 입법화한 것이 '앤 여왕법'이다. 여기서 보호되는 저작물은 새로운 것이어야 하고, 보호기간을 설정하며, 저자의 복제권의 양도를 허용하였다. 그후 저작권 보호는 미국에서 입법화되었고, 베른조약으로 국제적 보호가 확장되었다.

저작권의 기본법리는 저작인격권과 저작재산권을 나누는 것이다. 저작물의 인정요건은 독창성이고, 공공적 정보는 제외하며, 그 인정기간은 저자의 생전과 사후 50년으로 하였다. 저작권 보호의 예외로서의 공정 이용(fair use)이 문제가 되는데, 도서관에서의 제한적 복제와 개인적 이용은 허용되고 있다. 저작물은 원형적 천재가 그의 영감을 사용하여 생산한 결과물이고, 창조자로서의 저자 개념은 낭만주의적이다. 아이디어와 표현의 2분법에서 보호되는 것은 표현(형식)이다. 저작권의 법률관계는 저자와 출판업자와 소비자의 3자관계인데, 각자 이중적 태도를 보인다. 나아가 컴퓨터 프로그램, 영상물, 음악 등 다양한 저작권의 특성에 맞는 보호가 문제가 되고, 이는 인쇄물에 대한 권리와는 다르다. 향후 정보이용자의 권리로 초점이 이행되어야 하고, 다른 한편 개인정보 보호의 문제도 난제로 떠오르고 있다.

정보화와 인공지능(AI)의 발달은 지식재산권 문제를 한층 복잡하게 만들었다. 전통적으로 저작권법은 인간의 창작적 노동과 인격적 표현을 보호하는 것을 목적으로 했으나, AI가 스스로 그림을 그리거나 글을 쓰는 시대에는 기존 법체계가 예상하지 못한 난제가 등장한다. 예를 들어, AI가 생성한 그림이나 소설에 저작권을 부여할 수 있는지, 디지털 예술품의 NFT 거래를 법적으로 어떻게 규율할 것인지는 명확하지 않다. 미국과 영국은 원칙적으로 인간 창작물만을 보호 대상으로 보고 있으나, 일본은 일부 예외적 가능성을 열어 두며 논의의 여지를 남기고 있다. 이는 지식재산권 제도가 기술 변화 에 대하여 얼마나 빠르게 적응해야 하는지를 보여준다.

특허 발명에서 해석상 가장 문제가 되는 것은 '신규성'과 '진보성'이라는 불확정개념의 해석이고, 법이론상 의미가 있다. 의약품의 경우, 통상 질병에 대한 의약 자체의 개발이 문제가 되는데, 의약품의 투여용법과 투여용량이 달라진 경우에도 새로운 의약용도가 부가되어 신규성과 진보성 등의 특허요건을 갖춘 의약에 대해서는 새롭게 특허권이 부여될 수 있다고 하여 개념의 외연을 넓혀 가고 있다(대법원 2015. 5. 21. 선고 2014후768 전원합의체판결: 단 약효가 특정되어 있는 이상 별개의 새로운 의약용도 발명이 된다고 볼 수 없다는 반대의견도 있다).

상표 내지 서비스표에 관하여는 '현저성'이나 '주지성' 및 상표의 '식별력'이라는 개념이 다양한 구성의 상표에서 법리상 문제가 된다. 상표법상 현저한 지리적 명칭, 그 약어 또는 지도만으로 된 상표 또는 서비스표는 등록을 받을 수 없다. 그 개념들 역시 불확정적이어서 결국 법원이 정하는 바에 따를 수밖에 없는데, 구체적인 사안에 대한 판단은 매우 자의적이고 예측이 어렵다. 예컨대 대법원은, 미국 워싱턴 디씨(Washington D.C.)에 위치한 종합대학교 'AMERICAN UNIVERSITY'를 운영하는 갑이 지정서비스업을 '대학교육업, 교수업' 등으로 하여 이미지와 함께 구성된 서비스표를 등록출원한 것에 대하여, 대학교의 연혁, 학생 수, 대학시설, 국내외에서 알려진 정도, 포털사이트에서 검색되는 실제 사용내역 등에 비추어 볼 때, 출원서비스표는 지정서비스업인 대학교육업 등과 관련하여 미국 유학준비생 등 수요자에게 갑이 운영하는 대학교의 명칭으로서 상당한 정도로 알려져 있다고 볼 수 있고, 따라서 출원서비스표가 현저한 지리적 명칭인 'AMERICAN'과 기술적 표장인 'UNIVERSITY'가 결합하여 전체로서 새로운 관념을 형성하고 있으며, 나아가 지정서비스업인 대학교육업 등과 관련하여 새로운 식별력을 형성하고 있으므로, 구 상표법 제6조 제1항 제4호, 제7호에 해당하지 않는다고 하였다(대법원 2018. 6. 21. 선고 2015후1454 전원합의체 판결).

3. 환경법

환경 문제는 오늘날 중요한 화두이다. 법철학적 관점에서 환경 문제는 현재 세대와 미래 세대 사이의 권리 충돌을 보여준다. 환경은 탄소중립이나 기후온난화의 문제와 같이 전 세계적으로 보호되어야 하고, 그로 인한 경제와 문화적 영향 및 그에 따른 의식의 변화에 좇은 환경법은 현대법의 새로운 영역이 되고 있다.

환경법(Environmental law, 環境法)은 헌법적 위탁에 근거하여 환경을 보전하고 오염을 해결하기 위한 법이다. 우리나라에서는 1977년 12월 31일 법률 제3078호로 환경보전법이 제정, 공포되었다. 이 법은 1971년에 제정된 공해방지법을 폐기하고 새로이 제정되었는데, 대기오염·수질오염·토양오염·소음·진동 또는 악취 등으로 인한 보건위생상의 위해를 방지하고 환경을 적정하게 보전함으로써 국민보건향상에 기여함을 목적으로 하고 있다. 그밖에도 많은 법률들이 제정, 시행되고 있다－대기환경보전법, 수질환경보전법, 폐기물관리법, 자연환경보전법, 유해화학물질관리법, 소음, 진동규제법, 악취방지법 등.

그리고 우리가 가입한 국제환경협약도 많이 있다. 특히 유엔기후변화협약과 파리협정에 따른 탄소 중립에 관한 국제적 노력도 이루어지고 있다. 2005년 발효된 '교토의정서'는 선진국 위주로 온실가스 감축 의무를 부과하고 목표를 달성하지 못하면 페널티를 부과하는 등의 내용인데, 우리나라나 중국과 인도 등은 개발도상국이라는 이유로 면제를 받았고 미국이 협약에서 탈퇴하여 실효성이 없었다. 그리하여 2015년 '파리협정'(신기후체제)이 체결되었고, 파리협정에서는 지구의 평균온도 상승을 산업화 이전보다 1.5℃, 최대 2℃ 이하로 유지하자는 구체적인 목표를 세웠고, 각 나라가 자율적으로 감축 목표와 계획을 세울 수 있도록 유연한 접근방식을 채택하여 미국과 중국을 포함한 전 세계 195개국이 참여하게 되었다(2025년 미국은 협약에 탈퇴 선언을 하였다).

환경법은 법률가만의 소관사항이 아니라 환경 관련 전문지식과 경제성에 관한 분석이 중요하고, 원칙적으로 엄격한 환경 이익과 개발의 경제성은 양자가 상호 충돌하는 가치가 된다. 예컨대 대법원도 새만금간척사업의 적법성을 판단함에 있어, "경제성 내지 사업성 평가 당시의 공공사업의 투자분석 이론이나 재정학 또는 경제학 이론 등에 따라 그 분야의 전문가들에 의하여 가능한 한 가장 객관적이고 공정한 방법을 사용하여 편익과 비용을 분석한 후 공공사업에 경제성 내지 사업성이 있는지 여부를 평가하는 것이 바람직하다고 할 것"이라고 한다(대법원 2006. 3. 16. 선고 2006두330 전원합의체 판결). 이는 환경법의 경제화 내지 법경제학적 관점의 수용을 의미하는 것이지만(김정오 외, 법철학, 320면 이하), 물론 반대의견도 있다.

그리고 환경피해로 인한 손해배상 소송에서 입증책임의 전환 문제나 손해배상의 범위가 종종 문제가 된다. 특히 후자의 경우, 가해기업에 전 손해를 배상하도록 하는 것은 기업의 도산을 불러오고, 환경 피해는 자연 현상까지 가세하여 생기는 경우가 보통이므로, 이 부분 기여를 감안하여 손해배상액을 감액할 것인지 문제가 되고 있는데, 우리 판례는 이를 인정하고 있다.

4. 공정거래법과 부정경쟁방지법

공법과 사법의 중간영역인 사회법 중에서 노동법과 사회보장법 이외에 공정거래법 등 경제법은 자유시장경제에의 국가 개입이라는 어려운 문제를 제기하고 있다. 일반적으로 공정거래법은 독과점의 폐해를 규제하고 공정하고 자유로운 경쟁거래질서를 확립하기 위해서 제정된 법을 말한다. 미국의 독점금지법(Anti-Trust Acts)이나 독일의 경쟁제한법이 이것에 해당한다.

우리나라에서는 그동안 물가상승의 중요한 요인의 하나였던 독과점상품가격의 실질적인 규제를 가능하게 한 '물가안정 및 공정거래에 관한 법률'이 1976년부터 시행되었고, 그후 1990년 전면 개정된 '독점규제 및 공정거래에 관한 법률'의 목적은 사업자의 시장지배적 지위의 남용과 과도한 경제력의 집중을 방지하고, 부당한 공동행위 및 불공정거래행위를 규제하여 공정하고 자유로운 경쟁을 촉진함으로써 창의적인 기업활동을 조장하고 소비자를 보호함과 아울러 국민경제의 균형있는 발전을 도모하는 것이다. 그 주요 내용을 살펴보면 다음과 같다.

① 시장지배적 지위의 남용금지: 시장지배적 사업자는 경쟁을 실질적으로 제한하거나 소비자의 이익을 현저히 저해할 우려가 있는 행위를 하여서는 아니됨. ② 기업결합의 제한 및 경제력집중의 억제 ③ 부당한 공동행위의 금지: 사업자는 계약·협정·결의 기타 어떠한 방법으로도 다른 사업자와 공동으로 일정한 거래분야에서 경쟁을 실질적으로 제한하는 행위를 할 것을 합의하여서는 아니됨. ④ 불공정거래행위의 금지: 사업자는 공정한 거래를 저해할 우려가 있는 행위를 하거나, 계열회사 또는 다른 사업자로 하여금 이를

행하도록 하여서는 아니됨. ⑤ 사업자단체는 그 설립일로부터 30일 이내에 그 설립사항을 공정거래위원회에 신고하여야 하며 부당한 공동행위 및 불공정거래행위를 하여서는 아니됨. ⑥ 재판매가격유지행위의 제한: 상품을 생산 판매하는 사업자는 재판매가격유지행위를 하여서는 아니됨.

위 법률상 '공정성'을 해친다거나 '부당한'이라는 추상적인 규범적 개념의 해석이 문제가 되고, 공정거래법에서 '부당'은 '위법'과 동의어가 된다. 하지만 그 해석은 순전히 법률적 언어용법에 국한되어서는 아니 되고, 시장의 현황 파악과 경제적 분석이라는 사실조사에 확고하게 바탕을 두어야 한다. 실제로 공정거래위원회에서는 엄밀한 경제적 분석을 시도하고 있지만, 결국 그에 대한 규범적 평가는 법원의 판단사항이다.

다른 한편 부정경쟁방지 및 영업비밀보호에 관한 법률은 제2조 제1항 각 목에 부정경쟁행위의 유형을 규정하고 있지만, 이 역시 추상적이고 규범적인 개념이다. 대법원은 '골프존' 사건에서, 갑이 을이 소유하는 골프장들을 무단 촬영한 후 그 사진 등을 토대로 3D 컴퓨터 그래픽 등을 이용하여 위 골프장들의 골프코스를 거의 그대로 재현한 입체적 이미지의 골프코스 영상을 제작한 다음 이를 스크린골프장 운영업체에 제공하였는데, 을이 위 행위가 구 부정경쟁방지 및 영업비밀보호에 관한 법률 제2조 제1호에 정한 부정경쟁행위 등에 해당한다며 손해배상을 구한 사안에서, "골프장의 종합적인 '이미지'는 골프코스 설계와는 별개로 골프장을 조성·운영하는 을 회사 등의 상당한 투자나 노력으로 만들어진 성과에 해당하고, 갑의 행위는 을 회사 등의 성과 등을 공정한 상거래 관행이나 경쟁질서에 반하는 방법으로 자신의 영업을 위하여 무단으로 사용함으로써 을 등의 경제적 이익을 침해하는 행위에 해당한다고 본 원심 판단을 유지하였다(대법원 2020. 3. 26. 선고 2016다276467 판결).

그런데 위 조항의 보충적 일반조항으로, (카)목은 "그 밖에 타인의 상당한 투자나 노력으로 만들어진 성과 등을 공정한 상거래 관행이나 경쟁질서에 반하는 방법으로 자신의 영업을 위하여 무단으로 사용함으로써 타인의 경제적 이익을 침해하는 행위"를 규정하고 있다. 이는 대법원의 결정 취지에 맞게 2013. 7. 30. 법률 제11963호로 개정된 부정경쟁방지 및 영업비밀보호에 관한 법률 제2조 제1호에 추가된 것이다. 위 조항의 (카)목은 '그 밖에'로 되어 있어 앞의 부정경쟁행위의 유형에 준하는 동등한 평가를 할 수 있는 행위를 말하는 것이다(이른바 '동등성' 이론). 위 규정은 구법의 적용범위에 포함되지 않았던 새로운 유형의 부정경쟁행위에 관한 규정을 신설함으로써 새로이 등장하는 경제적 가치를 지닌 무형의 성과를 보호하고 입법자가 부정경쟁행위의 모든 행위를 규정하지 못한 점을 보완하여 법원이 새로운 유형의 부정경쟁행위를 좀 더 포괄적으로 판단할 수 있도록 하고 변화하는 거래관념을 적시에 반영하여 부정경쟁행위를 규율하기 위한 보충적 일반조항이다.

대법원은 이른바 'BTS 사건'에서 위 (카)목의 해석에 관하여, "법률 규정과 입법 경위 등을 종합해보면, (카)목은 그 보호대상인 '성과 등'의 유형에 제한을 두고 있지 않으므로, 유형물뿐만 아니라 무형물도 이에 포함되고, 종래 지식재산권법에 의해 보호받기 어려웠던 새로운 형태의 결과물도 포함될 수 있다. '성과 등'을 판단할 때에는 위와 같은 결과물이 갖게 된 명성이나 경제적 가치, 결과물에 화체된 고객흡인력, 해당 사업 분야에서 결과물이 차지하는 비중과 경쟁력 등을 종합적으로 고려해야 한다. 이러한 성과 등이 '상당한 투자나 노력으로 만들어진' 것인지 여부는 권리자가 투입한 투자나 노력의 내용과 정도를 그 성과 등이 속한 산업분야의 관행이나 실태에 비추어 구체적, 개별적으로 판단하되, 성과 등을 무단으로 사용함으로써 침해된 경제적 이익이 누구나 자유롭게 이용할 수 있는 공공영역(public domain)에 속하지 않는다고 평가할 수 있어야 한다. 또한 (카)목이 규정하는 '공정한 상거래 관행이나 경쟁질서에 반하는 방법으로 자신의 영업을 위하여 무단으로 사용'한 경우에 해당하기 위해서는 권리자와 침해자가 경쟁관계에 있거나 가까운 장래에 경쟁관계에 놓일 가능성이 있는지, 권리자가 주장하는 성과 등이 포함된 산업분야의 상거래 관행이나 경쟁질서의 내용이 공정한지 여부, 위와 같은 성과 등이 침해자의 상품이나 서비스에 의해 시장에서 대체될 가능성, 수요자나 거래자들에게 성과 등이 어느 정도 알려졌는지, 수요자나 거래자들의 혼동가능성 등을 종합적으로 고려해야 한다"는 법리를 선언하였다(대법원 2020. 3. 26.자 2019마6525 결정).

이 사건에서 연예인들의 사진, 기사 등을 주요 내용으로 하는 잡지를 제작·판매하는 회사가 엔터테인먼트 사업자의 허락 없이 유명 아이돌 그룹의 구성원들에 관한 화보집 등을 제작하여 위 잡지 특별판의 특별부록으로 판매하려 한 것에 대하여, 대법원은 상거래 관행이나 공정한 거래질서에 반하는 방법으로 자신의 영업을 위하여 사업자의 성과 등을 무단으로 사용하는 행위라고 판단하였다. 이 판결은 입법경위를 고려한 주관적 해석론에 입각하여 설득력 있는 논증을 보여준 것이라고 할 것이지만, 그 판단은 어렵다.

5. 사이버공간의 규제와 개인정보 보호법

오늘날 정보기술의 발달로 과거에 알지 못하던 법역이 생겨났다. 사이버공간의 규제에 관하여는 그 특수성으로 인하여 다원적 규제가 필요하게 되었다. 법적 쟁점으로는 네트워크와 호환성을 위한 정보사회의 기술적 표준의 문제, 저작권과 공정이용 및 기술적 보호조치의 문제, 표현의 자유와 인터넷 실명제의 문제와 무엇보다도 개인정보 보호의 문제가 대두되었다.

실정법으로는 정보통신망의 개발과 보급 등 이용 촉진과 함께 통신망을 통해 활용되고 있는 '정보보호에 관한 법률'과 '정보통신망 이용 촉진 등에 관한 법률'이 통합되고, 2001년 1월 정보보호에 관한 규정을 포함하면서 현재 '정보통신망 이용촉진 및 정보보호 등에 관한 법률'이 제정되었다. 이 법률은 안전한 정보통신망 환경을 조성하는 것이 목적이고, 정보통신과 관련된 기본적이고 광범위한 법률이다. 이 법에서는 정보통신 서비스 사업자와 관련된 내용, 개인정보 보호와 관련된 내용 등을 범죄로 규정하고 이를 어길 시에 3년~7년의 징역 또는 2천만 원~5천만 원의 벌금으로 강화된 형사처벌을 하도록 되어 있다. 형법상 명예훼손과는 차원이 다른 사이버 명예훼손(제70조 제1, 2항)과 이용자의 개인정보 보호와 악성프로그램(바이러스) 유포, 정보통신망 침입 등을 처벌하는 제71조와 음란 문언/음향/영상 등의 배포·판매·전시와 사이버 스토킹(공포 불안을 야기시키는 말·음향 등의 반복 행위) 등에 관한 제74조 등이 새로운 형사적 규제의 영역이 되고 있다. 특히 위 법률 제49조는 '정보통신망에 의해 처리·보관 또는 전송되는 타인의 비밀 침해 또는 누설'을 처벌하고 있는데, 대법원은 컴퓨터에 저장되어 있던 직장 동료의 사내 메신저 대화내용을 몰래 열람·복사한 행위가 정보통신망에 의해 처리·보관·전송되는 타인 비밀의 침해·누설 행위에 해당한다고 판단하고, 위 규정의 '타인의 비밀 침해 또는 누설'에서 요구되는 '정보통신망에 침입하는 등 부정한 수단 또는 방법'에 사용자가 식별부호를 입력하여 정보통신망에 접속된 상태에 있는 것을 기화로 정당한 접근권한 없는 사람이 사용자 몰래 정보통신망의 장치나 기능을 이용하는 등의 방법으로 타인의 비밀을 취득·누설하는 행위를 포함시키는 해석이 죄형법정주의에 위배되지 않는다고 하였다(대법원 2018. 12. 27. 선고 2017도15226 판결).

한편 사이버 공간과 개인정보 보호 문제는 현대인의 일상과 직결되는 중요한 법적·사회적 과제이다. EU의 일반개인정보보호법(GDPR)은 '잊혀질 권리'를 인정하고 정보 자기결정권을 보장하며, 기업과 국가가 개인 데이터를 수집·이용할 때 투명성과 책임성을 요구한다. 중국의 사회신용제도는 빅데이터를 활용한 국가 감시가 개인의 자유를 심각하게 제한할 수 있음을 보여준다. 우리나라에서 SNS, 메신저, 온라인 플랫폼, IoT, 금융·의료 데이터 등 다양한 영역에서 개인정보가 수집·활용되고 있어 사이버 공간에서 발생하는 개인정보 유출과 악용의 가능성의 문제는 심각하다. 사이버 공간의 개인정보 보호법은 단순한 규제 수단이 아니라, 개인의 자유와 안전을 동시에 보호하면서 기술 발전과 사회적 요구에 대응하는 조정 장치로 기능해야 한다.

개인정보를 보호하여 개인의 권익 보호를 강화하고자 개인정보 처리에 관하여 필요한 사항을 정한 ‘개인정보 보호법’이 제정 시행되고 있다. 개인정보의 유출 방지는 소극적으로 국가나 기업으로부터의 자유가 아니라 적극적인 의미에서 자기정보 통제권 내지 개인정보 자기결정권의 문제로 보아야 하고, 그러한 규범의 보호 목적에 따른 해석이 이루어져야 한다.

개인정보 자기결정권의 보호 대상이 되는 ‘개인정보’의 해석이 문제가 되는데, 대법원은 “공적 생활에서 형성되었거나 이미 공개된 개인정보가 이에 포함되고 개인정보를 대상으로 한 조사·수집·보관·처리·이용 등의 행위가 개인정보 자기결정권에 대한 제한에 원칙적으로 해당한다”고 하면서도, “법률정보 제공 사이트를 운영하는 회사(로앤비)가 공립 법과대학 교수의 사진, 성명, 성별, 출생연도, 직업, 직장, 학력, 경력 등의 개인정보를 위 법학과 홈페이지 등을 통해 수집하여 위 사이트 내 ‘법조인’ 항목에서 유료로 제공한 사안에서, 회사의 행위를 개인정보자기결정권을 침해하는 위법한 행위로 평가하거나 회사가 개인정보 보호법 제15조나 제17조를 위반하였다고 볼 수 없다”고 하였다(대법원 2016. 8. 17. 선고 2014다235080 판결).

그밖에 개인정보 보호법 제72조 제2호에 규정된 ‘거짓이나 그 밖의 부정한 수단이나 방법’도 불확정개념이고 그 해석도 방법론상 문제가 된다. 예컨대 경품행사에 응모한 고객들이 응모권 뒷면과 인터넷 응모화면에 기재되어 있는 ‘개인정보 수집 및 제3자 제공 동의’ 등 사항이 약 1mm 크기의 글씨로 기재되어 있고 경품행사의 경품추첨 사실을 알리는 데 필요한 개인정보와 관련 없는 ‘응모자의 성별, 자녀 수, 동거 여부’ 등 사생활의 비밀에 관한 정보와 심지어는 주민등록번호와 같은 고유식별정보까지 수집한 사안에서, 대법원은 개인정보자기결정권의 법적 성질, 개인정보 보호법의 입법 목적, 개인정보 보호법상 개인정보 보호 원칙 및 개인정보처리자가 개인정보를 처리함에 있어서 준수하여야 할 의무의 내용 등을 고려하여 볼 때, 개인정보를 취득하거나 또는 그 처리에 관한 동의를 받기 위하여 사용하는 위계 기타 사회통념상 부정한 방법이라고 인정되는 것으로서 개인정보 취득 또는 그 처리에 동의할지에 관한 정보주체의 의사결정에 영향을 미칠 수 있는 적극적 또는 소극적 행위를 뜻한다고 해석하여 개인정보 보호 원칙(개인정보 보호법 제3조 제1항)과 개인정보 보호법 규정에 위반된다고 판단하였다(대법원 2017. 4. 7. 선고 2016도13263 판결). 그후 2020년도에 과학적 연구, 통계작성, 공익적 기록보존 등의 목적인 경우, 자기결정권의 예외를 두어 가명정보를 이용할 수 있도록 법률이 개정되었다.

6. 난민법

여러 가지 사유로 자국의 박해를 받고 자기 나라를 떠나는 사람들이 전 지구적으로 늘어나고 있으며, 유럽과 미국에서는 심각한 사회문제가 되었고 국제적 관심사가 되고 있다. 한국에서 난민문제는 1970년대 베트남 피난민의 수용과 함께 드러나기 시작했다. 한국은 1992년 12월 3일 난민협약에 가입한 후 거의 10년이 지난 2001년에 비로소 최초의 난민을 인정해서 난민협약 가입국이 되었다. 하지만 난민과 난민신청자에 대한 보호는 체류를 허용하는 정도에 머물렀다. 난민법안의 제정 움직임은 2006년부터 시작되어 여러 단체와 국제기구의 협력으로 난민법이 제정되어 2015년 12월 20일부터 시행되었다. 난민법이 통과됨으로써 난민 심사과정의 투명성, 난민의 사회권 보장, 난민에 대한 처우가 개선되었다.

난민법상 '난민'이란 인종, 종교, 국적, 특정 사회집단의 구성원인 신분 또는 정치적 견해를 이유로 박해를 받을 수 있다고 인정할 충분한 근거가 있는 공포로 인하여 국적국의 보호를 받을 수 없거나 보호받기를 원하지 아니하는 외국인 또는 그러한 공포로 인하여 대한민국에 입국하기 전에 거주한 국가(상주국)로 돌아갈 수 없거나 돌아가기를 원하지 아니하는 무국적자인 외국인을 말한다. 그런데 난민의 인정은 사실조사와 국제적 공조가 필요하고, 박해나 공포 등의 추상적이고 평가적인 요건에 관한 심사가 문제된다.

난민 인정에 관한 법무부의 심사와 행정소송에서 증거의 존재와 그 진부 확인이 가장 문제가 되고 있다. 증거의 부재로 그 심사는 대체로 난민 신청자의 진술에 의존하게 되고, 유엔 난민기구의 자료나 언론보도도 증거로 사용되고 있다. 대법원은 "난민 신청인이 난민 신청과 심사과정에서 성명, 생년월일 등 인적사항에 관하여 거짓 진술을 하였고 그와 같이 거짓 진술을 하게 된 경위에 관하여 합리적인 이유를 제시하지 못한다면, 이는 단순히 진술의 세부내용에 관한 불일치나 과장이 있는 것에 지나지 않는다고 보기 어렵고 난민 신청인의 전체적인 진술의 신빙성을 평가하는 데 중대한 영향을 미칠 수 있는 사정에 해당할 수 있다. 그러므로 인적사항 관련 거짓 진술의 내용과 경위 등을 고려할 때, 거짓 진술로 난민 신청인의 전체적인 진술의 신빙성이 부정되어 결국 난민인정 요건을 갖추지 못하였다고 인정된다면, 그러한 사정은 구 출입국관리법 제76조의3 제1항 제3호에서 정한 난민 인정의 취소 사유가 된다"고 한다(대법원 2017. 3. 15. 선고 2013두16333 판결).

한편 난민의 지위에 관한 1951년 협약과 1967년 의정서에 의한 난민지위 인정기준 및 절차편람(난민편람)은 국제연합 난민고등판무관사무소(UNHCR, 약칭 '유엔난민기구') 국제보호국이 발행한 난민지위 인정에 관한 실무지침서로서, 그 전문에서 난민편람이 체약국 정부공무원을 위한 지침서로 사용되도록 만들어졌다고 기술하고 있다. 우리 법원은 "체약국 정부가 난민편람의 내용에 구속되는 것은 아니지만, 「난민의 지위에 관한 협약」('난민협약') 전문에 따라 유엔난민기구가 체약국의 난민협약 이행을 감독할 임무를 맡고 있는 점이나 체약국이 유엔난민기구의 이러한 임무가 원활히 수행되도록 편의를 제공할 의무가 있는 점(난민협약 제35조 제1항) 등을 고려하면, 체약국은 난민협약의 해석 및 적용에서 난민편람의 내용을 존중함이 마땅하다"고 한다(서울행정법원 2013. 10. 10. 선고 2013구합13617 판결 참조). 참고로 난민편람 제192항 (vii)호에 따라, 난민 신청이 관할기관에 의하여 그의 신청이 명백히 남용적인 것이 아니라고 증명되지 않는 한, 심사기간 동안이나 상급행정기관이나 법원에 이의신청을 하고 있는 동안 우리나라에서의 체류가 허용되고 있는데(임시거주가 허용되고, 통상 취업을 하고 있다), 이 때문에 우리나라에서 난민 신청이 남용되고 있는 실정이라고 한다. 이 점에 관하여는 난민법의 규범 목적과 국제적 동향에 관한 법이론적 검토도 중요하지만, 우리나라의 사정과 능력, 국민들의 수용 가능성이라는 법현실과 법의식이 난민법 해석의 실질적 기준으로 작용할 여지가 크다고 본다.

맺음말

1 헌법의 근본가치 – 기본권 보장 및 민주주의와 법치주의

우리 헌법의 포기할 수 없는 근본적인 내용적 가치는 국민의 기본권 보장이고, 국민의 기본권을 잘 보장할 수 있는 수단적 가치는 민주주의와 법치주의이다. 민주주의와 법치주의는 '자유'와 '평등'을 골자로 하는 국민의 기본권을 보장하는 근본적인 체제 이념으로 인정된다. 다만 자유와 평등의 기본 가치가 서로 조화되어야 하지만 모순, 대립할 수 있듯이 민주주의와 법치주의라는 체제 가치도 상호 긴장관계에 있을 수 있다.

민주주의는 '국민의 지배' 내지 '국민주권주의'이고 오늘날 간접민주주의인 대의제를 원칙으로 한다. 국민들은 선거로 대표자를 선출하여 대의기관인 국회를 통하여 법률안 등 중요한 의사 결정을 하게 된다. 대통령제 하에서 대통령 역시 헌법과 법률이 정하는 권한을 행사하고 자신이 임명한 사람들을 통하여 그 정책을 실행하는 등으로 권력을 행사한다. 이는 선거로 '선출된 권력의 민주적 정당성'을 기초로 한다. 그래서 민주주의 하에서는 공무원의 '고유권한'은 없는 것이고, 선출된 권력이나 임명된 지위와 권한은 모두 국민들로부터 직접 또는 간접적으로 '위임을 받은 권한'인 것이다. 민주주의는 독재나 그와 친한 '권위주의'와는 결별하여야 하지만, 선출되거나 위임받은 지위에 있는 자에게 '권위'는 필요하고 존중받아야 한다. 공직자의 직무상 '권위'는 그 지위에 걸맞는 지식과 경험, 의무감과 열정 등에서 나오는 것이고, 권력은 인사권 등의 법적 권한에서 나오지만, 권위나 권력은 법적 개념이 아니다.

한편 법치주의는 기본적으로 '법의 지배'이고 국민의 신뢰를 지키는 체제이념이다. 법치주의는 사회학적으로 '법률가의 지배'에 불과하다는 비판이 있고, 법치주의를 최종 보장하는 사법부의 민주적 정당성은 간접적일 뿐이고 심지어는 사법관료가 국가적 결정을 담당하는 것이 '귀족제'의 잔재라는 비판도 있다. 오늘날 대부분 국가의 법관은 그 출신에 제한이 없지만 자격요건을 매우 엄격하게 하고 그 신분과 독립성을 보장하고 있어 직무상 권위를 부여하고 있다. 그러나 이러한 자격과 보장이 법관의 엘리트의식을 키우고 사법의 권위주의를 정당화시킬 수는 없다. 특히 헌법재판소는 입헌주의 하에서 상징적인 최고사법기관이지만, 단심제이고 소수의 재판관이 헌법 해석을 독점하여 그 판단은 필연적으로 비민주적이고 정치적이라는 문제가 있다. 물론 헌법재판관은 그 임명절차(청문회 등)에서나 탄핵을 통하여 간접적인 민주적 통제는 가능하다. 그리고 다수결로 결정되는 선거나 의회의 경우와 달리 사법적 결정에는 이유를 밝히도록 되어 있고, 대법원의 최종 판결이나 헌법재판소의 결정은 학계나 여론을 통하여 검증과 비판을 받을 수 있으며, 선례 변경의 가능성도 열려 있다.

대의제 민주주의 하에서 의회가 법률을 만들지만, 정치가 법 위에 있는 것은 아니다. 칸트에 의하면, 정치는 '자기실현적 법이론'으로서 단순히 권력 행사가 아니라 이성법을 현실에 구현하는 활동이고, 정치가 법의 규범적 명령에서 자유로울 수 없다고 한다. 의회가 만든 법률도 헌법재판소의 '위헌법률심판'과 법원에 의한 '법률해석'의 방법을 통한 규범통제 하에 있다. 이러한 사법적인 규범통제는 반드시 필요하지만, 국민 대표가 만든 제정법이 폐기되는 결과가 되어 대의제 민주주의와 법치주의는 충돌한다. 그리고 국민의 직접 선출에 의한 의원의 지위가 법원의 판결로 상실되거나 선출직 공무원에 대한 탄핵이나 현대 민주주의에 필수적인 정당이 헌법재판소의 결정에 의하여 해산되는 경우, 민주주의와 법치주의의 긴장은 첨예하게 나타난다. 헌법재판소의 통합진보당 해산결정(2014. 12. 19. 선고 2013헌다1 결정)은 절차적인 면에서 아쉬운 점이 있었지만, 헌법 수호와 법치주의의 성과로 볼 수 있다. 그러나 탄핵심판 등의 헌법재판이 정치적으로 결정되거나 여론에 좌우되는 것은 민주주의의 이름으로 법치주의를 압박하는 것이 된다.

그럼에도 불구하고 법치주의는 다수에 의한 결정이 선동이나 여론에 이끌리는 경우, 민주주의의 타락인 '중우정치'나 포퓰리즘에 빠지는 위험을 견제하고, 소수자 보호에 기여할 수 있는 장점이 있다. 따라서 법치주의는 민주주의와 대립하는 것이 아니라 민주주의를 수호하기 위하여 견제하고 보완하는 역할을 하는 것이다.

그리고 국가 내에서 국가의 존립과 자유민주적 기본질서를 공격하고 위협하는 세력은 항상 존재하고, 우리나라에서는 비록 과거에 남용과 오용은 있었지만 그러한 세력은 국가보안법의 반국가단체나 이적단체로 처단되었다. 해산된 통합진보당이 바로 그러한 정치세력이라는 것이 헌법재판소의 판단이었다. 국가가 있어야 법질서가 존재하는 것이고 그 법질서의 정점에 헌법이 있다. 헌법을 수호하는 것이 주권자인 국민들과 수탁자인 국가기관과 공무원들의 책무이고, 헌법 수호는 바로 '국가의 존립'과 '헌법의 기본질서'를 지키는 것이다. 물론 헌법의 자유민주적 기본질서 하에서 어떠한 사상이나 표현 등의 정치적 자유가 최대한 보장되어야 하지만, 국가의 존립 자체를 위태롭게 하고 헌법의 기본질서를 뒤엎으려는 세력에 대하여 방어할 수 있어야 한다. 바로 이것이 라드부르흐가 말하는 '방어적 민주주의'이다. 헌법재판소의 통진당 해산결정은 이러한 헌법적 결단에 기초한 것이고, 물론 그 이후에도 여전히 체제변혁적인 사회주의 노선을 따르는 정당이 합법공간에 들어와 있지만, 공식적으로는 폭력혁명의 노선을 폐기한 것으로 보인다. 좌파 정당이라고 하더라도 유럽식 사회민주주의의 '의회주의를 통한 사회주의화'를 지향할 것이고, 이 역시 '법치주의'를 승인하는 전제 위에 서야 할 것이다.

그런데 국가의 존립과 민주적 기본질서를 전복하려는 반국가적 행위와 단순히 현 정부를 반대하는 정치적 행위의 차이가 무엇인지 모호하다. 그 때문에 우리나라에서 많은 민주인사들이 투옥되고 처형되기도 하였다. 그 옥석을 가려내는 것이 헌법수호기관으로서의 사법의 역할이고, 이러한 법치주의의 기능이 민주주의와 권위주의 내지 독재를 가르는 시금석이 된다.

법철학과 법이론의 과제

법이란 무엇인가? 법이 자연에 부합하는 보편적인 도덕가치로 구성된 것인가, 아니면 단지 인위적인 명령이나 규범의 총체인가? 법의 목적이 법이념과 정의를 지향하는 것인가, 그렇다면 법이념이나 정의란 무엇이고, 법이 더 많은 정의를 지킬 수 있는가? 한편 법이 사회현상으로서 법이론이 법의식이나 법현실의 문제를 다루어야 하는가? 부정당한 법의 효력은 있는가, 이에 복종할 의무가 있는가? 나아가 법의 원천은 무엇이고, 정당한 법을 어떻게 발견하는가?

지금까지 법철학과 법이론의 위와 같은 많은 어려운 문제들을 다루었지만, 시대와 관점에 따라 그 대답은 다양하고, 하나의 실정법 하에서도 여러 해결 제안만이 있을 뿐이다. 법 문제에 관하여 하나의 정답은 없지만, 법률가는 철학적이고 이론적인 숙고와 반성을 통하여 법의 본질과 목적을 더 잘 이해할 수 있게 될 것이므로, 그 문제의 제기 자체가 더 의미 있다. 이러한 것이 바로 법철학과 법이론의 존재 이유가 아닐까?

결국 한 국가 내에서 법의 정립과 확정을 위임받아 권한 있는 입법과 사법기관이 국민의 수임자로서 다양한 해결 제안 중에서 그 시대의 정신과 현실에 맞는 합리적인 선택을 하여 구체적 규범을 선언하고 강제력이 동원될 수 있도록 함으로써 법에 효력(타당성과 실효성)을 부여하게 되는 것이다.

우리의 미래 과제로는, 국가적으로 민주주의와 인권 및 법치주의의 발전으로 법이 시민의 보호뿐만 아니라 사회와 경제의 안정에 기여하고 평등과 정의로운 분배를 통하여 사회 갈등을 해소할 수 있는가 하는 과제가 중요하다. 나아가 세계적으로는 국제법의 발전과 국제협력으로 전쟁을 막고 평화를 유지하는 것이 필요하며, 국가 공동체의 법이 전 지구적으로 환경이나 기후, 교역, 지식재산, 난민 등의 새로운 난제의 해결에 도움을 줄 수 있는지 문제가 된다. 이러한 현대사회의 난감한 시대적 과제들은 기존 법의 틀이 아니라 새로운 법이 필요한데, 여기서 법은 단순한 규제나 사회질서 유지의 수단에 그치지 않고, 인간 존엄, 자유, 정의, 연대와 같은 철학적 가치나 사회적 합의를 반영해야 한다는 점이 중요하다. 물론 법이라는 수단만으로 문제 해결에 불충분하고, 국가 간의 협력과 과학이나 기술 등으로 통섭적인 대응이 필요할 것이다.

어떻든 미래의 법철학과 법이론이 험난한 이 지구상의 인간들을 위하여 더 나은 법적 전망을 제시하고 이를 이루기 위하여 법이 개입하고 관여할 수 있는 최선의 방법을 고안하는 것이 필요하지 않을까?

참고문헌

🖋 외국 서적

Bernd Rüthers/Christian Fischer/Axel Birk, Rechtstheorie mit Juristischer Methodenlehre, C. H. Beck, 11 Aufl., 2020 (뤼터스 법이론)

Raymond Wacks, Philosophy of law, Oxford university press, 2 ed., 2014 (왁스 법철학)

Peter Schwacke, Juristische Methodik, Kohlhammer Verlag, 5 Aufl., 2011 (슈박케 방법론)

Larenz/Canaris, Methodenlehre der Rechtswissenschaft, Berlin, 3 Aufl., 1995 (라렌쯔 방법론)

Hans Kelsen, Allgemeine Theorie der Normen, hersg. von Kurt Ringhofer und Robert Walter, Wien, 1979

Alf Ross, Theorie der Rechtsquellen, Leipzig Wien, Franz Deutike, 1929

Rene David(Chief Editor), Source of Law, in; The Legal Systems of the World, Their Comparison and Unification, Encyclopedia of Comparative Law, Volume Ⅱ, 1984

Klaus Roehl, Das Dilemma der Rechtstatsachenforschung, Reform der Justizreform, Bd. 2, J. C. B. Mohr, Tübingen, 1974

Niklas Luhmann, Legitimation durch Verfahren, Suhrkamp, 1983

Hermann Hill, Einführung in die Gesetzgebungslehre, C. F. Müller, 1982

Wesley N. Hohfeld, Fundamental legal conceptions, Greenwood press, 1978

John Rawls, A Theory of Civil Disobedience, in The Philosophy of law(edit. Ronald Dworkin), Oxford University Press, 1982

🖋 국내 서적

심헌섭, 법철학 Ⅰ, 법문사, 1982

심헌섭, 분석과 비판의 법철학 Ⅰ, 법문사, 2001

심헌섭, 분석과 비판의 법철학 Ⅱ, 법문사, 2024

오세혁, 법철학사, 세창출판사, 2008

최봉철, 현대법철학, 법문사, 2007

김정오 외, 법철학; 이론과 쟁점, 박영사, 2012

박은정, 라드부르흐의 법철학, 문학과지성사, 1989

신동운 외, 법률해석의 한계, 법문사, 2000

이상열, 사회정의의 원리, 분도출판사, 1990

김성룡, 법논리학, 준커뮤니케이션스, 2022

한국법철학회 편, 현대법철학의 흐름, 법문사, 1996
한국법철학회 편, 법치국가와 시민의 불복종, 법문사, 2001
한국법철학회 편, 한국 현대법철학의 형성과 전개, 세창출판사, 2010
한국법철학회 편, 법학방법론, 세창출판사, 2017

번역서

심헌섭 편역, 켈젠 법이론선집, 법문사, 1991 (켈젠 법이론선집)
심헌섭 역, 현대법철학의 근본문제, A. 카우프만 등, 박영사, 1983 최종고 역, 라드부르흐 법철학, 삼영사, 2007 (라드부르흐)
박은정 역, 한스 벨첼 자연법과 실질적 정의, 삼영사, 2001
장영민 역, 마틴골딩 법철학, 제일출판사, 1982
장영민 역, 법의 제국, 아카넷, 2004
심윤종 외 1인 역, 예링 권리를 위한 투쟁(외), 범우사, 2004
심헌섭 외 2인 역, 카임 페를만 법과 정의의 철학, 종로서적, 1986
정태환 외 2인 역, 하트 법의 개념, 대광서림, 1981 (하트 법의 개념)
오병선 역, 하트 법의 개념, 아카넷, 2002
박석훈 역, 법철학, 교유서가, 2021
김범진, 대법원 판례로 읽는 법적 논증, 박영사, 2025
박홍규 역, 프레드 로델, 저주받으리라 법률가여, 물레, 1986
변종필 역, 법적논증이론, 2007

필자의 논문

김대휘, 법관의 법률에 의한 구속과 법발견, 서울대학교 석사학위 논문, 1981 (법발견)
김대휘, 법원론에 관한 연구, 서울대학교 박사학위 논문, 1992 (법원론)
김대휘, 비판적 법실증주의의 법이론, 기초법학 연구 2024년 제3호, 서울대학교 법학연구소 법이론연구센터

● 문헌은 중요도에 따라 배열하였고, 여러 번 인용되는 문헌은 본문에서 괄호 안의 간략한 표기로 인용함

찾아보기

"법률가들은 아직도 법 개념의 정의를 찾고 있다."

- 칸트(I. Kant), 『순수이성비판』 -